四川师范大学伦理学研究所高端平台建设项目经费资助

四川师范大学文化教育高等研究院 ｜ **承办**
四 川 师 范 大 学 哲 学 系

哲学探索

第 1 辑

唐代兴 主编

中国社会科学出版社

图书在版编目（CIP）数据

哲学探索. 第1辑 / 唐代兴主编. —北京:中国社会科学出版社，2020.12
ISBN 978-7-5203-7408-8

Ⅰ.①哲… Ⅱ.①唐… Ⅲ.①哲学–文集 Ⅳ.①B53

中国版本图书馆CIP数据核字（2020）第197630号

出 版 人	赵剑英
责任编辑	陈　彪
责任校对	杨　林
责任印制	张雪娇
出　　版	中国社会科学出版社
社　　址	北京鼓楼西大街甲158号
邮　　编	100720
网　　址	http://www.csspw.cn
发 行 部	010-84083685
门 市 部	010-84029450
经　　销	新华书店及其他书店
印　　刷	北京君升印刷有限公司
装　　订	廊坊市广阳区广增装订厂
版　　次	2020年12月第1版
印　　次	2020年12月第1次印刷
开　　本	787×1092　1/16
印　　张	19
插　　页	2
字　　数	360千字
定　　价	118.00元

凡购买中国社会科学出版社图书，如有质量问题请与本社营销中心联系调换
电话：010-84083683
版权所有　侵权必究

《哲学探索》编委会

（以姓氏拼音字母为序）

学术顾问　John B.Cobb, Jr.　王海明
主　　任　Baogang He　谢地坤
副 主 任　张海东

委　　员
　　Roger T.Ames　　陈　彪　　John B.Cobb, Jr.　　樊和平　　Arran Gare
　　Baogang He　　　雷　勇　　Chenyang Li　　　　李建华　　唐代兴
　　王海明　　　　　王晓华　　王　寅　　　　　　吴冠军　　吴书林
　　夏　莹　　　　　肖　柯　　谢地坤　　　　　　于奇智　　张海东
　　张学广　　　　　周勤勤

主　　　　编　唐代兴
本期执行主编　路　强

发 刊 词

世界自在，而人立其中。其存在，须臾不离阳光、空气、气候、水、土地；其生存，总要努力于技术、科学、经济、政治、教育、艺术、宗教的武装，既丰富内涵，更挑战极限：

技术，创造生存工具，却不断挑战安全的极限；

科学，开拓存在疆界，却不断挑战经验的极限；

经济，增长物质财富，却不断挑战贫富的极限；

政治，平衡公私利欲，却不断挑战权力的极限；

教育，开发生命潜能，却不断挑战自信的极限；

艺术，追求生活善美，却不断挑战自由的极限；

宗教，赋予生存信仰，却不断挑战心灵的极限。

所有一切都有正反实用，唯有哲学，历来被视为无用之学。然而，无论技术、科学，还是经济、政治、教育，甚至艺术或宗教，其正反实用达于极限状态，往往演绎出绝望，因为绝望之于希望，才走向哲学，开出存在认知的新生之道。

自古磨难育英杰，从来动荡激哲思。古希腊哲学诞生于存在的自然之问，并朝存在之伦理和政治哲学方向发展，前者不仅因为自然的惊诧和好奇，更是突破大海束缚、开拓存在空间的激励；后者源于突围战乱和纷争的困境而探求人性再造的生存反思。春秋战国时代，如果没有"天子失官，学在四夷"的存在困境和"道术将为天下裂"的生存危机，则不可能有探求如何解救的思想方案的诸子盛世的产生。

生存的危机，创造思想盛宴；存在的困境，孕育哲学盛世。

以直面存在困境和追问生存危机的方式彰显自身的哲学，始终是当世的。物质主义存在和祛魅化生存，基因工程和人工智能开启生物人种学忧惧，后环境风险带动地球生物危机，极端气候失律推动流行性疫病和气候灾害世界化，以及空间争夺、价值对决、军备竞赛、武器至上等会聚生成、运演出风云突变的当世存在，必然激发哲学追问以拆除学科视域，突破科学主义，摒弃细节迷恋，走向生态整体，以关注存在本体的方式入场，要求立定前沿，焦聚当世，追踪自身发展的方向、态势、进程，报道后人类进程中涌现出来的哲学思想、成果、方法，关注后人口、后环境、后技术、后政治－经济和后伦理－文化探索或重建中的重大哲学问题的讨论与争鸣，跟进哲学自身的那些根本的、长在的、永恒的问题的再审问，以及哲学传统的还原性重释对当世的回应。

哲学探索凝聚的成果，无疑成为普遍性知识或最高学问，更可能成为人们热爱的智慧和崇敬的真理，但哲学探索本身却始终是生活于当世的本真之人对其本真生存困境的追问和存在遮蔽的敞开与照亮过程，所以哲学只能"在路上"，唤醒沉睡之思，激发理性扣问，鼓动反思或构筑当世存在何以可能的新的思想基础，给予时代更为多元的思想选择，以助人们从中寻找到能够安身存在和立命生活的精神旨趣。这是《哲学探索》的愿景，它所铺开的前行之路虽然坎坷而艰辛，但能得到哲学界前辈的倾情扶持、中年学者的真诚引正和青年俊杰的鼎力襄助，相信她定会脚踏实地开出善美成长的未来！

目录

思想家自述

走向伦理精神（上） ·· 樊 浩 1

学术专访

从传统到后现代：新时代伦理学发展的基础与未来
　　——李建华教授访谈录 ························ 赵 宁　路 强 整理 19

原创空间

美生真善：儒家道德发生的时空美学原理
　　——中国传统实践哲学的当代复兴探析之一 ················ 马正平 35
巴迪欧《主体理论》中的主体理论 ······························ 蓝 江 60
现代恐惧世界观的局限及超越 ······················ 陈四海　刘冠辰 76
当代哲学的逻辑起点及形成进程 ································ 唐代兴 89

环境与疫灾

环境风险传播中自媒体的伦理责任 ······························ 刘国云 112
"尊重生命"在中西方疫情防控中的不同境遇及伦理效应 ········ 朱海林 120
灾疫叙事的道德选择和伦理评价 ···················· 路 强　马文佳 132
宗教哲学视域下的新冠疫情反思 ···················· 张 生　李怡乐 143

新技术与哲学

人类世危机 ···················· 约翰·贝拉米·福斯特 撰 / 王坤宇 张桂丹 译 154
算法问责制与公共理性 ···················· 鲁本·宾斯 撰 / 黄 各 译 162
算法专制的威胁：现实、抵抗与顺应 ············ 约翰·达纳尔 撰 / 曲 扬 译 176

马克思主义前沿

生存论视域下马克思自然观探析 ···················· 吴书林 刘皓昱 195
主客体世界关系的演变逻辑及其马克思的变革 ···················· 杨建坡 206
工人的利益与无产阶级的道德：马克思主义"反道德教条主义"
　　中的矛盾张力 ···················· 安东尼·斯基伦 撰 / 吕梁山 孙 凝 译 218
马克思主义环境治理学：作为一个学科概念的内涵解析 ···················· 李全喜 233

传统新见

法家如何看待道德
　　——基于《韩非子》文本的考察 ···················· 李友广 247
孟子对人性恶端的认识及其哲学意义 ···················· 强中华 261
孔子"君臣"思想的政治学考察 ···················· 唐梵凌 272

《哲学探索》编委会成员简介 ···················· 290
《哲学探索》征稿启事 ···················· 292

思想家自述

走向伦理精神（上）

樊 浩

【内容摘要】这是一次学术人生的自我巡阅。作为太阳系中的一粒尘埃，学术人生终究无可逃脱地与所有天体归一，呈现椭圆形轨迹。回眸三十多年的学术追寻，"伦理"与"精神"始终是这个椭圆轨迹的两个焦点，因为它早在生命青春中已埋下"当春乃发生"的基因，只待一场"好雨知时节"的机缘。于是，无论人生、学术，还是人生与学术璧合而成的"学术人生"，都是"伦理"与"精神"的一次诗意的邂逅。浪漫"邂逅"的正果，便是"伦理精神"的催生与茁壮。本文反思了三十多年学术进程中的一个轨迹、两大主题、四次转型、五个阶段。从硕士学位论文提出"伦理精神"的概念开始，迄今为止，可以作为代表作的，是已经和正在完成的四个三部曲，每个三部曲都是三本书，共12部著作，如果加上它们完成过程中所做的几部准备性的著作和正开启的第四次转型的第一本著作，共九百万余言。三十多年的学术进程，追寻一个共同的主题："走向伦理精神"；三十多年的学术进程，是"伦理"与"精神"两大文化情人的诗意邂逅；三十多年的学术进程，演绎的是"在河之洲"的"关关之雎"，对"窈窕淑女""君子好逑"的"伦理精神"正剧。

【关键词】伦理精神；生态合理性；生态世界观

如果要对三十年左右的伦理学研究做反思性概括，我最强调的是两个概念：一是"伦理"，一是"精神"，其集中表达和标志性话语就是二者同一所生成的"伦理精神"。在问题意识方面，"伦理"相对于"道德"，"精神"相对于"理性"，"伦理精神"相对于"道德理性"或所谓"实践理性"。在相当程度上，它们是在宗教型文化与伦理型文化两大文明的宏观视域下，试图发掘伦理型中国文化的独特资源优势，建构当代伦理道德的中国话语与中国理论所做的努力，也是试图为中国学术所做出的贡献。

迄今为止，可以作为我的代表作的，是已经和正在完成的四个三部曲，每个三部曲都是三本书，共12部著作，近700万余言，加上刚开启的第四次转型已经接近完成的第一本合著，近800万言。如果加上为第一个三部曲完成过程中所作的几部准备性的专著，共900万余言。其中除第二个三部曲和正在完成的新的转型的第一个代表作是由本人主持的合著外（约350万字），其余都是独著。第一个三部曲是"中国伦理精神三部曲"，聚力于中国伦理精神传统及其现代转化研究；第二个三部曲是"道德形而上学三部曲"，是关于伦理道德的精神哲学建构的三部曲；第三个三部曲是"道德国情三部曲"，聚力于伦理道德的中国国情的调查与研究；第四个三部曲是已经整理但尚未完成的"道德哲学讲习录三部曲"，是关于中西方道德哲学经典的文明对话；而正在开启的第四次转型，如果先给它一个值得期望的命名，那就是"伦理精神诗意居住三部曲"。五个三部曲，形成"传统认同—思辨研究—实证研究—文明对话—体系建构"的系统或框架；呈现为四次学术转型：由历史研究向思辨研究的转型，由思辨研究向实证研究的转型，由实证研究向对话研究的转型，由对话研究向话语和体系建构研究的转型。

不知什么时候，我产生了一种信念，世界本来是简洁清澄的，它的复杂和淆乱相当程度上是被遮蔽或人类不觉悟的结果，所谓"大道至简"，真正的学术不是将已经淆乱的世界搅和得更加樊然，而是还它清澄的本来面目。文明初年的那些话语和觉悟，往往以其特有童真和童贞呈现这个世界的本来面目，《诗经·关雎》就是人类"童眼看世界"，表达人类对这个世界最初的好奇和感受，因而可以非常恰当地借以表达我对"伦理精神"这个"窈窕淑女"追求的心路历程。五个三部曲都从一个元点出发："关关雎鸠，在河之洲"，呈现的是我作为一个伦理的在场者，或作为"在"伦理的"河之洲"的"关关雎鸠"，对"伦理精神"的生命体悟与哲学禅悟。它们凝聚为一个学术轨迹，就是："走向伦理精神。"

从1985年攻读伦理学方向研究生并在硕士学位论文的标题中提出"伦理精神"的理念，到2015年《哲学分析》杂志在东南大学召开"走向伦理精神——樊浩学术作品研讨会"，整整三十年，一以贯之的聚力主题和核心话语是"伦理精神"。三十多年的研究及其进程，与其说呈现的是"走向伦理精神"的学术历程，不如说是一次"精神"的生命旅程，是"伦理"与"精神"的一次诗意的邂逅。由于这一旅程正在进行中，由于"伦理"和"精神"，以及在此基础上形成的"伦理精神"的理念，还需要进一步经受严格的学术论证和学术批评，因而无论是研究的进程，还是理念和理论本身，相当程度上都还只是一种诗意的想象，只是"伦理"与"精神"的一次诗意的邂逅。"诗意"是想象的放飞，但却是美好情感和良知童真的本真冲动。诗意在，就有激情在，也就有逼近真理的动能和希望。

一 疏浚生命银河："中国伦理精神三部曲"

我的学术生涯中的第一个三部曲是"中国伦理精神三部曲"，它们相当程度上是一首"伦理精神"的畅想曲。生命史的学术画面是：一个意气风发的年轻人，凭恃初生牛犊的勇气，展开自己学术想象的翅膀，由想象走向历史追寻，由历史追寻走向现代建构，好似一个出岫的少女，在"伦理精神"的"参差荇菜"中轻歌曼舞，以苦为乐地"左右流之"。这是一个清澄轻盈而携带乳臭稚气的动漫画面。

"中国伦理精神三部曲"包括《中国伦理的精神》《中国伦理精神的历史建构》《中国伦理精神的现代建构》，现在看来，三部书有着内在的体系，其实它是一个不断摸索、不断调整的过程。《中国伦理的精神》是关于中国伦理精神的逻辑结构；《中国伦理精神的历史建构》是中国伦理精神历史建构的生命呈现；《中国伦理精神的现代建构》是关于中国伦理精神的现代转化和现代建构。三部书前后以八年左右的时间完成，共120万字，都是独立专著，形成关于中国伦理精神的"逻辑—历史—现实"的诠释系统。

1. 曲一：逻辑结构

《中国伦理的精神》是我的专著处女作，共22万字，大陆版的书名是《中国特色的道德文明》。犹如第一个孩童的出世一样，它的诞生有点偶然。大约在1988年年底，我接到武汉大学郭齐勇教授来信，他正在主编一套丛书，约我写一本关于中国传统伦理的著作。那时我与齐勇兄素无交往，但其名声已是如日中天，系青年学人领袖，我发表了几篇关于传统伦理的学术论文，可能他从一些杂志中"发掘"了我。当时青年学人要出版著作很不容易，所以几经犹豫，我接受了邀请。那年我已经完成了关于"中国伦理史"研究生课程60万字教案的准备，但写这部书更直接的"老本"是我的硕士学位论文。我的硕士学位论文题目是"《四书》伦理精神与民族道德现代化道路的选择"。单就这个题目，就可以看出当年我的学术胃口有多大，既要对《四书》伦理精神做整体性研究，又要以此寻找和演绎民族道德现代化的道路，更重要的是，作为日后几十年我的学术史剧的主角——"伦理精神"的理念与概念已于思想的龙套中冒失而有点害羞地登场。这篇硕士学位论文作得很用心，也很辛苦。1985年是东南大学伦理学招收硕士研究生的第二届，那次招得很多，硕士生班有五位，研究生班有十多位，总共有二十位左右。因为大学学习期间修过伦理学课程，所以一进校门，王育殊教授就安排我和另外一位同学到南京师范大学为政教系的学生讲授伦理学，后来又到镇江师范专科学校讲授，隐含着导师的信任。当时我的小家庭在扬州大学，女儿在外婆家，因为读研时扬州大学有期待和要求，加之三地分居的家庭生活负担较重，基本定位是回扬州大学工作，所以给自己的学术压力不是很大。但到第三学期时，萧先生已经放出话，我必须留校，不可能回扬州。我深知萧先生一言九鼎，便开始考虑完成一篇高质量的硕士学位论文，以为未来的学术发展做储备。在开题之前和研究之初，就到北京等地游学，向周辅成先生、宋希仁先生等请教，也与中国人民大学等高校的同专业研究生交流。

  这个选题实际上是两种冲动的调和，一是历史的根基，二是现实的抱负或指向。两个方面都是我的追求，所以最后形成了一个从作为中国传统伦理元典的《四书》，到道德现代化这样跨度很大的选题，驾驭的难度非常大。为此，在选题确立和论文准备过程中，我做了相当艰苦和仔细的准备，主要是两个方面：一是基本概念的研究和论证，二是写作方法的训练。论文选题和写作中涉及"道德理性"和"人情主义"两个基本概念，在硕士学位论文写作之前，我便写了几篇长文，一是《道德理性机制的结构与品格》，在《哲学探讨》上发表；一是关于"人情"概念的研究，因为人情主义是研究中最具个性的概念，因而写了几篇论证文章，先后在《江苏社会科学》《宁夏社会科学》等发表。这一准备过程非常艰苦。记得那是个炎热的夏天，自己在扬州的顶层宿舍里辗转反侧，没有空调，甚至电扇也不敢开，晚上一觉醒来，感觉嘴里被满满塞住，用手一掏，是一块大血块，第二天到苏北人民医院急诊，化验下来，医生误以为我从事与核辐射有关的工作，血小板已降到临界点，只好"小公鸡侍候"。而就在那个时候，自创了一个很笨却很管用的写作方法：先构思一个非常详细的写作提纲，详细到每一个自然段，以保证最合理地完成主题，于是在日后的写作中实际上就是做"填充"；写作完之后，是较量韧劲和耐心的修改，从每一部分、每一节、每一句话，考察它们是否最恰当、最准确地完成了主题要求的任务。所以，写作进程往往是：构造提纲需要一周，一篇万言文写作只需要两天，但修改也需要一周左右的时间。这种方法我沿用了相当长的时间，长期坚持，直到前些年，构思都是占用我研究的时间最多，但已经不需要详细提纲乃至只需要一些灵感性的结构安排，一篇长文便可以于思想的驰骋中完成。这是笨功夫，也是硬功夫，这种死功夫自硕士阶段开始摸索和形成。

写硕士学位论文时没有电脑，我便用银行记账的那种最宽的账簿本写作，初稿写于稿纸中央的三分之一部位，其余三分之二全部留着修改。每一段、每部分，甚至每一个词，都经过认真推敲和修改，所以我对东南大学校园中的那几条主干道特别留念，因为无论皑皑白雪之上，还是夏日蝉鸣之中，我不知流连了几千个来回，思想在轻轻的脚步中逸出，语言在蜿蜒的身影中锤炼。最后论文修改下来，面目全非，但是直到现在，论文在何处以及如何修改了一个词，依然历历在目。所以呈送王老师后，几乎一字未改就通过了。这篇硕士学位论文提出的最重要的观点也是所谓"原创"，是关于《四书》"伦理人—仁爱—德化—中庸"的伦理精神结构，以及"人情主义"的伦理精神形态。我不满足于以人文主义、人本主义诠释《四书》和中国传统伦理精神，大胆提出了"人情主义"这个被熟知但又未上升为学理的概念，以此作为中国伦理精神的民族形态。论证当然不成熟，但无论对"伦理精神"的追求，还是寻找伦理道德的中国话语的努力，事实上已经萌芽，它对我日后的学术发展产生了很大影响，虽然现在已经不再讨论人情主义的问题，但论文写作过程中对《四书》的研究尤其是整体性研究，却是我学术发展的"根"所在。对日后几十年研究影响最大的是，"伦理精神"的概念和话语已经在我的学术作品中出场，并且是以标题的方式"闪亮"登场，虽然它缺乏底气，因为缺乏充分的学术论证和学术支持，但它是思想的单细胞，包含着日后发育成长的全部可能。论文取得了成功，完成后将油印本寄请北京大学的周辅成先生指教，周先生写了满满两页纸的评价寄回，认为它"达到了相当纯熟的程度"，当然也提出了进一步完善的建议。周先生的评价当然是鼓励，但以周先生在我们心目中"祖师"和泰斗的地位，这些鼓励确实让我好好偷着乐了一阵子，并成为进一步研究的重要"正能量"之一。

《中国伦理的精神》的原名为《中国特色的道德文明》，意在追问"道德文明"的"中国特色"到底是什么？写作过程很有意思，充满了一个年轻人在勃发的年华追求学术的故事。整个写作过程，桌面上几乎没有放过一本参考书，完全凭借写作硕士学位论文过程中对资料处理的记忆，以及思考和研究时的学术积累。年轻时记忆力好，记得上大学时，讲授马列原著课的刘道镛教授说谁能将《费尔巴哈论》全文背诵下来，就能得满分，结果我真的几乎一字不落地背下来了，当然不是满分，好像是96分。这部处女作的最大原创有二：一是将由儒家、道家、佛家为主体形成的中国伦理精神，诠释为德性、道心、佛性的三维结构；二是将这个三维结构表达为"自给自足"的伦理精神形态。这是两个大胆得至今还让我有点后怕的假设。因为当时除"德性"这一概念有不少人使用，其他两个概念在伦理学上还很少使用。至今还清晰地记得,当年那个简易的工作台前,当在灵感的冲动下落笔"道心""佛性"时,自己也很忐忑,根本没把握,但一闪念是:先不管吧,"姑妄言之",下文再论证。对佛家当时了解很少,只读过赖永海教授的《佛性论》,正好几天后在南京博物馆有一个座谈会,我便请教赖教授,能否用一句话概括佛教的精义,他仰头思考了片刻,扔给我八个字:"觉行圆满,自觉觉他",可见其学术功力之深。关于中国伦理精神的结构形态,相当程度上更似学术本能的直觉。德性、道心、佛性都构思好了,当进行整体把握时,"自给自足"四个字便从笔端流出,没经过苦心煞思的过程,只是论证而已,后来若干年后才发现,伦理精神或精神世界的这个自给自足,正好与中国自然经济的自给自足相匹合,形成自给自足的"自然经济"与自给自足的"自然伦理"的"自然生态",于是不免自得一番。现在想来,这两个重要立论都纯属"大胆假设",当时还没读过胡适的"大胆假设,小心求证",是思辨哲学的训练,让我有了这样的本能。书稿的"后记"写到最后,筒子楼上的邻家小孩正在过生日,嬉闹之中一盆水从窗前倾泻而下,打湿整本稿纸,好似孙悟空的水帘洞,于是灵感一来,即兴落款"水帘居"。从此,"水帘居"伴随着他的主人的那个风华而艰难的岁月诞生了。更有意思的是,当时正是1989年"六四风波"的南京高潮,书稿完成后上街买菜,菜场上到处议论"街上大游行了"。世界在激荡中,我却浑然不知,在斗室专心致志地写作,真是"躲进小楼成一统,管它春夏与秋冬"啊。

书稿完成后,一直为书名纠结,觉得"中国特色"过于时尚,在床上辗转反侧了好几天,想用"中国式",但也不够味,最后决定折中,用一个副标题"传统伦理精神的结构形态及其现代转化",这是我所有著作中唯一用副标题的,由此我也知道,副标题往往是思考不成熟,陷入纠结的表现,所以严禁自己也严禁学生用副标题。最重要的是,"伦理精神"的概念自硕士学位论文的"猜想",已经在这个第一部出版物中"粉墨登场",它犹如一个学术的婴儿,伴随我一道成长,直到现在。遗憾的是,正要交稿,传来消息,郭齐勇教授在那个特殊的岁月遭遇挫折,丛书不能出版了。于是便有时间从长计议,请周辅成先生和当时蜚声海内外的新儒家成中英先生作序,没想到两位世界级大师一口应允,并很快寄来了专门为它手写的万言长序,令我万分激动,感恩至今,它们是我得到的第一份序,也是我唯一请大师为我作的序,日后就没再请过,有的著作前的"导读"之类都是出版社约请的了。最后该书由河海大学出版社出版,那时我是一个穷书生,无经济能力也无人脉出书,河海大学出版社当时办得很火,一个研究生时期的同学帮助我出版,由此我掘得了学术人生中的第一桶"金"。

这本书给我带来喜悦,也带来麻烦,它得了《光明日报》评选的全国优秀学术著作三等奖,当学校告知我这一消息时自己也有点不相信,因为没申报,虽是三等奖,也很知足了,当时南京好像只有三位学者获得,且其他两位都是大家。但是因为整个写作过程全是凭着学术储备一挥而就,于是在日后我们申报博士点的关键时刻,"有心者"将书中某一句、某几句与相应几本书相对照,发现几句雷同,便揭发"抄袭"。平心而论,"抄袭"没有,因为那几本书当时已经不在手边了,但在记忆中不经意地将有关书的几句话复述因而在话语中相似是有的,这也是不成熟不严谨的表现,虽然在中国学术复兴之初,这是普遍现象。这些,都是成长的喜悦,成长的烦恼。后来,1995年,台湾为这部书出繁体字版时,我对自己的学术反思和学术自觉已达到一定程度,于是将书名更改为《中国伦理的精神》。

2. 曲二:历史建构

《中国伦理精神的历史建构》延续了它的同胞的风格,似乎更稳健了些。这部书的主题、特色和贡献在"历史建构"。一方面,它不是一部简单的中国伦理史,而是将中国伦理史当作中国民族的伦理精神的历史建构的辩证过程,因而在儒、道、佛诸结构、诸学派、诸代表性的人物之上,始终有一个普遍而永恒的"中国人"存在,这个"中国人"在自觉地进行自己的伦理精神的"历史建构";另一方面,其重心不在各家各派的伦理思想,也不在他们伦理思想的知识考古与学术考证,而在于说明它们在如何互补互摄,形成"中国伦理精神"的整体形态及其辩证发展。这部书是在给研究生讲授"中国伦理史"课程的基础上形成的,该课程共60课时,1988年我写了第一稿60万字的讲稿;1990年,通过两年讲授,将它压缩成30万字的讲义,取名《中国伦理精神的生长》,"生长"一词,充分表达了它的学术特色和学术追求;1991年开始对它进行再修改,形成40万字的书稿。当时教学、科研、行政的任务已经很重,我开始进行一项探索,如何形成教学与科研的良性循环,于是摸索"教材当作专著写,专著当作论文写",虽然难度很大,却挺有收获,因为它逼着自己将教案的每一章都必须做得很严谨,很有新意。第一轮讲授就取得成功,自己和学生都有一种共同的感觉,似乎找到一根项链,将伦理史上的颗颗珍珠串在一起,可以佩戴,也可以玩赏。所以,直到现在,我都认为并且经常跟学生说,学问做到一定的境界,是有美感的,可以把玩,可以玩赏。

第三稿的写作非常辛苦。我有一个习惯,无论论文还是著作,如果要作大的修改,那就干脆重写。于是,1991年暑假,将女儿送回老家,我开始闭门写书。那间位于公共水房北边的小屋非常潮湿,不敢用电风扇,南京的夏天殊有

"火炉"之称。于是,便围着一条湿毛巾,脚下踩一盆冷水,给自己规定的任务是每天完成一万字。这样持续了约三十天,完成了这部书稿,但一身痱子,奇痒难忍。当时我最享受也是最陶醉的时刻,便是"听"到笔尖在稿纸上游走的那种"沙沙沙"的声音,其实,那时我的耳鸣已经很严重,根本不可能听见,只是一种心灵感应,所以,我很相信海伦"听到花开的声音"的那种感觉,只要用心,花开的声音是可以"听"到的,也充分领会到道家所说的从"听之以耳"到"听之以心""听之以气"的那种升华的"撄宁"境界。这部书写到最后的学术感觉,好似敲鼓,从鼓边向中心延伸,最后我分明清晰地听到中国人心脏跳动的声音。这时我摔掉笔,感觉完成了,我听到了中国人心脏的跳动,我把握了中国人伦理精神的脉动,我可以收笔了。所以我一直强调"学问的感觉",如果找不到学问的感觉,学问只是对象化的外在东西,只是一种异化,缺乏灵性,没有生命感。

此稿完成之后,修改的过程更漫长,也更艰苦。我拿着这个稿子,在开学之后的点滴时间中,躲到教室的某个角落,一句一句、一节一节地推敲。那时没手机,躲进教室,上帝也找不着,这样硬是将稿子"逼"出来了。交稿后,按照出版社要求,必须用统一版本进行原文校对。试想,那么多的引文,要在《四库全书》中一一核对,工作量有多大。没办法,寒冬腊月,钻进东大图书馆,一个星期后出来,已是满手冻疮。我对资料检索不内行,当时也没有检索工具,举步维艰,仅为董仲舒就整整查了一天,我想当然地以为他该归于儒家,最后发现竟"被沦落"为杂家阴阳家。这样对皇权忠心耿耿,做出如此巨大贡献的硕儒,最后连皇家本身也瞧不起,它着实引发了我许多深思,对我以后的学术道路产生了重大影响。这本书带给我两大"礼物":在以后若干年中,每到夏天,必生痱子;每到冬天,就有冻疮,那时要做些家务,不小心破了,就会鲜血淋漓。它们让我记住这个艰苦而豪迈的峥嵘岁月。但它也给我带来了很多成功。一是得了一万多元的稿费,跻身"万元户"的行列,当时"万元户"可是"富人"的代名词,用这笔稿费,我装修了后来学校特批的套房;二是得了不少奖,得到不少好评,可以说,它是我的成名作。而且,通过这部书的研究,我找到了属于自己的特殊的学术道路。除了"教学—科研良性循环"之外,我形成了自己的研究战略,这就是:用哲学的方法(主要是思辨方法)、从史学的层面研究伦理的问题,这就是"史—思—论"三位一体的方法,因而是我学术成长中至关重要的一个环节。

也许,这部书在知识或学问的层面有许多不足,但在原创和关于中国伦理精神的整体性研究方面,它的突破是非常大的,而且,它第一次对"伦理""道德""精神"做了比较仔细的考证,已经是关于"伦理精神"和"伦理—道德"

的小心求证。因为发行量小，也因为是在江苏人民出版社这个地方性出版社出版，它的价值也许至今还未被学术界发现。郭齐勇教授当年就读懂了它，在台湾《鹅湖学刊》发了一个长篇书评，指出作者已经不是在"照着讲"，而是在自己建构。齐勇先生是我和我的作品的知音。

3. 曲三：现代建构

相比之下，第三部曲即《中国伦理精神的现代建构》要顺利得多，但故事也少了些。这部书源于江苏人民出版社的约稿，但到底写成什么主题，书名是什么，颇费了一番思量和周折。《中国伦理精神的历史建构》完成后，我已将研究作了很大推进。《中国伦理的精神》是关于中国伦理精神的逻辑结构的大胆想象，《中国伦理精神的历史建构》则是小心求证，它们在主题上一致，所以在《中国伦理精神的历史建构》一书的最后关于中国伦理精神的结构形态及其内在矛盾的分析，基本照用了"逻辑结构"一书的结论甚至内容，但维度已非常不同，形成逻辑与历史的"左右流之"。但这些假设尤其关于中国传统伦理精神的现代价值，还需要进一步考证。

于是，在《中国伦理精神的历史建构》完成之后，我又写了四本书，从理论与现实两个维度展开。第一本是《文化撞击与文化战略》，它试图在世界文化视野中，通过文化比较发现中国传统伦理的现代价值，"撞击"与"战略"已经表明了该书的主题与抱负。与以前的探索相一致，我先在全校开设公共课"比较文化"，一年后将教案印成讲义，讲授三轮之后修改为专著出版。第二本著作是《儒家与日本模式》，它以日本为个案，试图通过日本"和魂汉才—和魂洋才—士魂商才"的"日本模式"的演进，发现并揭示儒家伦理的普遍意义及其转化规律。这两本书是理论考察，第三、四本是现实考察。第三本著作是《道德与自我》，那时我申请了一个国家教育规划重点项目"中国德育哲学研究"，该书试图考察传统伦理对于现代道德教育的意义，这本书开辟了我研究道德教育的一个视角和方向，从此以后，我在教育学领域的最权威刊物《教育研究》发表了13篇关于道德教育的文章，这个记录可能在教育学领域的专业教授中也是很高的。第四本书是《中国人文管理》，考察中国传统伦理对于现代管理和经济发展的意义，拿着这本书，我向管理学泰斗、南京大学商学院院长周三多教授申请报考他的博士生并获得成功。同时还合作完成了《科学文化与中国现代化》，讨论传统伦理对中国现代化的意义。这些著作都在四五年中完成，可想而知多么辛苦。在这些书中，《儒学与日本模式》的相当部分是在北京东路小学的窗台和路边完成的。因为周末要送女儿上绘画或其他课程，她在那儿上课，我便另找一个教室的窗台，或坐在路边的一块砖上开始写作，不需要任何资料，带一本稿纸足矣。1994年，台湾文史哲出版社出版了我的《中国伦理精神的历史建构》的繁体字版。1995年，台湾五南图书出版公司将我的《中国伦理的精神》（《中国特色的道德文明》）、《儒学与日本模式》《中国人文管理》一并出版，可以想见，在那个年代，四本书在这个小岛一并上架，也是有点"风光"的，那个时代"琼瑶们"的小说向大陆款款而来。五南公司给了我不错的稿酬，后来我到牛津大学进修的费用基本上动用的是这些钱。

这四本书完成后，我以为可以着手写作第三部曲了。不过，当时对自己的研究计划还不是很自觉，所以那个夏日在家中的沙发上不知冥思反侧了多少个时日，最后决定以"中国伦理精神的现代建构"为主题和标题。这是我完成的第一本60万字的大部头著作。全书分历史、理论、现实三卷。历史卷探讨传统伦理的精神体系及其现代转化，理论卷探讨现代中国伦理精神建构的哲学理念，现实卷探讨伦理精神现代建构的经济、社会生态。这本书最大的突破，是开始形成并提出"伦理生态"的概念和理念，寻找伦理与文化、经济、社会的整合点与互动点，这是一个很重要的原创和突破。只要看一眼三卷前那个一页纸的高昂奔放的卷首语，就可以想象当年的写作状态，找到那种几乎要燃烧自己的火辣辣的激情。理论卷完成后，我参加了中国青年代表团访问日本，将它打印出来随身携带，一方面继续推敲，另一方面更多的是带些孤芳自赏，我常用这种方法奖赏自己，奖赏的过程中也发现问题。结果因为第一次出国很好奇，很多问题需要思考，也因为作为一个南京公民与日本有太多的"前意识"纠结，一个月的日本旅程中因向日本的几十个接待单位提出了太多的问题，中国代表团的同仁们很自豪乃至很骄傲，但日本方面似乎对我的身份有点怀疑，一次回宿舍时发现箱子显然被打开过，可能他们打开后发现是这样一本古董书稿，也就不再怀疑我的教授身份了。不过，那个年代，作为一个年轻的教授而且是作为杰出青年中唯一的年轻教授，自我感觉好也是重要的原因。

在这部书完成的同时，我还完成了博士学位论文《经济与人文力》，在这篇论文中完整地提出了"人文力"的理念与理论，日后中国社会和中国学术的发展表明，这也是一个重要的理论原创。但是，因为我当时没有出版这部著作，后来发现这个大交叉的学术研究成果有不少需要完善之处，就拖下来了，成为至今我的早期研究中唯一没有出版的著作。在写博士学位论文的过程中，我曾在《管理世界》《管理工程学报》等管理学界的顶级刊物上发表了几篇伦理与管理、经济大交叉的论文，而且居然发表得很顺利，这说明交叉学科研究是比较容易取得优势的，"中国人文管理"课程后来在我们举办的中高级干部培训中成为最受欢迎的课程之一，也是证明。

"中国伦理精神三部曲"研究出版过程中还有一些重要的细节。《中国伦理的精神》《中国伦理精神的历史建构》两书，都是分别由周辅成先生、成中英先生作序，周先生万字长序的题目是《人民的传统与文化》，写得确实酣畅淋漓，深刻得入木三分，在出版《中国伦理精神的历史建构》时，江苏人民出版社提出该序观点比较尖锐，不肯出版，我争取了几次未果，也就顺从了他们，其实这也是我的杂念。当时我一心想将这部书出版，作为一个年轻学者，地位和影响也不足以与他们较劲，只好在心里对周先生说"对不起"，没想到周先生很大度地说"没什么"。1995年台湾出版我的《中国伦理的精神》时，五南图书公司也觉得周先生的观点有点敏感，同样不愿意刊用这个序。周先生知道后有点失望地说，没想到我的文章在中国大陆和台湾地区都不受欢迎。其实，周先生这篇序是真正的大家之作，今天我们提倡"人民的发展观"，周先生在三十多年前就讲"人民的传统与文化"，可见思想之前沿，目光之锐利。这是我对周先生的亏欠，我常想，今后如果修订或再版这三部曲，我一定要把周先生这个序恭恭敬敬地呈上，决不再妥协。这三部曲中的两部都是江苏人民出版社一编室主任周文彬先生帮助我出版，做我的责任编辑，他是著名美学家，对此我感恩至今。周文彬先生荣休后被一家杂志聘为主编，每次周先生向我约书稿，我从不谢绝，也许这是我聊表感恩的唯一方式了。

二 叩问形上世界："道德哲学三部曲"之第一次学术转型

《中国伦理精神的历史建构》研究过程中所探寻的"用哲学（思辨）的方法，从史学的层面，研究伦理的问题"的方法和特色，已经表明我对哲学思辨的形而上学的偏好，事实上，无论大学还是研究生期间，我所受到的最重要的学术训练和学术诱惑，是萧焜焘先生的思辨哲学。虽然出版了关于中国伦理精神的三部曲，并发表过许多关于中国伦理、中国文化、中国哲学的论文，但我一直不敢说我是研究中国伦理或中国哲学的，因为我没有很好的文本功底，甚至这是我的短板，即便在上大学期间我曾将王力先生的四本《古代汉语》全部啃了一遍，也只是说语言上有基础而已。所以，"中国伦理精神三部曲"完成后，很自然乃至很本能地转到关于伦理道德的形上研究，至今已经走得很远，它既是"思"，又是"论"，还是"理论建构"。这一越走越远的行程有偶然，也有必然，其代表性著作是"道德形而上学三部曲"——《伦理精神的价值生态》《道德形而上学体系的精神哲学基础》《伦理道德的精神哲学形态》，三部独著共160万字，主题是对"中国伦理精神三部曲"中揭示的"伦理精神"的形而上学叩问，书名已经昭示了自己在形上世界中徜徉的心路历程：道德哲学的方法、基础、形态，而独特的学术视域是：精神哲学。

1. 叩问一："价值生态"

这一过程开启于对《中国伦理精神的现代建构》的学术反思。在这本书的后记中，我曾坦陈，这本60万言的书最大追求是提供思想，它以"责任感、独创意识、拼命精神"为三元色，虽然它是稚嫩的，"不过，既然不想创造经典，既然不是把它作为自己研究的最后更不是最高的成果，这些不成熟恰恰就为日后的进展留下空间，更留下了课题"。那时我37岁，这是一个在岁月上充裕得有点奢侈的年轻学者的坦白和独白。的确，在相当一段时期内，我害怕成熟，也拒绝成熟，因为我几乎有点神经质地认为，"成熟"了也就可能"止步"了，"终结"了，无论黑格尔体系还是许多大师们的治学经历都证明了这一点。然而，第二轮竞争博士点所经历的挫折催我"成熟"。所以，当还处于对这部被时任江苏省委宣传部部长的王湛先生在首发式上鼓励为"皇皇巨著"并且得了江苏和全国诸多奖的60万言书自赏甚至陶醉中时，我决定对《中国伦理精神的现代建构》进行反思和再研究，本意是对它的重写和续写。1998年下半年形成的初稿有80多万字，此稿投给中国社会科学出版社，出版社社长兼总编辑张树相先生收到目录的当天傍晚就打电话给我，决定作为重点书出版，并且将稿子分别呈送北京一些大家们审读。审读专家在充分肯定的同时提了不少修改意见，而责任编辑冯斌更是严苛得几乎有些"发难"，并于1999年第三稿后强烈要求对全书进行压缩。于是，我决定再次对它重写，并在一段时期躲进宾馆潜心思考，最后形成《伦理精神的价值生态》这本40万字的著作。在它的后记中有这样一段文字："这个思想的'千禧婴儿'，在探出头来对新千年的黎明投上好奇的蒙眬一瞥之后，又不无遗憾地回到母腹，与它的主人一道接受分娩前剧烈阵痛的考验。"因为我本来想将它作为新千年的礼物，不想它难产腹中。

《伦理精神的价值生态》与《中国伦理精神的现代建构》有太多的藕断丝连。我本意是对它的重写和续写，所以在不少概念、观点甚至内容上有相似和重复之处，但它已经是一部地地道道的新作，是学术上的一次重大推进。这本书最重要的原创，是提出"价值生态"的理念，并建构了一个概念和理论系统。它以"生态觉悟"为20世纪人类文明的最大觉悟，试图以"生态合理性"回应理论和现实中的两个前沿性课题：理论上，在正义论与德性论的大论战中，回应"谁之正义？何种合理性"这个著名的"麦金太尔之问"；现实上，回答全球化背景下所谓"普世伦理"的难题。关于这两大前沿的追踪分别作为全书的绪论和结语，并取得了成功。绪论"开放—冲突中伦理精神的生态合理性"在《中国社会科学》发表；结语"伦理精神的生态对话与生态发展"在参加世界中国哲学大会后，被方克立教授主编的中国社会科学院研究生院学报选作此次哲学大会最有代表性的三篇论文之一，其他两篇分别是两位当代新儒学大师刘述先先生、成中英先生的大作。全书的正文部分系统地提出并论证了伦理精神的三大价值生态，即伦理—文化生态、伦理—经济生态、伦理—社会生态，并寻找它们的生态互动点。

这本书是我学术进程中由青年的勃发或爆发期走向相对成熟期的重大转型的标志，无论在立论还是表述方面都追求更加严谨和成熟，原创性也很强。遗憾的是，这部自己认为很重要的著作却没得到该得到的奖项，在江苏省政府的评奖中，因为我得的大奖已经较多，所以让它"逊位"了，教育部评奖也无果而终，但我一直将它当作我的学术历程中最重要的著作之一。当然，由于这次"催熟"，诗意或那种纵横驰骋的思想活力明显受到抑制，重要原因之一，是年龄与经历让心态也"老成"了些，年过四十，总觉得自己该"不惑"。这是一种非常可怕的年轮意识和自我暗示，所以我总觉得孔子的"四十而不惑，五十而知天命"给中国知识分子太多的沧桑感，犹如孔子在中国文化中的地位一样，让中国知识分子早熟而早衰，相比之下，道家的"忘年""天年"是一种更高的境界。直到现在，我还觉得自己为孔子的"年轮智慧"所羁绊，试图挣脱，但又缺少那种超越性的活力与智慧，不过有一点很自觉，在学术研究中回到诗意，找回那失却的青春活力。

2. 叩问二："精神哲学基础"

第三部曲《伦理道德的精神哲学基础》相隔差不多七年才问世，因为这期间经历了我身体的第二次大难，但也正是因为这次身体变化，促成这部书的诞生。我常这样评价自己：我是一个自己活得不轻松也让别的同仁们活得不轻松的人。这是一种可怕的"自知之明"，因为它只是一种"伦理意境"，却难见行动改掉这个毛病。

2000年，我们获得博士学位授予权后，我们系的伦理学科已经完成了博士化，于是我又开始做起美梦，启动下一个进程："土博士脱土"的国际化。我有一个习惯，当提出某个重要战略时，先从自己身上尝试。当年团队内部的博士化提升战略实施时，我第一个去读在职博士，这次"脱土工程"也从自己开始。2001年，我申请了"教育部振兴行动计划"院长系主任出国进修项目，因为没空脱产进修外语，而我们这批七七、七八届的"老大哥们"，大多是哑巴外语，所以只能利用空闲时间自学。当年收到哈佛大学哲学系、哈佛燕京学社、哈佛费正清研究中心三个单位的邀请函，但生不逢时，遇上美国"9·11"事件，两次签证被拒，很有挫败感，于是应牛津大学哲学系主任约翰·布鲁姆（John Broome）的邀请，改签牛津，顺利成功。到牛津大学哲学系前，收到牛津大学中国研究中心邀请，做一次公开演讲。本以为这是"中国式客套"，但到后一个多月，发现他们已在网上发了公开通知，时间只有一个月左右，于是只能加速准备，因为我的英文基础不太好。那天同在牛津做访问的中国人民大学哲学系主任焦国成教授邀请我到他的威尔士家中玩，我犹豫了一下，很是想去，但又觉得该全力准备演讲，不料就在那个星期天，先是感冒，加上异国他乡生病时心理与身体上的紧张，倒在牛津大学哲学系的公共办公室中，引发耳鸣和听力下降。想当然休息一段时间会自然好，但病情日益加重。坚持到5月，勉强完成了牛津演讲的任务。当年正值东南大学百年校庆，学校希望我回校参加庆典，并安排我做大会发言。我于5月底中途回国，试图治疗后再回牛津。因旅途劳累，病情加重，回国也未能参加庆典。省委常委、宣传部部长王霞林先生发现日程变化后知道我的情况，亲自登门慰问，并安排九十多岁高龄的著名老中医、中医药大学教授甘祖望老先生为我治疗，本以为一切搞定，但一个多月后虽有起色，仍无改善，最后被朋友"强行"送到上海复旦大学附属医院。当时情况已经比较严重，必须进特需病房，但因我不是"厅局级"，难以安排，校党委书记胡凌云教授当机立断，发去了一份"擦边"的证明，因为我以前曾长期兼任省青联副主席，虽无待遇，这个证明也不算完全作假。在上海住院56天，未能治痊愈，只是控制住了病情，最后只得回来。心情可想而知，那时病痛难熬，心情焦躁，真是度日如年。

  为了打发这痛苦的时光，一天中午，我在书房的窗前偶然拿起黑格尔的《法哲学原理》，开始了一种新的状态。《道德形而上学的精神哲学基础》一书的后记中这样记载："那天中午，病痛如往日折磨得我难以入眠，也难以入座，望着窗前西斜的冬阳，我下意识地取出书柜中的《法哲学原理》。看了不到一页，我发现沉浸于这个怪石嶙峋的世界，病魔似乎也有些藏匿。于是，我给自己开了一服虽不能治病但却可以挨过如年之日的药方：暖阳下啃'天书'——在勃发而忙碌的日子里无暇也无心意沉下来读的黑格尔哲学著作。"在身体开始有所恢复的时刻，居然将这本书"啃"了一遍。但这时已有点难以收手，又开始"啃"《精神现象学》。这样，当重返讲台时，我便开始给博士生开设黑格尔的《法哲学原理》与《精神现象学》，并以此为重要的学术资源，推进学术研究。

  《道德形而上学的精神哲学基础》的重要突破在于：已经提出伦理道德研究

的一个特殊视野和方法——"精神哲学",其潜在的创新在于:将伦理道德当作"精神",而不是康德式的"实践理性",在精神辩证发展的哲学体系和现实运动中把握伦理道德的本质。但是,书名同样昭示,它的任务不是建构道德形而上学的理论和体系,而是为伦理道德寻找和确立"精神哲学"的"基础"。绪论已经表现出明确而强烈的问题意识:"'实践理性'与'伦理精神'",它要走出康德的"实践理性",回归"伦理精神"。全书建构了一个近60万言的宏大构架,分上、中、下三卷。上卷"道德体系的形上理念及其现象学辩证",探讨道德形而上学体系的现象学结构,对伦理道德的逻辑体系、历史体系,以及20世纪关于伦理道德的三大理论范式,即"经济决定论""理想类型论""经济伦理论"进行系统的哲学澄明,在此基础上提出关于道德体系的"第四种理念",即基于"生态合理性"的"生态世界观"。中卷"'冲动的合理体系'与道德体系的法哲学结构",探讨道德形而上学体系的法哲学结构,对"伦理冲动"及其"体系"、"经济冲动"及其"体系",以及"冲动力"的合理体系进行了全面清理和阐释。下卷"'精神'的现实运动与道德形而上学的历史哲学回归",探讨道德形而上学体系的历史哲学结构,对伦理精神的历史哲学运动与道德形而上学体系的精神哲学形态进行哲学澄明。结语"伦理精神'预定的和谐'",以"走向和谐伦理"为结论和追求。很显然,这是一个现象学—法哲学—历史哲学三位一体的道德形而上学体系,它在理论上试图原创性地回答一个问题:"道德形而上学体系的精神基础"是什么? 就是现象学—法哲学—历史哲学的统一。

这部书最后的落款是"东南大学'舌在谷'"。从"水帘居"到"舌在谷",是人生一次重大转变和觉悟,虽然二者的底色都是一个"苦"字,但"水帘居"有苦中作乐的浪漫,而"舌在谷"则是苦中禅悟,其灵感起于我的书房中挂的那幅《老子舌在图》。老子出关时以舌头与牙齿的关系向弟子开悟柔弱胜刚强的智慧,在那个人生最艰难的岁月,我没有强,也不能软弱,只能柔,只能韧。我所执着的不是佛家的"忍","忍"字心上一把刀,我认为这没达到境界,我崇尚"韧","韧"字虽然也带"刀",但面对千丝万缕的"韦","韧"能坚持,"韧"能坚守。有"韧"在,就有希望在。

3. 叩问三:"精神哲学形态"

《伦理精神的价值生态》为伦理道德寻找形而上学"理念",《道德形而上学体系的精神哲学基础》为伦理道德确立精神哲学"基础",而《伦理道德的精神哲学形态》为伦理道德辩证精神哲学"形态"。理念、基础、形态,分别构成道德形而上学三部曲的学术主题和理论重心。

《伦理道德的精神哲学形态》本是一个国家重点项目的成果。从书名便可以看出它与前两部书的关联与推进。它的聚焦点依然是"精神哲学",但对象已经不是"道德形而上学"而是"伦理道德",它的主题已经是"形态"或"精神哲学形态"。与前两部书相比,这部书的形成似乎是一个"自然"的进程。2010年我申请了国家哲学社会科学重点项目"伦理道德的精神哲学形态研究",后来经不住同仁们的鼓动,又作为首席专家申请了国家重大招标项目"现代伦理学理论形态研究",当年便去伦敦国王学院做访问教授。在随后的五年左右的时间中,我发表了大量文章,2014年暑假,在去德国和英国学术访问的飞机上,我对在发表的几十篇文章的基础上形成的书稿进行体系化建构,最后发现最恰当的主题和书名还是《伦理道德的精神哲学形态》。

这部60多万字的著作试图探讨伦理道德一体、伦理优先的中国伦理型文化对人类文明的独特贡献,以及入世的伦理型文化背景下伦理道德发展的独特规律。它试图攻克的理论前沿是"伦理"与"道德"的关系,现实前沿是伦理道德发展的精神哲学规律。在学术界尤其中国学术界,伦理与道德的关系无论在概念还是理论方面,都是一个难题和前沿话题,目前的进展是由粗枝大叶的"不分",进展到"分",但到底为何"分"、如何"分"并没有真正的理论自觉,更重要的是,"分"了之后便不能"合",于是便陷于伦理与道德的精神分裂,无论学术研究还是现实生活中的习惯话语都是"道德"而不是"伦理"。该著的书名中使用"伦理道德"的话语,已经表明伦理与道德一体的理念,表明伦理道德发展的精神哲学规律是"伦—理—道—德"规律。

全书同样展开为历史—现实—理论的三卷结构。绪论提出一个追问:"'我们'的世界缺什么?"它用历史叙事的方法提出问题并进行言说,从中西方文明开端的"苏格拉底之死""上帝之怒"的西方伦理悲剧,"孔子周游""老子出关"的中国伦理喜剧,还原文明初年伦理世界解构的历史画面;进展到"上帝死了"和"打倒孔家店"的近代文明的"伟大的可恨";最后归结于"同是天下沦落人"的20世纪中西方文明的"伦理觉悟"。由此证明,人类文明的终极课题,精神史的基本问题,不是"人应当如何生活",而是"我们如何在一起"。上卷"伦理道德的两大'精神'传统",呈现中西方伦理道德的原生态,以及遭遇现代性颠覆的"后伦理时代",以此揭示,中华民族之所以形成伦理型文化,中国伦理型文化对人类文明的最大贡献,就在于创造了伦理道德一体、伦理优先的精神哲学形态。中卷"伦理道德的现代'精神'问题",运用本人主持的2007年、2013年两次全国大调查的资料,从海量数据中筛选共同信息,描绘现代中国伦理道德的三大轨迹:伦理道德转型的文化轨迹,市场化与全球化背景下伦理道德发展的问题轨迹，伦理道德与大众意识形态的互动轨迹；进而证明，当代中国伦理道德的精神哲学形态，依然是伦理道德一体、伦理优先的形态，伦理道德一体律、伦理优先律、精神律，是现代中国伦理道德发展的三大精神哲学规律。下卷"伦理道德发展的精神哲学规律"，从理论上探讨伦理道德发展的精神哲学规律，尤其是伦理之"公"与道德之"民"的关系，回答伦理道德精神哲学形态的一系列基本理论问题：伦理道德，因何期待"精神哲学"？伦理道德，为何"精神"？伦理道德，何种"中国形态"？最后得出结论："走向伦理精神。"结语是一篇4万多字的长文——"伦理道德的精神哲学对话"，这篇长文系2014年《哲学年鉴》的特约稿，它在由"轴心文明"向"对话文明"转换的大视野下，进行中西方伦理道德的精神哲学对话。该著已于2015年由中国社会科学出版社印出样书，但我还想在此基础上再作重大修改，所以还未正式发行。

4. "伦理精神"的形上转型

"道德哲学三部曲"——《伦理精神哲学的价值生态》《道德形而上学体系的精神哲学基础》《伦理道德的精神哲学形态》，在出版时间上先后有15年之久，它们分别对应关于伦理道德的三大形而上学主题：理念、基础、形态，视野始终是"精神哲学"，聚力点始终是"伦理精神"。它们想完成一项努力，将伦理道德还原为"精神"，在"精神哲学"的视野下探索伦理道德发展的规律与形态。核心理念和理论，甚至在相当意义上创新点和贡献点是"伦理精神"。《伦理精神的价值生态》提供伦理精神的三大"价值生态"：伦理—文化生态、伦理—经济生态、伦理—社会生态；《道德形而上学体系的精神哲学基础》提供伦理道德的精神哲学体系的三大形而上学结构：现象学结构、法哲学结构、历史哲学结构；《伦理道德的精神哲学形态》呈现伦理道德的三种精神哲学形态：伦理形态、道德形态、伦理道德形态。三部著作完成的哲学历程是：走向伦理精神！

相对于"中国伦理精神三部曲"，它是我学术研究的重要转型，可以简单表述为"形而上学转型"，所以，当第一部曲完成后，就有学者发现这一倾向。第二部曲是我苦厄中修炼的结果，完成后不少伦理学界同仁说有点看不懂我的作品。确实，我的论著很哲学化，尤其在伦理学界可能是最"哲学"的作者之一。但是我固执地认为，伦理学既属于哲学的一个分支，既然是道德哲学，就必须有足够的哲学含量和哲学高度，"在哲学"而又不够"哲学"，这是伦理学的缺陷。当然既然被认为难以看懂，那也说明没有达到境界，真正高远的境界是"绚烂之极归于平淡"，是出神入化，这是我努力的方向，可惜还没有达到。而且既然难以看懂，那便要有足够的思想准备充当"小众"，能够忍受冷落和边缘化。所以我常笑谈，自己是做"'狗不理'学问"，像马克思所说的那样，也许只有留待将来"老鼠们去批判"。不过，我认为真正的学术必须经得住时间的检验，当下的评价包括评奖等都只能当作一种"老鼠爱大米"式的自我陶醉，几十年后能否沉淀得下来，才是真正的检验。所以，我守着一种"为身后做学问"的心态，虽不能完全出世，但并不太在乎外部评价，而是严谨地写好每一篇文章，认真用好每一个文字，其他也重要，但并非最重要。

三部曲得到了学界同仁和前辈的肯定。2008年夏，我在看望周辅成先生时将前两部曲呈送先生指教，10月10日收到周先生以九十八岁高龄挂号寄来的亲笔信，极辞鼓励："创见甚多甚深刻……可贺！可贺！甚望继续前进。在我友人中，惟唐君毅先生可相比拟。"先生的这些鼓励，让我脸红，愧疚至之。正如先生的一位得意弟子所说，先生对年轻人的鼓励，总是让我们不好意思。将先生的鼓励之辞写出，不是企图拉大旗作虎皮，而是表达一份敬意，一份愧意。我们在前辈的帮助鼓励下成长，我多次琢磨，也有点怀疑，这是否是先生的最后一封信。第二年的5月1日，我去邮局寄另一本新作《文化与安身立命》给周先生，因去得太早，邮局假日还没开门，当天未寄成，随后拖了数日才寄，不料几天后就收到万俊人兄的短信："先生走了……"我相信我的这封信先生最后也没看到，留下永远的愧疚。此事给我震动很大，此后凡事关老人的事，我总想到即做，因为"时不我待"啊！

【作者简介】樊和平，笔名樊浩。东南大学人文社科资深教授，东南大学学术委员会副主任，人文社会科学学部主任，道德发展研究院院长；北京大学世界伦理学中心副主任，资深研究员。英国牛津大学高级访问学者，伦敦国王学院访问教授。教育部长江学者特聘教授（2007）；国家"万人计划"首批人文社会科学领军人才；教育部社会科学委员会哲学学部委员；中宣部"四个一批"人才暨全国文化名家；中国伦理学会名誉副会长；教育部哲学教学指导委员会副主任；国家教材局专家委员会委员；全国哲学社会科学基金评审专家；江苏省社科名家；江苏省中青年首席科学家，"333工程"第一层次（院士级）专家；中国人民大学、中国社会科学院多所大学和研究机构的兼职教授、名誉教授或研究员。江苏省"2011"项目"公民道德与社会风尚"协同创新中心总召集人，江苏省首批高端智库"道德发展智库"首席专家兼总召集人。

学术专访

从传统到后现代：新时代伦理学发展的基础与未来

——李建华教授访谈录

赵 宁 路 强 整理

【导语】新时代既是中国当代发展阶段的概念，也意味着我们必须面对国内外出现的新问题和新变化。不能不说，在这样一个时代中，既有各种古典的、传统的思想元素被发掘，也有后现代的种种思潮涌动。那么，作为有着强烈现实关怀和实践意义的伦理学，则必须立足于这样的时代进行发展。可以说，只有有效整合了各种已有的伦理理论成果，才能以一种问题意识从自我内部进行反思与创新。那么我们应该如何看待当代伦理学的发展，并应该以怎样的方式和维度来进入这一研究序列当中呢？基于此，我们特别约访了浙江师范大学的李建华教授，就新时代伦理学发展的基础与未来的系列问题进行深度解析。

访谈时间：2020年7月
访谈者：赵宁（南京大学哲学系博士研究生，以下简称"赵"）
　　　　路强（四川师范大学伦理学研究所副研究员，以下简称"路"）
受邀者：李建华教授（以下简称"李"）

一　立足于前人理论成果与当今时代要求来重写中国伦理学

赵：李老师，您好！非常感谢您接受我们的访谈。首先，我们想从近年来伦理学界发出了"再写中国伦理学"这样的声音谈起。因为，您去年也出版了《当代中国伦理学》。在此，我们想请您谈谈"再写中国伦理学"何以必要？您认为当代中国伦理学应当是一个怎样的架构？跟以往我们书写的伦理学有何不同？

李：好的，首先谢谢你们的约访。据我所知，"再写中国伦理学"是华东师范大学的朱贻庭教授提出来的，他在《中国传统道德哲学6辨》一书中，通过辨析"伦理"与"道德"的区别与联系，重新思考中国传统伦理学问题，认为这就是"再写中国伦理学"的"理论范式"。可见，朱贻庭教授所讲的"再写中国伦理学"是指再写中国传统伦理学，是研究中国传统伦理学的思路创新。后来，许多学者把这个提法进一步扩展，引申出重写当代中国伦理学的思考，我是从后面这层意义上来理解的。

为什么要重写当代中国伦理学，这里要正确理解"重写"二字，"重写"不是推倒重来，不是另起炉灶，而是在原有伦理学研究成果的基础上，适应时代的需要和理论创新的需要，进一步完善和发展当代中国伦理学，提出新的命题、理论和方法。

重写中国伦理学，首先，是基于原有伦理学理论已经表现出时代的滞后性这一客观事实。中国现有的伦理学基本上是用历史唯物主义原理解释道德现象的一种理论体系，它为中国的伦理学建设和社会主义道德建设做出了重要贡献，但不可回避的是，这种理论体系已经明显地滞后于世界伦理理论的前沿和现实的中国道德生活，其主要原因是传统伦理未实现现代转型以及以苏联马克思主义伦理学为基础的伦理学体系与中国话语之间存在间隙。中国传统伦理文化长期处于独自发展的状态，缺乏与其他伦理文化的交流，表现出鲜明的同质化特征。虽然中国传统伦理思想流派众多，但基本属于"同质异构性的内部文化"。传统伦理学难以适应开放新的现代伦理结构，也很难对当下出现的伦理诉求作出回应。

其次，是现行的伦理学没有体现中国特色。中国主流伦理学带有明显的苏式风格，具有舶来特点。这就造成中国伦理学的言说方式和建设路径没有完全融入中华民族的特殊语境。原有伦理学缺失中国特色的主要表现在以下方面：伦理理论缺乏民族维度、伦理范式缺乏中国特质、伦理立场缺乏中国态度。回溯已有的伦理理论，每一流派都呈现出鲜明的道德态度，比如自由主义将个人自由置于伦理话语的中心位置、社群主义关照共同体的利益等。中国以集体主义作为基本的伦理原则，但尚未形成独特的学术流派。

最后，是因为现行伦理学难以形成世界对话权。在信息高度发达的今天，文化在全球各个角落交流汇集，不同文化的对话已成常态。在全球化趋势中，如何通过对话伸张本国、本民族的道德诉求，增进其他国家、民族对自己的道德理解和道德认同，是摆在伦理学人面前的时代挑战。国际对话不是简单意义上的语言交流，而是赋予自己权利的方式。伦理学的国际对话除了向世界传递我们的价值观念、道德内涵，更要以我们的道德理论影响甚至引导其他文化群体对于道德的理解和价值判断。这就要求我们不但要形成自己的道德话语，更要在道德的言说中形成比较优势，成为道德价值的引领者。原有伦理学过多沉浸在其他文明的道德话语之中，从理论内容到表达方式都根据他人（主要是苏联和西方）的规范与标准。以并不属于我们或者我们不擅长的方式参与交往，让我们难以完成对于既有理论的超越而处于被动地位。

如何来重写中国伦理学，或者说当代中国伦理学应该是怎样的基本构架，这是一个仁者见仁、智者见智的问题。我个人认为，可能要重新界定伦理学的研究对象，改变目前伦理学研究对象的"窄化"状态。我们一直认为，道德是伦理学的研究对象，但伦理学的研究对象不能止于道德现象，伦理学与道德学要有相对分离。因为在传统社会中，伦理与道德是可以互释互通的，但在现代社会中，伦理与道德出现了直接对称甚至断裂的情况，即"道德不伦理"和"伦理不道德"现象。如果我们认同人伦关系及其调节是伦理学的研究对象，而道德仅仅是人伦关系中的一种，那么伦理学的研究领域就要宽广得多，黑格尔在《法哲学原理》中区分伦理与道德时，其实已经给我们诸多启示。

基于这样的认识，我们在《当代中国伦理学》一书中，就没有按照传统伦理学的写法，把道德作为研究对象，而是将伦理现象作为研究对象。主要分为伦理学思想资源、伦理原则、伦理理念、伦理范畴、伦理建设五大板块，另外从新时代对伦理学的挑战，最后落实到中国特色社会主义伦理学的创建，首尾呼应，形成一个相对完整的理论体系。

这样一个理论构架，与传统伦理确实存在许多不同，这既是我们得意的地方，也是我们不安的地方。所谓得意，就是终于在比较短的时间内，整出了一个本子，或者叫中国特色社会主义伦理学的初步探索。所谓不安，就是完全不同于以往伦理学的写法，是否成立，是否站得住脚，还要等待同行的评议。

我们自认为，这个伦理学体系构架与以往伦理学相比，有如下四个主要的不同：第一，没有把伦理学的研究对象局限在道德上，而是以整个社会伦理为研究对象，克服了书名是伦理学而实际内容通篇是道德的做法。第二，全书以新时代中国特色社会主义理论为指导，伦理理念、伦理原则、伦理规范，都是中国特色社会主义理论中的内容，并且强调了与"五位一体"建设相对应的五大伦理建设，同时还特别增加了网络伦理建设，充分体现了新时代的要求，具有鲜明的时代特征。第三，对"中国道路""中国经验""中国模式"进行了伦理学解读，并以此概括出当代中国的三大伦理理念"和谐""发展""公正"。同时,为了克服目前关于社会主义道德规范的不同提法,我们将社会主义核心价值观的个人层面的要求作为伦理规范,使社会主义核心价值观融入伦理学。第四,对构建中国特色社会主义伦理学提出了一个初步想法,应该说是先行了一步。

二 要在伦理学的研究和伦理建构中体现连接性思维

路:从中国传统文化的背景来看,其有着非常明显的伦理特征或伦理特色,与此同时,中华人民共和国成立以后,又将马克思主义作为我们主流的意识形态和指导思想。那么在这两种思想背景或文化背景的影响下,您认为中国伦理学的发展,特别是改革开放以来的发展,呈现出怎样的一种样态,其中的优势和不足有哪些?

李:中华人民共和国成立以来,特别是改革开放40年来,中国伦理学走过了从无到有、从弱到强的历程,取得了可喜的成绩,从自我比较的角度,形成了一定的优势。**一是在苏联伦理学的基础上构建了马克思主义伦理学体系。**改革开放之前,伦理学一度遭受排斥和冷漠,中国伦理学体系迟迟未能建立。改革开放对于思想的解放给予伦理学发展以前所未有的历史机遇。伦理学前辈们以自己的智慧和努力抓住了时代的机会,以苏联伦理学为基础,构建了马克思主义伦理学体系。**二是形成了适应社会主义市场经济体制的社会主义道德规范体系。**改革开放,特别是中国特色社会主义市场经济体制建设,对中国的社会和道德生活产生了巨大影响。从完全的计划经济走向市场经济,是中国改革开放的关键环节。在社会经济结构和经济发展方式的转型之中,产生了对于道德生活新的期待、新的需要。构筑与中国特色社会主义市场经济体制相适的道德规范体系也成为中国伦理学担负的时代责任。**三是关注伦理学基础理论问题。**改革开放的40年是中国走向世界的40年,也是中国伦理学走向国际学术舞台的40年。如果说改革开放之初受制于当时的国内外环境,中国伦理学的交往和视野都具有很强的局限性,那么,伴随改革开放的深入,伦理学的研究对象也开始深入该学科的核心领域。**四是应用伦理学取得了长足进步。**中国社会处于全面转型期,为应用伦理学建设提供了难得的历史契机,中国丰厚的道德传统和伦理学界对人类道德智慧的长期摸索、积累为应用伦理学培植了肥沃的土壤。中国特色社会主义市场经济建设,国家治理体系和治理能力现代化进程,生态文明的进步,医疗、教育和卫生事业的发展等综合体制改革内生了对应用伦理学的召唤。从行政伦理、职业伦理、生命伦理到教育伦理、社会伦理、经济伦理、环境伦理、工程伦理,应用伦理学几乎涵盖了国家生活的各个方面。**五是个性化研究产生了一定学术影响力。**

虽然整体而言，中国伦理学还处于学习阶段，但在一些领域已经形成自己的特色，产生了学术影响力。在现代西方伦理学、应用伦理学等方面，伦理学界出现了一些有影响力的著作。

当然，改革开放 40 年是中国伦理学蓬勃发展的 40 年，是传承优良道德传统、形成自身特色的 40 年，也是逐步融入国际语境的 40 年。但是，我们依然要看到中国伦理学的不足和亟待提升的空间。**一是伦理学基础理论研究相对较弱，有影响力的原创成果较少，伦理学体系有待更新。**毋庸置疑，伦理学作为体系化的学科，源自古希腊传统，是在西方伦理话语中走向成熟的。所以，中国伦理学研究自起步开始就不可避免地要借鉴和学习西方的伦理理论。无论是道义论、功利论还是美德伦理，我们的研究依然没有摆脱康德、洛克、亚里士多德等西方伦理学的基本学术框架。**二是对中国传统伦理思想研究得不够。**我们是在抵御外族入侵、挽救民族危难的艰难历程中迈向现代。所以，我们的文化出现了传统与现代的断裂，传统伦理思想也是如此。在此历程中，我们经历了对传统文化的反思与批判，也呈现出对之否定的态度，一度将传统伦理视为束缚人性的洪水猛兽。这些都导致对传统伦理思想的冷淡和忽视。**三是对社会生活的干预和发声不够。**伦理学界对于社会生活方式和经济改革所带来社会结构的变化也未做好充分的准备。实际上，改革开放对伦理的诉求较以往更为迫切。**市场经济建设是一个全新的课题，市场在解放生产力、构建新型生产关系的同时产生了重新定位行业伦理规范、建设职业道德、以伦理引导交易行为等多层次的伦理需求。四是参与还需要更加积极和主动的态度。**伦理学有待开辟与政府、企业合作的渠道，让学术成果及时转化为社会效应；伦理学需要提高学术的前瞻性和预见性，而不能只是随着社会的变迁而被动回应；伦理学人要植根社会生活、敢于担当社会责任，而不是囿于书斋中完成学术任务。

总之，中国伦理学发展的总体态势是好的，特别是一大批中青年学者知识结构合理，有事业心、有紧迫感，集中围绕如何构建具有中国气派、中国风格、中国特色的伦理学而努力，已经开始从学习模仿阶段进入自主创新阶段，期待有更多更好的成果出现。

路：当代伦理学的发展似乎有着两个倾向：一个是朝向传统回归，即重新发掘中国传统伦理文化的价值，甚至有人认为这些传统伦理元素能够解决现代性带来的很多问题，主张回到一种中体西用的伦理建构中；另一个则是朝向后现代，比较典型的就是强调道德的相对性和多元性。您如何看待这两方面的认识？

李：你说的这两种倾向是客观存在的，并且，我个人认为这也是好的发展趋势。因为当代中国社会处于双重社会转型过程中，即处于由传统到现代与由现代向后现代的转型的过程中，伦理学研究自然就会出现三种视角：传统、现代与后现代，我们身处"现代"，"回头看"与"向前走"都很正常，并且十分必要。

在有关论文中，我曾提出过，当代中国社会的转型并非是单一的、线性的，而是处在由传统向现代与现代向后现代的双重转型中，呈现比较复杂的情形，即现代化的目标（实现发达工业社会）还没有实现（期望是 2050 年初步实现），但后现代文化（或后现代问题）随之而来，由不得你而被"绑架"其中无法脱身。社会的双重转型主要是带来文化转型的混乱或失序，隐含着价值观断裂的可能。一方面，文化的转型必须以现代性为基本参照。现代性的主要特征在于理性主义、自由价值、进步主义对于个体的肯定以及世俗化倾向。自启蒙运动以来，人们对于社会的理解发生了根本性的转向。如果说传统社会理论带有明显的自然主义倾向，那么现代性则带有浓厚的世俗化色彩。社会契约论更是消解了传统权威的神秘主义基础，将自然的社会秩序理解为人类自为的结果——大家为了富宁生活而相互签订契约所形成。在这一转向中，人的主体性得到了充分尊重与肯定，文化生活更多取决于人类的理性——包括科技理性与道德理性。社会不再是先验的存在，而是人类探索的对象，所以历史的规律可以被把握，历史的进步是以人的自由全面发展为导向。在中国社会这一文化转型中，由于传统文化的根深蒂固和现代启蒙的式微，如果没有对传统文化的创造性转化和创新性发展，就可能出现文化观念和价值秩序的断裂。所以，希望从传统伦理文化元素中找到解决现代性道德危机的办法，甚至沿用中体西用路径，也不失是一种思路。

另一方面，中国在社会转型过程中，正遇上经济全球化进程的加快与全面性的加剧，尽管这种全球化趋势目前遇到了挫折，但全球化趋势是不可避免的。这就要求我们清醒地认识到经济的全球化必然会带来文化的竞争与融合，经济的相互依赖必然带来文化的取长补短。而当西方现代化基本完成，进入"后工业化时代"的时候，我们则在拼命追赶"发达工业社会"的指标，受到前现代社会经济模式与后现代经济模式的双重挤压，在文化上则处于功利文化与生态文化的剧烈冲突之中。功利文化侧重的是物质主义的近期自我利益，我们之所以面对诸多共同但有差别的责任依然无法达成一致，根本原因还是在于人们以割裂的方式看待自我与他人、看待目前与长远，宁可扩大现实利益，也不愿为长远的威胁埋单，甚至以非道德的方式追逐额外的利益，并且通过排斥道德的方式为自己辩护。与功利文化相比，生态文化尊崇对于社会生活的全面性、整体性和长远性考量，把社会成员视为社会的有机组成部分，把社会视为自然的有机部分，以普遍联系的观念看待人与社会、人与自然、国家与国家的相互关系。就自然环境而言，环境污染、气候变暖等全球性的难题，都是人们为了获取短期利益而采取高排放、高污染生产方式导致的后果。就人文环境而言，国家主义、狭隘民族主义、民粹主义、地方主义、单位主义、单边主义、分裂主义等都是割裂性思维的产物。宏观意义上的生态伦理文化就是后现代伦理意识，以后现代观念来治疗现代道德病，也是可取的良方。

这两种倾向无非是一个目的，那就是想保持伦理的连续性，避免伦理断裂。由传统到现代、由现代到后现代，构成了当代中国社会发展的一个完整链条，而这三大形态的演进并非直线型的、连贯性的，可能出现断裂。这种断裂既可以是社会要素之间的断裂，也可能是社会主体之间的断裂，更有可能是伦理价值观之间的断裂。这就亟须基于社会断裂现象的连接性思维，这种连接性思维源于社会治理各领域之间存在非常大的依赖性，姑且叫作社会治理的依赖性原理。如果从伦理上讲，对于自主和负责任的个人而言，伦理是连接的律令的表达。让我们不断地去重复：一切伦理行为事实上都是一种连接行为，与他人的连接，与自己亲朋的连接，与共同体的连接，与人类的连接，最后是置身宇宙之中的连接。我们越是自主，就越是要担当不确定性和不安宁，也就越需要连接。因此，我们所要探讨的伦理连接，就是在伦理理念、伦理主体、伦理动力等要素构成的伦理结构中，通过增加过渡性机制，使之始终保持有机、开放、具有再生力的必然联系，克服道德撕裂与伦理断裂，确保社会伦理秩序的正常运行。立足传统与放眼后现代就是实现这种连接的伦理学基本立场。

三 以共生伦理反思现代化

赵：从人类社会发展的现实来看，似乎人们也越来越多地认识到伦理、价值，乃至生活方式的多元性；与此同时，人们发现彼此之间的关系性也在加强，共同体似乎成为未来的一个必然。特别是这次疫情强化了这两方面的认识。您是否能够结合这次疫情来谈一下人类社会中出现的这些个体与个体之间、个体与社会之间、国家与国家之间等不同层次的伦理问题？

李：新冠肺炎的全球暴发，是第二次世界大战以来的最大公共卫生事件，使全球陷入一种综合性危机，导致经济全球化进程受阻甚至倒退，国际关系、族群关系甚至人际关系撕裂，可能使世界进入"后疫情时代"，其深刻影响可能会延续50年甚至100年。这次疫情带来的影响是全方位的，但可能首当其冲的是公共价值、公共秩序与公共治理问题。这确实涉及个体与个体之间、个体与社会之间、国家与国家之间诸多的伦理问题。我的基本想法是，用"退一步，看两步"的思维，重新反思现代化，用共生伦理来解决好各种伦理冲突或矛盾问题。

人如何"生"存,为何"生"活,"生"是一个历久不衰的元问题。一方面有生命才有希望,才能思及命运,这个生是人在自然意义上的生命的生存,生命的延续。另一方面有生活才有动力,才能谋求改变命运,这个生是人在社会意义上的生,即对人的社会存在的承认。受制于人自身的有限性,无论何种意义上的生都无法依靠单个人的力量实现,彼此联结、和谐共生是人类的必由之路,人类对共生的这一需要从根本上讲是由人的本质决定的,也在现代社会的进程中成为人的必然诉求,具有实体化伦理的特殊意义,具体体现在人类自身与自然、个人与社会群体、民族国家与世界共同体三重伦理关系之中。

首先,人的本质所具有的类特性构成了人对共生的整体性追求,即实现人在自然意义上的生命共生。正如马克思所认为的,"一切人类生存的第一个前提是:人们为了能够'创造历史',必须能够生活,但是为了生活,首先就需要满足吃喝住穿以及其他一些东西"。人的存在以自然意义上生命形式的延续为第一要义,没有对人自然需求的满足,人就无法"生",更谈不上"活",活着是最大的伦理。生活是以"生"为前提的,并且这种"生"的状态是"共在"的,这不是逻辑前提,而是实事前提,容不得半点质疑,关乎人的所有行为现象解释都必须从此出发,否则就是念"歪经",就是最大的伦理失序。从个体与个体来看,不仅要将自身置于自然之中,而且要置于人"类"之中,"我们如何一起活下去",而不是"我如何过得好",才是最基础的伦理。

其次,人的社会性本质构成了对共生追求的第二个层面,即人在社会意义上的共生。人不仅于自然界中共同生存,也在社会体中谋求幸福生活的共同成就。马克思将人在实践活动中所形成的错综复杂的关系称为社会关系,人的本质"在其现实性上是一切社会关系的总和",从而使人超越了生物学的意义而具有了社会的性质。这意味着人们在维系物质生活的基础上还在实践中创造着人的政治生活、精神文化生活、伦理道德生活等各方面的社会生活,通过在自然和社会双重环境中的创造性活动,人们不仅促进了社会发展,而且塑造了人自身,使自身的爱好、才能得以发挥,面对实践产生的成果时感受到自身具有的价值。也就是说,人除了要保证自身的自然生命存在,还要感受自身的社会存在,认可自身存在的意义,即获得社会对人自身本质力量的肯定。而人的本质力量体现在社会生产实践中,人们根据自身的主客观条件从事不同的生产活动,从而处于不同的社会关系中,因之造成个体的价值需要和利益追求的差异,对人的本质力量的肯定亦即对每个人不同的需要和追求的肯定,使每个人都能在社会中展现自身价值,从而获得存在的意义。所以,我的预测是,随着"后疫情时代"的来临,人类整体主义精神会优先于个人主义精神，会实现从个人的权利伦理向责任伦理与关怀伦理的转向。

最后，共生的伦理层面当然是民族国家间的共生共赢，即人类命运共同体的构建。人类的共生不仅仅是人与自然的和谐共处，也不能局限于社会成员间的平等共享，更应该着眼于国家间的友好共赢。自民族国家产生以来，国家间的竞争似乎遵循的是社会达尔文主义，强调弱肉强食与适者生存，在"丛林法则"的支配下，国家间的生死竞争从来未停止过。与此同时，随着贸易交往的国际化以及国际贸易的日益增长，跨国公司控制世界经济的股份也在增长，全球金融体系随之而来，在此基础上，国际旅游和文化交流日益增多，形成经济全球化。特别是随着互联网技术的发展，由经济全球化带动了政治、文化、生态等方面的全球化。这种全球化对于民族国家而言尽管是一把双刃剑，但也预示着人类历史的发展需要一种共生的状态。一方面，人与自然关系的失衡使得跨地域跨民族的全球联合以确保赖以生存的自然环境的安全，实现人与自然的世代共生成为形势所需。自然界的危机昭示着人类社会自身的危机，生态失衡的后果直接或间接地波及各国、各地区，需要人们勇敢审视现代社会的弊病所在，从而相互协作以调整当前的社会机制才能应对已经存在的生存挑战。另一方面，在现代化建设的浪潮中，交通、通信等技术的发展，相应的基础设施的完善，从时间和空间上缩短了人与人之间的交往距离，各民族文化交流的深度、广度与频率也远胜以往。因而，无论是国家内部还是人类共同体，都需要构建包括经济、政治、法律、伦理等秩序体系来肯定各人、各民族、各国家不同的价值追求。在社会历史发展到全球化阶段，谋求不同文明的共生共在无疑是符合人们共同利益的正确选择。然而，此次全球疫情，似乎给全球化带来了某种阴影，甚至出现了国家间在价值观、经济、科技等方面的脱钩与撕裂，一股反全球化或逆全球化的热潮扑面而来。但是，我们必须坚信，全球化进程尽管可能受阻，但其向前推进的必然趋势是不可怀疑的，因为共生是维系人类共同命运的前提与基础。没有"你死我活"，只有"生死与共"，这就是人类命运共同体的伦理逻辑。

四 伦理学要将人性导向善，并维护好"人本身"

赵：您曾提出，从人"本来是什么"到"应该是什么"再到"能够是什么"的人性追问。在这次疫情中，人性的问题亦显得非常突出。那么，在您看来，伦理学的"人学"研究跟其他学科的"人学"研究有何不同？

李：从某种意义上说，所有人文学（Humanities）都是人学，都要以人性为基础，都是对人性不同维度的关注，这已经成为学术共识。虽然社会科学的研究对象是某种社会现象，但如果透过社会表象，其背后还是人性的显现或以人性为基础的，如经济学有"经济人"的人性假设，法学有法学的"人性恶"假设。可以说，人文社会科学如果不关注人性问题，就失去了最坚实的基础。伦理学作为"人伦之学"自然有更充分的理由关注人性问题，或者人性问题本身就是伦理学问题。非常遗憾的是，在很长一段时间，我们的伦理学不能讲"人性""人的异化""人的解放""人的自由"，抛开人去谈伦理学，其理论何其苍白，是可想而知的。

我们在中国伦理学"再写"与构建的过程中，不仅要认真借鉴中国传统的学术资源，立足于过去形成的一系列马克思主义中国化成果，更要批判性地引进国外伦理思想成果，敦促和推动当代中国伦理学向人学的靠拢与回归。这是我一贯的学术主张。因为伦理学研究或道德哲学研究的研究对象总是人，不管这里的"人"是抽象意义上的群体还是具体意义上的个体，人学——以人为唯一研究对象的学问——的研究成果将在很大程度上有助于促进中国伦理学的科学构建。换言之，当代中国伦理学的成功重塑与完整构建离不开人学理论的支撑。因为，在人学中，对人的存在本质，即"人是什么"的思考使伦理学成为必要；对人的应然状态的研究，即"人应该是什么"的追问使伦理学具有正当性理由；对人的道德实践能力限度的考虑，即"人能成为什么"的探讨又使人的道德理想返回道德现实之中，三者共同组成当代中国伦理学在其自身重塑与构建过程中向人学回归的三个维度，即道德本体论、道德价值论与道德实践论三者有机结合的完整体系。

讨论人的问题，自然离不开人性问题，或者说人性问题是人学问题的前提与基础。我在《论人性与道德——一种道德学分析》一文中曾明确提出，"人性是道德的第一土壤"。人性与道德关系十分复杂，但可以简化为人性如何决定道德与道德如何规范人性，前者要通过利益机制来实现，后者要通过人道主义来完成。有人说，在这次疫情中，真实的人性彻底显露出来了。这一方面更加说明了人性复杂性，很难简单用善恶来区分；另一方面说明人性是"隐匿"的，特别是在常态社会中很难直观到，只有到了非常态状况下，人性的本来面貌就暴露出来了，特别是人性之恶，如瞒、胆怯、逃避、责备、谩骂、恐慌、嘲弄、冷漠、旁观甚至幸灾乐祸，等等。这些表现实际上又造成了第二次伤害，即道德伤害，败坏的是人性，伤害的是人心，远超过自然灾害的伤害。

作为"人学"的伦理学研究，与其他学科相比，主要是把人性引向善与正当。换而言之，就是让人性开出两个基本维度：一是个体维度上的崇高；二是社会维度上的正义。自古罗马的朗加纳斯明确提出崇高作为一个美学范畴以来，不断有思想家赋予其伦理道德的含义,特别是康德真正区分了美与崇高,认为"崇高是一切和它较量的东西都是比它小的东西"。崇高就是那些事物,当我们和它们遭遇的时候,超越了我们的理解,因而就此在我们身上制造了敬畏惊叹的感情。它侧重在主体方面、社会道德方面,而不是对象方面、自然状态方面,其实就是孟子所强调的"浩然之气"。在对个体人格的评价中,孟子曾提出"善、信、美、大、圣、神"六个等级,其中的"大"就是崇高,"充实之谓美,充实而有光辉之谓大",这就有点接近于"神圣"了。正当是源于人性中的正义感的。从公正或正义的视角,人性中不仅有对自我尊严的维护与获得,而且意味着要为他者获得权利与尊严提供均等的条件与公正的制度保障,现代道德要以法治为基础的深远意义也在这一过程中得以彰显。当然,当代中国伦理学也必须克服儒家那种"成圣"的道德理想主义,只看到人性趋善的必要性,而忽视其可能性。伦理学就是维护好"人本身",既不让人沦为"野兽",也无法保证人"成圣"。这是伦理学对人的一种现实主义立场。再高调的道德指控,如果没有真实人性的光辉,也会变成伪君子;再公正无私的法律,如果没有真实的人性底色,它也会变成一部恶法。

五 要从"内生"的维度来反思应用伦理学

路:当代伦理学发展的一个特点是应用伦理学的流行与发展。这一方面体现出伦理学特有的理论特点,但同时也引发了一个"碎片化"的问题。就是似乎很多应用伦理学仅仅是将一些现成的伦理结论运用于某一个具体的实践生活领域,如教育、体育、传媒等。于是也引发了伦理学内部的不少争议,您如何看待伦理学的这一现状?

李:应用伦理学是以研究如何运用伦理道德规范去分析解决具体的、有争议的道德问题的学问。社会生活本身的道德问题是应用伦理学产生的唯一理由。西方应用伦理学是以逻辑实证主义为代表的正统分析哲学土崩瓦解和元伦理学日前暴露出严重局限性的背景下兴起的。应用伦理学产生于20世纪六七十年代,首先在西方兴起,标志着分析哲学中的元伦理学已经走到了尽头。在新实证主义看来,只有元伦理学才是真正科学的伦理学。其侧重于分析道德语言中的逻辑,解释道德术语及判断的意义,将道德语言与道德语言所表达的内容分开,主张对任何道德信念和原则体系都要保持"中立",并在此基础上研究问题。在具体的研究中,有时机械地搬用自然科学的机械符号和公式,具有形式化和脱离实际的倾向,其最大的局限性是价值中立和脱离道德实践。那么西方应用伦理学的兴起,除了分析哲学受到了挑战以外,最根本的原因就是社会生活。20世纪六七十年代，暴露出社会中的很多问题，比如说战争问题、政治革命、生命技术、科技问题、环境问题、"性革命"问题，这些都是社会生活中的具体问题，它需要伦理学家做出回答，这就是应用伦理学产生的原因所在。

在中国应用伦理学兴起的过程中也面临相同的社会背景，即伴随着中国改革开放，一切以经济建设为中心，经济社会获得了全面的繁荣，但是社会生活同样出现了"碎片化"的问题，不但社会生活缺少有机的结构性，而且社会各个方面问题突出，伦理学只能做些"救火式"的工作。我们首先应该肯定和欣慰的是，伦理学终于走出"象牙塔"，关注现实生活，提出伦理方案，获得了全新的活力，这也是这些年应用伦理学方兴未艾的原因，特别是许多中青年学者进入应用伦理学领域，开辟了许多新兴学科与交叉学科。但是，应用伦理学研究这些年出现的碎片化、功利化、工具化，甚至庸俗化倾向也十分明显，真正具有高学术品质的应用伦理学研究成果比较少见。中国社会已经进入整体协调发展的历史阶段，我们的应用伦理学研究到了需要走出"碎片化"的时候。

应用伦理学研究是伦理学关注社会并从中汲取理论"原料"的有效途径，应该大力倡导，但在其发展中需要注意以下几个问题。第一，应用伦理学不是"解释学"，要注重应用伦理问题的"内生性"。现在的应用伦理学研究给人的感觉就是哪个领域有什么问题，就用现存的伦理学理论去解释一番，然后提出一些不切实际的"应该如何"的所谓"措施"。用这种"外在观照"的方式去研究应用伦理问题，免不了出现"两张皮"的问题。如法伦理研究必须是基于法理逻辑，分析法律中的权利与义务关系，而不是从道德出发，对法律"指手画脚"。又如经济伦理必须忠实于经济逻辑——谋利，经济伦理学只有告诉你如何谋利才是道德的，谋利之后如何合理分享，而不是鼓励"自我亏损"。应用伦理问题是"内生"的而不是"外部强加"的，应用伦理学不能仅仅是"外部说明"。第二，应用伦理学不是"政策学"。目前许多人把应用研究理解为对策研究。应用研究的根本就是对所涉实际问题或现象提供常理依据或学理说明，或者说就是把实际问题上升为学术问题，应用伦理学研究同样应该遵循这一原则。如生命伦理学中的"生命至上"，这不是对策问题，而是要说明无论是常态社会还是非常态情形下，人的生命是至高无上的，任何价值包括政治价值都不能凌驾于生命之上。应用伦理学就是用学理讲应用问题，它仅仅与理论伦理学的纯理论推演相区别，同样是"论理学"，不能仅仅成为一种"对策学"。

六 在坚定中国特色伦理学理论自信的基础上进行"伦理整合"

路：当代很多学者，特别是青年学者，对于伦理学的发展和研究路径作出了自己的尝试，如重建马克思主义伦理学，或者将伦理学引入非常具体的实践境遇，如电影、人工智能、基因技术，乃至于对任何一种事件的分析。当然，每一种新的探索都是有意义的，那么在您看来，伦理学研究面向未来的指向有哪些，或者说有哪些突破点？

李：近年来，伦理学的发展应该说是进入了"黄金期"，其主要标志是一批中青年学者不甘伦理学的现状，努力创新，充满了活力，也产生了不少好成果。这一批学者的最大优势在于知识结构合理、外语水平高、充满了创造欲，并且习惯于"团队作战"。从目前呈现的迹象来看，有这么一些动向：一是重建马克思主义伦理学，把经典马克思主义伦理思想、西方马克思主义伦理思想、苏联马克思主义伦理思想综合起来研究，试图梳理出马克思主义伦理学的基本知识脉络和镜像；二是继承中国优秀传统伦理思想，通过创造性转化与创新性发展，形成适应当代中国实际、中国话语的中国伦理学；三是从意识形态建设的需要出发，努力构建具有中国特色、中国风格、中国气派的社会主义伦理学；四是拓展伦理学的研究领域，"做"一种比较文学化或诗意化的伦理学，使之与社会日常紧密结合，建立一种充满生活气息的伦理学；五是努力构建好部门化的伦理学，如大到人工智能伦理学、生命伦理学、基因伦理学、大数据伦理学，小到饮食伦理、服饰伦理、住房伦理，等等。这些都是呈现出的好景象。

如果要谈伦理学的未来指向或需要在哪些方面突破，任何列举都不可能是周全的和有把握的，但确实有一些急需的工作要做。第一是构建中国特色、中国风格和中国气派的新时代中国特色社会主义伦理学新形态。这就需要继往开来，传承中国伦理文化的精华，展现新时代社会主义精神文明和道德文明建设的新要求。中国传统伦理文化是新时代中国特色社会主义伦理学新形态的活水源头，也是中国伦理自信坚实的文化根基，如何在挖掘中实现转化和创新，使中国道德文化的传统理念与现代践行有机结合，依然任务艰巨。这里特别要正确认识如何增强中国特色社会主义伦理自信的问题。伦理自信是文化自信的核心和根本，当前增强中国特色社会主义伦理自信就是要彰显马克思主义伦理思想的价值，回应西方对中国崛起的"价值质疑"。第二是需要加强促进社会伦理"整合"与伦理学研究的"统合"。一方面，当代中国正在进行社会结构的全面转型与制度变迁，使得社会伦理道德建设面临前所未有的难题或问题，需要一种"伦理整合"的思路应对挑战。另一方面，伦理学研究需要一种新的统合性伦理思路，解决诸如何以打通政治伦理、经济伦理、文化伦理、社会伦理、生态伦理之间的联系，如何勾连职业道德、社会公德、家庭美德、个人品德之间的内在关联，形成高能量的伦理学研究成果，发挥伦理学的价值引领力量。第三是要加强伦理学研究方法的创新。所谓方法创新，就是要克服原有伦理学研究方法单一化的特点，大量吸收人类学、心理学、社会学、教育学、文化学、法学等相关学科的方法。同时要密切关注当代哲学研究的新成果，并且大胆吸纳，形成伦理学研究方法群，并保持一种开放包容的姿态。

路：那么，在这样的一种研究指向上，当代伦理学研究者，特别是青年研究者，应该在哪些维度和层面上进行努力呢？在此，我们希望您能给这些青年研究者提出宝贵的意见和建议。

李：我的基本想法是让学术回归"纯粹"，所以对青年学者最大的期望就是要追求纯粹之学问。现在有个时髦说法，叫作"用学术讲政治"。这个命题可能只是讲对一些意识形态方面的问题，用学术的方式讲清楚，但并不意味着，一个学者的使命就是专注于意识形态，而是要花大量时间与精力去"用学术讲学术"。也许有人认为，19 世纪结束前，大学还是研究和探讨纯粹知识的场所，"为知识而知识""为学术而学术"，与现实生活保持距离，学术"象牙塔"中的生活还令人羡慕和尊敬，但在今天这个时代，根本不存在纯粹的学术了，或者说纯粹的学术已经没有任何意义了。在中国的学术传统中太强调"有用性"了，"学以致用""经世致用"，全在"用"上，用李泽厚先生的话讲这叫"实用理性"传统。这种"实用理性"不能说是"非理性"，但绝不是形而上意义的理性，不是纯粹的理性，而只是一种"目的主义"和"意向主义"。目的主义强调"有用"至上，因为"有用"就"有利"，"有利"就是最高价值，就是我所想、我所说、我所做、我所值的东西，至于是非界线、美丑善恶，统统可以放一边，在价值排序上"有用"永远是第一位的，我们经常会听到"你这种死学问有没有用"的质疑。并且，这种"有用"的标准往往是自己设定的，或者是以自己为标准的，所以目的主义最终就是自我主义或唯我主义的，对我有用的就是好的，当然这个"我"，可以是某个人，也可以是某个群体或组织，有用的就是真理。

纯粹的学术应该是何种境界？可能存在多种描述角度，但其核心的要素（硬核）应该是真理性、独立性和超越性。学术的真理性可具体化为学术内容的真实与学者的真诚。学者是人格化的学术，学者的真诚就是要敢于"较真"，敢于"较劲"，要有一种对学术"抑制不住的渴望"，有一种"咬定青山不放松"的坚韧，有一种"不到长城非好汉"的追求，起码要做到实事求是、不讲假话，不做学术上的"两面人"（写的是一套，做的是另外一套；公开场合讲的是一套，私下里讲的又是另外一套），要坚决扼制"学术滑头"。学术的独立性就是要摈弃一切对学术的外来干扰，确保学者的学术自由。目前对学术的干扰当然有经济利益的诱惑和学者自身的不自律，但主要是来自权力（行政权和意识形态权），因为在行政权看来,是"我养活了你",你的学术是"属于我的","听我话"和"为我说话"是"天经地义"的,这就是权力对学术的傲慢逻辑。而事实恰恰相反,学术是"天下之公器",不依附于、不屈服于任何权力。我们承认"学术研究无禁区,但发表有纪律"的意识形态要求,但不能因为"有纪律"而使独立进行学术研究丧失应有的空间和地盘,要使"为学术而学术"成为一种时尚。学术的超越性就是不为生活表象所蒙蔽,不为一己得失所左右,不为眼前利益所迷惑,而是超然矗立,高瞻远瞩。如今的学术得了一种"理论近视症",越是强调理论联系实际,越看不清实际,反而被实际所欺骗。紧盯眼前,看不到长远;专注脚下,看不清道路;俯首一方,看不到全局。我们要充分尊重"不识人间烟火"的"书呆子",要大力倡导"死啃书本""认死理"的"书生气"。只有纯粹的学术内容、纯粹的学术空间、纯粹的学者浑然一体、有机统一,才会有真正纯粹的学术。

当务之急,青年学人要弘扬"士大夫精神"。"士大夫精神"就是中国学者精神的传统表达,就是知识分子精神。这种精神既有"天将降大任于斯人"的使命担当,也有"当作之世,舍我其谁也"的高度自信;既有"为天地立心,为生民立命,为往圣继绝学,为万世开太平"的雄心壮志,也有"富贵不能淫,贫贱不能移,威武不能屈"的气节。这是中国传统知识分子的精神传统,也是我们当今学者的稀缺资源,必须大力弘扬。从现实而言,士大夫精神的培育,首先要注重学术良知的养成,它至少应该有三个方面:第一,从自我来讲,作为一个学者,你不能讲违心的话、讲假话,欺骗社会;第二,从社会层面来讲,一个学者应该讲对社会负责的话,不要违背民意和公意去维护少数政治权威,你可以沉默,但是不要去当附庸;第三,从学术自身来看,要讲对得起学术的话,你的成果要在学术界得到一种公认,起码不要违背"常识"。这绝不是"精神胜利法","人是需要一点精神的",学术也是需要精神的。人类的历史,毕竟不同于天体的演化,也不同于物种的进化,在因果衔接的链条中,人的自由精神毕竟能够采取创造的行动。

好在我们已经意识到整顿学风的紧迫性,对学者提出了严格要求:要树立良好的学术道德,自觉遵守学术规范,讲究博学、审问、慎思、明辨、笃行,崇尚"士以弘道"的价值追求,真正把做人、做事、做学问统一起来;要有"板凳要坐十年冷,文章不写一句空"的执着坚守,耐得住寂寞,经得起诱惑,守得住底线,立志做大学问、做真学问;要把社会责任放在首位,严肃对待学术研究的社会效果,自觉践行社会主义核心价值观,做真善美的追求者和传播者,以深厚的学识修养赢得尊重,以高尚的人格魅力引领风气,在为祖国、为人民立德立言中成就自我、实现价值。这些都是伦理学青年工作者应该谨记的。

【作者简介】李建华，哲学博士，教育部"长江学者"特聘教授，享受国务院政府特殊津贴专家，浙江师范大学文科资深教授，浙江师范大学马克思主义学院名誉院长，中南大学公共管理学院荣誉院长，哲学、教育学博士生导师。兼任国务院学位委员会第七届学科评议组（哲学）成员、中国伦理学会常务副会长、国家哲学社会科学基金规划评审专家、国家出版基金学术评委、中国伦理学会青年工作者委员会名誉主任、中共中央宣传部"马克思主义理论研究工程"专家、教育部教学指导委员会马克思主义理论类专业教指委委员（2018—2022）、湖南省伦理学会会长等职，主要从事伦理学、政治哲学、道德学与思想政治教育等研究。

原创空间

美生真善：儒家道德发生的时空美学原理

——中国传统实践哲学的当代复兴探析之一*

马正平

【内容摘要】一般认为孔子的人格是一种道德化人格，但是，当他与学生讨论人生志向的时候却表现出一种"吾与点也"的审美化人格。这两种人格之间的内在联系是什么呢？曾子"格物致知"是儒家道德实践学说的最高总结。但朱熹将其强制性随意解释为"穷极物理"理性儒学的"理学"之后，为理解这一深邃的道德实践哲学原理造成了极大的困惑，由此刺激了王阳明"心学"的产生。但王阳明将"格物致知"解释为"正其不正"也缺乏中介。本文运用音法、字法、词源学方法和美学史方法将曾子"格物致知"阐释为一种无限生命时空的创生活动，这样一来，"与点精神""格物致知"的审美化人格与"孔颜乐处"的道德化人格之间具有本末先后的生成性发生学内在联系。于是，揭示了儒学和王阳明"心学"这种"新儒学"是一种"美生真善"的道德发生的审美本体论、动力学的原道德学的实践哲学原理。由于在这里，无限心灵时空之美的生成是包容仁慈之善生成的前提，因此，美学作为第一哲学才有可能，才被证成。

【关键词】孔颜人格；与点精神；格物致知；美生真善；道德发生学；时空美学

---

* 本文系国家社科基金哲学课题西部项目"直观与折射：时空美学基本原理初探"（项目编号：08XZX017）阶段性成果。

公元前5世纪由孔子创立的"儒学"是从周代以来的"礼乐"文化中发展起来的一种道德生成和国家治理的思想。其特点是，以仁、恕、诚、孝为核心价值，着重君子的品德修养，强调仁与礼相辅相成，重视五伦与家族伦理，提倡教化和仁政，轻徭薄赋，抨击暴政，力图重建道德秩序，移风易俗，保国安民，富于入世理想与人文主义精神。但这是"礼"（自然法和道德规范）的问题，为什么在这个"礼"后面还要加上一个"乐"，形成"礼乐"文化这样一个词组？这里有一个哲学问题需要思考：孔子心目中理想的道德精神和行为是依靠怎样的内在机制、基本原理生成的呢？我们从《论语》中好像并不能得到直接的准确的答案，因为，在《论语》中，孔子和他的弟子贤人们讲了许许多多美好道德言论和行为规范的故事和思想，所以我们不能理解美好的道德及其行为的生成原理、机制。这是一个原伦理学、原道德学的实践哲学的原理、规律问题。

我们在读《论语》时始终有一个疑问，孔子一生明明追求"忠恕""仁义"的道德伦理精神与践行的"孔颜人格"，但是，他直觉上、本能上对直接的道德践行的实践行为"为政"好像并不是很热衷，他更喜欢一种感性化道德审美化的人生理想。例如，《论语·先进篇》"子路、曾晳、冉有、公西华侍坐"章有一段十分精彩的对话。在这段对话中，当孔子询问子路、冉有、公西华三位弟子各自的"人生志向"之后，孔子对子路的"军事家治国"为政的志向是不满意的，因其不能"礼让"，所以笑他。孔子对冉有的"经济家治国"为政和公西华的"伦理家治国"的人生志向虽然并未否定，而且肯定都是大事，但为何最后并未得到孔子的认同，而最终高度肯定、认同的是曾点的人生志向"吾与点也"的审美主义的"与点精神"呢？我们想知道的是"孔颜人格"与"与点之乐"之间是一种怎样的内在联系呢？

一 揭开"孔颜人格"和"与点精神"矛盾现象的奥秘

孔颖达《论语正义》云："此章孔子乘间四弟子侍坐，因使各言其志，以观其器能也。"所谓"器能"即心灵"境界"之高低。关于孔子认同"吾与点也"的原因，孔颖达说："周曰：'善点独知时。'"故孔颖达对此进行了阐述："夫子闻其乐道，故喟然而叹曰：吾与点之志。善其独知时，而不求为政也。""仲尼祖述尧、舜，宪章文武，生值乱时而君不用。三子不能相时，志在为政。唯曾晳独能知时，志在澡身浴德，咏怀乐道，故夫子与之也。"孔颖达的意思是说，在孔子看来，不是说"为政"不对，是小事，而是说什么时候之后才能"为政"。要为善政，首先要生成自己高远博大的道德情怀、胸襟、境界，这个东西只有通过审美的艺术活动之"乐"才能完成，而曾点所谓"莫春者，春服既成，冠者五六人，童子六七人，浴乎沂，风乎舞雩，咏而归"的人生态度，是一种超越性的艺术化、乐感化的审美态度。这就是孔颖达所谓曾点的"乐道"境界和乐道精神。这里的"道"正是指老子的无限生命时空之道，所谓"乐道"是对无限生命时空的追求向往、体验感受，为此才能培养个体的身体性、心灵性的生命生机与生命无限自由的感觉、感受，这就是"澡身"，只有这样的个体的身体性、心灵性的生命生机与生命无限自由的感觉、感受，才能"浴德"，让灵魂干净，德性干净。这就是"美生真善"的生动过程。"莫春"是一年中最好的季节，春游季节。"春服"的轻灵洒脱，是一种自由的状态。青年、儿童是美人。沐浴，是一种体育活动，也是一种审美活动，"风乎舞雩"的"风"是发散、放松的意思。《易·系辞》："风以散之。"《释名》："风，放也，气放散也。"《玉篇》："风，散也。""舞"是舞蹈艺术活动，"咏"是诗歌吟唱活动。这个"春游"状态是一种艺术化审美化生活的隐喻，这里既有艺术审美活动，也有生活审美活动。在这种审美生活状态中获得无限的生命时空、节奏秩序。这种无限的生命空间与道德情怀的心灵空间是同一的时空感觉，因此，"澡身"使善的道德行为油然而生，这就是"美善同一"的"美生善"的"知行合一"的人生境界。孔子看到，通过这样的生活，生成自己的境界、节奏、秩序，从而生成包容、仁爱的道德心灵境界。这才是首先要进行的"礼乐文化"的人生修炼，而并不是首先去进行各种各样路径的"为政"。

  这里有一个本末关系的问题。虽然朱熹、程颐也认为这是一个"本末""先后"的问题，但是，他们不从人生之"志"的角度去看，而是从道德性的"尧舜气象"角度去看，从而严重淡化了孔子"吾与点也"的"美生真善"的道德生成的内在机制的重要意义。朱熹曰："视三子之规规于事为之末者，其气象不侔矣，故夫子叹息而深许之。"① 在朱熹看来，要能够"规规于事为之末"必须先有"尧舜气象"之本才有可能，孔子所哂之者是此三子未能够明白这种本末关系。程颐同样认为："古之学者，优柔厌饫，有先后之序。如子路、冉有、公西赤言志如此，夫子许之。亦以此自是实事。后之学者好高，如人游心千里之外，然自身却只在此。"又曰："孔子与点，盖与圣人之志同，便是尧、舜气象也。诚异三子者之撰，特行有不掩焉耳，此所谓狂也。子路等所见者小，子路只为不达为国以礼道理，是以哂之。若达，却便是这气象也。"再曰："三子皆欲得国而治之，故夫子不取。曾点，狂者也，未必能为圣人之事，而能知夫子之志。故曰浴乎沂，风乎舞雩，咏而归也，言乐而得其所也。孔子之志，在于老者安之，朋友信之，少者

---

① （宋）朱熹：《论语集注》，王浩整理，凤凰出版集团2008年版，第126页。

怀之,使万物莫不遂其性。曾点知之,故孔子喟然叹曰'吾与点也。'"① 在程颐看来,作为"乐而得其所"的审美状态——无限的心灵空间——这才是"尧舜气象",只有达到这种无限高远的心灵境界、精神境界、生命时空的君子,才能够为善政,为善行。这就是"善德"生成的"先后之序"。虽然作为理性主义哲学的程朱理学对"与点精神"感性的"乐而得其所"审美性情感活动特征进行道德化理性化的理解,但是他们对于"与点精神"作为审美状态——无限的心灵空间——的"尧舜气象"之于政治道德政治行为的根本性、本质性还是很清楚的。

孔子的"与点精神",可用冯友兰先生《贞元六书》中所说的人生境界阶梯论来解释更为精准:最底层是"自然境界",然后是"功利境界",然后是"道德境界",最后,最高的是"天地境界"。所谓"天地境界"就是美,就是如天如地如天地之间的无限生命身体时空的"境界",这个"天地境界"只有通过审美活动——艺术审美和生活审美才能生成。在孔子看来,只有通过审美活动——"乐"的艺术审美活动和曾点那样的生活审美活动——生成无限时空的生命境界之后,生成善政之善的无限心灵道德时空、境界,只有生成这样的审美的人才能为善政。因此,在孔子看来,善乃美所生焉。

于是,我们才能领会为什么孔子在《论语·泰伯》中说:"兴于诗,立于礼,成于乐。"在《论语·述而》中又说:"志于道,据于德,依于仁,游于艺。"在《论语·阳货》中又说:"小子,何莫学夫诗?诗可以兴。"这是因为,"乐"有"象"(见荀子《乐论》,而《乐记》更有《乐象篇》),而所谓"象",并非有形之体,而是无形之境界、时空。在音乐中,它是主要通过"重复"性节奏韵律行为与"对比"的张力空间产生出来的无限生命空间、境界。乐象,就是音乐产生的无限形式时空和生命时空的美本身。也只有这样我们才可以理解为什么作为儒家开山祖师对艺术审美活动那样如痴如醉,且胜于对道德政治活动的直接追求。《论语·泰伯》:"子曰:'师挚之始,关雎之乱,洋洋乎盈耳哉!'"《论语·述而》:"子在齐闻韶,三月不知肉味。曰:'不图为乐之至于斯也。'"这就是明证。因为,通过具有无限生命时空境界的"洋洋乎盈耳哉"的音乐审美感受的陶醉陶冶,便直接开启了人们的无限生命身体时空境界、建构了一种生命秩序,由于这种无限生命身体时空的开放性、包容性、爱他性、超越性,有了它,真诚的"仁厚"的道德心灵境界和道德行为才能发生、生成出来。

总之,"美生善"就是"礼乐"这个词组诞生的全部理由:"乐"之"美"能生"礼"之"善"。虽然孔子"与点精神"希望表达的是"美生真善"的道德发

---

① (宋)朱熹:《论语集注》,王浩整理,凤凰出版集团 2008 年版,第 126 页。

生学的儒学"礼乐"文化的基本原理、道德哲学,但是,在孔子那里,要么是对"乐"生"礼"的只言片语,要么是"吾与点也"的叙事言说。在孔子那里,还未上升到逻辑化、体系化的儒家道德发生学的实践哲学原理、模型坯胎的高度。而这一点在他学生曾点之子大儒曾参的《大学》的"格—致—诚—正—修—齐—治—平"这种一期"新儒家"的实践哲学模式那里彻底地实现了。这一点,已经领先了任何西方哲学家的道德实践哲学的认识。

二 朱熹理学对"格物致知"的理性主义误解

《大学》开宗明义云:"大学之道,在明明德,在亲民,在止于至善。"这是说大学所追求的教育目标是对最高的道德境界内涵的理解:"止于至善。"因为只有"止于至善",才能有"亲民"的善政,或培养出有较高道德修养的"新民"。而曾子写此文的目的是探讨这"止于至善"的"明德"通过怎样的机制生成、产生出来。也就是说,"止于至善"的"明德"生成的"中介"、桥梁是什么?否则该文没有意义。所以曾子才有下面两段著名论述:

> 知止而后有定,定而后能静,静而后能安,安而后能虑,虑而后能得。物有本末,事有终始,知所先后,则近道矣。
>
> 古之欲明明德于天下者,先治其国。欲治其国者,先齐其家。欲齐其家者,先修其身。欲修其身者,先正其心。欲正其心者,先诚其意。欲诚其意者,先致其知。致知在格物。物格而后知至,知至而后意诚,意诚而后心正,心正而后身修,身修而后家齐,家齐而后国治,国治而后天下平。自天子以至于庶人,壹是皆以修身为本,其本乱而末治者否矣。其所厚者薄,而其所薄者厚,未之有也。此谓知本,此谓知之至也。

这两段话都是阐述一种事物发展过程环节的本末、先后的逻辑性生成关系,或本质与现象的内在机制。第一个本末先后的逻辑关系是指,"止于至善"的"明德"对于人的思虑问道的安身立命生成的本末先后的实践逻辑关系,即"知(至善)—定—静—安—虑—得(道)"的生成性意义和本末先后逻辑关系。第二个本末先后的逻辑关系是指"格物致知"对于人的道德生成与道德实践行为的生成性本末先后的实践逻辑关系:即"格物—致知—诚意—正心—修身—齐家—治国—平天下"的生成性意义和本末先后逻辑关系。在后一个本末先后的逻辑关系中,"诚意""正心"正是指文章开头的"止于至善"的真诚情感状态、境界。而这"诚意""正心",即那"止于至善"的"明德",正是由于"格物致知"生成、创生出来的，因此，"格物致知"就是生成"止于至善"的"明德"的前提、根据、条件，即中介、桥梁。这样一来，曾子就实现了《大学》这篇文章需要解决的"止于至善"的"明德"的生成机制的道德生成原理的实践哲学问题。我们的这个逻辑分析应该是没有问题的。现在剩下的问题就是怎样解读"格物致知"这四个字的深刻内涵了。

自郑玄以来，特别是宋明理学对《大学》"八目"尤其是其关键"格物致知"多有误解，以朱熹为甚。他从理学的"理"的角度提出了"止于至善"的"明德"生成的"本"与"先"的前提性中介。朱熹认为："格，至也。物，犹事也。穷至事物之理。欲其极处无不到也。"（朱熹《大学章句》释经一章）这样，朱熹就把"格物"武断地强制性阐释为"穷物之理"，这样就把"穷理"阐释为"致知"的终结、前提、条件、原因，甚至把"穷理"等同于"致知"了："推极吾之知识，欲其所知无不尽也。"又说："致知知识就一物上穷尽一物之理。致知识穷得物理尽后，我之知识亦无不尽处，若推此知识而致之也。此其文义知识如此，才认得定，便请以此用功。但能格物则知自至，不是别一事也。"（朱熹《答黄土子耕五》，《朱熹文集》五十一）总之，"致知之道在乎即事观理以格乎物。格者极至之谓，如'格于文祖'之'格'。言穷而至极也"。（朱熹《大学或问》）这样，朱熹把"即事观理"即"穷至事物之理"作为"致知"的前提条件。在朱熹看来，"即事观理"，即从"物"上观察出"物理"来。朱熹的"理"包括天地运行的天理、仁义道德社会秩序的伦理、科学知识的物理，而三纲五常、仁义礼智信廉耻就是"伦理"之"知"，因此，"格物"所生就能"致知"。

如果说，汉儒郑玄、唐儒李翱将"格物"训为"来物"，至少还忠实保持了曾子《大学》"格物"之"格"的"来"的原初本义，只是"来"的东西还不够精准的话，那么，朱熹将曾子《大学》"格物"之"格"的意思解释为"穷"（理）之后，朱熹的解释就是一种主观武断的"强制解释"。这里显示了宋儒立论不重证据的随意性主观性弊病。

朱熹"格"到的"知""知识"是"理"，而并不是曾子所谓"至善"的"明德"，因为，"至善"是无限高远的生命空间、心灵空间境界所产生宽容、关爱他人的仁爱的至善行为。因此，"至善"之"行"是与无限高远的生命空间、心灵空间境界感受之"知"同时产生的。这就是王阳明"知行合一"何以可能的真正原因。因此，"格物致知"的内涵应该是一种"观物审美"的无限生命空间、心灵空间的感知、感悟。因为，曾子解释"致知而后意诚"时说："所谓诚其意者，毋自欺也，如恶恶臭，如好好色。"这就是说，"致知"的效果、作用是"如恶恶臭，如好好色"。这是一种感性的美感情感、美感活动，而不是一种理性的探索与理解"穷理"活动。朱熹阐释的逻辑问题在于，他探索出来的"万物"之"理"（哪怕道德伦理之理）绝对不会产生感性化、情感化的"意诚"的道德心理过程、状态、境界。也就是说，朱熹所理解阐释的"格物致知"与曾子所谓"意诚心正"之间没有"本末""先后"的逻辑关系。王阳明"心学"之所以反对朱熹"理学"的原因正在这里。

朱熹认为"格物致知"的"格"就是《尚书·舜典》"月正元日，舜格于文祖"的"格"。而"舜格于文祖"，孔颖达释为"舜至于文祖之庙"。"至于"即"来于"。但，"至于"即"来于"的"回来"之"至于"是无法引申出"穷至事物之理""**即物而穷其理**"的"穷究"之"极至"的。显然，朱熹把"格物致知"解释为"**即物穷理**"是有严重问题的，是极端不严谨的。

朱熹把"格物致知"理解为"即物而穷其理"固然是出于他的理性主义的"理学"的哲学基础、学术范式所为，但是他在论证方面的问题在于，他把"格"强制性、过度性地阐释为"穷究""探寻"，这是缺乏语言学、词源学的引申根据的。从甲骨文上讲，"格"字所从之声符"各"的字形 ![各] 来看，上面是一个倒止（趾），表示从外"归来"的意思，下面一个"口"字，"各"的甲骨文下面的字形"口"应该是"家"的指代象征：火塘。因此，"各"的甲骨文字本义和音本义应该是家人从外面回家"归来"的意思，而并不是"异辞"之差"异"之"各自"义。而"各"的各自独立之差"异"义，是从"来"的字本义、音本义中反向引申出来的：各奔东西、各自为政。格，《说文》："木长貌。"徐锴《注》曰："树高长枝为格。"为什么"格"有"木长貌"的意思呢，因为归"来"的路程是"长"的，因此，用以表达高树的"长枝"。反过来说，用长枝表达归来的意思。故《书·汤誓》："格尔庶众，悉听朕言。"孔颖达《尚书正义》释曰："商王成汤将与桀战，呼其将士曰：'来，汝在军之众庶，悉听我之誓言。'"这里的"格"被孔颖达训为"来"。所以，《书·舜典》："帝曰：'格，汝舜。询事考言'。孔安国传：'格，来也。'"因此，"格物"就是"来物"。何以能"来物"，"来物"即"来于物"的意思。这就是说有一个东西是"来于物"的，从"物"中"来"，从"物"中"来"的这个东西就是"致知"的"知"。现在，我们需要思考两个问题：第一，"知"这个东西是什么？第二，"知"这个东西是怎样从"物"上产生出"来"的？

我们先来讨论第二个问题。我们需要对"格"的字义进行本义阐释。上面说了，"格"字本义是归来、回来的"来"，这个"来"是怎样产生出来的呢？《易·咸卦》："天地感而万物化生，圣人感人心而天下和平。"宋人毛晃、毛居正《增韵》曰："感，格也。"可见，"格"有"感"义。《尚书·说命》："格于皇天。"孔安国将其"格"释为:"功至大天"之"至",但与原文意不切,故《康熙字典》释曰:"格,感通也。"又,南朝梁裴子野《宋略乐志·叙》:"先王作乐崇德,以格神人。"这里的"格"也是感化、感动、感通之义。为什么"格"有"感通"之义?因为,因"感于物"故"来于物",谓之"感通"。这里的"通"即"来"。因"感物"而"来","来"即创生美而美感生成出来,所以产生"生来"一词。故人与物之情相"通",这是一种主体间性的审美现象。"致知"就是"获知",也是生"知"。总之,"格物"就是"来物","来物"就是从客观万物身上产生的审美感知活动而生成出来的事物气象、物色、无限生命时空、境界之美。总之,在"格物"的审美活动中,从客观的万"物"中生成的事物气象、物色、无限生命时空、境界之美。正因为"格"有"感通"之义,所以,"格"又具有"陞"的含义。《尔雅·释诂》:"格,陞也。"陞,《玉篇》:"上也,进也。"《广韵》:"陞,登也,跻也。"《尔雅·释天》:"素升龙于缘。"〈注〉:"画白龙于缘,令上向也。"《方言》亦曰:"齐、鲁曰鹭,梁、益曰格。"因此,由于"格"具有"感通"的本义,"格"又引申为"向上""进"境、登升的境界含义。故"格"有引申度量境界的含义。如《广韵》对"格"的解释就是:"格,度也,量也。"这正是"格"所"感通"、登升、进境之所。这个量度、境界就是无限的生命时空、美。

再讨论第一个问题。"格物"后的"致知"本来含义又是什么呢?《说文》:"知,词也。从口从矢。"南唐徐锴《注》曰:"知理之速,如矢之疾也。"段玉裁《注》曰:"此词也之上亦当有识字,知识义同。故识作知。从口矢。识敏,故出于口者疾如矢也。"这里都把"知"阐释为用语词明言出来的理性概念知识。是的,"知"后来有理性智力之含义,故《玉篇》曰:"知,识也。"是的,后来时代,"知"已经引申出"识也"的意思。但"知"的本义却非如此,而是一种非理性知识的感觉、知觉。因为,"知"的古文还写作"从广,矢声"的形声字:庹。"广"是山崖距离很远,"矢"是箭矢。字本义是指在山崖的空间中进行军事训练的人。而这些人的心理特征就是有家国情怀,有巨大的力量,有保家卫国的献身牺牲精神,即具有博大的心灵空间、境界。因此,"知"的本义就是一种博大的心灵精神空间的意思。故《玉篇》曰:"知,觉也。"而"觉"这个形声字的音义基础在于"觉"的声符"学"字头。这个学字头的字形本义具有重复、渲染强化的光速赋形思维的"感""觉"、直观、通感的本义。故《增韵》曰:"知,喻也。"例如,《易·系辞》:"百姓日用而不知。"《荀子·王制》:"草木有生而无知。"这里的"知"就是感觉、知觉的意思。显然,曾子当年《大学》中"格物致知"的"知"应该是感性的无限时空的感觉、知觉感受的意思。

有趣的是，在《康熙字典》中，被作为"知"的异体字的"庋"，本是"侯"的本字。在甲骨文中，"侯"字写作：🦴、🦴，金文如是：🦴、🦴，楚简亦然：🦴、🦴。从这些古老字形可以看出，侯字是对山洞中进行射箭训练备战的"王侯"之象形。怎样的人才能成为王侯呢，我们可以从"侯"的音本义中揭示出来。与侯同音的字有：厚、后、吼、後。注意，厚是厚德载物之厚，后是母后、女王之称，吼，是声音的强大之声。因此，侯、厚、后、吼的读音本义就是"大"，即心胸、境界、情怀博大、力量强大、声音强大的意思。而"後"即后面，是因为残疾人力量很小掉队很远的意思。既然，"侯"的音本义字本义是心胸、境界、情怀博大、力量强大的意思。因此，在《康熙字典》中，被作为与"侯"的甲骨文、金文、楚简字形相同"知"的异体字的"庋"的字本义也必然应该是心胸、境界、情怀博大的意思。这样，"知"的古文本义就必然应该是心灵"境界"或无限生命时空。

既然"感，格也。"既然"格，感通也。"那么，"感"的含义也是所"来"，所"致"之"知"的含义了。何谓名词意义上的"感"？《说文》："感，动人心也。从心咸声。"从音法学上讲，"感"从"咸声"，这说明"感"的基本意思在"咸声"中。咸，《说文》："皆也。悉也。从口从戌。戌，悉也。"《玉篇》："咸，悉也。"例如，《书·尧典》："庶绩咸熙。"《左传·僖公二十四年》："周公吊二叔之不咸。"《注》："咸，同也。"《鲁语》："小赐不咸。"《注》："咸，遍也。"《庄子·知北游》："周遍咸三者异名同实，其指一也。"《史记·司马相如列传》："上咸五，下登三。"《注》："师古曰：与五帝皆盛也。"其实，咸，甲骨文从戌，从口，即保卫所有的家园境界，这是防卫国界的意思，因此，"咸"才有"皆"意。而"皆"即疆界的意思，疆界内的一切人口、财物就是"皆"，因此，"咸"有疆界、空间的意思。故《尔雅·释丘》："左高曰咸丘。"这里的"咸"就是"高"的空间的意思。又如《周礼·春官·大司乐》："大咸。"《注》："大咸，咸池，尧乐也。"这里的"咸"就是指"大"的空间。由此可见，"咸声"的声符音义就是空间性、无限性的意思。因此，"感"的基本意思就是"咸"的音本义。再进一步，"感"在文字产生之前的音本义也是空间无限的意思。所以，与"感"同音的甘、干、间、敢、赣、淦、尴、泔的音本义也有空间性、无限性的意思。由于无限生命时空就是"美"的本质、美本身，因此，《说文》："甘，美也。"而干、间、敢则是指称美的事物，它们都具有空间性、无限性。而淦、尴、泔则是指局促的空间感。由于空间不过是时间展开的过程的成果，因此，"咸"也有时间性的含义，故《易·杂卦》曰："咸，速也。"这就是说，"感"作为动词，是感觉、感知的意思。作为名词的"感"或"感知"就是指一种无限的空间感觉。

换言之，无限的空间感就是"感"的音本义和字本义。后来才把其他的五官感觉也叫作感或觉。《说文》曰："感，动人心也。"《广韵》："感，动也。"为什么这样说呢？现在很清楚，那是因为，人们在外在世界的对象上面产生了无限的空间感和快速时间感这种美和美感的时候，人们就会产生"动人心"的"意诚"道德心理现象，故《易·咸卦》曰："象曰：咸，感也。"如果《增韵》说："感，格也。"那么，人们所"格"（来）即所生成出"来"的"感"即"知"就是指无限的空间感。也只有这样理解"致知"的"知"，才能和"格物"的"格"的"感通"义匹配协调与融通。

现在看来，朱熹把"格"理解为"穷究""穷极""极至"的原因在于，他是在宋代理性主义哲学背景下，对"格"之"来"义生成途径与传统的儒家原旨式的理解——感通——截然相反，认为是通过"穷究"物理从而获得外物的理性规律、原理、道，即"致知"。所以，朱熹说："格，至也。物，犹事也。穷至事物之理。欲其极处无不到也。"朱熹解释的问题在于，"格"虽有"来""至"之意，但这"来""至"都是向内进行的"归来""来到""回来"的"来""至"的行为动作，并无向外进行的"穷而至极""极至"的思维穷究、探寻的意思。关键的问题是"格"及其正反引申系统的基本语义都是在"归来"（格、回）和"离去"（各、异）之间解释。因此，朱熹对"格"的"穷究"解释是明显的主观任意的强制性过度阐释。在朱熹之前，绝无将"格"字理解为向外进行的"穷而至极""穷极"探寻的先例。现在看来，以朱熹、二程为代表的宋代理性主义的哲学思潮所强制性过度阐释出来的第二期（宋代）"新儒家"并不能深入阐释"第一期"新儒家曾子《大学》中的"格物、致知、诚意、正心、修齐、治平"背后所蕴含的深刻的道德发生学的实践哲学内在机制、真正原理，也是儒学的真正本质和基本原理。我们并不是说，朱熹不能将本以为"来"的"格"反向引申为向外推究的"穷""究"，而是说这样穷究出来的"物理"与"诚意""正心"的道德生成没有直接的生成关系。

三　王阳明心学对"格物致知"的武断性强制解释

正因为这个原因，王阳明和他的道友遵照朱熹的现代主义、理性主义的"理学"思想去"格"、去"穷"庭前翠竹之"理"时，"格"了很多天，一无所获，最后还得了一场重病，懊悔不已。后来王阳明并不相信朱熹、二程那套"穷尽物理"的客观性外在性的理性主义的"理学"的理性说教。王阳明在"龙场悟道"后对曾子《大学》中的"格物致知"产生了全新的理解，对"格物致知"做出了全新的阐释："格物"即"正物"：

格物是止于至善之功，既知至善，即知格物矣；"格物"如孟子"大人格君心"之"格"。是去其心之不正，以全其本体之正。但意念所在，即要去其不正，以全其正。即无时无处不是存天理。即是穷理；格者，正也；正其不正，以归于正也。(《传习录》)

意诚则心无所放，而可正矣。格物如格君之格，是正其不正以归于正。古本大学旁释"格物是止于至善之功"。既知至善，即知格物矣。(王阳明《传习录·大学问》)

王阳明这里把"格物"理解为"格君之格"是错误的。《孟子·离娄上》云："人不足与适也，政不足间也。惟大人为能格君心之非；君仁莫不仁，君义莫不义，君正莫不正；一正君而国定矣。"东汉赵岐、北宋孙奭都将"格"阐释为"正"，恐是受孟子这里的原文之"君正"义影响，强制地将"惟大人为能格君心之非"中的"格"解为"正"义。这个解释同样是强制性的解释，因为，第一，在封建社会，作为辅佐君王的"大人"岂能纠正、校正君王的"非心"？第二，格、各的初义是"来"，翻译引申为"去"的"异词"(《说文》)，不可能引申出"纠正""正非"之义。虽然邢昺疏《论语·为政》"道之以德，齐之以礼，有耻且格"云："德，谓道德；格，正也。言君上化民，必以道德。民或未从化，则制礼以齐整，使民知有礼则安，失礼则耻。如此则民有愧耻而不犯礼，且能自而归正也。"注意，这里的"正"是正确、荣耀、善、美的意思，而非"纠正""正非"、改正"君之非心"的"正"。因为"格"本义为"来"，所来者是正途，是善，是美，是荣耀，是境界、度量境界。所以，"格"，有引申为"正确""量度"的意思。故《广韵·陌韵》曰："格，度也，量也。"例如，《文选·鲍照〈芜城赋〉》："格高五岳，衺广三坟。"李善注引《苍颉篇》曰："格，量度也。"瞿蜕园注："格，尺度。这句盛夸城墙之高，超过五岳。"因此，"格"有度量、衡量之义。《孟子·离娄上》云："惟大人为能格君心之非"中的"格"只能阐释为"度量"的意思，不能像赵岐、孙奭、王阳明那样将其理解为纠正、正非、改正、校正的"正"。这一点应该是很清楚的。

王阳明将"格物"阐释为"格不正""去恶""正物"的阐释是推论出来的。他的论证手段是从"修身"推论其源头"至善"的"心体"产生的终极途径是"格物"，应该说这个思路也是不错的：

《大学》之所谓"身"，即耳、目、口、鼻、四肢是也。欲修身，便是要目非礼勿视，耳非礼勿听，口非礼勿言，四肢非礼勿动。要修这个身，身上如何用得功夫？心者，身之主宰，目虽视而所以视者心也，耳虽听而所以听者心也，与四肢虽言动而所以言动者心也。故欲修身在于体当自家心体，常令廓然大公，无有些子不正处。主宰一正，则发窍于目，自无非礼之视；发窍于耳，自无非礼之听；发窍于口耳四肢，自无非礼之言动：此便是修身在正其心。

第一步，他从修身过程中的身心关系推出身由心主的内在机制。他认为，目之所视，耳之所听，口之所言，肢体之动，全受心的主宰。这个心就是"自家心体"。而且这个"心体"还是"廓然大公"宽广博大胸襟情怀的心灵空间。这里推导出"正心—修身"的道德生成内在机制。第二步，得出了"诚意—正心"的道德生成内在机制的第二个生成环节：

然"至善"者，心之本体也。心之本体，哪有不善？如今要正心，大体上何处用得功？必就心之发动处才可着力也。心之发动不能无不善；念发在恶恶上，便实实落落去恶恶。意之所发，既无不诚，则其本体如何有不正的？故欲正其心在诚意。工夫到诚意，始有着落处。

第三步，他得出了"致知—诚意"的道德生成内在机制的第三个生成环节：

然诚意之本，又在于致知也。所谓"虽不知，而已所独知"者，此正是吾心良知处。然知得善，却不依这个良知便做去，知得不善，却不依这个良知便不去做，则这个良知便遮蔽了，是不能致知也。吾心良知既不得扩充到底，则善虽知好，不能著实好了；恶虽知恶，不能著实恶了，如何得意诚？

第四步，他得出了"格物—致知"的道德生成内在机制的第四个生成环节：

故致知者，诚意之本也。然亦不是悬空的致知在实事上格。如意在于为善，便就这件事上去为；意在于去恶，便就这件事上去不为。去恶同是格不正以归于正，为善则不善正了，亦是格不正以归于正也。如此，则吾心良知无私欲蔽了，得以致其极，而意之所发，好善去恶，无有不诚矣！诚意工夫，实下手处在格物也。若如此格物，人人便做得，人皆可以为尧舜，正在此也。①

这段文章的第一部分讲的是人的"修身"——耳、目、口、鼻、四肢的善的言行是受"廓然大公，无有些子不正"的"至善"的"自家心体""吾心良知"制约控制的。王阳明说"'至善'者，心之本体"，这是很准确的。然后王阳明认为"心之本体"的生成于"心之发动处"，"才可着力"。"心之发动处"亦"意之所发"处，而"意之所发，既无不诚"。在王阳明看来，"心之发动处"之"诚"乃是因在"其本体如何有不正的"。换言之，心体之"正"才能"意诚"。因此，只有心体之"正"才能产生善的"意诚"。这样，把道德的诚转到心体的"正"上。王阳明说"'至善'者，心之本体"，而这"至善"的"心体"就是"无限时空"的心灵境界，就是美本身，因此，这样的观点是对的，符合"格物致知"的"美生真善"的实践哲学原理的。但是，接下来，王阳明的阐释就大成问题了。王阳明认为"致知"即"致良知"不是像朱熹那样"悬空的致知"，而是"致知在实事上格"。所谓"致知在实事上格"就是"为善""去恶"的道德实践行为，而并不是参理。于是，王阳明把"去恶"的道德实践行为就叫作"格不正以归于正"的"致知"、"致良知"的"吾心本体"、"心之本体"的审美行为。这就大错特错。我们认为，"致知""致良知"的"吾心本体""心之本体"的审美行为不是"为善""去恶"的道德实践行为。在这里，王阳明把"去恶"的道德实践行为完全等同于"格物致知"的"感物生美"的审美行为了。须知："为善""去恶"的道德实践行为是通过"至善"的"心之本体"的无限心灵时空生成出来的。所以，王阳明根据《孟子》"格君非心"从而将"格物"理解为"去恶"，这样对"正心"的解释是错误的。孟子那样说是对的，在孟子那里，"非心"是道德之恶心，这样"去恶"是对的。但是，曾子的"格物"是审美活动，从物上感觉、生成无限时空的"自然之良知"的"心之本体"是不能用"去"的语言的，而是"来"。总之，"格不正以归于正"的"去恶"并非"格"之本身，而是"格"之功能。

其实，"各"和"格"的"来"的反向引申义"去"，应该是一个不及物动词，即"离去"的"去"，所谓"格物"就是"离物"，即从"物"上创生一种东西，这个东西从"物"上"离"开。这就是王国维《古雅之在美学上之位置》所谓"离其材质之意义，感无限之快乐，生无限之钦仰""离而感之"的审美生成活动。"格物"就是"离其材质"的"离材"，"离其材质之意义"之后，个体所

---

① （明）王阳明：《王阳明全集》，吴光、钱明、革平等编校，上海古籍出版社2011年版，第1316页。

"感无限之快乐,生无限之钦仰"就是"致知""致良知"。曾子的"格物"并非"去物",即把"恶物"去掉,因为《大学》中"格物致知"的"物"指万物、事物,并未定性为"恶",因此,王阳明理解"去恶"之"恶"是按照自己的思想强加到"格物致知"的"物"上去的。王阳明将"格物致知"的"格物"阐释为"去恶",与朱熹一样又是一场强制性、过度性阐释,因为"去恶物"与"正心"之间没有中介连接,缺乏"正心"生成的内在机制。仅仅是"去恶"而不能生成无限生命心灵时空、境界这种中介,"意"将不"诚","心"将不"正"。因此,王阳明把《大学》"格物"阐释为"正其不正者,去恶(事不正)之谓也"同样是不正确的,因为"格"的音本义、字本义上绝没有"(纠)正"的词源义,连引申的可能性也没有。所以,我们认为,王阳明把"格物"阐释为"去恶""正也"都是不符合曾子《大学》的原文的思路逻辑的。因为,在王阳明这里,"知"(良知)的"获致"并没有一个中介,而是通过自己的主观的批判精神、否定精神的价值批判来产生"正"的价值取向的。王阳明所要表明的思想是:去恶=正心。在"破"和"立"之间缺乏中介。也就是说,"正"的确立,并非只是"去恶"而已,还必须有产生"正"(诚意正心)的前提、中介。虽然说"不破不立",但是"破"并不等于"立"(致知),破容易,立很难。如果王阳明这样理解"格物致知",那么,这完全是一种主观唯心主义哲学思想。我以为,这恐怕不是王阳明的真实思想,也就是说,王阳明并没有对"格物致知"在语言上解释清楚。是不能吗?王阳明说:

> 众人只说"格物要依晦翁",何曾把他的说去用?我着实曾用来。初年与钱友同论做圣贤要格天下之物,如今安得这等大的力量:因指亭前竹子,令去看。钱子早夜去穷格竹子的道理,竭其心思至于三日,便致劳神成疾。当初说他这是精力不足,某因自去格,早夜不得其理,到七日,亦以劳思致疾,遂相与叹圣贤是做不得的,无他大力量去格物了。及在夷中三年,颇见得此意思,方知天下之物本无可格者。其格物之功,只在身心上做。决然以圣人为人人可到,便自有担当了。(《传习录》)

按照朱熹的外向性理学精神去"格竹"失败了,王阳明误认为之所以"格竹"失败是因为自己"无他大力量",但是,后来龙场悟道,却悟透了得道了。这时在王阳明看来,所谓"天下之物本无可格"的意思是说,不能从外物上穷究"物理",获知"物理"。王阳明明白了"格物之功,只在身心上做"。他的意思是说,"格物"因感物而动,而产生出来的"身心"身体性的心灵感受。这就是"在身心上做"的"格物"功夫，乃"以圣人为人人可到"的精神生产，有了从物上感受出来的身体性心灵感受的"身心"，无须"物理"，个体"便自有担当了"。这样看来，王阳明所谓"格物"就是"感物"，因为"感物而动"，因此，"感物"才会"来物"，即由"身心"生出"来"于物。但是，王阳明并没有讲清楚"格物致知"的过程，这个"只在身心上做"的过程、机制、原理是什么，仅仅是一种整体上笼统感受的经验而已。其实，这个过程就是审美的生成过程。我的"时空美学"对"审美"的定义就是：个体从客观对象上对无限生命时空的直观或折射的审美思维过程。我对美的定义就是：美是从客观对象上直观出来的无限生命时空。这里的"客观对象"就是"物"，"无限生命时空"就是身体性心灵感受"身心"的"知"，而"直观或折射"的审美思维就是"格"的审美活动本身。

我们再看王阳明对"致知"的认识。王阳明说：

> "致知"云者，非若后儒所谓充扩其知识之谓也，致吾心之良知焉耳。良知者，孟子所谓"是非之心，人皆有之"者也。是非之心，不待虑而知，不待学而能，是故谓之良知。是乃天命之性，吾心之本体，自然良知明觉者也。（《传习录·大学问》）

王阳明认为"良知"并非一般的"知"，而"是乃天命之性，吾心之本体，自然良知明觉者也"，"天命之性"是指天的无限空间性，这无限的空间性也是人心的本体，但这个无限空间的心灵本体不是"是非"判断，而是生成"是非"判断"之心"，这就是孟子讲的个体成圣的"浩然正气""充实"的空间感，即个体无限的心灵空间。这才是能够"明德"的"良知""吾心本体"。

总之，在我看来，王阳明所谓"天命之性，吾心之本体"这个"自然良知"就是无限时空和无限生命时空。而"不待虑而知"的"是非之心"的"良知"就是道德评价的道德意识，是无限生命时空生成、"明觉""不待虑而知"的"是非之心"道德评价的道德意识。美中生善，知行合一的现象就会出现。如此说来，王阳明对美能生善、知行合一的感觉是正确的，但是"格物"阐释为"去恶正心"的语言表述真的错了。

四 "格物致知"真解来自宋儒周程的自然审美与感悟

关于王阳明的"龙场悟道"，是说他谪贬至贵州龙场当驿丞，日夜反省，一天半夜里，他忽然有了顿悟："圣人之道，吾性自足，向之求理于事物者误也。"

这就是著名的"龙场悟道"的内容、结果。除此之外，王阳明并未对"龙场悟道"的过程细节作更多描述，因此常常使人一头雾水。实际上，王阳明的"龙场悟道"正是我们所理解的"格物致知"的生命时空获致的审美过程。王阳明说："先儒解'格物'为'格天下之物'，天下之物如何格得？且所谓一草一木亦皆有理，今如何去格？纵格得草木来，如何反来诚得自家意？我解'格'作'正'字义，'物'作'事'字意。"①这就是"龙场悟道"的全部奥秘所在。王阳明说，"一草一木"之"理"是"格"不出来的，相反，他从"草木"的"反来诚得"的"自家意"。这是因为，王阳明的"龙场悟道"是受周敦颐的"窗前草不除"故事中的"上观天地生物气象"审美现象影响，并在自己的审美实践中产生出来超越朱熹理性主义的"理学"的"心学"即新儒家道德实践哲学。

程颢曾说："周茂叔窗前草不除去，问之，云：'与自家意思一般。'"②周敦颐窗前长期不除的杂草肯定是非常茂盛，充满了生命的生机，无所谓善与恶，无限快乐。于是，周敦颐在这非常茂盛、充满生机的杂草中直观到杂草这些生命的无限生机与无限自由，感悟到杂草的"生命气象"就是自己的生命气象、生命理想状态，非常具有美感，所以，周敦颐从来不将其除去。后来，程颢也得到了周子这个真传，《二程遗书》载程颢云："观天地生物气象（周茂叔看）。"③程明道所谓"天地生物气象"是指"天地""生物"的无限生命生机和无限空间感。因此，这是指"天地生物"之"物"的无限时空和生命时空。但这无限生命时空并不仅仅是"天地生物"的万物所有，也是如周子所说，是周子、程子的生命状态、生命理想的"自家意思"。这正是憨山大师所理解的"格物致知"生成的"妙境"的真实内涵："感格""感通"：

> 格即"禹格三苗"之格，谓我以至诚感通，彼即化而归我，所谓至诚贯金石、感豚鱼，格也……以真知用至诚，故物与我感通，此格乃感格之格，如云格其非心是也。④

其实王阳明"龙场悟道"的最初情形应该是像周敦颐、程颢那样对于从"天地生物"中感格、感悟而直观生成出来"自家意思"的生命"气象"，即自己

---

① （明）王阳明：《王阳明全集》，吴光、钱明、董平等编校，上海古籍出版社2011年版，第1316页。
② 《宋元学案》卷十一《濂溪学案》引。徐寒主编《历代古诗鉴赏》（全新校勘珍藏版），中国书店2011年版，第547页。
③ 陈来：《中国近世思想研究》，商务印书馆2003年版，第40页。
④ 慧琳主编：《中国文化精华全集·宗教卷（二）》，中国国际广播出版社1992年版，第600页。

的无限心灵时空、境界之后,最后,才会感悟到:"圣人之道,吾性自足,向之求理于事物者,误也。"这个"吾性"就是从"天地生物"中感悟直观"自家意思""气象"这无限心灵时空、生命境界。用王阳明自己的话来说就是,从"天地""花草"中感格、感生出来的无限"生意"(无限的生命生机与生命无限,无限的生命时空),这就是他所说的"活勃勃"的"良知"之"心性"。这才是王阳明对"格物致知"和"知行合一"的真正理解。王阳明在《传习录》中如下的精彩记载证明了我们的大胆推想:

(薛)侃去花间草,因曰:"天地间何善难培,恶难去?"

先生曰:"未培未去耳。"少间,曰:"此等看善恶,皆从躯壳起念,便会错。"

侃未达。曰:"天地生意,花草一般,何曾有善恶之分?子欲观花,则以花为善,以草为恶;如欲用草时,复以草为善矣。此等善恶,皆由汝心好恶所生,故知是错。"

曰:"然则无善无恶乎?"

曰:"无善无恶者理之静,有善有恶者气之动。不动于气,即无善无恶,是谓至善。"

曰:"佛氏亦无善无恶,何以异?"

曰:"佛氏着在无善无恶上,便一切都不管,不可以治天下。圣人无善无恶,只是'无有作好','无有作恶',不动于气。然遵王之道,会其有极,便自一循天理,便有个裁成辅相。"

曰:"草既非恶,即草不宜去矣。"

……

曰:"此须汝心自体当。汝要去草,是甚么心?周茂叔窗前草不除,是甚么心?"[1]

在这段对话中,王阳明说:"天地生意,花草一般,何曾有善恶之分?"他是说,从"天地""花草"中静观、感悟、生成出来的"生意",即程颢所谓"天地生物"的"气象",这是无限的生命时空、境界。就此感格、创生出来之审美成果来看,这"生意""气象"并无善恶之分。由于这"天地""花草"的"生意""天地生物"之"气象"是一种程颢所谓"万物静观皆自得"的"静观"的

---

[1] 何善蒙:《传习录十讲》,孔学堂书局2016年版,第197页。

无限生命时空、静境，它也是周敦颐、程明道、王阳明的个体生命的"自家意思"——生命生机与生命自由的生命理想，因此，王阳明说："无善无恶者理之静，有善有恶者气之动。不动于气，即无善无恶，是谓至善。"为何"无善无恶，是谓至善"呢？这是因为，当一个人进入"无善无恶"的静观的"天地""花草"的"生意""天地生物"之"气象"和无限生命时空、境界的"自家意思"的时候，个体将具有包容万物、仁爱他人道德行为的最高道德境界。这就进入"知行合一"的境界了。王阳明的"知行合一"当作如是观，方为正解。王阳明最后说："草既非恶，即草不宜去矣。"因为，杂草也有春天，也有"生意"，"生意""气象"的无限生命时空就是"至善"，也是"至美"，因此之故，颇有生机、无限自由的"窗前之草"就不能"除去"。由此可见，王阳明和周敦颐、程明道一样，反对去除充满勃勃生机、生气、生意的窗前杂草。最后王阳明用反问的语气说："汝要去草，是甚么心？周茂叔窗前草不除，是甚么心？"在宋明心学看来，所谓"心"就是一个"生"字：生机、生意、生气的生命气象。在王阳明看来，周敦颐正是因为具有这种生机、生意、生气的生命气象之心，所以，才不去除掉窗前生机勃勃的杂草。周敦颐是这样，程明道是这样，王阳明也是这样，曾国藩也还是这样，曾国藩说："因思邵子所谓'观物'，庄子所谓'物化'，称子所谓'观天地，生物气象'，要需放大胸怀，游心物外，乃能绝去一切缴绕郁悒、烦闷不宁之习。"[①]

由此可见，所谓"格物致知"是说，从万物身上直观万物（格物）从而创生获致的"气象""生意"即"自家意思"（致知）。这样看来，"格物致知"首先是一种审美活动。王阳明在"龙场悟道"之前所进行的正是这样的人生审美活动。这就是王阳明在《传习录》中讲的"格物之功，只在身心上做"的全部含义。

在龙场修炼期间龙场诸生众多弟子对于他的"心外无理，心外无物"理论迷惑不解。一次王阳明与朋友同游南镇，友人指着岩中花树问道：南山里的花树自开自落，与我心有何关系？王阳明回答道："尔未看此花时，此花与尔心同归于寂。尔来看此花时，则此花颜色，一时明白起来。便知此花，不在尔的心外。"王阳明这个解释其实就是对唐代柳宗元"美不自美，因人而彰"的重新阐释而已。柳宗元的意思是说，万物之美的评价获得，万物之美的生成，并不是我们对现成的"美"的被动接受感觉而已，这是一种创造，其创造机制就是审美主体的心灵时空、生命时空（即周敦颐所谓个体生命理想的"自家意思"）与万物身上

[①] 唐浩明：《曾国藩日记》（典藏版），唐浩明评点，岳麓书社2016年版，第6页。

的形式时空、生命时空（即程明道所谓"天地万物"的"气象"，或王阳明所谓"天地""花草"的"生意"）的自我性主体间交流对话共鸣而已。所谓"因人而彰"就是王羲之因自己个体的无限心灵时空、生命时空的心灵背景，才能从兰亭的"清湍修竹"中直观生成其生命气象、生命生机、生意，二者之间产生主体间共鸣才产生、彰显、显现出兰亭的"清湍修竹"之清美。王阳明所谓"你未看此花时，此花与汝同归于寂"，这就是柳宗元所谓"美不自美"，而王阳明所谓"你来看此花时，则此花颜色一时明白起来"就是柳宗元所谓"因人而彰"。这就是说，在进行无意识的审美之前，我们不会有意识地关注作为初始审美客体对象的"花草"，此时的"花草"是"沉寂"的，只有当我们从初始审美客体的"花草"和兰亭的"清湍修竹"上通过直观性审美活动创生出"自家意思"的无限生命"气象""生意"即无限生命时空，即美之后，产生了审美判断（这是美丽的）之后，我们才会去有意识地关注曾经让我们创生无限时空之美的初始审美客体、对象"花草"和兰亭的"清湍修竹"，只有这个时候"此花颜色一时明白起来"，兰亭的"清湍修竹"才一时明白起来。

在这个审美过程中，王阳明十分清楚地获得心外无美（气象、生意）、"心外无理，心外无物"的心学灵感，并进一步从理论的角度提出了"圣人之道，吾性自足"的心学基本原理。从上述我们对唐人柳宗元（773—819）、宋人周敦颐（1017—1073）、程颢（1032—1085）、明人王阳明关于审美活动过程的描述中可以看到，无限生命"气象""生意"、时空之道之美，并非"物"之"理"，而是个体"自家意思"的生命"气象""生意"在审美客体面前的激发、共鸣、交流、满足的自我主体间性的对话而已。因此，主体的无限生命空间才是最终的本体、本质。①

只有这样，我们才能理解《大学》"八目"的深层道德实践哲学原理。我们说，"格物致知"就是一个"感物生境"的审美活动过程。只有从万物中获得"自家意思"的无限生命"气象""生意"、时空、境界之美后，美感就产生了，因为，美感是与美同时产生的，美是一种无限时空的感受感觉。这个"自家意思"的无限生命"气象""生意"、时空、境界，是我们所感"知"的内容。但

---

① 其实，柳宗元（773—819）、周敦颐（1017—1073）、程颢（1032—1085）、王阳明关于关于审美活动过程的描述的"天地生物""花草"的"气象""生意"与西汉礼学家戴圣所编周代《礼记·月令》、刘安（公元前179—前122）的《淮南子》、刘勰（约465—约520）的《文心雕龙》、萧统（501—531）编《文选》以及唐代日僧照遍金刚《文镜秘府论·论文意》中讲的"物色"概念是一脉相承下来的中国审美思维中"美"的概念。因为，从万"物"中感知、直观生成出来的"色"，是气色、生气、生机、气象之谓。此即审美主体从初始审美客体之"物"上直观出来的无限生命时空、境界，即美本身、美本质。所以萧统《答玄圃园讲颂启令》才说："银草金云，殊得物色之美。"

它是一个"大象无形"的无限空间，他就会自然产生包容万物，包容他人的仁爱之心，这就是"善"的行为了。由于真切的美感情感的产生，这种包容万物，包容他人的仁爱之心就是"诚意"了，更重要的是那"自家意思"的"生意""气象"就能产生仁爱的真情、"诚意"，自然就会产生"仁爱"的"诚意"。如果"格物致知"的结果是获得事物的科学之理是不会产生这种道德情怀的"诚意"的，而且也没有实践逻辑真实性。由于仁爱他人的"诚意"是从万物上静观自得的"自家意思"的无限生命"气象""生意"、时空、境界造成的，而这"自家意思"的无限生命"气象""生意"、时空、境界的感受就是"正心"，即明德的道德心灵。之后，才可能按照这个理想目标进行"修身"，即无限宽广的道德生命"气象""生意"、心灵时空的培养修炼；有了这样的无限宽广的道德生命"气象""生意"、心灵时空的身心之后就身体化了道德素养境界，这样就必须通过治家、齐家的家政管理进行实践活动；当完成了治家、齐家良知性齐家的家政管理之后，人的生命目标、生命理想、境界就会拓展超越，因此就必然运用"自家意思"的无限生命"气象""生意"、时空、境界实现对国家治理的宏大理想；继而，同理是"平天下"的最终人生道德理想、生命理想。

在这里，我们清晰地看到了"大美"和"至善"之间的"本末""始终"的实践逻辑的真正关系。这就是我们所说的儒家"美生真善"的道德生成的"原伦理学"的实践哲学基本原理。所以，曾子在《大学》中才说："物格而后知至，知至而后意诚，意诚而后心正，心正而后身修，身修而后家齐，家齐而后国治，国治而后天下平。"

上面我大胆猜想曾子的"格物、致知、诚意、正心"的思想一定和周敦颐、程颢对"窗前杂草"的自然审美活动有关、相似。换言之，我感到，周敦颐、程颢、王阳明等"第二期新儒家"对"窗前杂草"的自然审美活动一定是曾子的"格物、致知、诚意、正心"的道德发生学的延续发展、具体化、经验化。果然，我在憨山（德清）大师的名著《大学纲目决疑题辞》中正好再次找到了这一灵感的铁据。憨山大师说：

> 以真知用至诚，故物与我感通，此格乃感格之格，如云格其非心是也。且如驴鸣蛙噪窗前草，皆声色之境，与我作对为扞格，而宋儒有闻驴鸣蛙噪、见窗前草而悟者。声色一也，向之与我扞格者，今则化为我心之妙境矣。物化为知，与我为一，其为感格之格，复何疑？

原来，憨山大师早已在这里把"格物致知"的真谛讲得十分清楚了。在这里,"扞格"和"感格"是一组反义词。"扞格",即抵触、矛盾、不通的意思。而"感格",即"感通",即通过感觉、感悟而生成来的"来格"之义。在憨山大师看来,在个体与"驴鸣蛙噪窗前草"处于世俗物质声色功利境界的时候,物质在诱惑自己,它是客体,我是主体,二元对立的,因此,这些自然事物"与我作对为扞格"抵触、矛盾、不通的状态。但是在宋儒周子、程子那里,他们从"驴鸣蛙噪窗前草"的自然动物、植物这些生物身上直观出了无限生命的生机活力,自由的生命时空,这个过程就是曾子《大学》中的"格物、致知、诚意、正心"的道德仁善发生的审美生成过程。从生物中直观生成的无限生命的生机活力,自由的生命时空,就是"格物致知"中的"知",也是"至善""明德",也正是王阳明所谓"良知""自然良知""天理",也是憨山大师所谓"妙境""智光"。他是道德发生二的根本前提、条件、原因、基础。正因为如此,王阳明才对"格物致知"有"此须汝心自体当。汝要去草,是甚么心?周茂叔窗前草不除,是甚么心?"[①]的感悟、理解。

总之,曾子《大学》的"格物致知"、王阳明《传习录》的"知行合一"中表达的基本思想是:真诚的道德行为的发生是在对个体万物的生命时空的身体美学的感悟的基础之上才有可能。这就是说,道德发生学的原理存在于审美活动之中。简言之:美生真善。反过来也一样,真善生美。这是一个良性的、伟大的生命实践活动的循环大道。"大学"的真谛在这里。《易传》"文言"的真意也在这里。

五 王阳明"知行合一"论何以可能?

从王阳明"知行合一"的思想来看,王阳明对上述"格物致知"的解释是不对的。因为,"知"和"行"在一般人心目中是逻辑上一先一后的两个东西。何以能够"合一"呢?要"合一",只有在一种情况下才是可能的:当"知"的内涵产生之时,也是"行"的行为活动产生之时,它们才是同时进行的活动,"知"和"行"是从两个不同的角度去看同一现象。换句话说,"行"是"知"的功能、作用的自然生成,无须另启"行"的思维。我以为,这种情况只有"美"和"善"之间的生成关系才能是如此。

我们说,所谓美是从初始审美对象创生出来的无限生命时空、境界。这个无限生命时空是"来"(格)于"物","离"(格)于"物"的一个似客体。审美者在"物"上所获"来"(格)的审美感知之"知",这"知"就是无限的生命时

---

① 何善蒙:《传习录十讲》,孔学堂书局2016年版,第197页。

空、心灵时空,它的功能就是包容他者和万物,这就是仁义之善德之"行"。由于这个善德之"行"是审美感知的"知"的次生现象、存在方式,它们之间是一种立体性的、共时性的、整合性的默会认识结构,因此,这一瞬间就是"知行合一"的,而且这"知行合一"是"知行递变"的一个瞬间状态。因为,这个善德之"行"是审美感知的"知"中"递变"转化出来的。由于审美活动是从初始审美客体上"离而感之"(王国维语)地直观与折射出来的,因此,审美过程正是一个"格(离)物(初始审美对象)致(创生、获致)知(无限生命时空)"的审美过程原理,即离物生美或感物生美、观物生美的过程。这是因为感物生美、观物生美就是离物生美。前面我们把"格物"阐释为"感物""来(于)物",这里,我们把"格物"又阐释成"离物",两者是否矛盾呢?不会的。因为,审美过程就是一个"离"物而感生出来无限生命时空(知)的过程。"格""感""离""来"是同一审美思维过程的态度描述角度或阶段的审美思维现象而已。

前面我们说过,"各""格"的本义是"来",即"归来"。例如,《书·旅獒》:"不宝远物,则远人格。"这里的"格"都是"来"、归顺,更准确地说是"归来""来朝"的"来"。而这样的"来""归来"则是由于处于边鄙之地"远人"被中原王朝的德行、善政所"感动",才自愿"归来"、来朝的。所以,"格物"也可以训为"感物"或"观物",只有"感物"或"观物",也才能理解"知"是"来"于"物"。

只有这样阐释"格物致知"的"格"和"知",我们才能理解《大学》"八目"之间的内在机制和基本原理。由于通过"格物致知"产生的是"至善"的"明德",亦即"吾心本体""自然良知"之无限生命时空、境界之美,直接产生身体性的审美情感所以才会有"意诚"的结果,由于"意诚"才能产生"心正"的道德性效果,这就是美生善。因为"心正"才可能"修身",对"修身"的超越,所以才有"治国"的理想,对"治国"的超越,才有最后"平天下"的"至善"的道德追求境界。这里,"致知"与"意诚";"意诚"与"心正";"心正"与"修身";对"修身"的超越与"治国";对"治国"的超越与"平天下"之间都是《周易·乾卦·文言》所谓"君子……宽以居之,仁以行之"。所谓"宽以居之"就是心生无限的心灵空间、生命时空,这就是人之本体。所谓"仁以行之",是说当你处于具身性的无限心灵境界、生命时空的时候,你会包容他者,关爱他者。而包容他者,关爱他者正是"仁"的本质内涵。这就是说,当君子"宽以居之"的时候,"仁以行之"也就开始了。这是一个知行递变的过程。王阳明把这种境界称为"知行合一"。何谓"知行合一"?"知行合一"何以可能?这是一个问题。

当王阳明的门人问他:"知行如何得合一?且如《中庸》言'博学之',又说个'笃行之',分明知行是两件。"王阳明回答说:"博学只是事事学存此天理,笃行只是学之不已之意。"王阳明把"博学之"阐释为"事事学存此天理",把"笃行之"阐释为"只是学之不已",即把"笃行"也理解为"不已"地"学存此天理",这样"行"就变成"知"(学)了。这是武断的强制解释,并未讲清"知行合一"的内在机制、基本原理。这肯定谁也听不懂的。

所以当门人又问他:"《易》'学以聚之',又言'仁以行之',此是如何?"王阳明回答说:"也是如此。事事去学存此天理,则此心更无放失时,故曰:'学以聚之。'然常常学存此天理,更无私欲间断,此即是此心不息处,故曰'仁以行之'。"王阳明的意思是说,"学以聚之"是指"事事去学存此天理,则此心更无放失时"。把"仁以行之"阐释为,"(因)常常学存此天理,更无私欲间断,此即是此心不息处",即因"常常学存此天理",由于所谓"天理"就是从万物上"感格""感通"而来的无限形式时空、生命时空的"自然良知"的博大无限的心灵空间、生命空间,"此即是此心不息处"具有对他者的包容性、关爱性,即王阳明所谓"更无私欲间断",这就是"仁以行之"了。王阳明这一次的现象学描述是准确的,这就是我所谓"知行递变"的"美生真善"道德发生的审美原理。简言之:知"良知""妙境",即生真善真仁。这就是王阳明"知行合一"何以可能的真正原因、原理、机制。

当门人最后问他:"孔子言'知及之,仁不能守之',知行却是两个了。"王阳明回答说:"说'及之',已是行(生仁善)了。但不能常常行,已为私欲间断,便是'仁不能守'。"这里,王阳明的回答只是重复了上面的"境生真仁""美生真善"的基本原理:只要"良知"(王阳明)、"妙境""光明"(憨山大师)在身体感觉上产生(及之)之后,同时就会产生真善慈仁的道德行动了。仁善的道德行为之所以不能"常行",是因为你被"私欲间断",于是沉沦于世俗的功利境界、物质境界,进入狭窄局促的逼仄狭隘的心灵空间,不能进入直观无限心灵时空、心灵境界的"良知""妙境",因此,不能生成关爱他者、包容他者的道德行为,坠入这"丑生恶"的庸俗境界。

在我看来,王阳明的"知行合一"作为审美化道德发生学的基本原理,是对曾子"格物、致知、诚意、正心、修身、齐家、治国、平天下"的第一期先秦儒学审美化道德发生学原理的发展,十分精彩,解释得也十分精彩。但是,他把"格物致知"解释为"格不正"的"去恶""正心"是牵强武断,缺乏中介的错误解释,他从未讲清过"格物致知"。好在有他的"致良知"和"知行合一"说,弥补了他对"格物致知"阐释的无力。

通过我们上面对憨山大师对"格物致知"的审美现象学、思维现象学的深度描述，以及对王阳明对"格物致知""知行合一"的思维现象学、审美现象学的深度解读，现在，我们便可清晰地解读王阳明心学的"四句教"的真正内涵了。在我看来，王阳明所谓"无善无恶心之体"讲的是这个"自然之良知"的"至善"的"吾心本体"，就是人们从客观事物上直觉创生出来的无限生命时空，就是万物之生命气象，就是美本身，美的本质。所谓"有善有恶意之动"讲的是在以无限的生命时空为背景，生成出来的善的道德行为，和由局促狭隘的心灵空间生成恶的道德行为的动力行为，这里讲的是"善从美生""恶从丑生"的道德发生学的生命时空审美原理。所谓"知善知恶是良知"讲的是个体具有了以无限时空为内涵的审美判断力之后，可以顺利展开道德评价的认识活动。所谓"为善去恶是格物"讲的是"格物"的功能：为善去恶。应该说，从终极的意义上讲，王阳明的这句话也是对的。的确，"格物"的最大意义就是美好道德的生成，因此，"格物"的功能是"为善去恶"。但是，如果从实践哲学的原理上说，在"格物"与"为善去恶"的"去恶""正心"的道德行为之间，还需要一个"致知"——"无善无恶"的"良知"即"自然良知"，即无限时空、境界、气象这样一个中介，只有这样，"为善去恶"的美好道德行为才会生发出来。

结 论　美生真善：儒家道德发生的生命时空美学原理

总之，在中国经典儒家看来，道德德性与言行的生成是以通过审美活动、艺术活动所产生的美感经验建构累积而生成无限心灵时空、境界、胸襟、情怀、气象作为前提、条件、动力、本体的。因此，孔子的"孔颜人格"的道德化人格是建立在"与点精神"的审美经验人格之上的。曾子《大学》中的"格物致知"是对原旨儒家道德实践学说的最高总结和发展。由于"孔颜人格"及"与点精神"和"格物致知"都是建立在"感物生境"（无限生命时空、美）的基础之上的，因此，传统儒家儒学是一种基于生命时空美学思想的道德发生学，由于儒家这种审美道德发生学，其最终目的是"为政"，传统儒家美学道德学也是美学政治学。由于"孔颜人格"是一种道德审美经验，因此，传统儒家也是一种道德学美学或政治学美学。但是，朱熹从科学主义、理性主义的理学立场出发，将"格物致知"强制性随意解释为"穷极物理"理性儒学的"理学"之后，给理解"格物致知"这一深邃的道德实践哲学原理造成了极大的困惑，由此刺激了王阳明"心学"的产生。王阳明的"德性在我，不必外求"的"致良知""知行合一"的"心学"正是一种审美政治学的实践哲学思想精神，这是对原旨儒家的美学政治学的回归。但王阳明也未将"龙场悟道"中对"格物致知"中的"致良知"和"知行合一"阐述清楚。本文运用思维现象学的音法、字法、词源学方法和美学方法将曾子"格物致知"阐释为一种审美活动,这样一来,"与点精神""格物致知"的审美化人格与"孔颜人格"的道德化人格之间具有了本末先后的生成性发生学的内在联系。同时,王阳明"心学"中的"龙场悟道"中"致良知"与"知行合一"何以可能得到了思辨性和实证性的解释。于是,揭示了传统儒家的儒学和王阳明"心学"这种"新儒学"都是一种"美生真善"的道德发生学、本体论、动力学的原道德学的实践哲学原理。儒家道德发生学的终结、关键就是从万物中进行的"格物致知"的生命时空的创生的过程。于是,美学作为第一哲学就被证成。

【作者简介】马正平,四川师范大学文学院二级教授,博士生导师,国务院"享受特殊津贴专家",四川省政府文史研究馆馆员,主要研究方向为新现代主义实践哲学和时空美学。

巴迪欧《主体理论》中的主体理论

蓝 江

【内容摘要】《主体理论》是巴迪欧第一部重要的哲学著作,在这部著作中,他将拉康的精神分析学说和阿尔都塞的结构主义马克思主义进行了结合,提出了出位和归位的结构辩证法,并就这种出位和归位的辩证关系,提出了四种主体理论。尽管在这个时期的巴迪欧并没有达到后来《存在与事件》中的事件哲学的高度,但在这里已经萌芽了后来被用于事件哲学之中的主体概念。这也为马克思主义如何在低潮时期寻找新的可能性给出了一个尝试性的解答。

【关键词】巴迪欧;主体;《主体理论》

20世纪80年代,这个被巴迪欧称为"冬月"(temp d'hiver)的年代,让巴迪欧多了一些惆怅和彷徨。在这个时期,红色岁月的革命陷入低潮,他的昔日战友,许多退回到教室里,变成老实听话的学生,或者变成积极融入资本主义代议制民主的工薪白领。里根和撒切尔夫人的上台,中国"文化大革命"的结束,这些事件无一不敲打着巴迪欧的心弦。巴迪欧的哲学思考也走到了一个十字路口。

因此,《主体理论》成为巴迪欧思想发展的一个重要地标,尽管我并不认为《主体理论》是一部真正开创性的著作。问题或许有些奇怪,巴迪欧为什么要谈主体?在20世纪60年代的《记号与空缺:论零》中,他还和自己的老师阿尔都塞一起高呼,"历史是一个无主体的过程",而巴迪欧自己的口号是"科学没有主体"。[①]对巴迪欧来说,科学就是一个无限分层化的系统,每一个新的科学上的

---

① Alain Badiou, "Mark and Lack: On Zero", Zachary Luke Fraser & Ray Brassier trans, in Peter Hallward & Knox Peden eds., *Concept and Form Vol.1: Key Texts from the Cahiers pour l'Analyse*, London: Verso, 2012, p.171.

认识论断裂的时代，不是某个主体用自己的智慧人为地制造了这一断裂，而是科学发展就是一个自动的、微分的（différentielle）体系，在这里面，人所能做的，就是尽可能跟随科学进步的步伐，实现科学的革命。相反，科学所打开的裂缝，所制造的空缺，只有通过哲学来进行缝合。在这个角度上，科学是哲学的前提，而不是相反，作为意识形态的哲学只能在科学开创了一个新的症候之后，才能严格依照科学的方式来进行缝合。巴迪欧说，"如果从严格意义上来说，我们可以宣称，科学就是哲学的大写主体，而这正是因为科学本身没有主体"。① 在这个意义上，人的行为、人的实践，都是一个比较次要的东西，人只能选择顺应科学发展的潮流，或者逆潮流而行动，前者成为新时代的开创者，而后者在科学的发展中逐渐被时间和历史遗忘。

在巴迪欧转而接受毛泽东思想之后，在主体问题上也并未有丝毫动摇。他在20世纪70年代收录在"延安文丛"的《论意识形态》一书中——尽管这个时期，巴迪欧的文章都带有十分明确的政治倾向——将主体批判为一种资产阶级的意识形态：

> 为了前进，就必须打破"主体效应"（l'effet-de-sujet）的可疑的问题式，像佩雪（Pêcheux）所做的那样，认为"资产阶级的政治实践的形式……是'自发的'，它盲目地表达了资产阶级的阶级利益！"必须像这样来宣告："无产阶级的政治实践绝不是主体（它是无产阶级主体）的行为"。也就是说，资产阶级是其政治的盲目主体，而无产阶级根本没有它的主体。②

可见，在20世纪六七十年代，无论是在科学上，还是在政治上，巴迪欧都是一个无主体论者。或许，巴迪欧坚持这种观念，与他所处的那个时代密切相关，毕竟，在一个如火如荼的时代，每一个学生，每一个激进分子，都被时代的政治大潮所带动，让他们感到不是自己主动选择去上街，去从事政治斗争。相反，这是一种政治的潮流，在这个巨大的潮流中，作为个体的主体根本无法逆政治潮流而动，在坚决的革命斗争面前，任何退缩，甚至任何保守和反动，都势必被政治的潮流所淹没。即便是曾经作为自己老师的阿尔都塞，因为没有选择

---

① Alain Badiou, "Mark and Lack: On Zero", Zachary Luke Fraser & Ray Brassier trans, in Peter Hallward & Knox Peden eds., *Concept and Form Vol.1: Key Texts from the Cahiers pour l'Analyse*, London: Verso, 2012, p.173.

② Alain Badiou, "De l'idéologie", in Alain Badiou, *Les Années rouges*, Paris: Les Prairies ordinaries, 2012, p.103.

站在学生一边，巴迪欧都将之讽刺为大鼻子情圣伯吉拉克的赛拉诺（Cyrano de Bergerac），因为巴迪欧实在无法忍受"阿尔都塞关于意识形态的错误和虚幻的立场"。[①] 换句话说，在革命大潮中，在一场政治运动中，任何个体的角色，任何主体的行为，都是渺小的。即便他是著名的哲学家、思想家，也无法左右革命运动的历史趋势。

那么，问题是，为什么在六七十年代不谈主体问题的阿兰·巴迪欧，突然又开始捡起了被他抛弃的主体问题？这是因为新自由主义的上台，资本主义统治和治理似乎被进一步稳固。在这样的政治局面前，巴迪欧必须思考的是，在一个并非革命的时代，在一个资产阶级反动统治巩固和加强的年代，是否还有可能继续革命？如果可以，那么革命是否需要一个主体？

正如我们在前文所指出的，《主体理论》是一个相当复杂的文本。《主体理论》的英译者布鲁诺·波斯蒂尔和著名的巴迪欧思想研究者彼得·霍华德都毫不讳言，这是巴迪欧所有著作中"最难读懂的一本书"。这本书的晦涩，多半来自巴迪欧在书中展现出来的实验性质，也就是说，他将多种不同的线索——康托尔数学、拉康的精神分析、毛泽东的政治、马拉美的诗歌——交织在一个文本之中，这种复杂交织的写法，无疑增加了读者的阅读难度。在一定程度上，相对于巴迪欧另外两部重量级著作《存在与事件》和《世界的逻辑》，《主体理论》被谈及得相当之少，如针对《存在与事件》和《世界的逻辑》都有相关的研究论著面世，同时也有大量的研究论文出现，而《主体理论》的研究则显得贫瘠得多，这或许与《主体理论》的实验性质和阅读难度密切相关。

需要注意的是，巴迪欧的《主体理论》一书显然是一本向拉康的精神分析，尤其是在圣安娜医院开始作讲座的拉康致敬的著作（更准确地说，是向雅克-阿兰·米勒转述过的拉康致敬的著作）。细心的读者一定会发现，《主体理论》一书不仅在用词和主要的思想上借用了拉康的精神分析原理，尤其是这本书的第三部分带有明显的经过米勒折射过的拉康思想的痕迹（巴迪欧为这一章所起的标题就是："空缺和毁灭"，一个典型的拉康式标题）；而且《主体理论》的书写方式也是完全模仿拉康《讲座集》的方式，尤其是模仿拉康的《讲座 XI：精神分析的四个基本概念》。在《主体理论》的序言中，巴迪欧就很明确地谈到它对拉康《讲座集》风格的模仿：

[①] Alain Badiou, "De l'idéologie", in Alain Badiou, *Les Années rouges*, Paris: Les Prairies ordinaries, 2012, p.109.

形式问题。这就是讲座的形式,这是拉康赋予了崇高尊严的文体风格。

有谁会问,组成这本书的课程真的是在所标示的那些日期的日子上的吗?

这是一个理想的讲座——它是实际进行的讲座系列,夹杂一些反馈,一些额外添加的内容,以及一些写就的文章组成的混合物——当然这些东西都真实发生过。这本书就是讲座的第二次诞生。①

实际上,巴迪欧的三本最主要的著作在文体选择上都是向他认为的最重要的思想家的著作致敬,《主体理论》致敬的是拉康的《讲座集》,而后来的《存在与事件》用三十七个沉思的方式来书写,很容易让我们联想到笛卡尔的《第一哲学沉思录》(尽管笛卡尔此书只有六个沉思);而《世界的逻辑:存在与事件2》则面向的是斯宾诺莎的伦理学,并直接使用了斯宾诺莎在《伦理学》的分卷式写作。因此,《主体理论》虽然是作为巴迪欧第一本重要专著出现,但是,在文章的结构上却表现得异常松散(因为巴迪欧刻意模仿了拉康式写作的随意性和偶然性风格,用巴迪欧的话说,他是有意识让思想中的偶然性的火花可以随机性地撞入文本,但这种随机性地撞入对于习惯于系统性阅读的读者绝不是什么好消息,因为这势必会增加阅读的难度)。这样,我们无法用一个简单而统一的脉络来整合这部著作,因为巴迪欧有意识地用了许多断裂和偶然性撞击的方式生产这个文本,所以,我们在面对这个文本时必然面对的是沟壑重重。正如《主体理论》的导论中所说的那样,这不是一本专门从分析研究角度去切入文本的著作,因此,对于《主体理论》所呈现的多重线索,多处断裂,并不是分析的主要内容。于是,我选择了三个可以切入的角度,帮助愿意去阅读这个极富偶然性和随机性的著作的读者,提供一些可以依靠的工具。这三个角度分别是:主体的政治介入,巴迪欧在《主体理论》中对主体问题最初的形式概括(尽管自《存在与事件》之后的著作完全抛弃了《主体理论》中的形式概括),以及非在的主体。对于《主体理论》中的其他的方面,留给有心的读者自己去细细探索。

一 主体与政治介入

正如巴迪欧在后来的《存在与事件》序言中承认,他的《主体理论》关于主体的思考太过政治了,甚至直接将政治作为主体的唯一领域。我们可以从巴迪

---

① Alain Badiou, *Théorie du sujet,* Paris: Seuil, 1982, p. 12.

欧这句自我批评反过来阅读《主体理论》，即《主体理论》中的主体应当首先理解为政治上的主体，而不是一种抽象的形而上学的主体理论，或者数学形式上的主体理论（在数学形式上构建主体理论恰恰是巴迪欧后来在《存在与事件》以及《世界的逻辑》中所从事的问题），那么更不能想象这个时期的巴迪欧会设想出艺术与爱的主体。

必须指出的是，《主体理论》中的巴迪欧的确对于主体认识发生了一个一百八十度的转变。正如我们前面曾指出，在20世纪70年代的巴迪欧，即在他的《矛盾理论》和《论意识形态》中，他坚持认为无产阶级是不需要主体的，主体不过是孱弱的资产阶级害怕自己失败而生产出来的多愁善感的虚构概念，主体的存在本身就是一个日渐没落的阶级创造的护身符，试图用这个概念来抵御多元决定的结构性因果关系中产生的不可逆转的历史潮流，而无产阶级就是这种历史潮流的体现。因此，无产阶级不需要这种虚伪的主体概念，他们需要的是历史科学，需要的是懂得如何顺应历史潮流和政治运动而斗争，将一切资产阶级固有的意识形态都清扫到历史的故纸堆里去。但是，在《主体理论》中，巴迪欧不再如此坚定地认为，"无产阶级不需要主体"。相反，巴迪欧此时的宣言是：

> 历史科学？马克思主义是一种话语，借此，无产阶级可以让自己始终作为主体。我们决不能放弃这一观念。①

那么，为什么巴迪欧需要一个曾经放弃作为主体的阶级重新担负起主体的责任？更准确地说，对于巴迪欧而言，在20世纪80年代，无产阶级担当主体或成为主体究竟是什么意思？其实，在巴迪欧这里，作为主体或担当主体，有一个更为确切的意思，即成为"无产阶级的战士"。相对于一些马克思主义的理论家和思想家喜欢阅读《资本论》和《政治经济学批判大纲》，巴迪欧所关心的马克思的文本往往是那些直接带有政治倾向的文本，如《共产党宣言》《法兰西内战》《1848年至1850年法兰西阶级斗争》以及《路易·波拿巴的雾月十八》。用巴迪欧的话说："我们不会总是老生常谈地说，马克思主义的著作首先是战斗的政治。"②在巴迪欧看来，马克思那些最经典的文本都是在面临十分迫切、十分紧急的政治状态下书写的，《共产党宣言》是这样，《路易·波拿巴的雾月十八》是这样，《1848年至1850年法兰西阶级斗争》是这样，甚至连后来的《法兰西内战》

---

① Alain Badiou, *Théorie du sujet,* Paris: Seuil, 1982, p. 62.
② Alain Badiou, *Théorie du sujet,* Paris: Seuil, 1982, p. 296.

和《哥达纲领批判》也都是这样。巴迪欧认为，马克思始终将无产阶级的战斗本质放在首位。相反地，巴迪欧对《资本论》没有表现出多大兴趣（尽管他的早期著作中比较多地谈到了《资本论》），在《主体理论》中，他反讽地称《资本论》是如同大象一般笨重的著作（l'éléphant-capital）。而他建议如果一个人想成为一个马克思主义者，首先应该阅读的是马克思的《1848年至1850年法兰西阶级斗争》，其次是列宁的《危机成熟了》，再次是毛泽东的《湖南农民运动考察报告》[1]，只有阅读这些文本，才能让人真正成为一名无产阶级的战士，才能真正明白作为一个无产阶级（作为主体）和作为一个共产党（作为主体）的意义所在。这一点，也使得巴迪欧的政治革命主体理论后来遭到了包括他的好友齐泽克在内的批评，即从《主体理论》开始，马克思的政治经济学批判就在巴迪欧的视野之外，巴迪欧之后的作品基本上没有再去涉及政治经济学，而且经济也并没有被巴迪欧视为他后来归纳的四个真理程序之一。实际上，巴迪欧并不是一直对马克思的政治经济学批判十分轻视，在前文已经列举过的《辩证唯物主义的（再）开始》中，巴迪欧就使用了较多笔墨谈论《资本论》以及阿尔都塞对《资本论》的分析，其实，在1976年，巴迪欧在自己和拉撒路主编的"延安文丛"上，还发表过两篇谈论马克思政治经济学的文章，一篇谈"危机资本主义"，一篇谈"国家垄断资本主义"，这两篇文章分别收录在"延安文丛"系列的文集《面对经济危机的马列主义与修正主义》（*Marxisme-léninisme et révisionnisme face à la crise économique*）和《资本主义的转型》（*Transformations du capitalisme*）之中。但是，在《主体理论》中的巴迪欧，选择了对经济学的悬置，而仅仅从政治学角度来谈论马克思主义和主体的问题。或许我们可以从1985年《我们能思考政治吗？》的一段话中，来理解巴迪欧为什么对经济学变得如此漠不关心：

　　最终，被认定是一种面对事件的策略，一种关于社会性的狂热，关于中断—解释的工具，关于命运的勇气的假设，最终是通过经济的方式来展现的，这种经济的方式让我们便于去衡量各种社会关系。这样，马克思主义已经被其历史破坏了，这是用一个x来固定定位（fixion）的历史，用政治哲学基本问题来固定定位的历史。[2]

也就是说，在巴迪欧看来，经济学的讨论，固化和定位了不能够被定位的

---

[1] 参见 Alain Badiou, *Théorie du sujet,* Paris: Seuil, 1982, p. 297.
[2] Alain Badiou, *Peut-on penser la politique* ? Paris: Seuil, 1985, p. 14.

作为活生生力量的政治斗争。实际上，我们会看到，贯穿于整个《主体理论》的逻辑，就是在活生生的力量与定位和固化之间的矛盾，真正的主体和政治必然是出位的，而经济和资本主义体制一样，刻意要求所有的个体在其体制中归位①。在这里，我们可以说，巴迪欧只是为其不涉及政治经济学找到了一个冠冕堂皇的理由，即经济学代表着定位和固化，从而成为对真正政治主体的束缚。在巴迪欧看来，马克思主义首先应该是政治的，而不是经济的，因为马克思主义的要求是让政治的力量出位，最终打破用于归位的各种结构。

其实，巴迪欧在 20 世纪 80 年代谈论主体，还有一个更直接的原因。与他强调马克思的那些著作《1848 年至 1850 年法兰西阶级斗争》以及《路易·波拿巴的雾月十八》都是在一种政治的迫切性下进行的书写一样，我们可以认为，巴迪欧也在做出这样的指认，他的《主体理论》也是在资本主义、新自由主义在全球范围内复辟的政治迫切性下进行的书写，也就是说，《主体理论》是要在一个革命和马克思主义都进入低潮的年代，在这种迫切性之下，开展的一种政治性的书写。正如巴迪欧说道："我们必须毫无保留地承认：马克思主义在危急中，马克思主义被击碎了。在民族解放斗争和文化革命之后，过去的 60 年代中的那些冲动，那些开创性的决裂，在一个危机的年代，在一个即将面临战争威胁的年代，我们从 60 年代继承下来的东西，仅仅是在毁灭与生存的迷宫中捕捉到的一些狭隘和碎片化的思想和行动。"因此，巴迪欧高呼："在今天，保卫马克思主义意味着保卫这种羸弱。我们必须去实现（faire）马克思主义。"②

那么，在这样一个危机的年代，在这个政治革命逐渐退潮的年代，如何在孱弱不堪的马克思主义基础上去实现马克思主义？当然，我们不能再去指望一种政治经济学的分析和所谓的历史科学的理论可以帮我们直接过渡到共产主义，相反地，巴迪欧坚信，在这种背景下，只有主体，只有政治和革命的主体，才能将马克思主义的红旗继续传扬下去。在这里，巴迪欧使用了一个集合论数学上的词，即介入（intervenir），这个介入本来是哥德尔和科恩等人非康托尔集合论

---

① 必须指出的是，巴迪欧对于经济学的反感，实际上源于他自己对马克思的政治经济学批判的误解基础上的，可以说，从他开始阅读《资本论》开始，他并没有真正去思考马克思对于资本主义经济学的批判性意义，尽管他也强调马克思在《资本论》创立了一种根本不同于斯密和李嘉图的科学的政治经济学，即一种狭义的历史唯物主义，但巴迪欧更关心的是这种狭义历史唯物主义之下的东西，即他所谓的科学之科学的辩证唯物主义。他热衷于对马克思在《资本论》里面的基本逻辑框架的数学形式化，而不愿意详细地进入马克思对资本主义生产、分配、交换、消费，以及资本主义再生产等具体的经济环节上的思考，并在后来的《我们能思考政治吗？》里，不加任何甄别地就将马克思的政治经济学批判统归为一种对活生生的政治力量的固化，实际上，马克思的政治经济学批判恰恰是试图从资本主义生产方式的总体框架中寻找到可以让无产阶级革命加以突破的症候和裂缝，而这一点恰恰在巴迪欧的视野之外。

② Alain Badiou, *Théorie du sujet,* Paris: Seuil, 1982, p. 198.

(non-Cantor set theory）用来挑战康托尔连续统假设（Continuum hypothesis）的一种运算，即可以通过力迫的方式，强制在康托尔认为没有任何中介的阿列夫数 $\aleph_0$ 和阿列夫 $\aleph_1$ 之间插入一个数。这种介入是一种主观的运算，在这个数学原理的基础上，巴迪欧提出了政治上的主体理论。巴迪欧说："科恩使用了一种技术，他将这种技术命名为'力迫'：即这是一种事实的盲目直观，即在后续规则无法继续应用的地方，在那个成问题的点上使用主观上的力迫使之进行下去。"[1] 在政治上，用巴迪欧的话来说，在马克思主义陷入危机、变得羸弱的时候，必须有一种主体，一种强大的主体的介入，让马克思主义的逻辑可以在一个不可应用的地方，将之应用下去。这就是巴迪欧的主体上的政治介入，这种介入是一种信念，也是一种忠诚，在没有看到未来社会希望的时候，不能绝望，不能彷徨与犹豫，主体势必意味着，在任何危急时刻，都必须有一种勇气和胆量，对自己心目中的事业和观念保持信仰和忠诚，这就是政治主体的介入，巴迪欧说道："如果信仰就是可以保障获得拯救的可能的东西，如果信仰就是最终真正的归位的主体潜在的永恒性所在，那么忠诚就是对勇气的忠诚，这种忠诚被视为重新组织起来的微分机制，它有着多种途径通向真实。"[2] 实际上，巴迪欧在政治主体上更忠实的形象是毛泽东（更多的是"文化大革命"时期的毛泽东的形象），这种形象被巴迪欧想象性美化，被上升为一种绝对坚持不懈进行斗争的政治主体形象，正如后来巴迪欧所说的那样：主体不是现成的，而是在革命运动中发现的。

二 出位与归位：《主体理论》的基本原理

在阐述了巴迪欧《主体理论》的政治性实质之后，我们可以返回来思考一下巴迪欧在本书的第一部分提供的关于主体数学化概括的基本形式。由于巴迪欧在这里使用了一些比较生僻的概念，因此在我们进行形式化讨论之前，必须解释一下巴迪欧用的主要概念（这里的解释与第三章内容没有重合，因为这些概念在《存在与事件》中就被巴迪欧放弃了）。

首先，我们要清楚，巴迪欧是辩证法的坚持者，这一点直到今天，都未曾改变。不过，他的辩证法早已不是《德意志意识形态》中谈到的社会存在与社会意识的辩证法，而是被他自己叫作"结构辩证法"（la dialectique structurelle）的辩证法。这个辩证法的核心是力（force）和位（place）的辩证法。力代表着一种生动与运动的因素，在一定意义上，它类似精神分析中的力比多，也类似德勒

---

[1] Alain Badiou, *Théorie du sujet,* Paris: Seuil, 1982, p. 283.
[2] Alain Badiou, *Théorie du sujet,* Paris: Seuil, 1982, p. 339.

兹哲学中的生命概念，不过巴迪欧意义上的力，不一定是有机存在物的生命力，也包括无机世界中的力量，甚至还包括某种在生命和无机世界之外的不可预知的力量。相对来说，位比较容易理解一些，位是结构辩证法的一个核心要素，代表着一种凝固性的架构。位是一个位置（position）、一个场所（lieu），它将力定位在具体的位置和场所上，而力的因素总是力图超越这个位置和场所。这样，便构成了特殊的"结构辩证法"。实际上，在《主体理论》中，巴迪欧就这一点谈得十分复杂，不仅涉及当代诗人斯特芳·马拉美的诗歌《骰子一掷》中偶然消失的船骸，也涉及古罗马原子论倾向的诗人卢克莱修《物性论》中的克里纳门（clinamen），实际上巴迪欧引述这些伟大的诗篇，无非是表达他的结构辩证法（structural dialectics）。

在力与位的辩证法背后，还有一个更为根本的辩证法——尽管巴迪欧在他第一篇标明为1975年1月7日的讲座中将其归结为黑格尔的《逻辑学》，但正如巴迪欧的研究学者奥利弗·费尔坦所指出，这完全是巴迪欧自己的"私货"[①]——即出位（horlieu）与归位（esplace）的辩证法。出位代表着力的运动，即力试图摆脱现有的结构，去超越约定在其上的位，一旦其脱离了限定它的位置和场所，我们便可以将这一运动称为"出位"，相反地，归位是一种结构化的运动，它是强行将某种力或元素放置在某个位置上。或许，问题在于，如果讨论力的存在，为什么还要讨论位，还故意生造一个力与位，出位与归位的辩证法呢？巴迪欧给出的解释是：如果没有位，没有"结构性框架"，我们就不能将这个与那个区分开来，即"我们是通过差异化的陈述，通过文字上的归置（placement），才能将这与那分开"。[②]这样，尽管我们仍然可以说A是同一事物，但是我们可以其所归位的位置（lieu）将其区分为 A_1，A_2，A_3……等。这就产生了巴迪欧在《主体理论》中第一个基本定义：

> A原初的对立物，并非其他物，甚至不是被"归位"的A，即 A_p。真正的且隐秘的与A对立的是归置的位置P：它代表真正的指数。已知的A分裂为：
> ——它的纯存在，A；
> ——它的被归位，A_p。[③]

[①] Oliver Feltham, *Alain Badiou, Live Theory,* London: Continuum, 2008, p.40.
[②] Alain Badiou, *Théorie du sujet,* Paris: Seuil, 1982, p. 24.
[③] Alain Badiou, *Théorie du sujet,* Paris: Seuil, 1982, p. 25.

我们这样来思考力与位的辩证法，A 代表元素，P 代表某物，即力之存在。P 是位，它可以让元素或力归位。A_p 代表被归位的元素和力，那么，这实际上已经是归位的运动。

不过归位不代表运动完成，因为巴迪欧还设定了一个出位的运动。在一般情况下，我们并不能保证在 A 与 A_p 之间存在着绝对的和谐，因为相对于位 P，A 总是试图去超越这个限定了它的位（这里实际上隐含着巴迪欧对黑格尔的定在和异在辩证法的解读），因此，在一个具体位 P 上，会存在着某种断裂的关系，即 A 与 A_p 之间的不和谐，我们可以表示为：

$$A=(AA_p)$$

这个公式是决裂公式，意味着 A 试图摆脱位 P 的控制，形成自己的独特之力。例如，变性人在选择变性之前，就存在这种断裂。对于位 P——在这里是生理上的性或社会性的性别——他被归位一个男性，但是他内在的力比多和欲望是试图变成一个异性，弃绝作为男性的位的存在，于是，在他选择变性之前，存在着一种焦虑（即拉康在《讲座 X：焦虑》中谈到的那种焦虑），他内在的力（欲望）与他的归位（男性）发生了断裂。不过，这种断裂和不和谐的公式不一定导致后面的出位，即虽然他有着强烈改变自己性别的欲望，但是不一定真的走向改变性别。我们会遇到第一种情况：即 $A_p(AA_p)$，这个公式，即黑格尔的规定（Bestimmung），这个规定，可以产生两种结果，即 $A_p(A)$ 和 $A_p(A_p)$。前一种选择 $A_p(A)$，是在不选择出位情形下修正性的改变（如异装癖没有改变自己的性别，但通过改变装束，在位 P 限定的范围内实现有限的改变），在政治上，这是一种修正主义，因为如果 A 代表无产阶级，P 代表资本主义社会，那么 $A_p(A)$ 则代表在资本主义代议制框架下进行议会斗争的路径，即后来社会民主党和工联主义所采用的路径。而后一种选择 $A_p(A_p)$，用巴迪欧的话来说，是一个"死局"①，在精神分析上，这代表着对自己内在欲望的绝对压抑，而在政治上，是彻底的投降主义，代表着放弃了自己的最基本的阶级原则，"这是一种倒退，是向位 P 的回归"。

不过，正如黑格尔的辩证法提供了否定之否定的原则，也就是说，在异在之后我们仍然可以通过"规定之规定"（la détermination de la détermination），避免陷入修正主义和死局，我们可以将之表述为：$A[A_p(A)]$，注意这个公式不是纯粹的等同，即并非 A(A) 或 A=A，它是否定之否定，规定之规定。A(A) 意味着原始的重复，意味着不根据现实的状态，盲目地按照自己的意志来行动，

---

① Alain Badiou, *Théorie du sujet,* Paris: Seuil, 1982, p. 28.

在巴迪欧看来，这也是一种"死局"，不过是极左翼的死局。相反，A（A$_p$）代表着一种现实的可能性，即立足于现实的规定（即归位 A$_p$）基础上做出革命性的变革，如推翻资本主义制度的无产阶级革命就是这种类型。

这样我们将上述内容概括为如下图示：

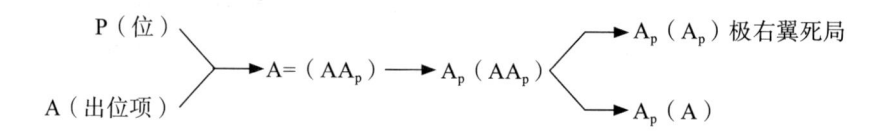

$$P（位）\diagdown$$
$$\qquad\qquad\rightarrow A=(AA_p)\rightarrow A_p(AA_p)\diagup^{A_p(A_p)\text{极右翼死局}}_{A_p(A)}$$
$$A（出位项）\diagup$$

$$A_p(A)\rightarrow A[A_p(A)]\diagup^{A(A)\text{极左翼死局}}_{A(A_p)}$$

在上图的形式化表述中，最关键的因素 A（A$_p$）代表着变革的可能性，在政治上，它代表着进行政治革命的希望，与 A$_p$（A）不同，后者旨在蜷缩在资本主义的框架内尽可能地寻求工人阶级的利益，A$_p$（A）丝毫不准备去触动资本主义的制度和体系，在这个意义上，主张交往理性的哈贝马斯和主张承认政治的阿塞克勒·霍耐特（Axel Honneth）以及南希·弗雷泽（Nancy Fraser），主张在资本主义框架下进行争胜斗争（agonistics）的拉克劳（Laclau）和尚塔尔·穆芙（Chantel Mouffe）都属于这种类型。而 A（A）对应的是那些完全抛弃任何形式、任何约束的无政府主义（Anarchism），他们尽管在目标上与无产阶级革命和马克思主义一致，但是他们也无法忍受无产阶级形式的约束，追求一种绝对的自主性，认为仅仅依靠 A 本身就可以完成自治 A（A）。而真正的革命，在《主体理论》中是 A（A$_p$），在巴迪欧的心目中，符合 A（A$_p$）的革命很多，包括法国大革命、巴黎公社、十月革命、1968 年的五月风暴，而中国的"文化大革命"被巴迪欧视为最后一场符合 A（A$_p$）的政治革命运动。

三 主体 -ψ 与主体 -α

根据以上分析，我们可以得出一个结论，巴迪欧的主体，一种旨在忠实于政治革命的主体，只能发生在 A（A$_p$）中，其他三种情形，都不可能诞生主体［A$_p$（A$_p$）与 A（A）是死局，而 A$_p$（A）是囿于原结构下的修正主义或改良主义，不可能诞生革命主体］，因此，巴迪欧将 A（A$_p$）称为主体的辖域（manoir）。然而，主体究竟如何在 A（A$_p$）这个辖域中发生呢？

在《主体理论》的第五部分，即"主体化和主体过程"中，巴迪欧详细探讨了主体是如何在这个辖域中发生的：

> 主体是这样，它从属于规定了它的位的规则，然而它通过中断了规则的效力，而中止了规则。
>
> 其主体化的精要正是在于这个中断之中，通过中断，规则在那里被废止了，而那个位也被摧毁了。
>
> 主体同时是重组的过程，从那个中断点上，产生了另一个位和另一种规则。
>
> 主体就是屈从，因为除了一个被规制的位——归位之外，在这个名称下，不能思考任何东西。
>
> 事实上，主体过程就是从中断点上发生的，它表明了，主体的法则就是摧毁和重组的辩证之分。
>
> 这保障主体过程部分地摆脱了重复。同一性效应被摧毁了，摧毁的力量又构筑了另一种同一性。①

巴迪欧在这段文字中已经说得十分清楚，在主体的辖域内，主体是如何诞生的。首先主体打破了原有的位的规则，即出位（horlieu），这种出位或对原规则的打破是一种摧毁的力量，但是由于巴迪欧在最初的界定说明，离开位 P 的力 A 是无法思考的，也无法被区分，而出位之后的 A 唯一可以被思考的方式，就是创造一个新的位，即重组的 P'，这个 P' 成为主体的创造，而新的 $A_{p'}$，才是这种主体运作的结果。

然而，在前文中，巴迪欧已经解释，A（A_p）需要一个前提，即断裂公式 A=（AA_p），A 需要有出位的欲望。在资本主义社会前提下，资产阶级本身是安于现状的，他们代表着极右翼死局 A_p（A_p），在这个局面下，资产阶级不可能成为革命性的主体。在巴迪欧那里，成为 A（A_p）只可能是无产阶级。但无产阶级如何才能成为一个革命主体呢？

巴迪欧指出，由于无产阶级是在资产阶级的位上被归位的，因此，无产阶级的存在实际上是一种非在（inexistant），是被包含于位但被排斥的力量，即内在的排斥（exlcusion interne），在后来的《存在与事件》中，巴迪欧用了一个更简单的方式来表达这个问题，即无产阶级是一个情势中的独特项（le terme singulier），它在情势中被展现，但不被结构所再现。但在这里，巴迪欧的表述十分复杂。我们将之跳过，直接过渡到其结论，即他认为无产阶级是一个拓扑学

---

① Alain Badiou, *Théorie du sujet,* Paris: Seuil, 1982, p. 275.

上的溢出（excès）。这个溢出并不直接被我们所表达，我们只能通过数学形式化语言方式来接近。

假设有一个集合 E，我们可以得到它所有部分的集合——即 E 的幂集——F，根据康托尔定理，我们可以得出，E 的基数 Card（E）一定小于其幂集 R 的基数 Card（F），于是我们有 Card（E）<Card（F）。现在，假设我们强行规定：

$$\sim (\exists F)[Card(E) < Card(F)]$$

从纯逻辑上来说，这个公式 $\sim (\exists F)[Card(E) < Card(F)]$ 可以改写成 $(\forall F)[Card(E) \leqslant Card(F)]$，这个经过改写的公式表明，所有的基数都受限于 E。巴迪欧说："通过改写为 $(\forall F)[Card(E) \leqslant Card(F)]$，我们让 E 归位。"① 实际上，这个改写就是一个革命性的 A（A_p）形成的过程，E 在前一种书写方式中，真正起到限定作用的是 F，因此尽管前一种写法是否定性的，但是它代表着 F 对 E 的限定，即 A_p（A），如资本主义社会下的无产阶级是建立在对资产阶级的否定意义上的——非资产阶级，同样在父权制下的女性也是建立在对男性的否定上的——女性是非男性，也就是说，在资本主义社会中，资产阶级是对无产阶级的限定，而在父权制社会中，男性是对女性的限定。经过形式上改写，一切发生了变化，尽管在逻辑上，两种书写是一样的，但是起到限定意义的角色已经不一样，$(\forall F)[Card(E) \leqslant Card(F)]$ 意味着无产阶级成为限定的力量，即 A（A_p），原来隐藏在形式表达的限定性因素背后的非在，变成了真正归位的存在，E 从一个否定性的出位，变成了肯定性的归位，在这个过程中，充分体现了摧毁和重组的辩证法，也是出位和归位的辩证法。而在这种运算中，我们看到 E 作为主体发生了。

其实，在《主体理论》中，涉及的主体运算不止一种，而是四种。② 这四种运算分别是焦虑（angoisse）、勇气（courage）、正义（justice）、超我（surmoi）。巴迪欧将这四种运算或概念分为两组，其中焦虑和超我构成了主体效果 -ψ，而勇气和正义构成了主体效果 -α。下面我们分别来解释一下这四种运算：

（1）焦虑：焦虑出现在溢出中，即一个尚未被归位的元素或项上，由于没有归位，这个元素和项无法被认识，无法被思考，甚至无法进行区分。在这种情

---

① Alain Badiou, *Théorie du sujet,* Paris: Seuil, 1982, p. 278.
② 巴迪欧在《主体理论》中归纳的四种主体运算与后来在《存在与事件》中唯一的主体运算存在巨大的差别，可以说，这种差别是决裂性的，而不是细微的差别。《主体理论》的四种运算，巴迪欧并没有给予详细的计算方式，实际上也不可能完全给出具体的推理运算过程。相反，在《存在与事件》中，巴迪欧将主体运算还原为唯一的运算，即忠实性运算，在《存在与事件》中，巴迪欧也给出了十分相近的忠实性运算的证明推理过程。这是质的差别，也就是说，《主体理论》中的巴迪欧，虽然利用数学形式关系，然而它的形式运算并不是连贯的，或者说，不是他所提出的所有概念都经过形式运算的严格证明。相反，《存在与事件》的数学推理是亦步亦趋的，尽管有瑕疵，但至少巴迪欧在形式上保障了三十七个沉思之间的推理连贯性。

况下，该元素产生了巨大的、原初的焦虑，这是原初的 A 的情形，它由于没有位，所以迫切追求着归位。

（2）勇气：勇气是一种破坏的勇气，由于 A 与位 P 存在着断裂，即 A=（AA_p），因此，处在位 P 之下的 A 主体化就是对 P 的规则效力的破坏，让 A 出位。巴迪欧在这里引述的是埃斯库罗斯的悲剧，在他的悲剧《俄瑞斯忒斯》中，"埃斯库罗斯的关键在于，他中断了原初的权力，即太一的区分。这个中断也有两个方面。一方面，这是一种有勇气的拒绝，即它在真实溢出的情形下质疑了法律，并在一种争执的模式中超越了焦虑。当俄瑞斯忒斯要求对这个事情是对还是错进行裁决的时候，他做到了这一点。另一方面，这就是重组，在中断基础上的重组，开启了一个正义的秩序"①。的确，巴迪欧的勇气就是俄瑞斯忒斯那种质疑律法，质疑秩序的勇气，也是普罗米修斯盗火的勇气，这种勇气是为了后面重构新的正义秩序而准备的。

（3）超我：超我是巴迪欧直接从拉康的《讲座Ⅱ：弗洛伊德理论和精神分析技术中的自我》中借用的概念，拉康说，所谓的超我，"就是我告诉你的被中断的话语。是的，被中断话语的一种最为显著的形式就是法律，这种法律不需要你理解"②。也就是说，在出位的焦虑之中，为了摆脱这种焦虑，我们只能采用绝对命令的形式来对自我进行强制，如"你必须……"，"你应该……"，这些命令不需要理解其合理性，其唯一的价值就是让自我去执行，在执行这些绝对命令中，自我变成了超我，而超我构筑了一种重组的主体的模式，即通过强制性命令让主体归位。

（4）正义：正义的运算，对应于勇气，勇气打破了既定秩序，而正义在于重构一个新的秩序③。正义也代表着秩序的重新归位，主体重构了秩序，并在这个秩序中让原先不具有主体地位的非在获得了主体之名。

在这个分类中，我们可以看出，焦虑和勇气是对既有秩序的破坏，是摧毁性的力量，焦虑针对的是自我的秩序和位，而勇气针对的是社会的秩序和位，巴迪欧将这两种摧毁性运算称为主体化（subjectivation）；而超我和正义是重组的运算，超我是对个人的强制性律令，从而让个体摆脱焦虑而归位，正义是对社会

---

① Alain Badiou, *Théorie du sujet,* Paris: Seuil, 1982, pp.183-184.

② Jacques Lacan, *The Seminar of Jacques Lacan, Book Ⅱ : The Ego in Freud's Theory and in the Technique of Psychoanalysis 1954-1955,* Jacques-Alain Miller ed., Sylvana Tomaselli trans, New York: W. W. Norton & Company, Inc.,1991, p.127.

③ 值得注意的是，后来巴迪欧的著作中几乎不再使用正义（除了专门模仿柏拉图的笔法而写作的《柏拉图的理想国》一书外）。因为后来在巴迪欧看来，重组的社会秩序不一定可以用正义的价值来判断，而对于新的社会秩序，我们唯一可以用来判断的词是"新"。

秩序的重建和归位，巴迪欧将两种重组性运算称为主体进程（procès subjectif）。巴迪欧用如下图示表示了这四个运算：

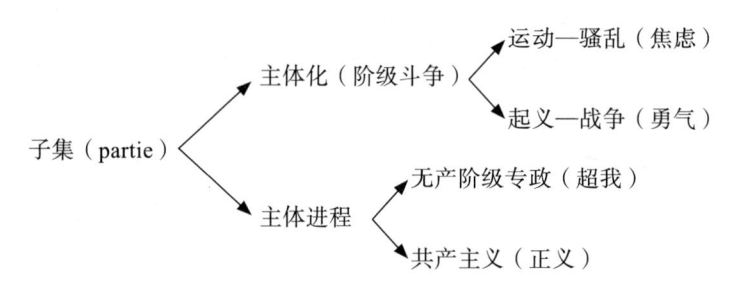

```
                    ┌─ 运动—骚乱（焦虑）
          ┌ 主体化（阶级斗争）
          │         └─ 起义—战争（勇气）
子集（partie）
          │         ┌─ 无产阶级专政（超我）
          └ 主体进程
                    └─ 共产主义（正义）
```

巴迪欧指出，还可以进行另一种区分，即集中于个体秩序效果的主体 -ψ，和集中于社会秩序效果的主体 -α。于是上面的图可以改成：

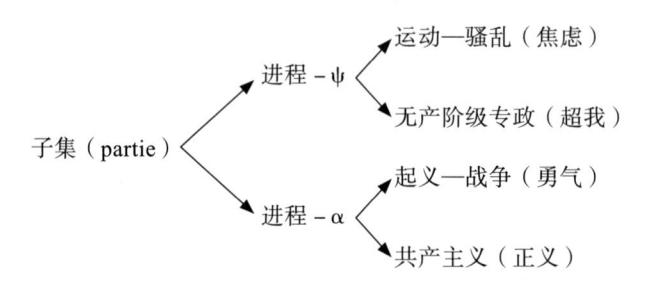

```
                 ┌─ 运动—骚乱（焦虑）
          ┌ 进程 -ψ
          │      └─ 无产阶级专政（超我）
子集（partie）
          │      ┌─ 起义—战争（勇气）
          └ 进程 -α
                 └─ 共产主义（正义）
```

这样，我们可以从《主体理论》得出结论：巴迪欧的主体理论 1.0 版是一种分类版本。实际上他此时的主体概念是复杂的，即它既包含了个体主体的塑造，即主体 -ψ，也包含了集体主体的塑造，即主体 -α，这两种主体，在本书中经常交织在一起。连巴迪欧自己也说，他不得不经常在两种主体之间来回摇摆。同时，无论是主体 -ψ，还是主体 -α，都同时遵循着出位和归位、摧毁和重组的辩证法，在这种情况下，巴迪欧发展出来的主体运算是四种，而不是一种，这四种运算即焦虑、勇气、超我和正义。

实际上，如此复杂的主体理论，反而不利于巴迪欧澄清主体的问题，在整个《主体理论》中，巴迪欧也始终坚持了从数学形式化的角度来分析主体问题，比如它从非康托尔集合论的介入和力迫，以及拓扑学的挠（torsion）来分析主体，并提出了"主体的根本问题就是介入"，"主体问题的核心是辩证过程的挠问题"，已经带有了后来《存在与事件》的严格形式化分析的痕迹。在这种意义上，介入问题和挠的问题，并没有成为巴迪欧《主体理论》的主题，这些后来被巴迪欧详细展开的问题只是在本书中以闪光点的形式存在着。而巴迪欧在《主体理论》中作为核心的出位和归位、摧毁和重组的辩证法，以及四种主体运算，和两种主体进程，即主体 -ψ 和主体 -α，很快在 1985 年的《我们能思考政治吗？》

中，就被巴迪欧弃用。因此，《主体理论》，用巴迪欧自己的话来说，是一个充满焦虑和勇气的文本，这本书的破坏性价值远远大于它的建构性价值。也就是说，在我看来，《主体理论》是一个与巴迪欧自己以往的结构——包括阿尔都塞主义——决裂的过程，这是巴迪欧自己的出位，自己的毁灭，他只有在将自己变成一片废墟之后，才能开启被他称为超我和正义的重组运算的主体过程。这也就是我坚决反对布鲁诺·波斯蒂尔认为《主体理论》和《存在与事件》，甚至《世界的逻辑》存在着一种连续性关系①的结论的原因所在，因为《主体理论》是一个告别，让曾经矗立在那里的理论架构的大厦通过巴迪欧的"主体化"，而瞬间摧毁为一片废墟。在这片废墟上，新的大厦没有矗立起来，在这个文本中，我们看到的更多的是多种不同归位欲望的交织〔而不是一种，波斯蒂尔只看到那一种，只能说那一种后来变成了实在（actualité），实际上《主体理论》中还有大量类似德勒兹定义的潜在（virtualité）的内容〕。真正的数学式重组和建构，的的确确是在《存在与事件》时期才完成的。

【作者简介】蓝江，法学博士，南京大学哲学系教授，博士生导师，江苏省青年社科英才，主要研究方向为国外马克思主义。

---

① 布鲁诺·波斯蒂尔在《主体理论》的英译导言的第五部分指出，《主体理论》《存在与事件》和《世界的逻辑》之间是一个线性的连续性关系。参看 Bruno Bosteels, "Tranlator's Introduction" for Alain Badiou, *Theory of Subject*, London: Continuum, 2009, pp. xxiii–xxvi.

现代恐惧世界观的局限及超越*

陈四海　刘冠辰

【内容摘要】恐惧是具身性的，建立在比理性更深层次的生理基础之上，是人类在恶劣的自然环境中保持生存和发展的重要机制。在现代社会，恐惧从一种应对危险的、偶发的剧烈情绪体验转变为一种低频度的、普遍的世界观。恐惧世界观的建构是通过科学和道德的双重机制完成的，被冠以科学客观性和道德优越性的双重光环。现代社会的恐惧世界观常常为资本和商业所劫持，会阻碍实际问题的解决以及社会的进步和创新。知识和美德是超越恐惧世界观，使得心灵重返宁静和幸福的重要力量。

【关键词】恐惧；具身性；恐惧世界观；知识和美德

每个人都不免在某个时刻心怀恐惧，并且热切期望能够摆脱恐惧。所以"免于恐惧的自由"成了现代社会追寻的重要价值。德国社会学家乌尔里希·贝克把现代社会称为"风险社会"，他认为，"在现代化进程中，生产力的指数式增长，使危险和潜在威胁的释放达到了一个我们前所未有的程度"[①]。恐惧是人们应对风险和挑战的一种基本情绪反应，在一定程度上，恐惧是不由自主的、超越理性的，恐惧有着比理性更深层的进化论根据。恐惧在现代社会被建构成为一种普遍的世界观，我们时时刻刻都在透过恐惧的眼镜来审视我们的世界。恐惧在现代社会的凸显和蔓延一方面是由于现代社会对于安全的追求更为强烈，另一方面是由于对于风险的感知也更为敏感。因此在现代社会恐惧呈现出空间上逐渐扩大、时间上逐渐蔓延的趋势。恐惧的对象从具有剧烈破坏作用和危害的事物转向无数

---

* 本文系河南省高等学校哲学社会科学创新团队项目"当代科技风险的治理研究"（项目编号：2018-CXTD-01）和河南师范大学博士科研启动费支持课题（项目编号：qd13081）阶段性成果。

① ［德］乌尔里希·贝克：《风险社会》，何博闻译，译林出版社2004年版，第15页。

琐碎的日常生活主题。在这个背景下，诸如日光浴是否会增加患癌的风险、自来水是否安全、食物是否含有添加剂和农药残留等问题开始被纳入恐惧的视野来加以审视。适度的恐惧是人类应对环境风险和挑战的必要策略，但是现代社会所形成的恐惧世界观是一种对潜在风险进行放大，并进行过度预防的机制，这种机制在夸大问题和困难的同时，也往往会阻碍创新，忽视实际的、可能的解决问题的方案。我们希望能够对现代社会恐惧世界观的建构机制进行分析，并且找出克服和超越恐惧世界观的路径选择。

一 认知科学对恐惧具身性的分析

恐惧是一种普遍存在的情绪状态，每个人类个体都曾经有过恐惧的体验，当我们独自一人在黑夜中行走、当我们面对狂吠的恶犬时，我们不仅在生理和心理层面体会到恐惧带来的紧张和痛苦，而且还会激发我们逃跑或者战斗的欲望。正如英国社会学家鲍曼所说，"恐惧是每种生物都了解的感受，人类与动物一样都体验过恐惧的滋味"[①]。恐惧曾经被认为是一种离身性的、纯粹主观的情绪体验，并且是负面的、需要加以克服的情绪体验，在道德教化过程中人们期待可以凭借意志和勇敢来加以克服。但是当代认知科学揭示出恐惧具有深层的神经生理基础，从而表明"恐惧"和"疼痛"一样是具身性的，正如我们无法在身体"疼痛"的时候不感到"疼痛"，也无法在身体"恐惧"的时候不感到"恐惧"。随着研究的深入，人们逐渐发现恐惧不仅无法彻底消除，而且对于人类的生存而言具有至关重要的作用，"我们的恐惧能够提醒我们注意现在的危险，指导我们防止在未来可能给我们造成伤害的状况。恐惧，以及恰当的视角，是一项基本的进化工具，它在今天的重要程度比以往任何时候都不会小——也许变得更重要了"[②]。

恐惧和理性似乎存在着一定的紧张关系，我们对于危险的恐惧反应是比理性决策更原始、更迅捷的一种应对环境的机制。美国著名科普作家史蒂文·约翰逊这样描述自己对于危险的恐惧反应，"在窗户被吹落的那一秒钟之内，我决定要躲到浴室中求安全，但是我的大脑却在同时做了好几个类似的比较，权衡哪里最安全，这个决定的执行完全是在意识之下进行的，而且快如闪电"[③]。也就是说，一方面，我们在恐惧之中所做出的"逃跑"或"战斗"选择并非理性计算的

[①] [英]齐格蒙特·鲍曼:《流动的恐惧》，谷蕾等译，江苏人民出版社2006年版，第3页。
[②] [美]科林·里德:《经济为何恐慌》，曹占涛译，东方出版社2011年版，第10页。
[③] [美]史蒂文·约翰逊:《心思大开——日常生活的神经科学》，洪兰译，机械工业出版社2014年版，第31页。

结果，往往不假思索；另一方面，在恐惧之中我们的生理和心理反应在某种程度上是不由自主、不受理性控制的，正如史文德森所说，"当恐惧降临时，人类的理性便会缴械投降"①。

当代认知科学对于恐惧的研究可以帮助我们解释恐惧和理性之间的紧张关系。20世纪初，法国医生克莱帕瑞接诊了一位失忆症女病人。在实验过程中，医生与女病人握手时，手中藏有一个图钉，并且刺痛了这个女病人。结果第二天，这个女病人把手藏在背后，拒绝与医生再次握手。"这个病人是有失忆症的，她无法形成新的记忆，但是她却记得某些东西，知道握手是危险的；她无法辨认每天看到的脸和听到的声音，但是她却记得了恐惧。"②传统观点认为，根据恐惧记忆做出反应的行为是大脑理性命令的结果，但是一个记忆系统已经受损的人怎么可能形成恐惧记忆呢？认知科学和神经科学的最新进展给我们揭示出了恐惧的具身性基础，美国认知神经科学家里窦（Joseph LeDoux）将一只健康的老鼠逐步切除大脑的某一部位来检测老鼠是否还有恐惧反应，最终揭示出大脑的"恐惧中心"不是皮质区，而是杏仁核。里窦的研究揭示出大脑对信息的处理有两条通道：一条是意识，有理智的，被称为"高路"（high road）；另一条是潜意识，天生的，被称为"低路"（low road）。杏仁核对于危险信息的处理属于低路，杏仁核在收集到危险信息之后，可以马上送出警报到脑干，让身体紧张起来，人体就会"马上启动保命机制，在几分之一秒内动员全身"③。

杏仁核的恐惧记忆有两个特点，"第一，它的信息不及传统记忆完整"④。传统记忆对信息的提取和储存比较完整，杏仁核的恐惧记忆则比较模糊。这种模糊性具有演化的合理性，比如在面对蛇咬的危险时，我们不会记住这条蛇的花纹、颜色和长度等信息，我们会记住"长而圆"这样大概的特征，并且在以后避开类似的事物，"一朝被蛇咬，十年怕井绳"正是对恐惧记忆模糊性的反应。这种谨慎的态度，对于人类避开危险、维持生存是大有好处的，"恐惧记忆的粗略性可以使你超越细节而形成一个通则：如果有东西在草丛中蠕动，不论它有没有斑

---

① ［挪威］拉斯·史文德森：《恐惧的哲学》，范晶晶译，北京大学出版社2010年版，第21页。
② ［美］史蒂文·约翰逊：《心思大开——日常生活的神经科学》，洪兰译，机械工业出版社2014年版，第34页。
③ ［美］史蒂文·约翰逊：《心思大开——日常生活的神经科学》，洪兰译，机械工业出版社2014年版，第38页。
④ ［美］史蒂文·约翰逊：《心思大开——日常生活的神经科学》，洪兰译，机械工业出版社2014年版，第38页。

点,先逃命再说"①。

第二,"镁光灯记忆",也就是说,"在创伤事件发生时,你的大脑储存的不只是响尾蛇、快速冲过来的汽车或是 AK-47 的枪声,你的大脑储存的是当时外围情境的一切"②。"9·11"事件之后,史蒂文·约翰逊发现自己的恐惧在晴天比阴天更甚,他反思认为恐怖袭击所发生的那一天是晴天,所以自己不合理地对晴天产生恐惧。这种不合理性其实暗含了一定的合理性,因为在晴天飞机的视野更好,恐怖袭击也更容易命中目标。我们对类似情境的恐惧是为了回避在相似情境下再次发生危险的可能性。

恐惧记忆的"模糊性"和"场景性"导致人类对恐惧的感知经常会出现夸大和误判,导致不合理的恐惧,比如对于"井绳"和"晴天"的恐惧。不合理的恐惧有其进化上的合理性,因为"不合理的恐惧不会要我们的命,但是没有学会合理的恐惧可能就活不到第二天"③。大脑对危险信息的"低路"处理迅捷但有可能出现误判,而对危险信息的"高路"处理虽不够迅捷但精确度会显著提高,这两条通道对危险信息的处理是相互补充的关系。我们经常会因杏仁核的危险警示而大惊一跳之后,发现是虚惊一场,从而渐渐平复心情。

当代认知科学对于恐惧的研究揭示出,恐惧是人类在恶劣的自然环境中保持生存的重要机制。并且认知科学对于恐惧记忆的说明也能够让我们更好地理解在日常实践活动中,我们为何会夸大和放大我们所面临的危险,我们的理性又是如何做出关于危险的最后评判的。认知科学的研究对于我们理解恐惧运作的机制和超越恐惧世界观具有重要的启示。

二 恐惧世界观的建构

人类是教化的产物,我们总是要透过文化赋予我们的"眼镜"去审视世界,这些"眼镜"本身有着不同的色彩,我们透过它们来看世界时就会不自觉地把"眼镜"的色彩投射到世界上去。恐惧原本是一种偶发的、暂时性的个体情绪体验,并且这种情绪体验是剧烈的、高强度的,让人意欲逃离的。在冒险精神主导的时代精神中,人类可以用希望来克服恐惧,所以才有大航海时代的到来。但

---

① [美]史蒂文·约翰逊:《心思大开——日常生活的神经科学》,洪兰译,机械工业出版社 2014 年版,第 39 页。
② [美]史蒂文·约翰逊:《心思大开——日常生活的神经科学》,洪兰译,机械工业出版社 2014 年版,第 39 页。
③ [美]史蒂文·约翰逊:《心思大开——日常生活的神经科学》,洪兰译,机械工业出版社 2014 年版,第 41 页。

是在现代社会，安全逐渐取代冒险成为新的时代精神，恐惧也逐渐转变成一面新的审视世界的"眼镜"，恐惧世界观把安全作为首要的价值，把任何有一丝可能危及安全的因素都纳入恐惧的视野之中来审视，从而使人们陷入在时间上无时不有、在空间上无处不在的低水平的恐惧意识之中无法自拔。

在人类漫长的进化过程中，在大部分的时间段里，人类直接置身于自然界中，和其他动物一样所面临的危险主要来自猛兽和自然灾异。对于黑暗、死亡和猛兽的恐惧植根于我们的基因，这是一种根深蒂固的原始恐惧，即便在人类构建出坚固的城堡将人类社会与自然隔离开来之后，这些原始的恐惧仍然会在某个熄灯的时刻侵扰我们的心头。

但是人类的恐惧和动物的恐惧有着本质的不同，动物恐惧的对象是直接的、当下的。人类除了对自然环境中的直接危险产生恐惧之外，我们还会对远方的、想象的风险产生恐惧。"恐惧几乎无处不在。正因为我们是符号的动物，具备抽象思维的能力，所以能感知到的恐惧比其他任何动物都多。"① 人类恐惧的对象和范围也在随着人类社会的发展而不断增加和扩展。每个时代有着不同的时代精神，时代的文化背景会决定我们对恐惧的感知和理解，比如在神权时代，支配和控制人们的是对世界末日和地狱的恐惧。在从传统社会向现代工业社会的转变过程中，科学主义开始占据上风，对大部分人而言，对世界末日的恐惧几乎消散殆尽。但是科学技术的进步、生产力的提高又给人类带来了新的挑战，疾病、生态灾难和恐怖主义成了现代社会恐惧的主要对象。

杜威指出，"人生活在危险的世界之中，便不得不寻求安全"②。但是人类寻求安全的方式有着时代的差异。在传统社会，人类缺乏足够的技术和医术来应对环境的挑战，死亡和伤痛常常无法避免，所以人类不得不"同他四周决定着他的命运的各种力量进行和解"③。人们希望能够通过祈祷、献祭等方式取得神灵的特殊眷顾，如果仍然遭遇不幸，就归结于命运或神的惩罚而不得不顺从。但是随着知识和力量的进步，人类开始采取更为不妥协的姿态，试图通过行动和抗争构筑人类的安全堡垒，这是人类科学和技术进步的巨大动力。这两种寻求安全的途径在传统社会是相互补充和并行不悖的，但是到了现代社会人类期望能够获得绝对的确定性和安全，拒绝任何的妥协和和解，因此我们就陷入了所谓的"现代社会的安全悖论"："我们有理由说，今天的社会比人类历史上任何一个时代都要安

---

① [挪威]拉斯·史文德森：《恐惧的哲学》，范晶晶译，北京大学出版社2010年版，第25页。
② [美]约翰·杜威：《确定性的寻求》，傅统先译，上海人民出版社2005年版，第1页。
③ [美]约翰·杜威：《确定性的寻求》，傅统先译，上海人民出版社2005年版，第1页。

全。但就是在这样一个安全的社会里,却诞生了一种恐惧文化。这不能不说是一个悖论。"①也就是说现代社会的安全焦虑在某种意义上并不是对人类社会实际面临的风险的评估,而是对实际风险的想象和放大。

安全已经成为现代社会首要的价值观念,"从安全角度来评估一切是当代社会的一个明显特征"②。不管是在公共场所还是私人场所,安全性都优先于舒适性和其他价值原则。趋利避害,追寻安全是无可厚非的,但是现代社会对于安全价值的执着已经达到了"准宗教"的程度,安全的支配性地位会削弱探索、冒险、自由和创新等其他价值观念在人类社会中的地位,并且"对于安全的崇拜已经影响到针对生活的各个方面的态度。这造成了一种不断夸大社会所面临问题的倾向,这种倾向反过来又进一步激发了谨慎而焦虑的态度"③。

现代社会人类在安全问题上毫不妥协的姿态,不仅影响了人们对风险的认知和评价,而且进一步造成了恐惧文化在现代社会的传播和蔓延。我们恐惧的对象是各种可能造成伤害的风险。风险原本是一个标志伤害"发生概率"的中性范畴,在现代社会对于安全的强迫症追寻之下,风险中性的"概率"含义逐渐被淡化,风险所昭示的"可能性"维度与"概率"剥离开来,将"可能性"等同于实际的危险,进而采取过度的"预防原则"来应对风险。也就是说,"风险中性的、技术性的意义逐渐被导致损失和危险这种负面意义取而代之。权衡得失或机会与威胁本是风险评估的组成部分,现在却被将风险等同于危险所取代,从而引发人的恐惧反应"④。比如晒日光浴具有患皮肤癌的风险,这个风险可以用概率来量化,"日光浴有千分之一的可能会导致皮肤癌",但是现代社会的风险感知机制会忽略和排斥日光浴风险的"概率"含义,把日光浴看作具有导致皮肤癌"可能性"的风险活动,并忽略日光浴在健康方面所具有的更高概率的好处,进而采取过度预防原则,针对日光浴活动发出警示,把日光浴纳入恐惧的对象和范围之中。

安全崇拜及其所导致的过度预防原则使得现代社会的恐惧有两个方面的基本特征:一个是对实际风险的放大机制,另一个是恐惧范围的不断扩大,恐惧无处不在,无时不有。这两个方面的特征使得现代社会成为"焦虑的时代",成为被"恐惧文化"所支配的时代。"恐惧文化"的概念是20世纪90年代英国社会

---

① [挪威] 拉斯·史文德森:《恐惧的哲学》,范晶晶译,北京大学出版社2010年版,第Ⅲ页。
② [英] 弗兰克·富里迪:《恐惧》,方军等译,江苏人民出版社2004年版,"绪论"第1页。
③ [英] 弗兰克·富里迪:《恐惧》,方军等译,江苏人民出版社2004年版,第141页。
④ [英] 弗兰克·菲雷迪:《恐惧——推动全球运转的隐藏力量》,吴万伟译,北京联合出版公司2019年版,第156页。

学家富里迪所提出来的，他认为我们这个时代虽然在某种意义上足够安全，大部分人远离战争和死亡，但是与此同时恐惧已经成为现代社会普遍的文化特征，"西方社会中恐惧文化已越来越占据主导地位。这种文化的决定性的特征是，它认为人类面临着威胁到我们日常生活的强大破坏力"①。在恐惧文化的支配下，人们习惯于"对一切事物都从恐惧的视角来看待"，比如我们刚才谈到的日光浴，还比如握手礼，这些琐碎的日常事情所具有的风险和挑战在恐惧文化中被无限放大。

现代社会的"恐惧文化"或恐惧世界观是如何建构起来的呢，它为何如此深入人心？现代社会"恐惧文化"的形成有着强大的逻辑机制，它一方面诉诸科学，另一方面诉诸道德。在科学与道德的双重作用下，恐惧文化成了现代社会具有支配性的文化特征。富里迪指出，"当恐惧诉求能够同时运用科学权威和道德语言来完成时，产生的效果最佳"②。

在传统社会，人们对恐惧和风险的感知主要依赖的是感官经验，在现代社会人们的恐惧体验大多不是来自亲身体验，而是来自媒体的报道，媒体在塑造恐惧文化的过程中起到了重要的作用，为了吸引公众眼球，媒体经常会围绕某一风险进行报道并发出警示，为了增强新闻的可信性和说服力，往往借助于科学的权威来为自身辩护。所以新闻报道经常会援引科学家的研究成果，并且往往以"研究发现"开头，"'研究发现'这一说法具有很强的仪式感，简直就是《圣经》发出的强制命令的现代版本"③。恐惧文化通过诉诸科学，就获得了科学性、客观性和中立性等令人信服的外观。但是实际情况是，新闻媒体传播的逻辑常常会凌驾于科学逻辑之上，也就是说，"尽管恐惧诉求利用科学的权威，但它们不单单是不偏不倚的陈述"④。比如，媒体根据科学家的研究成果，写成新闻《一项重要研究的报告显示，低脂饮食会令人死亡》，这篇报道为了引人注目，针对低脂饮食发出警示。但是其他科学家围绕高脂饮食发出的警示就被不当地忽视了。

另外，恐惧文化的构建还诉诸道德的力量。科学对恐惧文化的塑造停留在理性层面，它具备了一定的说服力，但是还不够直指人心，所以最后通过诉诸道德，恐惧文化才被内化为一种自我约束的力量，"虽然因建立在科学证据的基础

---

① [英] 弗兰克·富里迪：《恐惧》，方军等译，江苏人民出版社2004年版，"前言"第1页。
② [英] 弗兰克·菲雷迪：《恐惧——推动全球运转的隐藏力量》，吴万伟译，北京联合出版公司2019年版，第136页。
③ [英] 弗兰克·菲雷迪：《恐惧——推动全球运转的隐藏力量》，吴万伟译，北京联合出版公司2019年版，第129页。
④ [英] 弗兰克·菲雷迪：《恐惧——推动全球运转的隐藏力量》，吴万伟译，北京联合出版公司2019年版，第129页。

上而赢得了某种合理性，但大部分恐惧诉求还是采用道德劝诫的方式来实现其目标"①。从古至今，恐惧和道德一直都有着密切的关系，在传统社会恐惧是道德教化的重要媒介，比如"因果报应"观念就是利用人们对"报应"的恐惧来抑恶扬善。在现代社会，"对恐惧的解释角度发生了从道德到心理学的转变"②，恐惧逐渐被祛魅，被看作一种消极、有害的心理现象和病症。从表面上看，恐惧在现代社会经历了"去道德化"的过程，但是恐惧和道德继续以更为隐晦的方式来发布和强化恐惧指令。在现代社会的治理过程中，人们常常默许通过制造恐惧感来对人们的不良行为进行劝诫，比如在禁烟运动中通过对吸烟者"黑肺"的展示，"黑肺"具有很强的视觉冲击力，能够激发人们的恐惧。在某种意义上，恐惧感的制造者不仅认为自己在发布正义的警示，而且还试图把违反禁令的人和行为在道德层面予以污名化。比如，当代社会在发布关于肥胖的恐惧指令时，除了通过科学证据展示肥胖对健康的危害之外，还试图把肥胖问题与贪婪、意志软弱等道德品质联系起来，从而对无视恐惧指令的个体和行为施加道德层面的压力，进行道德训诫。正如，"道德化指令在恐惧文化中起到了十分重要的作用。道德化力求象征性地解释问题和威胁，让本来看上去相对烦琐细微的技术问题拥有了道德性。结果，如肥胖症之类的健康问题逐渐被转化成道德弱点"③。

现代社会把安全作为首要的价值，对人们在现代社会所面临的风险和挑战进行放大，并且采取过度预防原则来应对风险和挑战。在这样一个鼓励谨慎而非冒险的时代精神中，恐惧就成了人们应对风险和挑战的基本思想姿态，并且在科学和道德的双重加持下，恐惧就成了一副人们用以审视世界的、隐形的有色眼镜。"恐惧已经成为一种被文化所决定的放大镜，我们透过它来观察世界。"④透过恐惧的眼镜，我们不仅无法准确感知实际的风险，更阻碍我们采取切实有效的方法去解决和应对风险。

三 恐惧世界观的局限

现代社会恐惧世界观建立在科学和理性的基础之上，和人类历史上的某些独断论的世界观相比较而言也更加深入人心。恐惧世界观一方面反映了人们对于

---

① ［英］弗兰克·菲雷迪：《恐惧——推动全球运转的隐藏力量》，吴万伟译，北京联合出版公司2019年版，第133页。
② ［英］弗兰克·菲雷迪：《恐惧——推动全球运转的隐藏力量》，吴万伟译，北京联合出版公司2019年版，第67页。
③ ［英］弗兰克·菲雷迪：《恐惧——推动全球运转的隐藏力量》，吴万伟译，北京联合出版公司2019年版，第129页。
④ ［挪威］拉斯·史文德森：《恐惧的哲学》，范晶晶译，北京大学出版社2010年版，第3页。

现代风险社会的预警态度，另一方面也在回避风险、切实保障个体生命财产安全方面取得了一定的效果。但是在现代社会，恐惧世界观常常为商业和资本所裹挟，非中立地援引科学数据，以恐惧为营销手段，人为地制造过度的恐惧和焦虑，从而使得恐惧世界观成为现代社会一面"着了魔"的审视世界的镜子。

亚里士多德在《尼各马可伦理学》中提出了他关于德性的中道学说。亚里士多德认为德性是灵魂的一种品质，"德性就是既使得一个人好又使得他出色地完成他的活动的品质"①，与德性相反的是恶的品质。在亚里士多德看来，人的很多情感和行为都存在过度、不及和适度的区分，适度的情感和行为会受到称赞，而过度和不及都会带来痛苦和麻烦，因而受到指责，比如"饮食过多或过少也会损害健康，适量的饮食才造成、增进和保持健康"②。德性是与情感和行为相关的一种好的品质，所以"德性是一种适度，因为它以选取中间为目的"③。

现代社会有着把恐惧污名化的倾向，即把恐惧看作一种消极的心理状态和病症。相比较而言，亚里士多德对恐惧的评价要更为中肯。我们通常认为勇敢是和恐惧相对立的一对范畴，勇敢就意味着无所畏惧。但是按照亚里士多德的分析，勇敢和恐惧并不在同一个逻辑层次上。亚里士多德认为人的灵魂有感情、能力和品质三种状态，恐惧是情感的一种，而勇敢作为德性是品质的一种。亚里士多德认为有些感情本身就是恶的，如无耻、嫉妒，只要做就是错的，无所谓过度与不及。但是有些感情本身无所谓善恶，当这些情感处于过度或不及状态时就是恶的，而当它处于适度的状态时就是合乎德性的。恐惧就是这样一种情感，亚里士多德认为我们对于应当感到恐惧的事情（比如耻辱）感到恐惧，不仅是人类正常的反应，也是合乎德性要求的，但是我们对于那些不是由于我们自身的原因造成的坏事（比如疾病），则不应该感到恐惧。亚里士多德指出，"一个人对于这些事物的恐惧可能过度或不及。他也可能对其实没有那么可怕的事物感到恐惧。错误或者是在于对不应当害怕的事物，或者是以不适当的方式、在不适当的时间感到恐惧"④。因此，真正勇敢的人也并不是毫无畏惧的人，"勇敢的人是出于适当的原因、以适当的方式以及在适当的时间，经受得住所该经受的，也怕所该怕的事物的人"⑤。

亚里士多德关于恐惧的适度原则在当代恐惧研究中也得到了广泛的响应。

---

① [古希腊]亚里士多德：《尼各马可伦理学》，廖申白译，商务印书馆2003年版，第45页。
② [古希腊]亚里士多德：《尼各马可伦理学》，廖申白译，商务印书馆2003年版，第38页。
③ [古希腊]亚里士多德：《尼各马可伦理学》，廖申白译，商务印书馆2003年版，第47页。
④ [古希腊]亚里士多德：《尼各马可伦理学》，廖申白译，商务印书馆2003年版，第79—80页。
⑤ [古希腊]亚里士多德：《尼各马可伦理学》，廖申白译，商务印书馆2003年版，第79—80页。

美国经济学家里德指出，我们必须在健康的恐惧与病态的恐惧之间做出区分，"我们必须找到健康的恐惧与病态的恐惧的平衡点。健康的恐惧是建设性的，当我们做出决定来保护自己的时候，它能提供给我们恰当的视角。不健康的恐惧是破坏性的，它常常不是引起过分的、令人憔悴的焦虑就是引起有害的或夸大的对威胁的反应"①。

现代社会的恐惧文化在某种意义上重铸了我们的世界观，我们已经习惯从恐惧视角出发，审视我们日常生活的方方面面，一旦我们戴上了恐惧的眼镜，原本我们习以为常的日常活动都会变成生死攸关的致命威胁，比如我们是否应该吃烧烤、是否应该晒日光浴、是否应该饮用自来水都成了和身体健康密切相关且引发公众焦虑的问题。在现代社会，"作为视角的恐惧不仅是对威胁的反应，而且成了普遍的世界观"②。恐惧世界观所隐藏的恐惧放大机制加重了现代人的恐惧和焦虑，在某种意义上已经使得人们不堪重负。

恐惧世界观具有很多局限性：第一，恐惧世界观会夸大实际存在的风险，阻碍问题的实际解决和社会的创新与发展。史文德森认为现代社会的恐惧在某种意义上是安逸生活的副产品，我们越是安全就越是连一丝可能的危险也无法容忍，就会把这一丝的可能性等同于现实性来予以夸大。比如，当英国一位青年女性长途飞行之后死亡，人们就推测她的死亡跟经济舱狭窄的空间有关，所以就构造出"经济舱综合征"这一病症。虽然并没有临床证据证明死亡和长途飞行之间的必然联系，但是人们仍然把一丝的可能性夸大成对健康的实际威胁。人类社会的发展与创新进程往往都和未来的不确定性联系在一起，但是恐惧世界观出于安全的考虑会阻碍创新与发展。

第二，恐惧世界观会侵占和限制人的自由。恐惧和自由具有对立性的关系，比如我们很多人都会出于对新冠肺炎疫情的恐惧而待在家中，足不出户。就对疫情的控制而言，这种对自由的限制在一定程度上是合理的。但是恐惧世界观由于放大了实际的危险，让我们对不必要的危险产生恐惧，因而其对自由的侵占和限制是不合理的。比如，因为打雪仗存在一定的风险就把孩子关在家里，不仅剥夺了孩子游戏的乐趣，更限制了孩子的自由。所以，正如史文德森所说，"我之所以反对恐惧文化，最重要的理由之一就是：恐惧文化损害了我们的自由"③。

第三，恐惧世界观会加剧人际关系的紧张。从恐惧世界观出发，人们的社

---

① [美]科林·里德：《经济为何恐慌》，曹占涛译，东方出版社2011年版，第8—9页。
② [英]弗兰克·菲雷迪：《恐惧——推动全球运转的隐藏力量》，吴万伟译，北京联合出版公司2019年版，第143页。
③ [挪威]拉斯·史文德森：《恐惧的哲学》，范晶晶译，北京大学出版社2010年版，第III页。

会交往活动也需要从安全和风险的角度来加以衡量。现代社会是陌生人社会，和传统的熟人社会相比较而言，人际关系已经在很大程度上走向异化和疏离。恐惧世界观会使得现代社会人际关系的紧张程度进一步加剧。更可怕的是承载温情与希望的亲昵关系也被纳入危险审查的范围，比如感情专家们所提出来的爱情忠告不断告诫人们要学会自制，"爱情日益被贬为危险的错觉"①。危险审查范围正逐渐向师生关系、亲子关系蔓延，"恐惧文化使人与人之间变得陌生，助长社会形成一种怀疑的氛围，使人们不能专心面对社会面临的各种挑战"②。

第四，恐惧世界观会削弱人们的感官愉悦和幸福感。人们在直觉上为什么会排斥恐惧，首先是因为恐惧所带来的心理和生理上的紧张本身就不是愉悦的感受。虽然从演化和生存的角度而言，恐惧是必不可少的、保命的机制，但毕竟是以痛苦和紧张为代价的。除了恐惧本身会带来的痛苦之外，恐惧世界观还会使得我们某些日常活动本身带给我们的感官愉悦和幸福感大打折扣。在春光明媚的日子，我们和家人、朋友一起来到郊外进行野餐和烧烤，这些活动不仅会使我们大饱口福，而且会增进我们与家人、朋友的感情。但是在恐惧世界观中，这些表面上无害的活动也会被看作破坏环境和自然的恶行，会遭受诸如"烧烤使用的木炭会增加碳排放"等无理的指责。虽然"大多数人会继续享受烧烤的美味，但这类警告日积月累，便会冲淡我们在温暖和煦的日子里烧烤应得的喜悦"③。

四 如何超越恐惧世界观？

恐惧和人类的其他负面情绪一样虽然会给人带来不适，但是却有其存在的深层演化基础。恐惧和人们生存状况的不确定性密切相关，在很多学者看来，人们对于绝对确定性的寻求是一种虚妄，不确定性才是唯一的真理。人类认知和生存的不确定性状况会使得要想完全消除恐惧成了一件不可能完成的任务。恐惧会继续存在，我们虽然不能完全消除恐惧，但是我们可以在一定程度上改变对待恐惧的态度来克服恐惧、超越恐惧，取消恐惧世界观的有色眼镜，尽可能客观冷静、满怀信心和希望地审视充满风险和不确定性的世界。从亚里士多德的中道学说来看，怯懦和无所畏惧都不是合乎德性的行为，对应该恐惧的东西心存畏惧和对不应该恐惧的东西无所畏惧才是真正合乎德性的选择。虽然恐惧不可避免，但

---

① [英]弗兰克·富里迪：《恐惧》，方军等译，江苏人民出版社2004年版，"前言"第10页。
② [英]弗兰克·富里迪：《恐惧》，方军等译，江苏人民出版社2004年版，"前言"第11页。
③ [英]弗兰克·菲雷迪：《恐惧——推动全球运转的隐藏力量》，吴万伟译，北京联合出版公司2019年版，第74页。

是"设想一个恐惧不再是公共生活主要驱动力的世界完全是可能的"①。

在现代社会,恐惧文化根深蒂固,恐惧世界观牢牢钳制着公众对于风险的认识和评价,因此对恐惧的超越需要多方力量的通力合作。首先,科学家要积极普及相关科学知识,提高公众科学素养,并在易引发公众恐慌和焦虑的议题上让普通民众积极参与科学决策。恐惧常常是由于"无知"而产生,正如近代中国民众对于照相机"摄魂"的恐惧,科学知识的普及可以有效消除恐惧。并且在现代社会,知识生产的过程日益民主化,让公众参与科学决策不仅是现代社会知识生产的内在要求,也是消除恐惧和焦虑的重要路径。

其次,新闻媒体、政府机构和相关利益团体积极承担社会责任。新闻媒体在现代恐惧世界观的建构过程中起到了重要的助推作用,媒体为了吸引公众的关注,往往会把孤立的个案夸大为普遍的风险。政府机构在加强社会治理过程中,也往往会默认诉诸恐惧来规范人们行为的做法。各种相关利益团体也会为了一己之私而贩卖恐惧和焦虑。如果我们不希望整个社会都陷入低水平的恐慌意识不能自拔的话,那么上述机构都必须积极承担相应的社会责任,比如媒体报道的内容应该以中立性和信息性而非娱乐性和炒作性为原则,政府机构对风险的警示不应过分夸大以免引起不必要的恐慌等。

最后,用勇敢和坚韧等美德克服恐惧,积极营造面向未来的、充满希望的世界观。在人类历史上,勇敢和冒险精神曾经是嘉许的对象,而恐惧是怯懦的标志,人们通过不断讲述英雄主义的故事来驱散恐惧。但是现代社会把安全作为首要的价值观,就开始拒绝勇敢和冒险,转而拥抱恐惧了。正如尼采所批判,现代性所罹患的主要弊病是"懒惰的和平、怯懦的妥协"②。菲雷迪也反思道,"我们这个时代最令人担忧的一点不是养成了心怀恐惧的习惯,而是形成了人对自身脆弱性的意识。人们必须被定义为脆弱的生物吗?我们必须心怀恐惧吗?"③ 现代社会在不断远离危险的过程中变得越来越消沉,越来越虚弱不堪。尼采倡导我们要克服现代社会虚弱的道德,重建富有阳刚之气的德性。而勇敢就是恐惧的最好解药,亚里士多德指出,勇敢的人并不是不怕死亡,而是敢于面对高贵的死亡,比如在战场上为国捐躯。所以,"勇敢者依然会恐惧,但他们不会被恐惧打

---

① [英]弗兰克·菲雷迪:《恐惧——推动全球运转的隐藏力量》,吴万伟译,北京联合出版公司2019年版,第260页。
② [德]尼采:《反基督》,陈君华译,河北教育出版社2003年版,第66页。
③ [英]弗兰克·菲雷迪:《恐惧——推动全球运转的隐藏力量》,吴万伟译,北京联合出版公司2019年版,第261页。

趴下"①。尼采更是高傲地宣称,"我们宁愿生活在冰雪之中,也不愿生活在现代的种种德性以及暖人的南风之中"②。

【作者简介】陈四海,哲学博士,河南师范大学科技与社会研究所副教授,主要研究方向为技术伦理学。刘冠辰,河南师范大学科技与社会研究所助理研究员,主要研究方向为技术伦理学。

---

① [英]弗兰克·菲雷迪:《恐惧——推动全球运转的隐藏力量》,吴万伟译,北京联合出版公司2019年版,第258页。
② [德]尼采:《反基督》,陈君华译,河北教育出版社2003年版,第66页。

当代哲学的逻辑起点及形成进程

唐代兴

【内容摘要】当代哲学与哲学研究有根本区别：哲学研究是对已有哲学的阐释，当代哲学是对新哲学的创造。当代哲学应以审问 20 世纪遗留下来的世纪性存在危机和哲学困境为逻辑起点，以重建理性和恢复生境存在为方向，并以会通方式重建当代存在论、生存论和实践论。当代哲学首先审问存在世界的本原性本体，它是融通中西古代哲学"变中不变"的本体世界和"不变中变"的形成世界的生态语义场，这一场态化世界既凸显"人是世界性存在者"的本原形象，更揭示出"自然为生命立法，人为自然护法"的存在律令。以此存在论思想为认知基石，其生存论建构的逻辑起点，是清算根深蒂固的无限度论哲学，重建限度生存。限度生存的内在法则，是事物按自身本性敞开自存的生境逻辑；其外化诉求，是"自然、生命、人"合生存在和"环境、社会、人"共生生存。以此生境主义为指南，展开实践论探讨，必须解决当代人类何以需要生境社会和怎样创构生境社会的基本认知，以生境利益机制、可持续生存思想和生态化综合方法为三维规范，展开信仰、伦理学、美学、政治哲学和教育哲学的生境重建。

【关键词】当代哲学；生态理性；生态语义场；限度生存；生境逻辑

哲学始终是时代存在困境的形上追问。当代哲学亦如是，它正在世纪性存在困境的敞开进程中悄然形成。

一 何谓当代哲学

当代哲学，自有两个方面的规定性：它是 **21 世纪的哲学**，也是**正在形成的哲学**。

1. 始于 21 世纪的当代哲学

21 世纪，是当代哲学的时空界标。以此为界标，20 世纪的哲学，不是当代哲学，只能是**现代**哲学。如此划界当代哲学，源于哲学的本性：哲学并不驻守已有或昨天，而是朝向未来、专注明天。哲学的任务，不是解释过去或证明现在，而是构筑未来。

哲学的自身定位，形成了哲学与哲学研究的根本区分："哲学是个人天才之为作，故此，庸行不能代替柏拉图，同样，莎士比亚也不能代替荷马"①，哲学史家安东尼·肯尼此论揭示了哲学与哲学研究之间虽有密切联系，但属两个领域，有根本区别：第一，哲学面对未来，从无中创造出有，所以**哲学是创造的**。并且，哲学创造出来的成果，包括哲学思想、哲学方法、哲学理论或哲学体系，为哲学研究提供了对象范围、材料和内容。相反，哲学研究面对已有（哲学成果），从有中阐发有，所以**哲学研究是解释的**。第二，先有哲学，然后产生哲学研究。第三，哲学家的使命，是**面向未来创造（当世）新哲学**；哲学研究者的责任，是**面向过去挖掘历史上的旧哲学智慧**。第四，只研究前人的哲学，是哲学研究者，其哲学研究的大者，可称之为哲学学家或哲学史家；只有当他走向哲学创造时，才成为哲学家。所以，创造哲学的人是哲学家，研究哲学的人，只能是学问家，或可称为哲学学家或哲学史家②。

以此观当代哲学，它是立足当代追问历史、拷问未来而创造当世的新哲学；更具体地讲，它是立足 21 世纪朝向未来展开存在追问，并为如何从根本上化解当代世界的存在风险和生存危机提供存在论智识和形而上学方法的当世哲学。

2. 当代哲学：一种正在形成的哲学

以时间为坐标，现代（modern）与"过去"相对，是**刚完成的**"当下"；当代（contemporary）与"现代"相续，是**不断展开的**"当下"。现代与当代首尾相连：与"过去"相对的"现代"，以完成自身的方式**开启了**当代；反之，与"现代"相对的"当代"，以开启自身的方式**接手了**现代。所以，当代既是现代对它的交代，又是它对现代的接手。现代对当代的交代和当代对现代的接手，构成当代的自身个性、边界和规范。

---

① ［英］安东尼·肯尼：《牛津西方哲学史（第一卷）：古代哲学》，王柯平译，吉林出版集团有限责任公司 2012 年版，第 3 页。

② 唐代兴：《生态理性哲学导论》，北京大学出版社 2005 年版，第 3—6 页。

首先，当代源于现代，朝向未来展开，既要从现代的成就和条件出发，更要从现代层累性集聚的问题出发。从根本讲，能够构筑一个时代标志的东西，只有两个：一是前所未有的成就，它通过创造实现；二是无法解决的问题，它通过层累性集聚。前者成为文化学研究的对象，后者构筑起哲学的逻辑起点。因为，一个时代无法解决的问题层累性集聚，恰恰构成那个与之首尾相连的新时代的**根本存在**。以此观之，现代哲学对当代哲学的交代，既包括成就，也包括问题。但当代哲学对现代哲学的接手，却**只是问题**：现代社会层累性集聚起来且不能为现代哲学解决的根本问题，构成了当代哲学必须关注的存在起点。

其次，当代对现代的接手，构成不断展开的当下，这意味着当代既是正在进行时，也是有待敞开时，其正在进行时向有待敞开时融通的过程，不断将有待敞开时变成了正在进行时，由此构筑起当代朝向未来的无限时空进程。在这一时空进程中，当代的基本特征是**正在形成**。

正在形成，是当代哲学的标志：现代社会向当代社会交接的时空进程中，能够解决并已经解决了的根本问题构成了现代哲学；不能解决并期待解决的根本问题导出当代哲学，当代哲学就是对现代哲学遗留下来的根本问题谋求解决的**正在形成态**。

正在形成的当代哲学，以"正在形成"的方式重申哲学的本分。首先，哲学属于当代，与**在世之中**的人类同行，所以，哲学在路上。与此相反，哲学成果属于历史，与传统同在。其次，哲学必须面对不断敞开的时代困境展开追问，所以，哲学始终是当世的。任何过去的哲学，无论如何自谓完美，都不能以僭越方式替代**当代的**哲学；并且，一个时代哲学的源泉，是此时代的存在困境和对此存在困境的追问本身，这是一切过去了的旧哲学都不能为之提供的。准此观之，当代哲学只能敞开为对当代存在困境和哲学困境的追问。

二 当代哲学的问题出发点

当代哲学，必须从**存在**困境和**哲学**困境两个方面接受 20 世纪的遗产，并以此构成成就自身的问题视域。

1. 20 世纪层累性生成的存在困境

在历史的坐标上，20 世纪是一个伟大的世纪，它在 19 世纪基础上创造出前所未有的辉煌；与此同时，也给 21 世纪铸造了前所未有的存在困境。这些自人类有记载以来所有困境加起来都不能比拟的困境，构成了 21 世纪必须接受的遗产。

首先是人口遗产，它是层累性生成的。马西姆·利维巴茨在《繁衍：世界人口简史》中认为，世界人口在旧石器时代约 100 万，新石器时代增长到 1000 万，青铜时代 1 亿；纪元之初约 2.5 亿，1000 年时世界人口增长到 3 亿左右；16 世纪时达到 6 亿；进入 18 世纪中叶，世界人口 7.7 亿。其后，世界人口加速增长（见下表）。

19 世纪以来世界主要年份的总人口数

单位：亿人

年份	1830	1900	1930	1945	1960	1975	1978	1981	1987	1999	2005	2007	2011	2016	2020.4
人口数	10	16	20	23	30	40	42.6	44	50	60	64.77	66	70	73	76

相关研究表明，在旧石器时代，世界人口增加一倍，需要 3 万年；纪元之初，缩短到 1000 年；到 16 世纪中期，却只需 500 年。1830 年，世界人口达到 10 亿。尔后，人口每增加 10 亿所需时间分别缩短为 100 年、30 年、15 年、12 年。联合国人口署预测，到 2025 年，世界人口将达到 80 亿，到 2083 年会突破 100 亿；至于 2100 年，世界人口将超过 110 亿。也就是说，21 世纪 100 年中，人口将在 20 世纪人口基数上增加 50 亿。这就是 20 世纪留给 21 世纪的人口遗产，它为 21 世纪铸造出最大的也是最根本的存在困境。因为持续膨胀的人口，带来了地球承载力、最低生存资源、全球环境生态以及人权保障、社会公正等系列重大难题。

其次是人的自身困境，有五个方面表现得最为突出。

一是以几何方式增长的人口塑造了人类与自然界的新关系[1]，这源于有限的地球空间只能容纳有限的生命存在。地球表面的有限空间与地球物种生命数量之间保持动态平衡的生境关系，一旦地球生命尤其是人类人口无限度增长，就会打破其动态平衡的生境状态而形成**逆生态**关系[2]。人口增长与地球有限性之间的逆生态关系，再次将马尔萨斯关于"食物为人类生存所必需"和"两性间的情欲是必然的，且几乎会保持现状"[3] 这两条公理凸显出来：人口以几何方式增长"受到的所有抑制可以归并为贫困或罪恶"[4]。

---

[1] [法]帕斯卡尔·阿科特：《气候的历史：从宇宙大爆炸到气候灾难》，李孝琴等译，学林出版社 2011 年版，第 91 页。

[2] 唐代兴：《恢复气候的路径》，人民出版社 2017 年版，第 82—85 页。

[3] [英]马尔萨斯：《人口原理》，朱泱、胡企林、朱和中译，商务印书馆 2014 年版，第 6 页。

[4] [英]马尔萨斯：《人口原理》，朱泱、胡企林、朱和中译，商务印书馆 2014 年版，第 28 页。

二是人的界线模糊。20世纪为21世纪留下的最大遗产，就是从不同领域和方面改变人的技术。第一，高速发展的航天业，重构了人的身体，形成cyborg身体，"一个控制有机体，一个机器与生物体的杂合体，一个社会现实的创造物，同时也是一个虚构的创造物"[1]。第二，器官移植（从外部肢体移植到心脏移植，再到2015年意大利都灵高级神经调节组在AANOS年会上宣布换头计划及时间表，以及该调节组负责人塞尔焦·卡纳韦罗于2017年11月17日在一具遗体上成功实施人类第一例换头手术），不断地改变人的身体和生命结构。第三，在自然存在意义上，生死的权利及方式、时间，严格遵循生物本性，由自然力（或"上帝"）安排。安乐死和试管婴儿，却假借技术窃取神权，可任意处置生命和制造生命。尤其是试管婴儿技术，使生命成为**制作物**。第四，人工智能（Artificial Intelligence）技术破译人的大脑工作原理和运行密码，使之成为机器的工作原理和运行机制。人工智能的最终成功，意味着人的尊严与地位将全面丧失。比如阿尔法围棋（AlphaGo）决胜世界冠军，表明从此以后再没有生物人围棋冠军了；索菲亚（Sophia）"女性"机器人主动索要身份并被授予国籍、"阿尔法巴"无人驾驶公交车正式在深圳营运和无人驾驶出租车在长沙试营，以及以人工智能为推动力、以会聚技术为根本方法的第四次工业革命（即新硬件技术革命），从不同维度表明库兹韦尔所描述的机器人统治生物人的后人类社会[2]进程正在加速提前。第五，以前所未有的速度发展的基因工程，却在一步步破译生物世界的生物基因密码，加大跨物种交流，与此同时也在全面探索生物人类生命的创造机制，进行人体基因编辑，其目的是实现按照如同医药配方的技术方式来生产地球生物和生产人。从1997年第一只克隆羊"多莉"诞生，到几年前美国一对聋哑夫妇购买一个祖辈五代都聋哑的聋哑男子的精子培育出了一个他们所希望的聋哑孩子，再到今天的基因工程可以进行不同生物的基因组合、基因复制，跨物种交流以及新物种创造，不仅展示了技术可以创造"上帝之能"，赋予人类以"上帝之手"，更表明如果允许或需要，克隆人将迅速成为现实。

三是人如何存在？今天，发展中国家正在热衷于互联网等软件技术，但发达国家却已悄然掀起一场新硬件技术革命，制造和生产一切物理上存在的人造事物，比如无人驾驶汽车、多轴无人飞行器、智能机器驮驴、机器人厨师、3D打

---

[1] Donna Haraway, Simians, *Cyborgs,and Women: The Reinvention Nature*, London: Routledge, 1991, p.14.

[2] [美]雷·库兹韦尔：《灵魂机器的时代——当计算机超过人类智能时》，沈志彦、祁阿红、王晓冬译，上海译文出版社2006年版，第65页。

印机、可穿戴设备等。过去由人来做的所有事情，都将被新硬件智能技术替代，今天为人们上手的大多数职业将迅速消失。"能做何事"和"有何事可做"，将成为越来越多的人的存在问题①。而且，劳动，将随之被重新定义②。

四是环境自崩解运动。环境之于人，原本不存在问题，导致环境恶化及自崩解运动的是人以及由人组建起来的社会，其中最为根本的因素有三：一是人口生育按几何方式增长，突破了地球承载的容量限度，人与环境之间的生境关系丧失。二是社会为无止境地提高物质生活水平而不顾一切地发展经济，形成征服自然、改造环境、掠夺地球资源的征伐模式，将导致地球资源的枯竭、自然贫困以及环境死境化。三是全球气候失律加剧，如何维护地球生命安全和如何保障人类的可持续生存，已成为根本的存在问题。

五是如上因素整合激励，推动海洋霸权、空间争夺、新殖民运动、核军备竞赛、武器炫耀常态化、局部战争此起彼伏，整个世界处于剧烈动荡之中，瘟疫、贫穷、饥饿、战争的阴影席卷全球。

如上五个方面相互交织所形成的存在困境，成为当代哲学必须面对的存在现实，并构成必备的问题视域。

2. 20世纪层累性生成的哲学困境

怀特海说："每一种哲学都受着一种无形的思想背景所濡染。这种背景在该哲学的思想过程中从不彰显出来。"③当代哲学亦如是，它不仅要面对20世纪遗留下来的存在困境，更要接手现代哲学危机。

20世纪之所以成为一个伟大的世纪，是因为19世纪为它奠定了基础，确定了方向，提供了资源。相对18世纪及之前所有时代而言，19世纪是一个发明的世纪。这是因为"19世纪最大的发明就是找到了发明的方法。一种新方法进入到人类生活中来了。如果要理解我们这个时代，有许多变化的细节，如铁路、电报、无线电、纺织机、综合染料等等，都可以不必谈，我们的注意力必须集中在方法本身。这才是震撼古老文明基础的真正新鲜事物"④。19世纪作为发明的世纪，首先在技术领域展开，不断发明新技术、新机械、新工具、新产品；同时在方法论域展开，不断发现技术之间、知识（学科概念）之间以及学科之间的联系，这就是对发明技术的方法的发明。20世纪作为创造的世纪，一是以创

---

① 唐代兴：《人工智能带动的社会公正危机》，《人文杂志》2020年第8期。
② 唐代兴：《技术化存在的后人类取向》，《江海学刊》2019年第1期。
③ [英] 怀特海：《科学与近代世界》，何钦译，商务印书馆1989年版，第8页。
④ [英] 怀特海：《科学与近代世界》，何钦译，商务印书馆1989年版，第94页。

造性方式充分释放了19世纪发明的方法智慧,这就是以方法整合为直接推动力创造新的技术、工具、机械、产品。二是对技术的整合创造予以哲学探索、总结、提升,以为方法的整合创造获得更新的发展提供更坚实的思想土壤、智识基础和方法论智慧。

前一个方面的成就,集中表现为突破学科、技术、生产的封闭性而展开科际整合,这些不断成熟的科际整合方法潜在地开启了21世纪的大科际整合方向。大科际整合即是"突破单向度的学科模式或简单的科际整合视野而对自然科学、社会科学、人文科学资源予以广泛整合的方法"[1],它运用于技术领域,就是形成整合认知科学(Cognitive science)、纳米技术(Nanotechnology)、生物技术(Biotechnology)和信息技术(Information technology)的"会聚技术"(NBIC)[2]。

后一个方面的成就,铸造了现代哲学的独特性和局限性。马克思曾经认为,哲学的重要任务不是认识世界,而是改造世界,这是马克思基于19世纪的方法论取向形成对20世纪哲学发展方向的预言:20世纪哲学,就主流言,就是方法的哲学。首先,索绪尔(Ferdinand de Saussure,1857—1913)结构主义语言学和皮亚杰(Jean Piaget,1896—1980)发生认知论,从不同方面展开的方法论革命,不仅直接影响了人文社会科学和自然科学及技术领域,而且还形成结构主义哲学思潮。其次,基于软技术对语言的精确要求和语言对技术的全方位渗透,语用学和语言哲学兴起,并形成影响广阔的分析哲学思潮。最后,科学在技术武装下全面发展,以及科学为更大程度适应技术要求,必然上升到哲学层面予以方法总结,由是形成科学哲学竞相繁荣。

方法,无论继承或革新,始终基于运用;方法运用的动机是改变现实,改造世界。哲学对方法的探讨,同样不能改变这一取向。当哲学将自己锁定在方法领域,它就自觉成为改造世界的工具,并因此丧失自己的本分。这是20世纪哲学给予当代哲学的遗产的精髓,它要求当代哲学必须回归哲学本分。

三 当代哲学的基本视域

哲学的本分不是应和时势、满足应用之需,而是对根本存在困境的追问。为此,当代哲学必须超越科学,因为"科学不能解决这个更抽象和更令人困惑的问题……我们发现,科学在每一方面都会产生一些超出它自身解决能力的问题。

---

[1] 唐代兴:《气候失律的伦理》,人民出版社2017年版,第3—7页。
[2] 陈平、张淑平、褚华编著:《信息技术导论》,清华大学出版社2011年版,第295页。

这些问题被称作形而上学问题，它们构成了哲学主题中一个特定的和不可忽视的部分"①。哲学对存在困境的追问必须是形而上学的。"形而上学的核心论题是存在论或本体论（ontology），即存在研究（study of Being）。"②唯有对存在困境予以本体论澄清，才可产生认识论，为伦理学、美学、政治哲学提供路径。这就是当代哲学需要放弃 20 世纪"改造世界"的模式、回归"认知世界"的正道，围绕存在展开形上指向形下的全景式创构。

形而上学的主题是本体论，本体论关注存在世界，追问存在何以可能，必然涉及存在的本原、生成和本质问题。当代哲学必须重新审查世界的存在本原、生成机制和存在本质，为拷问世纪性存在困境提供本体论认知，然后以此为思想武器，探求世纪性存在困境"为何如此生成"和"怎样化解"的"条理"③，这就形成生存论建构。

当代哲学从存在论追问指向生存论建构的落脚点，是实践论。所谓"实践论"，就是对实践的哲学讨论，以为实践提供引导智慧和方法，所以实践论也必须是认知建构的。实践（praxis）概念当然有实用、行动等含义，但首先指怎样应用以及如何行动的智识、规训、方式、方法。在古希腊，哲学家们认为哲学不能成为个人谋取物质利益和官能享受的实用工具，为知而知，是哲学的本性，它为生活提供"善"的价值取向，善本身成为好处，当然也体现功用和实效。正是在这个意义上，古希腊哲学家认为哲学的实践是宗教的、道德的和政治的活动，这些活动必须以善为价值取向，并且必须是理性的。康德对实践理性的立论，就基于这个传统。当代哲学的实践论努力，就是秉承希腊哲学传统和康德实践理性精神，重建信仰论、伦理学、美学和政治哲学，然后重建教育哲学。

信仰、道德、美学、政治、教育，唯此五者，为人的生存行动提供规范、方向和方法。这是因为，哲学对存在困境的形而上学追问，是要为人如何才可生生不息地生活提供根本助益。但这种助益是间接的，需要通过信仰、道德、美学、政治、教育的方式才可发挥其功能。因而，关于哲学，也可反过来讲，无论个人或社会，面对存在困境谋求必须解决的问题，是行动的限度和怎样行动的问题。这两个问题蕴含两个必须解决的前提性条件，这就是行动为何要有限度和如何行动才可有限度？对这两个前提性问题的审问，必然进入认知领域展开认识论

---

① ［英］罗杰·斯克拉顿：《现代哲学简史》，陈四海、王增福译，南京大学出版社 2013 年版，第 4 页。
② ［英］安东尼·肯尼：《牛津西方哲学史（第一卷）：古代哲学》，王柯平译，吉林出版集团有限责任公司 2012 年版，第 235 页。
③ ［英］安东尼·肯尼：《牛津西方哲学史（第一卷）：古代哲学》，王柯平译，吉林出版集团有限责任公司 2012 年版，第 3 页。

探讨。认识论探讨所要解决的基本问题，就是何以生存以及生存的前提何在，对前者的解决，明确"必须怎样"的信仰，构建"应该如何"的伦理、美学、政治和教育；对后者的追问，牵涉出存在的本体，所以本体论探讨，是为解决存在的根基问题、根本问题。

四 当代哲学的自身定位

1. 当代哲学的三维要求

当代哲学回归哲学本分，需要从三个方面努力。

其一，必须回归全境视域。

当代哲学面对世纪性存在困境，必须同时拷问世界存在论、生存论和实践论的一般问题。唯有如此，才可真正追问根本的存在困境并探求存在困境"何以如此生成"与"怎样化解"的生存论问题。

其二，必须回归理性，即必须重建理性。

理性（rationality）是一种认知方式。在古希腊，理性乃自然法则。自然法则中的自然（physis），即指世界万物的本性、本质、本原，它的原发机制或原发动力是**生**，是**生生**，所以自然法则即是生生法则，它由"自然"概念的词源语义所规定：自然，其英语形式是 nature，拉丁文形式是 natura，希腊文形式是 φυσις，它用作名词，源于动词 Φvw，是 Φvw 的名词化。由于 Φvw 的本义是生生不息，所以，从动词 Φvw 化来的 φυσις 同样涵摄生生不息：自然，就是生生不息的一切，包括整个宇宙及万事万物。φυσις 之"生生不息"本义，既构成 nature 的本义，也为 nature 获得现代性运用提供了可能性。首先，nature 的本义是指蕴含于一切自然事物之中的"原则"或"本原"，人们又习惯用"本性"或"本质"来指涉，nature 的本义对应 φυσις 之生生不息含义："在我们关于古希腊文献的更早期的记载中，φυσις 总是带有被我们认为是英语单词'nature'的原始含义。它总是意味着某种东西在一件事物之内或非常密切地属于它，从而它成为这种东西行为的根源，这是在早期希腊作者们心目中的唯一含义，并且是作为贯穿希腊文献史的标准含义。但非常少见且相对较晚，它也富有第二种含义即作为自然事物的总和或聚集，它开始或多或少地与 κοσμος（宇宙）——'世界'一词同义。"[1] 以此观之，所谓理性，不过是遵循（亦曰"按照"）自然之本性的法则认知。作为对存在世界予以形而上学审查、生存论拷问和实践论创构的哲

---

[1] [英] R.G. 柯林武德：《自然的观念》，吴国盛、柯映红译，华夏出版社 1990 年版，第 49 页。

学，必然超越科学的经验观察寻求依照本性法则认知的武装。这种基于符合本性法则认知的方式，仅实质言，就是符合并展示存在世界本性法则的方法，亦曰形而上学方法。

理性是哲学认知方式，或曰，哲学是理性的方式。反理性，比如早期的后现代主义，或改造论哲学，本质上是反哲学的。因为理性是人区别于动物的根本标志，它融进哲学，构成人类智慧的最高成就。当理性被反掉后，哲学不复存在。被反掉理性的哲学，要么降格为科学，要么成为政治的婢女。并且，理性之于生活，亦不能反，一旦生活将理性反掉，个人必然返祖而重新退化为动物，社会亦将返回野蛮的丛林状态。从根本讲，哲学的功用，就在于为个人和社会提供理性方式、理性思想、理性方法、理性思考和存在的源泉。

其三，必须回归生境存在。

生境（habitat）原本是一个生物学概念，意指"为动植物提供生长条件的常规自然空间；换句话说，是生物种群的家……因为生境是种群和物种生存的必须条件"[①]。由于"生境"概念蕴含对地球生物和人类如何共生存在的解释机制，因而上升为当代哲学的核心范畴。当代哲学追问世纪性存在困境"何以如此生成"和"怎样化解"的条理，必须以"生境存在"为目标导向。

2. 当代哲学的自身规范

基于如上三维要求，当代哲学应该是**生态理性**的，这是人类哲学发展走向当代的历史必然。

人类历史的方向，经历游牧社会，进入农业文明，然后创建工业文明，20世纪后期开始向生境文明进发。在这一历史进程中，文明的光芒，通过物质、商品、科学、技术、文化、教育而释放，但其**光源**却是哲学。在农业文明时代，哲学是经验理性的，哲人们努力对（生活和历史）经验予以超经验的总结。米利都学派、毕达戈拉斯学派、爱利亚学派的成就共同构成经验理性哲学。经验是外在的，对外在化的经验予以理性总结，必然促进心智全面开启，使哲学获得观念理性品质，它在毕达戈拉斯学派中萌生，在爱利亚学派那里初步显形，其后经智者推动，苏格拉底、柏拉图、亚里士多德相继登场，观念理性哲学在古希腊完整成形，后经历中世纪神学浸泡和近代经验主义与理性主义的时代性打磨，最后交付康德予以最后完善。康德铸造了观念理性哲学的丰碑，并为工业文明提供了肥沃

[①] ［芬兰］Ilkka Hanski：《萎缩的世界：生境丧失的生态学后果》，张大勇、陈小勇等译，高等教育出版社2006年版，第4页。

的思想土壤和坚实的认知基石。所以,拷问工业文明和现代性,必须正视和检讨康德哲学。

以观念理性哲学为认知基石和思想源泉,自然资源无限论、人类潜力无限论和无限物质幸福论共同培育出傲慢物质霸权主义和绝对经济技术理性,为"改造论"哲学即科学理性哲学(抑或马克斯·韦伯所讲的工具理性哲学)灌注了行动纲领和行动原则。这种以傲慢物质霸权主义为行动纲领和绝对经济技术理性为行动原则的科学理性哲学,本质上是方法的哲学,自19世纪后期以来不断涌现出的科学哲学思潮、分析哲学运动、语言哲学、结构主义哲学运动等,都是其具体的呈现形态。

科学理性哲学的运用形态,是经验观察、实验验证和模型化分析;但其认知范式是科学主义,其本质规定是集权和垄断。统合二者,科学理性哲学的实践本质是工具理性,它强调绝对权威、严格规训、必须服从。盛行于20世纪的科学理性哲学是反自由的,因此呈现反哲学倾向。自20世纪后期以来全面扩张的科技主义生产模式和管制主义的社会经营模式,以及高技术化生存的消费模式,从"自然、生命、人"生境链条断裂和"环境、社会、人"死境化两个方面将工业文明推向绝境,它要求当代哲学追问工业文明死境化"何以如此生成"和"怎样化解":追问前者,必须探本溯源;追问后者,需要重建方向。由此,当代哲学必须以反思科学理性哲学为起步,创构生态理性哲学。

如前所述,"理性"的本义是依照存在本性法则认知。经验理性是指依照经验本性法则认知,观念理性是指依照观念本性法则认知,科学理性是指依照工具本性法则认知。同样,生态理性是指依照生态本性法则认知。

生态理性哲学的"生态",不是"生态学"(oecologie)意义的。从词源看,生态学意义的"生态"(ecology)概念,源于古希腊语 οικος,意为生命的"住所"或"栖息地",引申为家庭中的家务及日常生活的活动及管理。在政治经济学思想没有产生之前的近代,人们习惯于将国家经济事务看成是管家预算和食物储藏室的扩增。1866年德国生物学家赫克尔(Ernst Haeckel,1834—1919)使用 oecologie 时是对其本义的拓展和重新解释,他认为地球是由活的有机物组成的一个经济统一体,地球有机物就生存在这样的经济的统一体大家庭里,它们之间不时发生利益的冲突,但同时也有互助。英语中的 ecology 集中表达了"生态"之生的含义,但其"生"仅是"生态"的功能意义,要理解支撑其"生"之功能意义的本体语义,需要参照汉语"生态"概念。在汉语中,"生态"之"生",既是动词也是名词:作为名词,意谓生命敞开自身之状况,或可说是对"生命"的缩写;作为动词,是使生命存活而谋求生路、创造生机。

概言之,"生"乃指生命以自在方式谋求生路、创造生机。"态"乃位态、姿态,以及由此形成的状态、进程。所谓生态,是指生命敞开自身的**存在位态**,它既蕴含固守本性的姿态,又体现固有本性的朝向。生态理性哲学所讲的"生态",是指存在世界的存在位态。对存在世界言,其本原性存在位态是什么样?其依据何在?其现实存在位态何以生成?缘由何在?什么样的存在位态才可保持其生境?路径何在?生存理性哲学拷问存在问题,追问存在真理,必然牵涉"自然、生命、人"的**合生**存在和"环境、社会、人"的**共生**生存。所以,生态理性哲学对世纪性存在困境"何以如此生成"和"怎样化解"的追问,必然涉及生境存在[1]。

世界的本原性存在,是生境存在,生境存在的位态及朝向,是**生生**。以此为根本要求,当代哲学的必为努力,就是为恢复世界的本原性存在位态及生生朝向而创构生态理性哲学。

柏拉图曾认为,存在世界由存在的形成的世界(world of becoming)和存在的本体的世界(world of being)构成。柏拉图对存在世界的两分方式,不过是对前人关于"变中不变"和"不变中变"认知的综合。但柏拉图的综合呈静态取向,存在的形成的世界和存在的本体的世界互不涉域,整个存在世界在柏拉图哲学中呈现生硬组合裂痕,缺乏一体生生的内动力和机制。怀特海曾认为古希腊之后的整个西方哲学不过是柏拉图哲学的注释而已,柏拉图为西方世界提供的存在蓝图,既是一个无生命的本体的世界,也是一个无生命的形成的世界。这或许是现代哲学最终走向科学主义和方法论的形而上学根源。基于此,当代哲学启用生态本性法则来构筑其根本的认知方式,进入存在世界,对存在的本体的世界和存在的形成的世界予以整合审查,开辟世界本原性存在的形态学和动力学。

概括地讲,存在的本体的世界,是**不变**的世界;存在的形成的世界,是**变**的世界。滋生并统合本体的世界和形成的世界的那个世界,才是具有生生功能的**本原性**的存在世界。这个本原性的存在世界就是**生态语义场**,它会通了"变中不变"的世界和"不变中变"的世界,并构成"变中不变"和"不变中变"的最终本体和动力场源[2]。

生态语义场会通"变中不变"的本体的世界和"不变中变"的形成的世界

---

[1] 唐代兴:《生态理性哲学导论》,北京大学出版社 2005 年版,第 143—157 页。
[2] 唐代兴:《语义场:生存的本体论诠释》,中央编译出版社 2015 年版,第 207—221 页。

的根本方式,是以生境存在为依据的形式化书写①。形式化书写以生态语义场为本原性存在蓝图和动力机制,以整体动力向局部动力实现和局部动力向整体动力回归为双重方式,从整体的存在世界向特殊的人的世界的书写方式,就是生态修辞②。

综上所述,当代哲学面对世纪性存在困境,以生境存在为指南,审查生态语义场,将打开追问世界本体论的入口;追问形式化书写,必开启生存论路径;检讨生态修辞,则整合建构以信仰、伦理、美、政治、教育为基本向度的实践论蓝图。

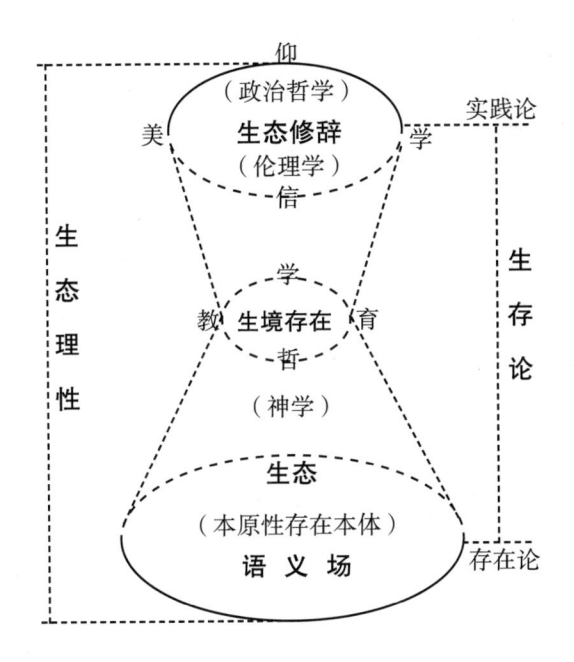

五 当代哲学的存在论思想

哲学与科学的根本区分是:科学从经验起步达成对新经验的建构,所以科学关注具体,构建知识;哲学从先验入手达成对经验的重构,所以哲学关注整体,创造思想,开辟视野,生成方法。落到实处,哲学的下手功夫是形而上学审问,本体问题成为形而上学审问的主题。

当代哲学基于对世纪性存在困境的追问所开启的本体论,是会通"变中不变"和"不变中变"的生态语义场问题,对它展开形而上学审查,蕴含其中的基本思想获得如下呈现。

---

① 唐代兴:《人类书写论》,香港新世纪出版社1991年版,第45—56页。
② 唐代兴:《生态理性哲学导论》,北京大学出版社2005年版,第311—329页。

1. 存在世界的本体，是生生不息的生态语义场

首先，构成存在世界本体的生态语义场，其本原是生命。从继生论观，作为世界本原的生命，可以是物种生命，或植物生命，或微生物生命，更可以如生成宇宙大爆炸的那个"致密炽热的奇点"；从发生学讲，最小的且能生的那个最初的物质形态，就是存在世界的本原；从功能观，这个原初的最小物质形态因为具有生的功能，所以是生命的，并且必定是生命，无论这个原初的最小物质形态是什么。

概言之，当代哲学所讲的生命本原论，是发生论与继生论的有机统一。

其次，以生命为本原，存在世界的生成，以及万事万物的生成，是局部动力与整体动力的会通。以人的个体生命为例，表面看，你的生命诞生于那个被你称为母亲的女人，但这只是现象论。从本质讲，你的生命能够诞生，最终得之于天、受之于地、承之（家族、种族、物种）于血脉，最后才形之于父母。因为，你的父母播种你这个生命种子的那一特定时刻的实际年龄、身体状况、精神状态，存在于其中的地缘结构、地理状貌、环境、气候、水土以及文化氛围、政治经济教育生态，还有历史朝向、家族血脉运行的轨迹等，都通过这一具体的"播种"行动汇聚起来灌注其中，构成你这个生命种子的形态结构和质量内容。

最后，以生命为本原，以会通个体与整体的生态语义场为生成机制，存在世界的本质，是内驻于它自身的存在本性，即生生。因其生生本性，存在世界既是自在世界，更是亲生命性的世界。正是这种自在方式和亲生命性取向，形成了存在世界中个体与整体之间，以及个体与个体之间的本原性关联[①]。

2. 人是世界性存在者

对生态语义场予以本体论审问，既凸显存在世界的本体图景，又彰显人在世界中的存在位态及朝向：人是世界性存在者。

人是世界性存在者，首先揭示人与世界的关系，是本原性存在关系。这一本原性存在关系的形态学呈现，是人与世界的亲缘化；其本质规定，是人与世界互为亲生命性。其次揭示人的存在，是一种整体性存在：人是以世界性方式存在于世。在存在论意义上，人的存在是世界性的，家庭、国家、社会以及具体的伦理、政治或法律，都不能对人做出存在论规定。换言之，家庭、国家以及伦理、

[①] 唐代兴：《生境伦理的哲学基础》，上海三联书店2013年版，第85—90页。

政治、法律必须以人的世界性存在资格、权利和方式来引导或要求人应该怎样存在。最后揭示人的真实存在，只能是与地球生命、自然的**合生存在**，这种合生存在敞开为"环境、社会、人"共生生存①。

3. 自然为人立法，人为自然护法

生态语义场，为人的世界性存在提供了依据；人的世界性存在，揭示了人的存在不能脱嵌环境和自然，必须以世界性存在姿态和方式敬畏环境，向自然学习。因为，人的世界性存在，不是按人自己的方式形成，而是按世界的本原性存在方式形成。人的世界性存在所能够获得以及所需要的一切，包括存在法则、物质资源、存在条件、思想资源、情感资源、审美资源等，都源于本原性存在世界。从根本论，人类虽然创造了辉煌的文明，但一切创造的智慧源泉都蕴含在存在世界之中。人类的伟大，在于它向存在世界领悟、向自然宇宙学习的过程中发现本原性存在世界和自然的智慧、思想和方法、法则、规律，然后予以个性化运用，这是人类物质文明和精神文明的最终源泉。所以，向原本性存在世界领悟，向自然宇宙学习，向环境吸纳生的思想和智慧，成为人能够世界性存在的必须方式②。

从根本讲，人是自然的造物。人保持完整而安全存在的根本前提，是要遵循宇宙律令、自然法则、生命原理。宇宙律令是指自然宇宙野性狂暴创造力与理性约束秩序力的对立统一张力，具体地讲，是自然宇宙内在地蕴含一种创化力量，这种创化力量既充满无限度的野性创造力，包括创造自己和创造他者的力量，同时也呈现一种约束其野性创造力的自制力量，这种自制力量就是自然理性。这种野性的创造力量与理性的约束力量始终处于对立统一的张力状态，这种生生不息的张力状态，既可从创化角度称之为"自然伟力"，也可从规范角度称之为"宇宙律令"。宇宙律令向以地球为主要呈现形态的自然世界释放自身所形成的规范形态，就是自然法则。或可说，自然宇宙在自创化的同时创造自然世界、万物生命，并将其野性狂暴创造力与理性约束秩序力及对立统一张力灌注进自己的创造物之中，使之内在地生成为自然法则。所谓自然法则，是指宇宙、地球、生命、人的共互法则，它的内在运作机制是"变中不变"和"不变中变"之间生生不息的互动循环。由其共互法则所导向的生命原理，就是物种生命的"竞一适原理"。具体地讲，在生物世界里，每个存在物均具备"有权如此"的

---

① 唐代兴：《生境伦理的哲学基础》，上海三联书店 2013 年版，第 94—100 页。
② 唐代兴：《生境伦理的哲学基础》，上海三联书店 2013 年版，第 58—83 页。

天赋权利，当每个存在物将其"有权如此"的天赋权利释放出来，就必然产生竞斗，并在竞斗中寻求适应。所以，在竞斗中适应、在不断适应中竞斗，构成了生命世界生生不息的基本法则，这一法则的内在驱动力和最终规范力量却是自然法则和宇宙律令：生命的竞斗运动，遵循"不变中变"的自然法则，张扬宇宙的野性狂暴创造力量；生命的自我限度运动，遵循"变中不变"的自然法则，张扬宇宙的理性约束秩序力量。

宇宙律令、自然法则、生命原理灌注进生命之中，构成人的生命本性。人类一旦违背宇宙律令、自然法则、生命原理、人性规律，其与社会、自然、地球生命之间就会出现生存失律，导致存在无序，灾难，包括天灾和人灾，就必然降临。比如当代各种气候灾害、地质灾害和流行性疫情的全球性暴发和日常生活化，恰恰是自然失律、气候失律导致的；然而，其自然失律、气候失律又是因为人类活动破坏地球生态的负面效应层层累积所形成。由此不难发现，人类无论怎样强大，最终必须遵循以宇宙律令、自然法则、生命原理和人性要求为基本内涵的自然律，因为人首先是物在形式，然后才是人在形式，但最终还是物在形式。

提出"自然为人立法，人为自然护法"这一哲学命题，是在重建一种新存在论思想，旨在为当代人类创建生境文明社会提供全境视野和新的价值坐标。因为从根本上讲，人类虽然创造了辉煌的文明，但一切创造的智慧源头都在自然宇宙和生命世界之中，并且人类所拥有的全部智慧、思想、方法、法则、规律，都在自然之中。人类的伟大，并不在于他的创造和发明，而是在于它在向自然学习的过程中发现了自然的智慧、思想和方法、法则、规律，然后予以个性化运用，这是人类物质文明和精神文明的最终源泉。

"自然为人立法，人为自然护法"的存在论思想，应该成为人类的清醒剂。一直以来，我们总是自以为伟大，其自我标榜"伟大"的实质性骄傲就是人类创造。然而，自以为伟大的人类创造了什么？如果能客观地反思性审视，就会发现人类其实并没有创造什么，一切所谓的创造，在自然那儿都有原型。那人类的伟大在哪儿呢？人类的伟大在于他特别地发挥上帝赋予他的那种人才特有的心智的觉醒去重新看待世界，同时去发现他不同于动物的地方，尝试或可说以试错的方式去不断地发现存在世界的律令、法则、原理、规律，然后把它拿来个性化地运用，即用以构建人类自己的存在方式和生活，这就是人的伟大。人的伟大表现在两个方面：第一是发现，第二是运用。

其实，完全可以通过环境生境运动或逆生运动以及治理环境何以可能的考察，发现过去的哲学仅仅停留在人的层面上，而哲学本身却是双脚深深地陷于自然世界里面，它一定是要接受自然的律令。不妨以丛林法则为例。关于丛林法则，过去人们一直局限于自然世界、生物世界中来思考和讨论这个问题，认为人类世界所遵循的不是丛林法则，而是超越丛林法则的人类法则。但就存在事实本身而言，这种被广泛认同的观念恰恰错了，因为人类世界仍然遵循着丛林法则。比如按劳分配的制度和方式，就一般意义上讲，不管其按劳分配的机制合不合理，不同的国家、不同的制度形态，其按劳分配机制有多大的合理性程度，但是按劳分配这种分配方式、分配准则却是严格地遵循了丛林法则。因为按劳分配，是按照人的实际劳动付出所创造出来的效益的质和量为依据来分配收益或报酬的，而人的劳动付出能够在单位时间里生产出多少质和量的效益，从根本上讲涉及劳动者本人的德才的高低强弱问题。所以，按劳分配本质上是按德才分配，这里面贯穿一个原则，那就是强力原则：按劳分配原则的本质是强力原则。而强力原则却是丛林法则的内在规定性。由于按劳分配遵循的是强力原则，如果无限制地贯彻这种强力原则，最终会导致按劳分配的社会结构和运作机制瓦解，所以为了避免这种情况的发生，才设计出税收，制定出税收体系。在这个体系中，尤其是个税、遗产税等制度机制的功能发挥，其实质就是调节强力原则造成的极端社会贫富不均，于是就产生了按需分配的社会福利制度，而按需分配的社会福利制度本质上是对强力原则的调节原则，这种调节原则的实质就是有规则、有限度地"杀富"和有组织、有步骤地"济贫"。或可说，税收体系，这是强制削减原则；社会福利制度，这是共济调节原则。强力原则，是对丛林法则里的"物竞"法则的人类社会化运作方式；强制削减原则和共济调节原则，是对丛林法则里的"天择"法则的人类社会化运用方式。由于这三个具体原则的共时性运用，才使人类社会人人得以成为"适者"而生存。强制削减原则，使强力者自我设限而适应生存；共济调节原则，使弱者也能够以最低限度的尊严适应生存。

当我们如此解释丛林法则的社会化分配机制，或者说社会分配机制的丛林法则化，是否有理由和依据，这就涉及对丛林法则是什么的理解问题。

人们通常讲丛林法则就是弱肉强食，但这只是丛林法则的一个方面，而且还不是最根本的方面。客观地讲，达尔文的生物进化论最完整地诠释了什么是丛林法则：所谓丛林法则，就是物竞天择、适者生存。

"物竞天择、适者生存"法则，首先是指在存在世界里，物物的存在必须要相竞，因为每一个物种都是个体，每一个物种中的个体生命也是个体，个体永远需要资源的滋养，因此必然产生竞。为了使自己的生命存在，为了使人类物种存在，必须竞斗，必须通过竞斗来谋求到资源，从而使自己的生命和物种继续存在。存在物要存在和继续存在，竟是必需的，这就是丛林法则的原动力。"物竞天择"表述了两个要点：第一，存在物要使自己存在和继续存在，必须有很强的竞斗能力。第二，当你具有很强的竞斗能力，确实可能成为一时的胜者，却不可能成为永久的胜者，因为你始终是个体，无论你拥有何等强大旺盛的竞斗力，都是绝对有限的。并且，当你无限度地释放你的竞斗力时，必然引来其他的甚至所有的竞斗不过你的弱者的对抗，甚至自发地联合起来对抗你、制服你甚至想方设法地消灭你。所以，"物竞天择"的"天择"最终必然落实为"物择"，即当你以有限度的方式释放其所向无敌的竞斗强力时，你之外的众存在物有能够存在的空间，天就择你；当你以无限度的方式释放其所向无敌的竞斗强力，导致你之外的众存在物因此丧失存在的空间时，天就不会择你，最终你就必然因其所向无敌的强力而自取灭亡。这就是"物竞天择"者最终必须"适者生存"的道理。

对于"物竞天择"必须"适者生存"，过去人们只讲适应，这既对又不对。对，只是就其表面意义而言，"适者生存"的本质语义，却是指自我限度能力，即只有具有自我限度能力的竞斗者，才能做到适可而止地适应。"物竞天择、适者生存"的丛林法则，对于自然存在物、物种生命来讲，以天赋的本能方式遵从，这就是作为林中之王的老虎，能够容忍所有比自己弱小的动物与之同在的原因。对于人类来讲，其对"物竞天择、适者生存"的丛林法则的运用，却既可能是本能的，更可能是有意识、有目的的。但无论是本能性的还目的性的，人类始终是以"物竞天择、适者生存"的丛林法则为准则而建构社会、缔造国家、进行劳动分配的。具体地讲，人类的制度、法律、道德以及文化、市场、经济方式和分配方法，都是遵循丛林法则而建构起来的。与生物世界相比较，人类是按照自身的理性的方式，以同在和共生为准则有限度地运用丛林法则而已，由此创建起了人类的文明。但是，如果人类缺乏理性，社会或者国家缺乏理性，往往以"有权如此"的本能方式启用丛林法则，这样就会形成比自然世界里生物物种本能地运用丛林法则更可怕。为什么会这样呢？这是因为人类可以使用人的智慧、人创造的器物、人创造的工具，比如我们今天的网络以及所有的现代技术，一旦被人运用起来无限度地发挥丛林法则，就可能使每一个生物或者任何个人没有任何的自由空间。所以，如果人类社会缺乏理性，对丛林法则的运用比自然界生物对丛林法则的竞斗更可怕。

对自然界的丛林法则和人类世界的按劳分配原则之间的隐秘对应关系的揭示，意在于说明"自然为人立法"的实际存在和普遍性，或者说自然为人立法的无所不包。由于人类存在和生存及其发展的全部法则是由自然界提供的，那么，人类要很好地存在和生存，既必须遵从自然为人所立之法，又必须为自然护法。

六　当代哲学的生存论认知

当代哲学的本体论审问，为当代社会如何重获生境存在，提供生存论拷问的基本路径。

首先，工业文明的死境化，源于其无所顾忌地征服自然、改造环境、掠夺地球资源，但前提却是为潜力无限、自然资源无限和物质幸福无限的想象性预设提供哲学支撑，这就是现代哲学。现代哲学虽然以构筑改造世界的方法论为重心，但本质和精神却是无限度论。无限度论的现代哲学由康德为之奠定：人是唯一目的，构成其认知基石。一旦确立"人是唯一目的"这一准则，人之外的一切都是手段，人亦可以任性地释放"意志自由"。二元分离，构成其认知方式，它将世界划分为"自在之物"和人的世界，然后以"人是唯一目的"为准则，用知性为自然立法，用理性为人立法。既然整个世界都在人的"立法"统摄下，作为立法者的人，自然可以为了自己的目的任其所为。工业文明的终结，就是人任其所为释放意志自由的体现，它构成当代哲学重建生存论的逻辑起点，即必须清算无限度论哲学，建构限度生存论。

限度生存论的基石不是观念，而是存在的事实：存在世界是有限度的世界，本原性存在世界之所以会通"变中不变"和"不变中变"的场态方式敞开，是因为有限性本身。有限性是存在世界的生境法则，也使存在于其中的所有存在者、一切生命、全部行动都是有限度的。所以，限度生存构成世界的根本法则，这一法则就是"环境、社会、人"共生生存；违反限度生存法则，自然、地球生命、人、社会，就会沦为死境化生存[①]。

限度生存的内在逻辑，是生境逻辑。依据限度生存法则，当代社会要恢复生境存在，必须使无所不在的观念逻辑服从生境逻辑。所谓观念逻辑，就是人遵照自己的意志自由设定的逻辑，比如，"让高山低头，叫河水让路"这一社会行动模式背后的逻辑，就是"自然没有生命"和"自然只有使用价值"的观念逻辑。所谓生境逻辑，是指事物按自身本性敞开存在的逻辑，比如"暑往寒来""花开花落"，或者水"平满而盈，卑下而居"，就是生境逻辑。生境逻辑的宏观方式是：宇宙和地球遵循自身律令运行，自然按照自身法则生变，地球生物

---

① 唐代兴:《生境伦理的哲学基础》，上海三联书店 2013 年版，第 248—259 页。

圈中的物种按照物竞天择、适者生存法则生生不息；生境逻辑的微观方式是：任何事物、所有个体生命、一切实存者，均按照自己本性的要求展开生存，谋求存在[①]。

根据限度生存要求和生境逻辑规范，人、生命、环境三者的存在必是亲缘性存在。

在以生命为本原的存在世界里，资源是人对地球生命赋予使用价值的称谓；生命乃环境的具体构成要素；环境则是为人们**所意识到的**存在世界。环境即存在世界，它既先于我们存在，并成为我们安全存在的土壤和可持续生存的平台，一旦它不能为我们的安全存在提供土壤，且不能保证我们可持续生存时，就引发我们对它的意识性关注，于是原本自在的存在世界就成为我们意识到的"环境"。人与地球生命之间的生存关系，最终表征为人与环境的关系。在本原性存在维度上，人与环境是血缘关联的。这种血缘关联是自然宇宙的伟力（或曰自然力）在自创生中实现他创生时，赋予给它所创造的每种生命形态、存在方式的内在性质、存在本质、关联方式。人与环境的亲缘关系揭示了一个存在法则：在以生命为本原的存在世界里，人与他者（无论作为宏观的宇宙还是作为个体的事物）所建立起来的关联性始终是内在的，并且原本是内在的，是每种存在、每个生命诞生时就已经形成的，所以它来源于存在本身，来源于生命内部，构成生命得以创造世界并在世界中存在的根源。所以，无论是宇宙、地球、地球生物之于人，还是人之于宇宙、地球和地球生物，最根本的价值，是他们各自的**存在价值**和存在敞开生存的**生成论价值**[②]。

七　当代哲学的实践论朝向

以"生态语义场"和"人是世界性存在者"为存在视野，以"自然为人立法，人为自然护法"为认知指南，以"限度生存"和"生境逻辑"为根本规范，当代哲学的实践论探讨，一定是生境主义的。所谓生境主义，就是以"自然、生命、人"合生存在和"环境、社会、人"共生生存为基本价值取向的实践理性精神。

以生境主义为实践理性指南，重建生态信仰，创构生境伦理学、生境美学、生境政治哲学和生境教育哲学，以为恢复"人与天调，然后天地之美生"[③]的生

[①] 唐代兴:《气候失律的伦理》，人民出版社 2017 年版，第 147—150 页。
[②] 唐代兴:《生态理性哲学导论》，北京大学出版社 2005 年版，第 111—122 页。
[③] （清）戴望:《管子校正》，中华书局 2006 年版，第 242 页。

境社会提供实践理性思想、精神和方法。

当代哲学的实践论探讨,既应围绕当代人类何以需要生境社会和怎样创构生境社会展开生境伦理学、生境美学、生境政治哲学、生境教育哲学的探索,更应贯穿生境利益、可持续生存思想和生态化综合方法。

生境,是指具有自生(自组织、自繁殖、自调节、自修复)和生它能力的环境。① 环境的抽象表述是人意识到的存在世界,人、动物、植物、微生物以及其他存在者,都生活在存在世界之中,形成生命与存在世界互涵、人与存在世界共生。这种互涵与共生,就是利益相互取予。比如,生命能生生存在,因为阳光、空气、水和土壤,土壤、水、空气、阳光,就构成其生之利益。又比如,水土的保持,因为茂盛的植被,植被就构成使水土保持生机的利益。概言之,存在世界与其构成要素之间,或个体与个体之间能够相互增强生生功能的利益,就是生境利益。基于生境主义要求,无论个体或社会、人类,所为之谋求的任何利益,都应考虑与之相关的他者(他人、他物、他种存在、环境、地球、自然)利益不受损或能够共同生殖。所以,生境利益既是**相互顾全**的利益,也是**相互增殖**的利益。

生境利益思想所蕴含的这种利益生殖机制,揭示了世界存在敞开的生存取向,只能是可持续生存,因为它是生物世界的进化法则,即**渐进生生**法则。这一法则最早被达尔文概括为"物竞天择、适者生存":物的进化生存,既需要具备竞斗强力,更需要内生自我限度(竞斗强力)以适应环境和存在世界的能力。这是自然世界里充满互助、忍让甚至慈悲的根源。不仅如此,可持续生存取向也构成了人类世界的**渐进发展**法则,这一法则具体展开为"生存才是硬道理"原则和"可持续生存优先"的选择机制。

渐进发展法则,就是可持续生存法则。当代哲学之所以要探讨可持续生存法则,建构"生存才是硬道理"原则和"可持续生存优先"的选择机制,是因为世界存在的合生性和世界敞开存在的有限性。世界的合生存在和有限生存,落实为人与环境的关系,本质上是互生和互害的关系:人对环境(地球、自然、社会)的有限度利用,就形成互生的生境关系;人对环境(地球、自然、社会)的无限度利用,就形成互害的死境关系。这是因为人与环境之间既是"相互嵌含"的,又蕴含"用废退生"规律:人类活动包括经济嵌含在环境之中。在这种嵌含规律的控制下,经济发展与环境生态之间呈相反的矛盾张力取向:经济发展必以环境为代价,经济每向前发展一步,环境就向后倒退一步;经济全速发展,环境

---

① 唐代兴:《气候失律的伦理》,人民出版社 2017 年版,第 141—146 页。

就全速后退；经济无止境地发展，环境就必然崩溃。经济与环境的关系是"用废退生"的关系：经济发展越缓慢、越有节制，环境就越具有自生境恢复功能。反之，必然违背"用废退生"的规律，如果以"竭泽而渔"方式谋求发展，只能加速环境崩溃。

以生境利益和可持续生存为核心思想的生境主义，必然孕育生态化综合这一实践理性哲学方法[①]。

生态化综合的核心理念，是整体生态、普遍联系、对立统一、辩证发展和转换生成。生态化综合的抽象表述，是整体动力向局部动力之实现和局部动力向整体动力的回归；其可普遍实施的操作方式，是自下而上与自上而下合生，它构成可持续生存的最好运作方式。

生态化综合的思想精髓，是生境世界观，因为它彰显出看待世界的生境主义角度、视野、姿态和方式，并可全方位释放形上和形下两个方面的功能。

首先，从形上论看，生态化综合蕴含一种存在论。这种存在论从自然和人两个方面自我规定：（1）人是世界性存在者；（2）自然为人立法，人为自然护法。这一从动静两个维度敞开的存在论思想集中表达了一个基本认知：存在于先，认知随后；并且思想、观念、命题，最终不过是认知的产物。因而，生态化综合表述的首先是两种存在事实，即"人是世界性存在者"和"自然为人立法，人为自然护法"的存在事实，然后才是关于"人是世界性存在者"和"自然为人立法，人为自然护法"的命题、观念、思想的表达与阐述。

其次，生态化综合因蕴含如上存在论思想而获得无限发散的解释功能，并且这种解释功能源于它自身的存在本质，即静态的存在和动态的生变，其经典表述是存在的"变中不变"和"不变中变"，其现代表述是"自然、生命、人"合生存在和"环境、社会、人"共生生存。并且，这种合生存在和共生生存的存在论前提，是人、生命、自然之间具有本原性亲缘关系，这种本原性亲缘关系的内在灵魂，是亲生命性，它源于生命以自身之力勇往直前、义无反顾的生生朝向[②]。

最后，生态化综合的巨大解释功能，使它成为具有无限整合潜力和整合前景的哲学方法，它是整体动力向局部动力的实现，也是局部动力向整体动力的回归。因为生态化综合立足个体、具体、局部而突出整体，并强调从整体到个别、具体、局部和具体、局部到整体的内在通道性，这就是生、变、通，即因生而

[①] 唐代兴：《生态化综合：一种新的世界观》，中央编译出版社 2015 年版，第 127—152 页。
[②] 唐代兴：《生境伦理的人性基石》，上海三联书店 2013 年版，第 177—228 页。

变,为变而通,通而求新生、谋新变,再求新通以至无穷的敞开进程。

【作者简介】唐代兴,四川师范大学二级教授,特聘教授,四川省学术带头人;主要研究方向为生态理性哲学、伦理学。

环境与疫灾

环境风险传播中自媒体的伦理责任*

刘国云

【内容摘要】 自媒体是自主传播的自由个体,其环境风险沟通已成为风险放大框架中的新要素。自由与责任相互依存,自媒体要扬长避短,发挥风险传播及治理中的积极功能,需将超越个别欲求、服从普遍法则的伦理责任融入传播内涵,承担起风险信息的多元传播者、环境道德的舆论监督者以及环境共同体的凝聚力量等责任,并通过话语诉求公益化、伦理交往网络化以及舆论引领良善化等路径展开伦理实践。

【关键词】 环境风险;传播;自媒体;伦理责任

人类活动对环境的影响日益增加,环境的自然变迁以及人为改造过程中累积了日益显著的风险特征。环境风险的传播是人类关注环境变化及其与人类关系之重构的途径,也是风险社会的认知与构造过程。21世纪之后在新媒体基础上形成的自媒体是个人化的媒体,它是人际传播经历大众传播之后再次赋予人的媒体化的否定之否定。自媒体在环境风险传播中承担更重要的角色,已成为风险放大框架中的新要素,需要从治理应对上使其发挥更积极的风险传播效果,而伦理责任作为价值引领与规范机制在自媒体的环境风险传播中具有重要价值。

一 自媒体的环境风险传播及其风险放大效应

风险作为学术概念可以溯源到17世纪中期[1],随着社会发展风险特征日趋明

---

* 本文系国家社会科学基金项目"自媒体的道德治理研究"(项目编号:18XZX016)阶段性成果。

[1] Fabiansson, C., Fabiansson, S., "Food and the Risk Society:The Power of Risk Perception", New York: Routledge, 2016.

显，贝克等在1986年使用"风险社会"来描述当今时代的重要特点。而环境风险是由人类活动引起的，或由人类活动与自然界的运动过程共同作用造成的，通过环境介质传播的，能对人类社会及其赖以生存、发展的环境产生破坏、损失乃至毁灭性作用等不利后果的不确定性。

环境风险比较显著的特点包括：首先是不确定性。作为风险的标志性特征，不确定性意味着风险对于人类的影响是难以准确预测的，事态发展变动不居。其次是复杂性。环境风险是具有复杂性的环境系统中的运动的一种表现形式，其发展具有非线性的因果模式、涌现的发展突变等特点。最后是广泛性。环境风险具有复杂性，其影响"牵一发而动全身"，影响不限于个别人，由环境所承载的所有生物都会被影响。面对环境风险，个体无法独立应对。只有通过相互协助的努力才能应对。因此，人必须共同行动以应对环境风险。

环境风险不是客观的危险，而是由人所认知或者建构的不确定性，它可以通过符号进行记录或者通过一定工具进行评估，同时，它也可以在人类交流的媒介当中以信息的形式进行传播。传播过程、制度结构、公众心理、文化状态、社会团体行为和个体反应相互作用，共同塑造了环境风险的社会体验，并被当作构成风险放大的框架来解释环境风险传播的效果。环境风险传播会加强或减弱民众对风险的感知，风险的传播过程是风险的再次聚变的过程。风险的演变并不是单纯的风险要素的累积，从量变再到全面爆发的质变过程，而是在传播的过程中经历了人为的放大，其放大过程与其社会传播过程是同构的。

媒体对环境的刻画并不全部是最真实最系统的呈现，因此被称为拟态环境。尽管媒介呈现技术越来越逼真，可以实况转播，也可以高清呈现，但是风险的很多隐藏的本质要素仍然是由人来诠释的。从大众媒体来看，对于环境危机的报道篇幅尚且是可以控制的，总体上来说，报道量与危机事件的程度相匹配。

但是21世纪之后，随着网络与媒体技术的蓬勃发展，个人化的传播渠道空前增加。相对于媒体组织，尤其是官方媒介，它们被称为自媒体，是在技术支持下进行自主传播的自由个体。自媒体的自由传播意味着最低限度的社会干预与组织限制。所有人都可以通过自媒体成为信息与知识的生产者，可以利用自媒体获得信息传播的主动地位。自媒体与传统媒体、新媒体的本质区别在于从"社会""集体"话语向"自我"表达的延伸与拓展，将原本属于自我的视界与观点全部公共化。自媒体信息传递自下而上，在不断地复制中形成，难以对它的报道比重加以限制。民众就会以媒介所呈现的拟态环境当作自己对于世界的认知，如同柏拉图在《理想国》中所描述的洞穴里的人只能通过光投射在洞壁上的影子来认知世界。由于自媒体参与到风险信息的传播环节中，而自媒体的认知水平、文化背景、教育程度、社会经验、个性特点等差异都会造成风险信息接收与传播的异化。一旦在环境风险感知与应对中出现偏差，就会出现对风险情况的错误评估，导致应对风险的失败。

当环境风险被广泛关注，甚至已经唤醒情绪，但如果民众得不到需要的信息，必然产生谣言与猜测。根据风险与威胁的严重程度，人面对环境风险的反应方式可能是激烈且复杂的。在紧急情况下可能以非理性的方式或是以心理上的条件反射来呈现。但是如果报道过度，又容易引起人的恐慌。自媒体传播者显然在这两种观点上都不适合给予支持，前者会放大风险、激发恐慌、引起秩序混乱；后者会让人们浪费环境风险的预警信息，放松警惕、疏于防备，可能在自然灾害中损失惨重。

从传播效果上来说，受众接收风险信息也呈现正确与不正确两种反应。正确的反应是根据风险情况产生合适的规避行为。不正确的反应则主要是对于风险信息不以为然，不相信威胁是真实的，或者不相信威胁会波及他们。例如，很多人低估台风或是泥石流等预警信息，无视撤离令，造成不良的后果。因为他们认为，保护有形的财产比躲避无形的环境灾害更重要一些。

产生风险感知与行为偏差的因素包括：其一，预判能力。现实表明，人可以认知他人所面临的紧急状况，即风险是已知但尚未波及自身的，但基于自身经验形成是否可控制的判断。当这种自我判断与现实状况不一致，即风险对自己是可控制的而事实上风险性却很高且难以控制时，就会产生风险感知偏差，当这种偏差通过自媒体传播出去，势必会加剧环境事件的危害。其二，文化惯习。自媒体会依据自身文化中的禁忌、习惯、偏好去判断环境风险并将其作为一种文化事件加以传播，而不是作为具有风险的公共事件传播。自身未感知到风险，或者感知到了影响，但认为可控制，因此对于危险采取了轻视态度。其三，固化经验。主体会基于自我经验建构风险认知模式来对风险进行感知与反应。经验是人们在实践中形成的对问题的体验与反思，是对类似情境的反应模式与类似问题的解决办法的认识。它形成了认识框架与反应路径，帮助人们快速处理曾经遇到的难题，避免错误判断。人的既有经验成为人们判断当前风险的重要参考，但经验也是一种固化思维，当面对的情境没有显著变化的时候，这种固化模式帮助人们快速反应，但是当现实情况发生了变化，这种人们信以为真的经验又很可能变成一种确信无疑的错误思路。更极端的自媒体风险放大效应来自自媒体的传播失实，它可能是虚假新闻的原始来源，还可以作为传播和放大错误信息的渠道。人们无意中分享误导性的、过时的或不完整的风险信息，这些风险传播的危害都是真实存在的。

二 环境风险传播中自媒体伦理责任的内涵

自由的自媒体已经成为环境风险传播中的重要媒介，而且是环境风险扩大框架中的要素，要使自媒体扬长避短，更有效地承担风险传播与治理中的积极角色，应当使自媒体的环境风险传播融入责任伦理的内涵。在伦理史上，自由与责任相互依存、相伴相生。正是由于人的意志自由，才需要为自己所自由选择的行为承担后果上的道义责任；又因为人履行责任，才保障了伦理的自由秩序的建构。康德哲学中的责任就是由尊重普遍性的伦理规律而为依据的行为必要性，是对个别欲求的超越和普遍法则的服从。当代如约纳斯的责任伦理的提出是针对人类科学技术的发展所造成的巨大的不确定性的时代特征，人类需要重新构建整体性的伦理责任。在行动时，不能仅仅着眼于当下和局部利益，而是应该要将远距离与跨时代的责任视作最重要的道德原则。伦理责任就是赋予自媒体在环境共同体中的角色认知，提升风险传播感知与施为水平。

首先，风险信息的多元传播者。

媒体的主要目的是向公众提供最新的信息，自媒体是对大众媒体的多元补充。官方媒体组织能够获得权威信息，并设置把关人，信息发布层层审核，被广泛信任，但时效性较差。自媒体往往为普通民众提供信息与舆论空间，具有及时性与互动性，但是由于缺乏审核监管，被信任度较低。传统媒体具有单向传递信息的特点，新媒体具有多向信息流动特点。大众媒体组织与自媒体之间的话语系统存在一定的不同构性，在媒体融合背景下，它们之间的重叠部分日益增加。官方媒介纷纷借助新媒体平台融入自媒体之中。同时，自媒体就能保持对环境风险发展的追踪与观察，对风险的解除或改善保持舆论监督，积极利用自己的影响力，对公众的风险舆论进行总结与引导。

当前很多自媒体的受众人数甚至超过了传统上的大众传媒。按照内容兴趣形成受众链条，其比大众传媒更加精准。例如，对于环境问题感兴趣的可以在一个内容博客或者公众号等类似的平台得到深入与准确的信息。及时准确地传播环境风险信息是媒介最重要的社会责任。传播时效要迅速，以方便受众根据信息对环境风险作出及时应对。传播内容应该准确、全面、深刻，以使受众对于地球环境与人类生存之间的关系转变形成正确的观念与态度。

自媒体虽然相对不太被信任，但是它的传播具有广泛性、重复性以及亲近性，所以它实际上的被接受度相比被信任度是更高的。关注环境风险的自媒体增加了准确、平衡报道的机会。例如，麦克马斯特大学的研究发现，媒体风险报道可以让读者更准确地了解风险，同样容易增加读者的风险感①。但是，当媒体对某一特定风险提出异议时，如果已经成为常用与合理的信息来源，意见更有可能被民众采纳。

自媒体还可以平衡风险信息在社会的不对称分享。社会各方因所处区域差异可能造成对信息掌握的不平衡，包括国内与国外、灾区与非灾区之间的信息不对称等。或者各方因所处地位和态度差异而形成的信息不平衡，包括上级与下级、不同部门之间的信息不对称等。自媒体通过降低与消除信息获得门槛而有利于消除风险信息不对称所造成的不公平现象。

其次，环境道德的舆论监督者。

媒体主要是报道和阐明问题，虽然媒体参与可以在风险问题的最终结果中发挥非常大的作用，但媒体组织在决策过程中通常不负责提出解决方案。不过，自媒体所营造的社会舆论是道德的三种维系方式之一，通过舆论可以影响与评价人们在环境风险中所做的决策。它通过社会规范与价值标准对道德现象进行评价，进而通过人的道德情感等形成软性约束力，从而调控与维系道德。它通过对环境伦理中的损坏环境、破坏资源、伤害可持续发展等失德失范行为进行批判与揭露。其充分利用自媒体的互动式传播优势，强化环境风险的监督，通过不同主体之间的对话和协商，明确环境风险的责任主体，为环境风险治理提供依据。

环境风险的影响显露时间可能比较长甚至归因也比较困难，因此对于了解某项例如水质风险情况的人，他们选择不公布真实情况也是不会被发现的，但是对于人的生命健康或生存发展是有逐渐累积的危害的。如果自媒体明知危险存在而不告知公众，最后造成民众权益受损是不符合伦理责任的。这些示例表明，重要的是告诉人们知道什么和不知道什么，并在发现错误信息后立即对其进行纠正。

最后，环境共同体的凝聚力量。

人们在某种程度上是其环境的产物，但通过选择，创建和改变其环境状况，人们也成为环境的生产者，这种施为能力使他们能够影响环境的发展过程。在改变环境的过程中，效能信念会影响正确思考：包括应该采取何种行动方案，他们在应对苛刻的环境需求时可以承受的压力，以及可以实现的成就等。

这种效能感会影响人类适应环境变化的影响。除非人们相信自己可以通过行动产生预期的效果并阻止不良后果，否则他们没有动力采取行动。人类功能之

---

① Young, M. E., Norman, G. R., Humphreys, K. R., "Medicine in the Popular Press: The Influence of Media on Perceptions of Disease", in PLoS One, 3 (10),2008, e3552.

间相互依存关系日益增长,通过对共同体行动产生影响力的共同信念更加重视共同的施为。人们对产生预期结果的共同体力量的共同信念是共同体施为的重要组成部分。而社会能够协作共同应对环境问题的前提是社会所有成员能够感受到共同体效能信念。

在许多活动中,人们无法直接控制影响他们生活的社会条件和体制惯例。在这种情况下,他们通过代理施为来谋求目标。在这种以社会为中介的代理模式中,人们让具有专业知识或拥有力量的其他人代表他们采取行动。也就是转向代理人的控制,因为人们不希望自己承担发展必要能力所需的艰巨工作,也不愿承担控制权所带来的责任和压力。当社会高度分工,社会成员的责任都仅仅被限定在它所直接应对的工作内容上时,各个职责岗位都只能是最终产品实现当中的一个环节。从局部来讲,他的责任应当仅限于他的岗位任务,但是当某些环境风险超过了人类生产所设置的流程,没有办法在既定岗位的流转过程中加以解决时,很有可能大家都看到了风险的存在,但谁也没法对风险采取岗位要求之外的行动。那么将出现"道德的人与不道德的社会"的状况,因为人只对其被预设的要求负责,那么再没有人可以为人类与环境整体来注视与反思。如果共同体不能统一行动,那么规避环境风险的行动就难以成功。或者人们通过组织制造了社会中的风险,但是又没有任何一个个体能够承担责任,从而推卸责任。这造成了否认风险、隐藏根源、拒绝担责的道德背离现象。就算是群体中有卓越的生态学家和环保运动家,如果成员不能作为一个整体良好地协作,那么结局将是:利益相互矛盾、诉求各自对立、沟通难以进行、人与环境无法和谐共生。

自媒体通过信息交换使面临同样环境风险的群体能够共同行动,在环境风险问题上形成与共同体价值观相一致的共识,防范环境风险恶化,维持生态稳定,克服资源矛盾。但是,这种预期的出现需要以伦理责任作为前提。当自媒体所传播的环境风险是从人的类存在之维度所呈现的挑战与未来,那么这种共同的思想将成为人作为类存在共同应对环境变化的共同体效能信念与施为规划。

三 自媒体的伦理责任的实践构建

首先,话语诉求公益化。自媒体为自己发声,是自我利益的自主诉求渠道,但环境危机与风险的影响具有全局性,自媒体向外传播应明确其公共属性与公益取向,使其承担相应的社会责任。在风险传播中,主要权益来自环境的公众倾向于悲观化,对于环境恶化倾向比较忧虑;主要权益来自环境代价的组织则对风险持乐观化态度,认为环境代价最终是可以克服的。而当群体目标一致的时候,环境风险问题才具有迎刃而解的条件。自媒体以环境公益为主要诉求之后,可以形成比较标准的传播程序，私利与公益互不干扰，有利于建构合理的风险沟通秩序。

当风险显露时，可以开始先进行风险的确认，提醒民众做好保护与应对。阐明特定的风险，如废物排放或水质污染等。然后，自媒体可以转向调查性的角色，找出导致危机的因素。可以与环保团体一起工作，更全面地描述风险，包括描述风险对社会的负面影响等，并寻求可行的解决方案，建议个人、团体和社会可以采取行动以减少风险。其后，通过信息的充分交流，加深对受众需求的了解。引导人群之间的相互帮助，将风险波及的群体状况与求助信息提供给未受波及的群体，协助受损群体获得社会或他人的帮助，在紧急情况下更快地做出响应。

公益取向的环境风险传播实际上是将媒体置于利益相关者的角色，在此过程中，媒体一起参与描述问题及其可能的解决方案。在保证信息的充分共享与行动参与下，政策和技术专家可以直接与媒体和民众代表一起寻求风险应对方案。

其次，伦理交往网络化。自媒体可以在环境风险事件中通过信息传递展开更广泛的伦理交往，并使其建构起互联互通的网络，从而创造最合理的风险应对结构。传播支持多向交流，这为更有效地进行风险传播提供了条件。但是，使用这些方法需要超越传统的风险沟通方式，并转变思维。在自媒体环境中，受众更多地负责风险沟通。风险从业者创建的自媒体信息可以传达给受众，但受众成员还可以与从业者进行交流，并且同等重要的是，彼此之间也可以交流。自媒体使受众在阅读内容、反应方式以及是否选择采取行动方面拥有控制权。自媒体通过协作、共享和互动来融入风险传播与治理。

自媒体可以参与和意见领袖的讨论，讨论环境风险的性质、后果以及可能的解决方案。在这种参与水平上，自媒体可以积极和定期地与其他利益相关者合作，充分描述特定风险的性质和后果，并提出解决方案。

在紧急情况下，尤其是涉及环境安危的紧急情况，需要提供给人们合理的行动观念，这是非常重要的。希望人们关注并保持警惕，然后采取合理的预防措施。通过采取行动，人们可以共享对局势的控制，可以防止局势恶化。发挥建设性作用会使人们承担共同的使命。还可以为未来留存备份，提供人们应对未来同类危机的对策储备，以最大限度地减少未来的风险。

当媒介组织不能提供令人信服的权威的风险信息，自媒体自发且自由地播发信息，必然会出现填补空白的解读，这样可以避免风险社会里常见的"有组织地不负责任"。环境风险议题的自媒体传播，一方面是社会多元主体话语争夺的结果，另一方面也是媒介自我素养的体现。

最后，舆论引领良善化。自媒体可以通过环保领域的意见领袖引领舆论朝向良善与道德的目标发展，在道德的目标下实现人类环境共识的达成，承担更重要的责任。

环境类的自媒体不仅可以揭示人与自然的密切关系，更重要的是警示人类自己的生活方式在环境上所制造的风险。虽然频道微小，但自媒体通过提供灵活而生动的形式、专业而有趣的内容，也能成为具有强大影响力的环境教育的途径，并成为环境风险的观测者和环境舆论的引领者。自媒体上信息的自由流通以及非专业性会增加人们对于环境风险信息的疑虑。如果自媒体具有统一的标准，则能提高受信任度。可以加强对风险放大或是风险感知不足等现象的干预，通过真实、全面与深刻的环境信息排除谣言的影响，进而培养公众的环境保护意识和环境道德意识，逐步转化为公众的环境保护行为。

当全球环境问题日益成为一个重要的道德问题时，全民环境教育的重要性体现在未来将取决于教育与灾难之间的竞争。既有研究发现，专业教育学历对环境风险的认知差异并不如具有价值观导向的教育显著[1]。例如，在气候变暖问题上，风险感知来源在环境观念上要比教育程度重要得多，因此，在风险传播中，如果想让公众掌握气候风险与政策，需要把复杂的风险信息通过与人们利益相关的内容，与主流价值观结合起来呈现。

自媒体重新构造了社会交往结构，加速了传统上舆论权威的消解与转化进程。舆论权威的作用奠基于认知的先进性与道德的感召性，要在环境风险上培养自媒体的舆论权威，既要结合自媒体传播的特点从对环境问题的专业水准上给予大众认知上的启迪，又要在道德上符合大众的良善诉求，这样才能发挥积极舆论共振的作用。

【作者简介】刘国云，哲学博士，四川师范大学哲学研究所讲师，主要研究方向为应用伦理学。

---

[1] Kahan, D. M. Peters, E.etc., "The Polarizing Impact of Science Literacy and Numeracy on Perceived Climate Change Risks", in *Nature Climate Change*, Vol.2, 2012, p.732.

"尊重生命"在中西方疫情防控中的不同境遇及伦理效应*

朱海林

【内容摘要】 "尊重生命"是生命伦理学的主旨和一项基本伦理原则,也是古今中外几乎所有制度的基本价值取向之一。但在新冠肺炎疫情防控中,中西方国家执政党、政府和公众在人的生命与党派利益、经济发展和自由权利的价值冲突中作出了不同甚至相反的价值选择,凸显了"尊重生命"在中西方疫情防控中面临着不同的境遇。其之所以如此,历史文化因素或思想史渊源在于,在中西方历史长河中形成、发展和不断巩固的生命观念和文化传统,显示出"尊重生命"在中西方的历史演进历来是沿着两个不同的趋向发展的。"尊重生命"在中西方疫情防控中的不同境遇具有强烈的伦理效应。是否真正坚持"尊重生命"的价值导向和伦理原则,直接决定能否形成"把人的生命放在第一位"的道德共识、能否结成命运共同体团结战"疫"、能否在复杂价值冲突中找到价值选择的根本方向和依据。这也正是中西方疫情防控形势出现巨大反差的深层伦理因素。

【关键词】 中西方疫情防控;"尊重生命";境遇;伦理效应

人的生命存在不仅是人生价值实现的前提,也是人类社会全部活动的基础。正如马克思所说的,"任何人类历史的第一个前提无疑是有生命的个人的存在"[①]。正因为生命问题具有终极性意义,生命价值是人类的终极性价值,"尊重生命"作为生命伦理学的主旨和一项基本伦理原则,成为古今中外几乎所有制度的基本价值取向之一。但由于人类追求的价值目标具有多样性,各国在社会制

---

* 本文系国家社科基金项目"公共健康伦理的基本理论研究"(项目编号:17BZX020)阶段性成果。
① 《马克思恩格斯文集》(第1卷),人民出版社2009年版,第549页。

度、历史传统和文化心理等方面存在显著差异,当人的生命面临威胁、人的生命与其他价值目标发生冲突的时候,不同国家、不同主体对生命在各种价值目标中的排序往往出现不同的考量。在新冠肺炎疫情防控中,中国和西方一些国家在疫情防控中对人的生命与经济、政治利益及自由权利等其他价值目标的不同排序,反映了中西方对人的生命的不同态度和对生命价值的不同"估价",也反映了"尊重生命"在中西方疫情防控中面临着不同的境遇。

一 "尊重生命"在中西方疫情防控中的不同境遇

在中西方传统文化中,历来都有诸如珍惜生命、善待生命、敬畏生命之类的观念和学说。"中国文化的核心是生命的学问。"[①]中国传统文化中蕴藏着大量关于人的生命问题和生命价值的思想。比如,《周易》讲"天地之大德曰生"(《周易·系辞下传》)、"生生之谓易"(《周易·系辞上传》),强调的正是关于生命的真谛——生生不已、生命绵延是天地万物发展变化的基本规律。《孝经·圣治章》说"天地之性,人为贵",《黄帝内经》也说"天覆地载,万物悉备,莫贵于人",强调的都是人的重要地位和价值。而在西方思想史上,也很早就有诸如生命神圣一类的学说。早在古希腊,无论是普罗泰戈拉所说的"人是万物的尺度",还是毕达哥拉斯所主张的"生命是神圣的,因此我们不能结束自己或别人的生命",强调的都是人的生命的价值以及对待人的生命的应有态度。

正因为人们对生命问题和生命价值如此关注和重视,20世纪70年代,一门以医学、技术、生物学应用于生命中的伦理问题为研究对象的边缘性交叉学科——生命伦理学应运而生。生命伦理学的根本宗旨和主旨正是"尊重生命"。1979年,贝奥切普和查德里斯在《生命伦理学的基础》中提出了有利、无伤、尊重和公正"四项基本原则",对生命伦理理论和实践的发展产生了巨大影响。在贝奥切普和查德里斯提出的四项基本原则中,尊重原则是最高级和最终极的原则,"尊重生命"是贯穿四项基本原则和生命伦理学全部理论和实践的根本宗旨。特别值得一提的是,1948年联合国大会通过并颁布的《世界人权宣言》第三条明确规定:"人人有权享有生命、自由和人身安全",人的生命权利被摆在了第一位;1993年"世界宗教议会"通过的《走向全球伦理宣言》,"尊重生命"被视为人类共同生活中一个必不可少的最低限度的道德共识。

可以说,"尊重生命"是古今中外几乎所有制度的基本价值取向之一。但是,由于社会生活和社会关系的复杂性,人类孜孜以求的道德价值具有多样性,

---

① 牟宗三:《生命的学问》,广西师范大学出版社2005年版,第1页。

如生命安全与身体健康、经济发展和生活富裕、自由、民主、平等、公正、道义、责任等政治、道德和社会理想，都是人类至今仍在不断追求的价值目标。虽然，在不同的制度和文化中，生命安全与身体健康无不作为一项重要的道德价值被摆在重要位置，但不容否认，在不同的制度和文化背景中各种道德价值的排序仍有不同程度的差异。特别是在人的生命面临严重威胁，人的生命安全与经济利益、政治利益、自由权利等发生冲突的情况下，人的生命是否仍被作为首要价值置于优先地位，直接检视着不同国家、社会及其成员对生命的态度和对"尊重生命"原则的坚守。

新冠肺炎疫情突然暴发，不仅使人的生命和公共健康面临巨大威胁，也使各国经济发展和公众的自由权利遭受严重损害和限制，人的生命与经济发展、政治利益、自由权利之间发生了尖锐冲突。全力以赴应对疫情，需要以牺牲经济为代价；经济停滞甚至倒退直接影响"政绩"，进而直接影响执政党的执政地位；政府为阻止疫情扩散、保护人的生命安全而采取追踪、隔离等干预措施直接造成公众自由权利的受限和缩减。反过来说，在疫情未能得到有效控制之前重启经济、取消必要的干预措施，则可能使疫情出现反复，从而把人的生命和公共健康置于极度危险之中。可见，新冠肺炎疫情使"尊重生命"这一古今中外一贯重视的伦理原则受到了严峻挑战，各国在疫情防控中的价值选择和应对方案直接反映了各国对人的生命的真实态度，昭示着对"尊重生命"原则的坚持与否及其程度。事实上，中西方国家执政党、政府和公众在疫情防控价值冲突中作出了不同甚至相反的选择，凸显了"尊重生命"在中西方疫情防控中所处的不同境遇。

从执政党的价值选择看，"尊重生命"在中西方的不同境遇表现为以人民为中心与政治利益优先的不同选择。中国共产党作为中国工人阶级、中国人民和中华民族的先锋队，没有自己的特殊利益。中国共产党以人民为中心、代表中国最广大人民的根本利益、全心全意为人民服务的性质和宗旨在疫情防控中得到充分体现。疫情暴发后，中国共产党领导全国人民在全力以赴抗疫的过程中，始终坚持把人民的生命安全和身体健康放在第一位，从而成为全国人民真正信赖的"主心骨"。习近平反复强调"要把人民群众生命安全和身体健康放在第一位""尽最大可能挽救更多患者生命"。中国疫情防控之所以能在较短的时间内取得重大战略成果，首先得益于中国共产党的价值选择。反观西方很多国家，无论是执政党还是在野党都有自己的政党利益和政治利益。对西方很多国家的政党而言，通过选举获胜成为执政党是实现自身利益的基本途径。比如，有的国家新任领导人一上台就会否定和废除前任领导人制定的一些法案；在野党则会通过弹劾总统等方式对执政党进行掣肘和制约，都是政党争夺政治利益的常有表现。目前，有的国家在疫情形势仍很严峻的情况下，政党领导人仍不顾疫情扩散的风险，为谋求连任宣布举行大规模竞选集会。可见，"尊重生命"在西方一些国家的政党那里并不是"金规则"。

从政府的价值选择看，"尊重生命"在中西方的不同境遇表现为生命优先与经济优先的不同选择。中国政府坚持"以人民为中心"，在领导、组织和实施疫情防控中，在人的生命和经济利益之间果断选择了生命优先。在疫情暴发之初，在人民的生命遭受巨大威胁的情况下，中国政府一方面果断采取包括封城封村封路封小区、在全国范围内严格控制人员流动等最严厉的防控措施。这些措施都是在明知会使经济停摆的情况下做出的艰难抉择，目的是遏制疫情蔓延、防止更多的人被感染。另一方面，则是不惜一切代价抢救每一位患者的生命。无论是刚出生不久的婴儿还是百岁老人都一视同仁，治疗费用全部由国家承担。以湖北省为例，"疫情发生以来，湖北省成功治愈 3000 余位 80 岁以上、7 位百岁以上新冠肺炎患者"[①]。反观西方，一些国家的疫情形势之所以发展到难以想象的程度，一个关键因素在于，当人的生命遭遇经济发展的挑战，经济优先是一些国家政府的价值选择。比如，在疫情暴发之初，一些国家之所以迟迟未见行动，一个基本因素就是政府担心严格防控会影响经济。到 4 月、5 月，一些国家在疫情状况尚未达到开放经济的标准的时候，为扭转经济严重下滑的局面，就开始放松管控，甚至重新开放一些非必要的商业活动。

从公众的价值选择看，"尊重生命"在中西方的不同境遇表现为生命至上与自由优先的不同选择。在中国人眼里，生命是最宝贵的，"留得青山在，不怕没柴烧"是绝大多数人的观念。因此，在生命与自由之间，绝大多数中国人的选择是生命至上，从而积极配合政府的干预措施，为防止感染尽量宅在家里、有事出门戴口罩，都是普通人非常自然、理所当然的行为。即便是在春节，党和政府一声令下，全国人民一致响应，纷纷取消计划中的聚会和往来，克服各种困难就地隔离，宅在家里、佩戴口罩等成为每一个普通人的自觉行动。反观西方，很多国家都以自由为首要价值；即使是在生命与自由之间，在明知自由行动会造成感染、危及生命健康的情况下，自由优先仍然是很多人的选择。究其原因，在很多西方人眼里，戴口罩是不健康的表现，强制居家隔离、限制行动自由是无法忍受的事情。因此，当一些国家政府实施强制"居家令"、强制要求戴口罩时，自然就遭到很多人的强烈反对，一些地方甚至发生过反对政府干预措施的集会游行示威。

---

① 中华人民共和国国务院新闻办公室：《抗击新冠肺炎疫情的中国行动》，2020 年 6 月 7 日。

二 "尊重生命"面临不同境遇的思想史渊源

尊重生命在中西方疫情防控中之所以面临不同境遇,既有经济、政治及社会价值观念特别是制度等方面的因素,也有历史文化因素和思想史渊源。其中,在中西方历史长河中形成、发展和不断巩固的生命观念和文化传统,所显示的"尊重生命"历史演进的两个不同趋向是"尊重生命"在中西方疫情防控中面临不同境遇的深层思想因素。

不容否认,中西方思想史对生命的探索有一个非常相似的地方,就是很多思想家都认为宇宙中存在某种超验的实体,如中国传统思想中的"天""道""理",西方思想史上的"至善""理性""上帝""绝对精神"等,都是思想家们眼中具有超验性的实体,人的生命的意义就在于寻找和服从这种超验的实体。同时,如前所述,在中西方思想史上都有"尊重生命""生命神圣"一类的传统,生命在中西方文化中都有重要地位和价值。尽管如此,中西方思想家对生命的思考方式仍有显著的差异。中国传统社会思想家们对生命的思考是一种侧重于感性、经验的人本主义和人文关怀;而在西方思想史上对生命的思考则主要是一种以知识为中心的科学主义,从苏格拉底提出"认识你自己"到黑格尔对"绝对精神"的执念,所展现的都是一种科学、理性的思维方式。

更重要的是,在中西方思想史上,思想家们对生命的地位和意义有不同的估价,对生命价值在人类整个价值追求坐标中的方位有不同的标示。从总体上看,在中国传统文化中,在生命与其他道德价值发生冲突时,"留得青山在,不怕没柴烧"是人们的固有观念。因此,在生命与自由、生命与经济发展之间,合理的道德选择是生命优先。当然,不容否认,在中国传统文化中生命也并非永远居于绝对的价值优先地位,但能动摇生命至上地位的只有"义"。比如,在儒家思想中,虽然特别重视"生",但当生命与道义不可兼得时,儒家坚定主张舍生取义。孔子说:"志士仁人,无求生以害仁,有杀身以成仁。"(《论语·卫灵公》)孟子说:"生,亦我所欲也;义,亦我所欲也。二者不可得兼,舍生而取义者也。"(《孟子·告子上》)舍生取义,一方面意味着生命获得了崇高的尊严,实现了更高的道德价值;另一方面,在中国传统文化中,"义"的一个重要内容是国家的、整体的利益,从生命的角度看,则是指更多人的生命或一定群体、民族和国民的生命。从这一角度看,在疫情防控中,一些共产党员、医生、工作人员等不惜牺牲个人生命,恰恰是为了保全和维护更多人的生命;同时激励更多的人不惧牺牲、勇往直前。这恰恰是"尊重生命"在更高层次的体现。而在西方,虽然思想史上也历来有"生命神圣""敬畏生命"一类的学说,但当人的生命与经济利益、政治利益、自由权利等各种道德价值发生冲突时，经济利益、政治利益、自由权利等随时都可能使人的生命退居第二位。

具体而言，"尊重生命"在中西方思想史上演进的两个不同趋向，体现在中西方历史发展的各个时期。为方便讨论，我们大体分为中国先秦时期与古希腊、中国封建社会与欧洲中世纪以及近现代以来三个阶段。透过"尊重生命"在中西方上述三个阶段的发展脉络，我们可以清晰地看到，"尊重生命"在中西方思想史长河中是沿着两个不同的方向演进的。

中国先秦时期与古希腊："天下最贵"与理性高阁。"尊重生命"在中西方历史演进的两个不同趋向早在先秦与古希腊时期就已见端倪。在先秦时期，儒家十分重视生命的意义和价值，认为人的生命最为宝贵，因而要珍惜生命、善待生命。比如，孔子说"人能弘道，非道弘人"（《论语·卫灵公》）、孟子说"万物皆备于我"（《孟子·尽心上》）、荀子说"人有气有知，亦且有义，故最为天下贵也"（《荀子·王制》）。正因为人"最为天下贵"，所以应该珍惜生命、尊重人的生命存在。儒家强调尊重生命，不仅包括珍惜自己的生命，而且包括珍惜他人的生命。就前者而言，儒家把珍惜自己的生命、爱惜自己的身体视为孝的开端："身体发肤，受之父母，不敢毁伤，孝之始也。"（《孝经·开宗明义章第一》）就后者而言，儒家一贯强调反对人为地剥夺和结束人的生命。如孔子说"俎豆之事，则尝闻之矣；军旅之事，未之学也"（《论语·卫灵公》）、孟子说"不嗜杀人者能之"（《孟子·梁惠王上》），表达的都是反对战争和爱民、保民观念。

而在古希腊，哲学家们在对人的生命本性的探求中，对人的生命存在赋予了一种抽象的理性规定。理性成为人的生命意志和生命活动的主宰，人的生命存在被悬置在理性的高阁。如苏格拉底认为人的第一要务是"认识你自己"，即通过认识人自身的理性本性达致至善。在苏格拉底那里，至善是人的本性和人生的最高目的；作为感性的人可以追求感官快乐，但作为理性的人应该追求最高的善。柏拉图一方面继承了苏格拉底的至善，并把它进一步本体化为"善本体"或"善范型"；另一方面继承了毕达哥拉斯学派关于灵魂不朽的观念，认为生命赖以产生的肉体与灵魂的结合是一种忘却真理的过程，而要回忆真理、找回真理，必须通过摆脱肉体束缚来净化灵魂，人只有借助灵魂进入理念世界才能获取知识、求得真理。亚里士多德反对肉体与灵魂的二元对立，认为肉体与灵魂是不可分割的整体，生命是灵魂与肉体的结合。但在对理性的推崇上，亚里士多德与古希腊的生命观是一致的。亚里士多德把灵魂分为理性部分和非理性部分，认为人是理性的动物，理性的灵魂是人区别于动物、高于动物的本质规定。

中国封建社会与欧洲中世纪："人命最重"与生命神圣。中国封建社会儒家基本沿袭了先秦时期尊重生命、珍惜生命和善待生命的思想。董仲舒说"泛爱群生，不以喜怒赏罚，所以为仁也"（《春秋繁露·离合根》），把先秦儒家的仁爱思想扩展到对自然界所有生命的爱护。张载说"民，吾同胞；物，吾与也"（《西铭》），把儒家仁爱思想发展到一个更高的阶段。儒家在对自然规律、社会伦理关系以及生命的观察和体悟中，总结出天道、天命、天理等观念，并提升至"万物一体"的伦理精神和生命境界。比如，程颢说"仁者以天地万物为一体，莫非正也"（《二程集·遗书》），把天地万物视为生命的一部分；朱熹说"天地以生物为心者也，而人物之生，又各得夫天地之心以为心者也"（《仁说》），提出了以"生物之心"来说明仁德的新思路。从总体上看，中国封建社会从董仲舒到程朱陆王等儒家学者们都是在"天人合一"、万物一体、尊崇自然的框架下体悟生命、思考生命的价值；并突出了人在天人关系和人与自然关系中的主体地位，强调人的生命过程对自然界和天地万物的责任。同时，尊重生命也是道家思想的一个基本价值原则。道家认为每一个生命都来自"道"的化育，每一个生命都是"德"的展现，每一个生命都有自己的价值，因而要珍惜生命、修炼生命。老子说："夫乐杀人者，则不可得志于天下矣。"（《老子》第三十一章）汉代道经《太平经》说"天地之性，万二千物，人命最重"；南朝高道陶弘景在《养性延命录·序》中说："夫禀气含灵，惟人为贵。人所贵者，盖贵于生。"

而在欧洲中世纪，基督教发展了在古希腊哲学生命观中已有端倪的生命神圣思想。当然，如上所述，古希腊"生命神圣"思想中的生命并不是人的整体生命，而仅仅是指人的理性灵魂，不包括人的自然生命。作为人的整体生命的生命神圣思想是随着基督教的出现产生的。在基督教那里，人的肉体之所以与灵魂一起都被视为神圣，是因为人的包括肉体在内的生命都是上帝的恩赐。正因为人的生命具有神圣性，除了上帝，任何人都没有杀人和自杀的权利，任何杀人和自杀的行为都是罪恶。当然，需要特别注意的是，在基督教那里，人的生命虽然神圣，但仍不是最高价值；"彰显天主的光荣是万物存在的原因"[①]。可见，人的生命的神圣性在于服务上帝、彰显天主的光荣；上帝是包括人类在内的万物的主宰，人被上帝沦为负有原罪的生命实体，在遵守上帝的规定中赎罪是人获得幸福的途径。可见，中世纪基督教的生命神圣思想包含着对生命的强制和对人性的压迫。

近现代以来：生命至上与生命异化。中国共产党的成立使"中国人民就从

---

① ［德］卡尔·白舍客：《基督宗教伦理学》（第一卷），静也、常宏等译，华东师范大学出版社2010年版，第90页。

精神上由被动转为主动"①。在生命问题上，中国共产党作为马克思主义政党，坚持马克思主义生命观，"尊重生命"、重视人的实践活动和生命价值、促进人的自由全面发展深刻体现在党在不同历史时期的实践和奋斗之中。中国共产党在不同历史时期有不同的任务，但以人民为中心、为人民谋幸福的初心和使命从未改变。毛泽东曾反复强调，"人民、只有人民，才是创造世界历史的动力"。党的十八大以来，习近平反复强调"人民是创造历史的动力"。党的十九大进一步把"坚持以人民为中心"作为新时代中国特色社会主义的一条基本方略。不言而喻，生命安全与身体健康是人民最基本、最重要的利益。把人民的生命安全和身体健康摆在第一位，是坚持以人民为中心、为人民谋福利的第一要义。为此，党的十九大作出了实施健康中国战略的重大部署。作为一项国家战略，健康中国建设正面回应了人民群众对医疗卫生、食品药品安全、健康服务和保障以及生态环境等方面的重大关切，以提升全民健康水平为核心，以改善健康公平和增进全民健康福祉为目标，蕴含了尊重生命、以人为本、公平正义等重要伦理精神。

西方近代资本主义的发展，把劳动这一本应属于人的生命的本己活动变成了桎梏人的生命的异己活动。很多思想家对此予以了揭示。比如，亚当·斯密认为，在资本主义迅速扩张的背景下，工人满足自身生存的唯一办法就是出卖自己的劳动力，工人的生命价值和尊严与自身意志严重背离，工人的生命成为被资本家奴役的对象。黑格尔认为，"生命乃是自身发展着的消解其发展过程的、并且在这种运动中简单地保持着自身的整体"②。在黑格尔那里，生命过程是绝对精神自我异化的过程，即生命在发展过程中不断摒弃自我，使受外在牵制的异己的东西同化、回归到生命自身。费尔巴哈把人的生命从黑格尔的理念王国重新拉回现实，把异化的主体从绝对精神拉回现实的人："人使他自己的本质对象化，然后，又使自己成为这个对象化了的、转化成为主体、人格的本质的对象，这就是宗教之秘密。"③马克思深刻揭示了生命异化的根源在于劳动异化：本是生命本己活动的劳动完全变成了人的生命活动的桎梏，工人"在自己的劳动中不是肯定自己，而是否定自己，不是感到幸福，而是感到不幸，不是自由地发挥自己的体力和智力，而是使自己的肉体受折磨、精神遭摧残"④。

另外，特别值得一提的是，近现代以来风靡一时的生命哲学，把生命与物

---

① 习近平：《决胜全面建成小康社会 夺取新时代中国特色社会主义伟大胜利》，2017年10月18日。
② [德]黑格尔：《逻辑学》，梁志学译，人民出版社2002年版，第358页。
③ [德]路德维希·费尔巴哈：《费尔巴哈哲学著作选集》（下卷），荣震华、李金山译，商务印书馆1984年版，第56页。
④ 《马克思恩格斯文集》（第1卷），人民出版社2009年版，第187页。

质、时间与空间对立起来,甚至否认生命是物质。比如,德国生命哲学家齐美尔认为,生命以时间为特征,不具有空间性;而物质以空间为特征,不具备时间的延展性。这种把生命与物质、时间与空间对立起来的观念受到卢卡奇的尖锐批评:"生命在这里已经变成一个纯粹神秘的概念,它已经与科学的生物学断绝了任何关系。"[1] 法国哲学家柏格森同样否认生命是物质,认为生命冲动或生命之流是世界的本质和万物的根源。

"冰冻三尺,非一日寒。"在中西方思想史的长期发展历程中,人们对生命的地位和价值、生命与理性、生命与物质、生命与精神等问题的认识历来有两种不同的理路,显示出"尊重生命"在中西方历史演进中历来是沿着两个不同的趋向发展,成为"尊重生命"在中西方疫情防控中面临不同境遇的深层历史文化因素。通过对"尊重生命"演进脉络的比较,我们可以清晰地看到,"尊重生命"在中西方思想史长河中沿着两个不同的方向渐行渐远。从这一角度看,"尊重生命"在中西方疫情防控中出现不同境遇是历史的必然。

三 "尊重生命"出现不同境遇的伦理效应

"尊重生命"在中西方疫情防控中的不同境遇,反映了人的生命在各国价值坐标中的不同方位,反映了不同国家、不同主体对生命地位和价值的不同估价,体现了各国执政党、政府和公众对人的生命与经济发展、政治利益、自由权利等其他价值的不同排序。"尊重生命"在中西方疫情防控中的不同境遇具有强烈的伦理效应:是否真正以"尊重生命"为价值导向和价值原则,直接决定着能否形成"把人的生命放在第一位"的道德共识、能否结成命运共同体团结战"疫"、能否在道德两难和复杂冲突中找到价值选择的根本方向和依据。而这正是影响甚至决定疫情防控成效的深层伦理因素。从这一角度看,中西方疫情防控形势之所以出现巨大反差,除了制度、政策、管理以及人的主观努力等方面的差异之外,"尊重生命"在中西方的不同境遇是一个不容忽视的文化因素。同时,从一定意义上说,各国在制度、政策、管理以及人的主观努力等方面之所以存在显著差异,一个重要因素也是缘于"尊重生命"的不同境遇。

能否形成道德共识? 是否真正以"尊重生命"为价值导向和价值原则,直接关系到在疫情防控中能否形成"生命至上"的道德共识。中国坚持"尊重生命"的价值导向和价值原则,面对疫情对人的生命造成的巨大威胁,全国上下

---

[1] [匈]卢卡奇:《理性的毁灭》,王玖兴、程志民、谢地坤等译,江苏教育出版社2005年版,第286—287页。

很自然地形成了"必须把生命放在第一位"的道德共识。正如习近平总书记所说的,"人的生命只有一次,必须把它保住,我们办事情一切都从这个原则出发"①。这一共识为全民战"疫"提供了根本的价值导向和行动方向。中国疫情暴发以后我们看到的是波澜壮阔的抗疫人民战争、总体战、阻击战:中国共产党和中国政府把疫情防控作为一切工作的重中之重,中央成立应对疫情工作领导小组、国务院联防联控机制,把中央的集中领导和统一指挥贯彻落实到疫情防控的全过程和各个环节。广大共产党员和领导干部不惧危险、身先士卒,广大医护人员义无反顾、冲锋在前,广大科技工作者争分夺秒、与病毒赛跑,广大公安干警、基层干部、社区工作者迎难而上、全情投入,广大志愿者义务奉献、无怨无悔,"自愿加入抗疫活动,无论生死"是他们的共同誓言。更重要的是,14亿中国人民"每个人都是道德行动者","宅在家里就是为抗疫作贡献"是每一位普通人的共识。

而在西方一些国家,由于"尊重生命"受到太多的挑战,在人的生命与政治利益、经济发展、自由权利等各种价值之间的位阶关系和价值排序的分歧无法弥合,因而无法形成必要的道德共识。在不同的组织、个人眼里有不同的优先性价值:政党最重视政党利益和政治利益;政府最看重经济增长和就业指标;公众最渴望行动自由。由于不能形成基本的道德共识,就不难理解为什么西方很多国家的疫情防控没有统一的行动;不难理解为什么在疫情形势仍很严峻的情况下,有的国家仍然要举行各种集会;不难理解在疫情形势尚未达到重启经济要求的情况下,有的国家就开始解除强制"居家令",恢复各类商业活动;不难理解为什么西方很多人不能忍受佩戴口罩、居家隔离等在中国人眼里再自然不过的事情。

能否结成命运共同体? 是否真正以"尊重生命"为价值导向和价值原则,直接关系到疫情防控能否结成命运共同体,进而决定能否形成团结战"疫"的合力。中国在"尊重生命"的价值导向和"生命至上"道德共识的基础上,14亿中国人民结成命运共同体,并在全球倡导人类命运共同体理念,形成中国政府和中国人民同舟共济、团结战"疫"的壮阔画卷。在疫情防控中,人民与国家结成了命运共同体:国家始终坚持把人民生命安全和身体健康放在第一位,通过最全面最严格的防控措施,全力保护人民群众生命安全和身体健康;人民对此高度认同,从而积极配合和参与国家各项疫情防控政策措施,爱国主义在全民战"疫"中得到又一次升华。全国人民结成了命运共同体:当疫情首先围困湖北武汉,中央发出"武汉胜则湖北胜、湖北胜则全国胜"的强音,全国各地纷纷响应,全国

---

① 习近平:《在主持召开专家学者座谈会上的讲话》,2020年6月2日。

各省市和军队300多支医疗队、4万多名医护人员、一批批医疗和生活物资涌入武汉；同时，19个省份包干对口支援湖北，帮助取得了"武汉保卫战""湖北保卫战"的重大胜利。医生与患者结成了命运共同体：医护人员对患者的救治、守望和关爱，患者对医生的信任和感激充分展现了和谐理想的医患关系。同时，中国坚持人类命运共同体理念，全面及时向世界公开疫情信息、与世界各国分享防控经验、向世界各国提供力所能及的援助，用自己的实际行动诠释和践行了"人类应该是守望相助的命运共同体"的理念。

而在西方，正是由于"尊重生命"受到太多的挑战，缺乏应有的价值导向和道德共识，未能结成命运共同体团结战"疫"，甚至出现相互推诿、相互指责的局面。面对严峻疫情，有的国家联邦政府与州政府之间、疾控中心与政府之间、政府与民众之间就发生了许多相互埋怨、相互指责的事情。如有的国家联邦政府指责州政府不服从联邦政府的指挥，州政府指责联邦政府反应太慢、政策不当；有的国家疾控中心指责政府不重视疾控中心提供的信息和建议，政府则指责疾控中心未能及时提供有用信息；有的国家政府指责民众不配合，民众则指责政府防控不力。

能否有效解决伦理难题和道德冲突？ 新冠肺炎病毒之所以给人民生命健康和公共卫生安全带来如此巨大的威胁，客观因素主要是新冠肺炎病毒的传染性强、传播速度快，而在短时间内又很难研发出特效药和有效疫苗。同时，新冠肺炎疫情防控是一项十分复杂的社会系统工程，在决策、干预、救治和保障等各个方面和环节都面临着诸多伦理难题和道德冲突。如疫情防控决策中维护公共健康与经济社会发展两种目标的冲突；疫情防控干预中政府干预与公民自主的冲突；疫情防控救治中病人权利与公共健康的冲突；疫情防控保障中资源稀缺与分配公正的冲突；等等。面对这些冲突，中国在"尊重生命"的价值导向和原则指导下，果断作出了相对合理的道德选择。应该说，中国之所以能够在较短的时间内取得控制国内疫情的重大战略成果，很大程度上得益于在"尊重生命"原则指导下的合理道德选择。

而西方很多国家之所以防控效果不佳，特别是在一些拥有十分发达的医疗技术和十分完备的医疗条件的发达国家，疫情形势仍然出现严重反复，与面对价值冲突时的选择分歧和无所适从是分不开的。这些国家在面对价值冲突时之所以不能作出相对合理的道德选择，一个重要因素就在于对人的生命与经济、政治利益及自由权利的价值排序的分歧，缺乏"尊重生命"的价值导向和道德共识。由于缺乏一个具有普遍共识性的价值目标，道德选择缺乏应有的方向和依据。以生命安全与经济发展之间的选择为例，疫情暴发之初，西方一些国家本有比较充分的反应时间，但由于担心严厉防控影响经济而未能对疫情予以应有的足够重视。后来，一些国家在疫情形势仍很严峻的情况下，政府为挽回经济颓势就匆匆作出全面复工的决策，导致疫情出现明显反复。可见，未能平衡好疫情防控与经济发展之间的冲突，也是导致一些国家疫情防控效果不佳的一个直接因素；而缺乏"尊重生命"的价值导向和原则指导则是导致不能有效协调价值冲突的一个深层因素。

【作者简介】朱海林，哲学博士，湖南师范大学道德文化研究中心、中国特色社会主义道德文化省部共建协同创新中心教授，博士生导师，研究方向为生命伦理学。

灾疫叙事的道德选择和伦理评价*

路　强　马文佳

【内容摘要】灾疫作为自人类社会产生之初便间或发生的灾难，除了会给人类整体带来巨大痛苦，亦会促进人们的思考，从而留下很多相关的文字记录与反思性理论，这些也就构成一种灾疫叙事。2020年伊始的新冠肺炎疫情中，很多灾疫叙事也由之产生。灾疫叙事本身就是一种伦理性的叙事，其中有着特定的道德立场选择，也留下了人们对其进行伦理评价的空间。由于灾疫所具有的无差别伤害、不确定传播以及不可预知等特性，使得合乎道德的灾疫叙事需要以善良意志为核心，以人们道德情感的共鸣为基点，展现出对于他人的绝对责任，进而形成一种有效的共同体伦理，从而能够塑造人们对抗灾疫的道德力量。这也构成了人们对于灾疫叙事进行伦理评价的基本逻辑。

【关键词】灾疫叙事；道德选择；价值导向；伦理评价

2020年伊始暴发的新冠肺炎疫情是人类社会进入21世纪以来面临的全球性灾难，也是对于人类整体的一次考验。在这次疫情中，各种形式的灾疫叙事伴随着现代化的通信手段，在人类社会中广泛传播，也引起了各种各样的讨论与反思。由于灾疫本身就会引发人类社会中各种各样的伦理问题，因而，伦理与道德也就必然成为灾疫叙事的一个核心。于是，在人们去分析并传播各种灾疫叙事的过程中，就必须考虑灾疫叙事的道德性，从而才能对其进行合理有效的伦理评价。

＊ 本文系山西省哲学社会科学规划项目"灾疫警示下城市文明的生态重构研究"（项目编号：2020YY305）阶段性成果。

一　灾疫叙事的伦理特征

灾疫叙事属于灾难叙事的一种，因而它本身具有灾难叙事的一般特征。任何一种灾难叙事都是伦理性的，或者是以伦理为核心的。因为在灾难之中，随着日常生活状态被打破，甚至生活本身也面临破碎，很多规则乃至法律都会面临失效的危险。于是，灾难时刻往往是显露人性，考验道德，甚至拷问已有伦理秩序的时刻。在灾难叙事中，伦理问题也就成为其中最为直接的问题。对于社会伦理的种种反思与对于人类道德的深层追问也就成为灾难叙事的核心。因此，在各种灾难叙事中，会发现，责任、良知、牺牲以及人性善恶、道德情感，均是其中的核心概念。正是基于这样一种认知，有学者指出，一场自然（或社会的）灾难的发生必然会导致一场伦理的灾难，因而，灾难叙事本身也就是一种伦理叙事。

那么，作为灾难的一种——灾疫，即由传染性瘟疫引发的灾难，则较之一般的自然灾难有着更为特殊的一面。与一些突发性的自然灾害不同，灾疫有一个渐变和渐强的过程。尽管在现实的时间和空间上，灾疫的暴发也存在着一个"点"，但是这个点并不像其他自然灾难那样是一种完全的突发，如地震、海啸等，这些自然灾难的暴发的不可预测性更强，其破坏力也更多的是在短时间内集中暴发。而灾疫却有着一个明显的由隐性到显性，进而暴发、弥散这样的过程（这一点在此次新冠肺炎的暴发和传播过程能够看到明显的实例），因而，灾疫对于人类的威胁有着更强的不确定性，加之疫病的传染性又使得这一灾难没有明确的边界，这意味着每个人都成为潜在的受害者。我们甚至可以这样说，在一个传染性极强的疫病阴影笼罩之下的人们，是无法完全确定自己是否是处在"疫区"的，更无法确定灾疫在时空中的影响有多大。因此，关于灾疫的叙事，特别是产生于灾疫过程中的种种叙事，其展现出的道德现象与伦理拷问无疑会显得更为多元，也更为复杂。而且，必须看到的是，在灾疫过程中，无论是以个人为主导的个体化叙事，还是以某一组织为背景的整体化叙事，都无法做到完全的客观与全面。这一方面是由于灾疫扩散的过程有着很强的不确定性和多向性，而且病毒本身还具有变异的特征，使之发展的程度还有着种种不平衡。在高频交流和高速沟通的全球化时代，无论是单个的人还是组织，乃至某个特定的国家，几乎都不可能完全掌握疫病的发展情况。另一方面则是在灾疫之中，不同的社会与个人，不同的社会组织，其叙事的角度和目的有着明显的差异。如个人则需要发泄情绪，排解焦虑和恐惧；特定社会组织则需要进行社会动员，安抚情绪，避免恐慌；等等。这也就使得不同的叙事主体都有着特定的信息沟通与筛选原则。因此，在特定的叙事过程中，无论是形成的文本还是一定范围内公开的话语，都只能在自身所获取的信息范围内进行对灾疫及其过程中发生的种种事件进行审视和反思。因此，无论是叙事者在叙事中所处的价值立场，还是叙事本身所表达的伦理信息，在大多数情况下是无法做到对已然形成的道德秩序的全方位关照的，也就是说，灾疫叙事在很多时候会有悖于常态社会下已有的伦理秩序与道德习俗。那么，如果对灾疫叙事进行伦理维度的审视与价值判断，则需要从更为深层的道德哲学维度进行考察。

首先，灾疫是一个面向全人类的问题，也就是说，灾疫所威胁的是整个人类，因此，类意识是用来审视灾疫叙事中所蕴含伦理与道德的一个基点。特别是在全球化进程不断加速的今天，灾疫的蔓延会让人们感受到那种"覆巢之下，焉有完卵"的危机感。因此，那些具有显著区域性和阶层性的价值立场将退居次要地位，换言之，合理的灾疫叙事必须将全人类作为价值基点，要有面向全人类的全局意识。无论是出于个人情感的表达还是某一组织或机构的分析或宣传，都需要从人类整体命运与未来的立场来进行叙事表达，而不应该以狭隘的地方主义或民粹主义作为价值立场。换言之，合乎道德的灾疫叙事应该有利于人类社会内部的团结，强化彼此之间的联系，而不是破坏人们彼此可能形成的联合。因为，从历史来看，面对灾疫的蔓延，必须尽可能地集合更多的力量，才能与之对抗。

其次，基于这种价值立场的定位，灾疫叙事中的道德情感则应该表征为对人类苦难的悲悯与"共情"。也就是说，"将受苦的人视为'一个人，一个和我们一样的人'"[1]。这种共情的体验则能够进一步唤醒人们的"良知"，而且这种良知普遍存在于人类社会之中，也是人性彰显出的本质之一。换言之，在灾疫叙事中，其伦理的底线就是"良知"，并且能够将这种"良知"在现实世界中不断推扩。进而，合乎道德的灾疫叙事中，在道德情感的指向上应该在这种良知的基础上体现人们彼此之间的善念，如关爱、扶助、相互理解，等等。

最后，灾疫与其他自然灾难的不同是，灾疫是在人与人之间传播的，是一种传导性的灾害。换句话说，人与人之间的接触是灾疫传播的主要途径。因而，灾疫之中，人与人之间的关系会变得充满悖论。一方面，人们会对受灾者或受难者产生同情与怜悯，也会以某些方式为受灾区域或受灾的民众提供相应的帮助；另一方面，则难免出于恐惧，以及自身生命安全和健康的需要，从而对受灾者，甚至是与灾区有过接触的人群产生本能的疏离和排斥。（这一点，从本次新冠疫

---

[1] [美]内尔·诺丁斯：《始于家庭——关怀与社会政策》，侯晶晶译，教育科学出版社 2006 年版，第 13 页。

情中人们的行为表现和交流过程能够得到足够的证明。)正是在这一背景下,"他者"与"责任"就成为灾疫叙事中应该优先考虑的伦理要素。也就是说,灾疫叙事在道德指向的选择上,要体现出他者与责任的优先性,也就是要主动面对他者,并担当他者作为自身的责任。这里的"责任"并非法学或政治学意义上的责任,以及社会意义上的某种"职责",而是一种本体性的,面向他人的承担,是一种绝对的、具有奉献意义的担当。从实践层面来看,灾疫叙事需要以他者作为其叙事话语的核心,更多地凸显他人的价值,也就是说要从病患与疫区民众的立场去思考和言说,并且在一定程度上要以自我牺牲的精神去帮助和包容(而不是疏离)受灾者。换言之,灾疫叙事与灾疫本身的关联"包含于我对他者的种种失误与不幸的责任担当这一发生于日常且意义非凡中"[①]。

基于这一系列的价值立场从整体上审视各种灾疫叙事的成果,无论是个体性的叙事,还是集体性的叙事;也无论是形成文本化的叙事,还是单纯的言语和宣讲,都需要纳入到一个道德框架中去分析,从而得出对其适恰的伦理评判。同时,也需要以此为依据,为这一评判找到合适的伦理思想元素作为其相应的参照系。

二 善良意志主导下的道德情感运作

在灾疫叙事中,良知或良心可以说是其能够成立的核心起点。正如我们前面提到的,由于灾疫本身在一定程度上是超越当时人类已经掌握的知识和相关技术手段的,所以也就缺乏一种较为完善的知识架构来作为叙事的依据,也就是说,灾疫叙事在现实中是无法实现绝对的客观和理性的。这也就是为什么在灾疫叙事中能够更为深刻地看到人性的自然表现,毕竟面对一种不可预期与无法明确的危险,人们往往更多地出于道德直觉去指导行为或进行价值判断。其中,既有人性中善的光辉,也难免会发现人性中的一些自私和阴暗。尽管由于灾疫的特殊性,我们可以理解人性在其中的种种表现,但是如果是从灾疫叙事的角度来看,则必须要求其体现人性中的善,或者也可以说,要能够发掘出人性中具有的普遍道德情感,从而将人们的道德导向彼此的善意与相互的同情。换言之,如果某种灾疫叙事所产生的导向是一种狭隘的民族主义下的幸灾乐祸,甚或是为了某种特定的利益或团体故意歪曲事实和转嫁灾难,则显然是一种反道德的叙事。基于这样的判断,那么符合于道德的灾疫叙事所展现出的就是诸如康德意义上的"善良

---

① Emmanuel Levinas, *Otherwise than Being or Beyond Essence*, Translated by Alphonso Lingis, Published by Kluwer Academic publisher, Netherland, 1997, p.10.

意志"、费希特的"良心",乃至孟子的"恻隐之心"。这是一种人性中内在的向善的力量,康德认为在理性中拥有仅出于意愿的善,自在的善①,费希特也提出,人们在实践中需要听从良心的命令,"只有通过良心这种命令,我的表象才具有真理性和真实性。我不能不注意它,不服从它,而不同时背弃我的使命"②。依据这些思想元素,我们可以说,灾疫叙事所针对的是那种超出人类已知范畴的疫病,那么就需要通过内在于人类本性中的这种善良意志或道德良心来呈现出人性的光辉。尽管灾疫叙事的言说与表达都是出于某些道德直观,但是也恰恰是这种善良意志或良心的存在,使得这种有着很强直觉性的叙事能够沿着人类道德的基本精神开展。

沿着这一思路进一步思考,我们会发现,尽管很多哲学家将善良意志或良心作为人类理性中的特有能力,或者说是人类特有的实践智慧,但是我们会发现,这种能力的彰显在很大程度上是通过道德情感的沟通与传导进行的。根据当代情感主义的伦理理论,道德的原动力在于人能够产生一种"移情",即对于他人状况的切身性感受,"当我们看到他人的痛苦的时候,移情就会被唤醒。这使得我们似乎能够感觉到这种痛苦也侵入了自身。按照休谟在这方面的说法,就是一个人的感受对另一个人感受发生的感染"③。可以说,道德情感的这一发动机制与儒家所讲的那种"乍见孺子入井"的怵惕恻隐之心是非常类似的。因而,在以善良意志主导而进行的灾疫叙事中,对于他人所遭到的苦难和痛感而产生的"切身性"体会就会成为其情感的基线。在这一情感逻辑上展开的叙事,才能够在道德上被大多数人所接受,并且将这种道德情感上彼此的沟通进一步推扩为实践中具体的行为。从现实中的灾疫叙事中,首要的就是道德情感上让人们能够彼此沟通,进而让大多数人能够形成道德情感的共鸣,这种共鸣其实也就意味着普遍化的道德良知被唤起。基于这一逻辑,灾疫叙事中的呈现出的道德形态,首先是情感性的,也就是说,如果让这一叙事能够彰显出积极的道德价值,其中情感的表达要优先于理性的分析。特别是要让情感的共鸣优先于那种功利性的计算理性。具体而言,灾疫叙事应该让人们感受到对生命的敬畏与尊重;体现不同社会阶层的人们在灾疫中,特别是疫区中的各种努力与不屈。而不能仅仅依靠一些冰冷的数字来说明情况,更不能以一种"环顾左右而言他"的方式漠视人们所遭受的实实在在的灾难。这也就是为什么,人们会在

---

① [德]伊曼努尔·康德:《道德形而上学原理》,苗力田译,上海人民出版社2005年版,第9页。
② [德]费希特:《论学者的使命 人的使命》,梁志学译,商务印书馆2011年版,第158页。
③ Michael Slote, *The Ethics of Care and Empathy*, New York: Routledge, 2007, p.13.

道义上普遍反对通过放弃一部分人的生命健康来达到控制灾疫的做法。由此看来，灾疫叙事无论体现怎样的理性和客观，其前提都应该必须获得人们道德情感上的普遍认可。也正是在这个意义上，灾疫叙事符合休谟所提出的一个观点，即"道德是情感的工具"。据此，也可以解释，为什么在疫区的中心，或者说越是距离疫区中心近的区域，所产生的相关叙事越能够引起人们的道德共鸣。这其实就是因为人们在情感上更倾向于同情并支持受难者，由这种情感的发动而导致人们会天然地认为其叙事有更多的合理性，或更符合于事实。毕竟，在道德情感的作用下，人们是有能力体验到身处灾疫中心区域内的民众所遭遇的痛苦的。虽然从事实上看，灾疫中心的人们由于会承受更大的心理压力，外部环境也有更多的不确定性，其叙事可能更缺乏整体的事实发展和宏观局面的支持，因而会显出更多的情绪化。但是，也恰恰是这种包含着丰富情感的叙事，更容易同一般意义上的道德情感进行交互和沟通。

当然，这里需要辨析的一个问题就是，这种情感性的道德运作模式是否能够达到理性慎思的能力。毕竟，诸如康德一类的思想家，认为善良意志是纯粹的脱离感性的。从伦理学的基础理论而言，这似乎也是一个被长期争论的问题。但是，如果进入灾疫叙事这一特定的伦理境域之中的时候，可以发现，善良意志在这里所呈现出来的恰恰是情感性的，即我们对于善良意志的判断就在于能否在灾疫叙事中能够体会到对受难者的同情与共感，进而能够使人们彼此"移情"，使之彼此之间产生道德情感共鸣，并且激发彼此的善意。这种经由灾疫叙事表达出的情感应该能够激发人们彼此之间的相互扶助和共同面对灾难的现实行为。从反面来说，如果缺乏了这一情感基线，无法在现实的实践层面调动起大多数人的善良意志和道德良知，那么无论其表达的内容如何客观冷静，都只能是成为一些冰冷的数据和事件陈述，甚至是一些非常刻板且不通人情的单方面表达，却独独缺乏了应有的人性关怀。这样的叙事往往不是引起反感，就是激发矛盾。因此，灾疫叙事在最为基本的道德逻辑上就是让人性中所具有的那种善良意志表达为彼此可以沟通的道德情感，并以此作为理性反思与阐释的基点，从而避免功利化的计算和道德绑架式的苛责。

三　责任意识下的他者担当

不可否认的是，在灾疫叙事中，叙事的主体往往是某一方面的话语权的掌握者，也就是说，在灾疫过程中，能够从特定角度对灾疫进行审视，并形成具有一定影响力的话语体系的，往往在社会生活的某些领域有着一定的地位，甚至是处于相对"精英"的地位。毕竟，要形成有效的灾疫叙事，即使这种叙事是主观性和情感性的，也需要具有一定"力量"（power）的主体去表达。因此，灾疫叙事所表达出的道德意蕴，往往是一种自上而下的。那么，结合前面善良意志这样的叙事内核，就意味着在这一叙事过程中，责任将成为具有优先级的道德要求。

按照康德的说法，"责任就是由于尊重规律而产生的行为必然性……一个出于责任的行为，意志应该完全摆脱一切所受的影响，摆脱意志的对象，所以客观上只有规律，主观上只有对这种实践规律的纯粹尊重，也就是准则，才能规定意志，才使我服从这种规律，抑制自己的全部爱好"①。从康德的这一责任的观念中，我们能够看到，所谓责任具有一种面向实践规律和伦理原则的特点。这也意味着，在善良意志基础上的行为在一定程度上表现出的就是一种对于责任的履行，当然，在康德这里，责任是内在的，并由理性主导的，甚至是摆脱情感偏好的，即责任必须是出于对意志和实践规律本身的，以其自身为目的的。简言之，就是为了责任本身而担负责任，责任就是人的理性本质。当然，对于康德而言，这种内在性的责任意识在自律的同时如何能够从内部走向外部，成为一种能在社会实践层面产生效用的约束力，似乎是一个没有完成的问题。在此，我们不妨借助列维纳斯的他者伦理中的责任概念，进一步将这种责任意识进行推演。如果说在以康德为代表的德国古典哲学那里，责任是内在于主体性中的，且与主体自身的自由密切联系。那么，在列维纳斯那里，责任则是指向于外部，即是一种面向他者的责任，并且，这种责任对于作为主体的自我而言，是一种绝对的、先于主体自身自由的一种承担，责任"不是伤害我的自由，而是把我的自由唤往责任，并创建我的自由"②。责任在此获得了某种朝向外在的力量，换言之，就是责任在这里不仅仅是自我的一种内在的道德自觉，而成为一种先于自我的道德承担。这种责任指向他者，并在自我与他者之间的关系建构中才凸显其优先性的，即人的主观意志"可以自由地、如其所愿地承担这种责任，然而它没有拒绝这种责任本身的自由，没有无视他人的面容将之引入其中的这个富有意义的世界的自由"③。如是，如果我们结合这两种关于责任的思想，至少能够看到，责任与责任意识在伦理生活中的凸显，无论是从自我的内部，还是从面对他者的外部，都是其获得确证的核心要素。简言之，在具体的道德生活和伦理实践中，责任恰恰能成为道德自主性得以显现的关键性证据。无论是道德还是伦理，都必须在现实中体现为

---

① ［德］伊曼努尔·康德：《道德形而上学原理》，苗力田译，上海人民出版社 2005 年版，第 17 页。
② ［法］伊曼纽尔·列维纳斯：《总体与无限：论外在性》，朱刚译，北京大学出版社 2016 年版，第 188 页。
③ ［法］伊曼纽尔·列维纳斯：《总体与无限：论外在性》，朱刚译，北京大学出版社 2016 年版，第 206 页。

关系性的行为或者关系性的建构。这也可以说是责任已然成为与自由、权利等概念并立的基本伦理原则。

基于此,在灾疫叙事中,责任意识则显得更为突出,因为这一叙事本身的形成无论是在叙事主体内部,还是叙事所指向的对象,都要求叙事者的责任意识。从叙事主体内部而言,前面提及的善良意志本身就要求主体必须以"抑制自身偏好"的方式,以自身的良知为出发点,来彰显人性中的善。(这一点前面已有说明,在此不再赘述。)与此同时,更为重要的,则是要体现出责任的外部性特征,就是要呈现出对"他者"的担当,以"他者"的自由、价值,作为叙事的道德立场。之所以有这样的要求,也是由于在灾疫之中,人们的"他者性",社会内部的"异质性",都被以某种放大的方式表征了出来。

从灾疫的暴发到流行,有个重要的特征是它会造成一种明显的分裂力量,即健康者与病患、低风险区域和高风险疫区等不同人群与不同区域,乃至不同族群之间会因为疫病的出现而彼此"异质",彼此分裂。因为,从人们的心理体验上看,很大程度上是因为对于疫病及其疫病所可能给自身带来的那种"异质性"的恐惧。在整个疫病流行的过程中,由于人们大多数情况是采取隔离的办法来控制其蔓延,而同时又无法完全确定自己所处的区域是否安全,因此,人们会本能地排斥具有潜在危险的他人。这也就是为什么,在灾疫流行的过程中,我们能够看到一些标签化的现象,甚至会发现一些人被有意无意地排斥在常态的人群之外。可以说,灾疫之中,他者的存在便凸显成为一个必须面对的问题。在此,全新的、暂时没有有效治疗手段的疫病对于人类而言,就是一个"他者性"的存在,因而,被疫病感染的人,或与疫病接触较为密切的人都会被异质化为"他者"或"他人"。而他者的到来,其实意味着对自我权能和自由的限制,因为"他人标志着(我的)权能的终点……因为他聚堆溢出我所能拥有的关于他的任何观念"[①]。然而,他者的这种异质性并不能成为人们自保、自私,乃至排斥他者的理由。而恰恰应该是责任得以出场,并成为优先性的伦理原则的前提条件。在灾疫叙事中的责任意识,最核心的就是体现出这种对于他者的担当。也就是说,他者是灾疫叙事的引导和指向,这些叙事中要体现出的就是他者在道德层次上的优先性,责任必须担当于他者,并且成为叙事主体合法性的最根本依据。

从社会现实来看,之所以人们需要灾疫叙事,或者说灾疫叙事能够在社会现实中被需要,被重视,就是因为灾疫叙事是替受难者言说,是一种对苦难的记载,进而也是某种带有自我牺牲精神的奉献。可以说,灾疫叙事本身意味着某种"负

---

① [法]伊曼纽尔·列维纳斯:《总体与无限:论外在性》,朱刚译,北京大学出版社2016年版,第60页。

担于自我身上的,且无可逃避的职责"①。结合灾疫产生的"他者性"与"他者",无疑证明了那种对于他者的责任其实就构成了灾疫叙事的必然道德选择。依照列维纳斯的思想来说,就是"在善中,他者在那种外在于现实的真实性中被占有:他之所以被占有就是因为他是一个他者,是因为这一他异性以其贫困和软弱而被自我所担负"②。以此来看,灾疫叙事能够成为一种伦理评价上的"善",则在于它能够将他者的所受之"难"作为一种他异性,而主动担当起面向他者的责任。

四 灾疫叙事中命运共同体的显现

无论是从个体的道德良知与善良意志来看待灾疫叙事的原初动机,还是从面对他者的担当来分析灾疫叙事的道德本体,其实都从不同层次证明着这种叙事必然会在现实的道德实践中产生某种关系性的影响,即灾疫叙事一旦发生,就不会仅仅是一种个人情感的单纯表达,它必然会引起一定社会范围内的反响,乃至震动。灾疫本身具有一种悬临的特性,它直接面对的是人类整体,从某种意义上说,灾疫笼罩之下,人们就丧失了绝对安全的区域。因此,无论表达出的是个体性的情感,还是对于他人的关注,乃至对于社会现实的反思,都不会仅仅在其显性的表达范围之内。换句话说,灾疫叙事虽然有着不同的角度、不同的指向,但都会体现出人们对人类整体命运的思考。在这个意义上也可以说,只有能够站在人类整体命运基础上的灾疫叙事,才是其应有的道德立场。这同时也是人们去对某一灾疫叙事进行伦理评价的最终落脚点。

诚然,我们不能否认灾疫会在现实的社会层面使得人们彼此产生疏离,而且,似乎各种形式的隔离也是应对灾疫的最直接方式。但是,有趣的是,恰恰是这种隔离,乃至造成人与人之间疏离的那种恐惧,反倒会让人们有更多的空间从整体上思考人类命运。因为,这种隔离所带来的不便,灾疫带来的不安与焦虑,无论是处在相对安全地区的人们,还是在疫区的人们;也无论是健康者,还是接触者、感染者,都会真切地体验到。这也就恰恰证明了,灾疫所带来的是一种人类整体所必须面对的命运,也就意味着在灾疫流传中,无论具体的个人主观上怎样权衡,命运共同体都会成为一个整体的意向来呈现于人们对于灾疫的认识与体验当中。既然灾疫是面对整个人类的,那么也就意味着人类必须以整体的方式来对抗,乃至战胜灾疫。正是基于这样的特点,灾疫叙事无论从哪个角度展开,最终都应该

---

① Emmanuel Levinas, *Otherwise than Being or Beyond Essence*, Translated by Alphonso Lingis, Published by Kluwer Academic Publisher, Netherland, 1997, p.13.

② Emmanuel Levinas, *Otherwise than Being or Beyond Essence*, Translated by Alphonso Lingis, Published by Kluwer Academic publisher, Netherland, 1997, p.18.

指向的是让人们通过这种叙事将自身置于一种命运共同体中去，即通过叙事所传导出的信息，应该能够让人们体验到"一个其成员被某种'我们'的归属感联系在一起的整体"①。进而，人们能够依据这一体验，来判断社会中的价值导向、群体行为，乃至社会心理正常与否，并且依据这些判断来展开自身的行为和实践。

从另一个层面来看，在灾疫中产生的种种叙事行为或者叙事的产品也同样是一种相对特殊的历史产物。因此，灾疫叙事无论是形式还是内容在很大程度上都是有着各自非常不同的特点，以至于在具体的表达方式与陈述内容上也会有其自身特定的选择。这也是为什么不同的叙事会导致社会现实中不同反应的原因。但是，无论这种叙事显得多么个性化，我们都会发现只有其表达出对人类命运未来的关注，并将自身置身于这一命运的未来发展的时候，其道德意义才能真正呈现出来，为此人们在这次新冠疫情中有着极为显著的体验。最为典型的莫过于当灾疫在不同国家之间次第蔓延的时候，国与国之间以民间组织为代表的团体自发相互救助和捐赠的过程中，彼此衍生出的各种叙事。这些伴随救助和捐赠而来的各种鼓励性话语，让人们感受到的就是无论身在何处，大家都被灾疫——这一悬临于人类整体之上的事件——捆绑于同一命运整体之上。因此，这些灾疫叙事形成了较为统一的伦理评价，即人们都会对这种叙事表现出道德上的认可和情感上的认同。这无疑说明了，当一种共同体的意识在灾疫叙事中被明确地表达出来的时候，人们对其进行的伦理评价就不仅仅是正向的，而且也会形成相对统一的评价。换言之，通过人们对于灾疫叙事的伦理评价，在很大程度上也能够看到，一种命运共同体的共识。这种共同体也同样意味着灾疫叙事能够实现其在伦理与道德上的实践价值的基本界域。甚至可以说，对于灾疫叙事而言，必须在人类命运共同体的道德立场上才能最终成立，这也证明了为什么一种灾疫叙事一旦陷入狭隘的地方主义或民粹主义，就无法获得生命力，乃至成为道德批判的对象。

正是在这样的意义上来看，灾疫叙事最终走向的就是一种共同体伦理，因为在灾疫中，我们能够真切地体验到人类共同体是具体的：一方面，人们的感情可以形成相互的移情与共感，进而，人们更会发现自身的"理性活动并不是寄居于个体的头脑内部，而是分布于一系列人与对象之间"②。另一方面，人们在现实中的要求或需求"都产自与他人的互动，没有任何一个要求来自我们个人的深

---

① [法]埃德加·莫兰：《伦理》，于硕译，学林出版社2017年版，第218页。
② [美]肯尼思·J.格根：《关系性存在：超越自我与共同体》，杨莉萍译，上海教育出版社2017年版，第387页。

处。不是说我们的这种方面或那种方面是社会性的,而是说,人的整个存在是社会性的"[1]。在这样真实而具体的共同体境遇内,灾疫叙事才能表征出人类共同的命运,展开人类共同的价值与共同的生活,进而树立成为灾疫之中的一种现实的道德标杆。

【作者简介】路强,哲学博士,四川师范大学伦理学研究所副研究员,研究方向为应用伦理学、环境哲学;马文佳,南京大学哲学系博士研究生,山西省社会科学院助理研究员,研究方向为休闲学、游戏与社会批判。

---

[1] [法]茨维坦·托多罗夫:《共同的生活》,林泉喜译,华东师范大学出版社2017年版,第160页。

宗教哲学视域下的新冠疫情反思*

张 生 李怡乐

【内容摘要】 新冠病毒在全球暴发后，族群、人际关系面临重大危机，不同应对疫情的模式也饱受争议。反思成为走出困境、摆脱危机不可或缺的方式，而宗教哲学亦为反思提供了一个视角，人们可以借助于存在于存在世界深部的绝对他者，以此为尺度来重新审察现代人的生存，进而反思其拯救何以可能。从宗教哲学看，人不应被视为一种偶在物，而应包含有一种超越性与永恒性。人的自由是建立在一种超越的、终极的目的之上，而不应该建立在被资本主义生产同质化的目的上。人在尘世，生命的重负与欢愉并不是平等分配的，甚至在此世的分配也不以德性为根据，如果缺乏一种向超越性的敞开，人必将被恶困扰直至退回弱肉强食、适者生存的动物世界。

【关键词】 宗教哲学；新冠疫情；人性；自由；恶

哈贝马斯在反思全球新冠疫情的时候表示，在这场危机的过程中，大家可以观察到，某些国家的政客很犹豫他们的策略是否依循一个基本法则，即国家要将努力拯救所有人的生命当作绝对的优先，而不是从功利主义的角度去结算要达到这个目标最后是否会耗费不希望耗费的经济成本。如果一个国家想任凭瘟疫蔓延，让所有人民最快地获得足够的免疫力，那么这个国家就必须承担"医卫系统可预见会崩溃"这个本来可以避免的风险，并且允许承受相对高的死亡比例，也揭示了应对这场疫情的策略背后的道德哲学背景[①]。这背后蕴含着一种强烈的对

---

* 本文系国家社科基金思政专项"《资本论》导读提升思政课教学效果的路径与实效性研究"（项目编号：20VSZ039）阶段性成果。

① 哈贝马斯：《我们知道最多的一件事，就是我们什么也不知道：哈贝马斯谈新冠肺炎危机》，郑作彧译，《法兰克福评论报》2020年4月8日。

于现代"进步"观念的反思乃至于批判,即哈贝马斯在接受采访的时候不断提及的一个问题:从哲学来看,是否有科学式的"进步",或者所谓的"更好"?实际上对"进步"等问题反思更加深刻,或者说提供了与启蒙的理性信念完全不同视角的,即宗教以及宗教哲学的视角。

一 宗教哲学提供何种视角?

众所周知,后现代思想流派均从哲学上对启蒙的理性信念做出一定回应与反思,着眼于后现代的思想家对现代性的批判集中于"同一性""一统"之类的观念,而趋向于"差异性"或持"去中心化"的态度。从宗教哲学角度来看,各宗教对于其教义的教导均认同某种同一性(如宗教均认为世间的存有需要一个超越的来源、支撑)。宗教观念在所谓"世俗化"进程中被理性崇尚者以其他思想观念所取代,逐渐退缩到心理、情感的微小领域中,而不再承担"一统""同一性"的功能。这是宗教面临现代性的主要特征之一。但是当全球性的病毒疫情肆虐,民粹主义泛起,世界面临退回种种封闭、割裂的状况时,对于人类生命以及整体命运的担忧,让思想界重新思考宗教一直以来努力的方向:团结、珍爱生命、敬畏、热情、盼望……

从宗教哲学的角度来看,启蒙后现代性浪潮兴起的标志正是对科学式进步的崇拜,实际上是人类秩序结构被破坏后重构的一种尝试,即对神—人—宇宙结构的重新调整。以对中世纪经院哲学反思的唯名论革命为起点,思想界逐渐引出了一种新的本体论、一种新的逻辑、一种关于人—神—自然的新观念:现代性断言不是人也不是神,而是自然具有存在者层次上的优先性。分别开始于笛卡尔和霍布斯的现代思想的两大趋势都试图把世界重建成一个自然物,而不是人造物或神迹。后现代性思潮对去中心化的渴望,可以说是对现代性重塑秩序失败的失望。全球化新冠疫情催化了对现代性兴起后带来各类问题的反思,同样也提供了包括宗教在内更多视角对此次全球性危机的讨论。

宗教哲学,承认宗教(文明、文化)间的差异性,但并不像现代性兴起时人类对理性狂热地迷恋导致尝试在此世达成某种同一性(如科学的、狭义理性的),而是认为从终极层面、超越性层面来看,世界有某种同一性。自启蒙运动以来,现代社会在总体上与宗教分道扬镳走向不同的道路,甚至宗教部门也卷入世俗化当中,如对此世与彼岸的关系态度,从终极或超越的视角看待人际、社群、国族等关系。从这种意义上看,对世俗化的矫正就是对人际关系冷漠、社群解体、精神萎靡、生态破坏等现代性病症的矫正,以上问题均与对狭义理性的过分依赖、对宗教精神的过分贬低有关。

全球疫情暴发后，人类通常求助的科学界目前给出的答案是：病毒来源未知、持续时长未知、尚无治疗药物……全球医学界不得不宣布医学目前唯一能做的是辅助人类自身的免疫系统来解决和消灭病毒。这让长久以来在潜意识中认定自己逐渐掌握了人类寿命的医学界反思，更让哲学家们重新回忆起宗教对于死亡的深刻认识——现代社会的物质主义、消费主义已经把死亡视同为"剥夺"，死亡在宗教意义上看，乃是另一种存在，且不由人类自身所决定。在防疫命令/请求的区别中，政治的分歧被简单视为"自由"与"集权"之争，而从宗教哲学来看，超越了直接经验的思考、神秘神圣的永恒性揭示着某种曾经简单的普遍性，是指向一种"为了他者的生存"①，这种为了他人的生存被列维纳斯解释为一种爱，几乎与宗教仁爱/圣爱的教导一致。以列维纳斯对"他者"问题的谈论为例，宗教哲学认为对人的基本特性乃至于对世界的理解，都需要借助一个类似于镜子的"他者"，没有对"他者"的观照，人类永远无法认清自身，也无法认清世界，因为从哲学的角度看，人类作为认识的主体本身也是世界的一部分，即本身也是认识对象（客体），而人这个认识主体如果不借助于客体的世界，也无法形成认识，更为麻烦的地方在于人类既无法认识自己（心灵哲学—脑智科学的困境），也无法认识世界（理论物理的困境）。换言之，现代社会形成的认识论存在着一种悖论，认识主体需要借助于被视为认识对象的客体来认识自身，但自身与客体似乎都不可知！当启蒙运动兴起时，宗教的认识论被视为是古老破败的迷信断言，当人们陷入全球性危机时，才发现需要一个与自己全然无关的相异者、一个完全超然的无任何利害关联绝对的他者，才有可能认清自身。当然，这种构建信徒生活的绝对性本就是现代社会批判的对象，随着全球疫情的暴发，人们才重新审视借助一种绝对他者观照出来的现代人的生存。

二　人的本性与界限

从宗教哲学来看，人作为存有者，在时空中生存，有开始，有结束。世界和人是上帝或神的造物，神是按照自己的形象创造人。关于什么是神的形象，神学的回答复杂、多元、有争议，所以我们可以这样来探究所谓神的形象——既然世间万物并非都是按神的形象所造，而只有人是如此，那么，思考人和万物的区别，思考万物没有而只有人才具有的那些性质，就可以得出一个大致合理的结论——迄今我们所知道的人的本性，至少有三项：自由、心智、创造性②。

---

① [法]单士宏：《列维纳斯：与神圣性的对话》，姜丹丹、赵鸣、张引弘译，华东师范大学出版社2018年版，第5页。

② 何光沪：《百川归海——走向全球宗教哲学》，中国社会科学出版社2008年版，第218页。

自由,即一事当前,不由法则来决定,而由意志来选择的能力。不用说其他事物,即使在能动性方面最接近于人的动物,其行动也全都是由自然法则来决定的;人虽然不按自然法则行动可能会吃亏,但人的意志可以选择顺从或者违抗法则。心智,包括两大部分:一部分是"心",指的是情感、想象、良心等非理性的能力;另一部分是"智",指的是计算、推理、谋划等理性的能力。创造性,就是制造或创造前所未有的新事物的能力。当然,人的自由,同上帝的自由相比是有限的,因为它受到先在条件的限制;人的心智,同上帝的心智相比是有限的,因为它也受到限制,起码有时间和空间的限制;人的创造性,同上帝的创造性相比是有条件的,因为创造的原意,按照这些宗教的说法,是上帝"从虚无创造",从无到有的创造(宇宙创生于时间、空间和物质都趋近零的"奇点",即虚无;老子说万物产生于道,而道即无,也有此意),与之相比,人的创造需要先在的质料或物质,所以是有条件的。人的这三个特性,或人与万物不同的"本性",在人的实际生活中,即在哲学所谓"实存"中,自由表现为欲望的无穷,这就需要"良知"的指引;心智表现为求知的无尽,这就需要以"悟道"作为目标;创造性表现为超出感情意义、伦理意义的爱,即博爱、泛爱、大爱,这对于人性有超拔的作用。

一言以蔽之,人的本性或能力"是有限的",人只有明白这一点,才算是认识自己,才算有自知之明。这不仅是宗教哲学的观点,也是古希腊开启的哲学智慧。也就是说,认识到人的界限,才算开始认识人,也只有借助于绝对他者(神、超越者、终极者)的概念,人才可能知道这个"界限"。

以上所讨论的人的本性及界限问题,在全球新冠疫情中受到广泛的讨论。如意大利哲学家阿甘本在社交网站贴出的《声明》这样说:"我们的社会除了赤裸生命(bare life)之外别无所信。很明显,面对生病的危险,意大利人时刻准备着牺牲一切:正常的生活、社会关系、工作,甚至友谊、情爱、宗教与政治信条。赤裸生命——以及失去它的恐惧——并没有带来团结,反而让人盲目、分离四散。"他在另一条网络贴文中这样讲:"一切公共信条和信念都在崩塌。可以说人们不再相信一切,除了不惜一切代价也要保护的赤裸的生物性存在(nuda esistenza biologica)。但是在失去生命的恐惧之上,能建立起来的只有僭主制(tirannia),只有利维坦(Leviatano)和它出鞘的剑。"这暴露出霍布斯一脉的伦理观念,将人的肉体生命置于价值高点,社会系统围绕其展开,同时隐含着适者生存的观念,人的本性只剩下物质特性,以至于人与自然的界限也开始模糊不清。齐泽克如此批判:"我认为最大的威胁不是退回到公然的野蛮状态(open barbarism),遭遇残酷的'适者生存'逻辑下的暴力,面对公共混乱与彼此之间的疯狂伤害，诸如此类（尽管考虑到卫生系统和其他公共服务设施可能会崩溃，这也是完全可能发生的）。比起公然的野蛮，我更惧怕人性面具下的野蛮：以专家建议为合法性依据，怀抱着惋惜甚至同情之心，基于'适者生存'的逻辑执行残忍的措施。"①齐泽克的担忧不无道理，意大利等地确实出现了让八十岁以上老人排队等候而优先救助年轻人的情况，这种情况的出现基于年轻人对社会更加有用处的信条，这与无差别救助的伦理背道而驰。

宗教提供了一种与之区别的生存理论，进而可以展开一种独特的生命伦理，即人的生命是一种来自救赎的馈赠（宗教哲学解释为依靠存在本身而得以可能的生存），且具有神的形象（宗教哲学解释为人的生存具有一定的超越性），因此生命显然具有比一般物质珍贵的属性，且这种珍贵性决定了只能由绝对本身来决定人类的生命。资本主义强化的物质主义，让人的生命屈从于资本生产、商品，进而让人忘记自己的本性，并模糊了人的界限，人不再是人，而是必须适应资本主义生产生活的那种存有物。"适者生存"的观念提供了一种前所未有的"工具理性"或"技术理性"；但是却没有老百姓说的"良心"——超越理智的"心"，即哲学家所谓"价值理性"或"存在理性"。从宗教哲学来看，良心恰恰是人的本性与界限之保证，因为良心的来源既不是人的狭义理性，也不是物质属性，而是源于超越者或与超越性相连通的地方。

当疫情严重导致死亡人数不断上升，超过了地方殡葬业能够承受的最大范围时，对于尸体的处理刺痛了现代人的心。一段视频显示美国某地的医护人员把尸体搬到医院门口的冷藏卡车上，因为医院的停尸间已经放不下更多的尸体，拍摄者带着哭腔说："这是真的，真的，我们像动物一样被处理掉……"类似的情况出现在世界各地，让以"生生"为生命展开的中国人突然集体反思几十年来的殡葬改革，亲亲（爱）与尊尊（敬）都不见了，突然到来的疫情甚至让临终的告别变得潦草，这俨然成了伦理问题中真正"性命攸关"的问题。各大宗教把人视为灵肉的结合体，很多宗教把灵魂置于高过生命体的地位，而宗教哲学则把灵魂的特性解释为某种赋予生命的原则，也就是说，人的生命与其生命原则同等重要；换言之，宗教哲学认为并不能通过身体的存在来进行人格认同（personal identity）②。也就是说，在宗教哲学的视域下，人并不是单纯的偶在，而是具有某种永恒性的存在者，死亡只是暂时将人的偶在属性剥去，因此人在死亡面前仍然

---

① ［斯洛文尼亚］齐泽克：《新冠疫情最大的威胁不是退回适者生存的暴力，而是人性面具下的野蛮》，潘震译，RT电台社论，https://www.rt.com/op-ed/483528-coronavirus-world-capitalism-barbarism/。

② ［美］麦克·彼得森等：《理性与宗教信念——宗教哲学导论》，孙毅、游斌译，中国人民大学出版社2005年版，第264页。

能够具有尊严、拥有人的本质属性——自由。这样来看，新冠病毒的偶然出现如果导致人降格成为仅有身体属性的偶在物而被"处理掉"，最终会形成伦理灾难。

三 死亡、社交禁令与自由问题

早在当下疫情暴发以前，一种筑墙封锁国界的全球性趋势——以色列和巴勒斯坦之间、美国和墨西哥之间，以及别的地区——就已经根深蒂固。复活的民族主义鼓动了这一趋势，它拿对移民和种群犯罪的恐惧来滋养自己，将围墙之中那不再纯洁的理想鼓吹为古希腊城邦政治美好生活的延续。迈克尔·马德尔（Michael Marder）认为，当今为了防范疫情而开展的封锁以及社交禁令在逻辑上与出于政治原因建造实体墙一致，甚至形成一种所谓的幸存主义（survivalism）[①]，如果这种幸存主义和民族主义等混杂在一起，便形成一种观念，认为某地区、国族、文明能够形成一种自力更生、全然独立的末日幸存共同体，这种观念导致一种遵循为少数人保留的救赎观，将少数人从他们生活的环境、社区、经济和其他背景中抽离出来。在疫情期间，关于挖路护村的新闻层出不穷，大到各国开始封锁国界，相互降低外交旅游互信……似乎"其他人"全部成为潜在的病毒携带与传播者，一时间似乎只有选择封闭和敌视对待陌生人的群体才有资格或更大概率逃过病毒的侵袭。

从宗教哲学来看，世界是运动的过程，指向一个终极的目标，这个运动的过程被视为整体的，因此是"有机与统一"并依存于世界的超越性本源[②]，正所谓"天之生物也，使之一本"（《孟子·滕文公上》）。万事万物依存于超越性的世界本源，并达成一个有机与统一的整体，因此，人类对世界的分解与割裂，本身就是对世界本源的背离。这不仅是政治哲学合法性的僭越问题，还是抽根断源的，就像新冠病毒疫情下的个体、社群，如果完全隔绝自己，就等同于死亡。"新冠病毒所证实的是，根据定义，接界多孔；无论如何巩固，它们都更像是活的膜，而非无机墙。新冠病毒甚至可以说是当代社会和政治世界的比喻。"[③]宗教哲学的世界观会生成一套伦理观念，这种伦理观念与现代社会世俗的伦理观念不仅在真理的来源上有差异，还在人的根源上有差异。

在新冠疫情中我们会问，如为什么会允许我们亲近的人，还有其他所有最

[①] Michael Marder, *The Coronavirus is Us*, https://www.nytimes.com/2020/03/03/opinion/the-coronavirus-is-us.html.
[②] 何光沪：《百川归海——走向全球宗教哲学》，中国社会科学出版社 2008 年版，第 171 页。
[③] Michael Marder, *The Coronavirus is Us*, https://www.nytimes.com/2020/03/03/opinion/the-coronavirus-is-us.html.

普遍意义上的"人类",不单是孤独地死去,而且都无法拥有一场葬礼,就要被烧成灰烬?从安提戈涅到今天,这样的事在我们的历史上前所未有。因为邻人已经变成可能的感染源,我们相当轻易地接受了限制通行自由的种种措施,我们还因为这种无法精确评估的风险,暂时断绝了友谊与爱情的关系。生命经验的统一性已然分裂。本来,生命经验的身体与精神两面不可分割,而现在,纯粹的生物实体和情欲的、文化的生活则完全分离。完全世俗化的现代医学应该为这种分裂承担责任:它看似理所当然,却是最为彻底的抽象。如现代科学通过重症监护装置实现了这种抽象,能在纯粹维持生命特征的状态下让身体存活很久。这些问题最终其实在问,现代社会文明的构建,是否提供一种价值的终极标准?或者说,现代社会的世俗伦理,是否拥有决定人生存尊严的合法性?没有价值标准,人类如何生存?这些追问最终不是政治哲学的,而是本体论的。退后一步来看,新冠疫情从伦理学角度至少会引发这样的疑问:人类是否真的有选择真理的自由?

　　世界正在加速同质化,人们在世界各地搭乘同样便捷的交通工具,看同样的娱乐节目,逛着同样的购物中心,而这种同质化导致疫情可能在任何一个地方以类似的方式迅速暴发。从宗教哲学来看,世界的同质化让人不再思考,因为思考通向他者,直到与人完全不同的绝对超越者,今日的世界只有重复的计算,这种计算是同者之间缺乏爱的表现,正如马克斯·舍勒对奥古斯丁的解释:"认识是一种救赎,作为他者而存在的对象之间的爱的关联,这是认识区别于简单的了解或同质化的信息的地方。"① 疫情暴发后,绝大多数封闭在家的人无所事事,娱乐八卦新闻搜索热度爆炸式增长,年轻人要求去海滩聚会玩乐,甚至在亚拉巴马州出现青年聚会,如果有人被病毒感染就可以得到一大笔赏金。每天增长的死亡病例不是活生生的人,而是一个一个无关紧要计算出来的数字,在一起聚会吃饭却各自玩手机的情况被疫情放大了,只是轻视身边的同类并没有造成伦理学上的"严重"问题,而如今拿生死当儿戏,好像让这早已存在的现象成为伦理学关注的"重大问题"。也许正如阿甘本所言:"在某种程度上,可能是在无意识之中,瘟疫早已存在。显然,人们的生活条件早已转变,只需要某个突然的信号,就会展现出其本来的面貌:不能忍受(intollerabile),正如瘟疫。从某种意义上来说,这是当下处境唯一能带来的积极事物,即人们可能会慢慢开始自问,曾经的那种生活模式是否是合理的。"② 如果没有认识的改变,人类将继续沉迷在这样同质化的世界,然后在下一次大灾难来临时清醒片刻。

---

① 韩炳哲:《他者的消失》,吴琼译,中信出版社2019年版,第7页。
② Giorgio Agamben, *Riflessioni sulla peste*, https://www.quodlibet.it/giorgio-agamben-riflessioni-sulla-peste.

从这个角度来看，新冠病毒疫情也正在成为真正的异质性事件，它引发了人的思考：担忧死亡的人们能否决定另一些人的行动乃至决定他人对生命的基本态度和看法？如果疫情带来的是一种突然的、非正常的死亡，那战争、饥饿、交通意外以及隐藏在城市中的意外死亡，为何让人类习以为常呢？这些隐匿在日常喧嚣背后的问题，借助新冠病毒的肆虐再次暴露出来，随之而来的是不同的疫情防控治理模式之间的争论、社交禁令的限度与范围、人类究竟应该怎样看待死亡等。意大利一名72岁高龄的神父贝拉德利（Berardelli）感染新冠病毒后选择把呼吸机让给年轻人成了热搜新闻，同时有另一条关于意大利神父的新闻——2020年3月24日的统计报道，超过60名神父感染病毒去世，这一数字超过了当时意大利感染病毒死亡的医生数量（24人）[1]。这些神父在宗教的角度做了寻常的选择——天国的道路并不因肉身的死亡而中断，但是在疫情期间，这种选择突然成了引人关注的新闻、异质性事件，甚至被部分人指责为浪费医疗资源与救治效率，甚至占用了宝贵的年轻人的医疗资源。最近的一百年间，人类的死亡观念迅速转变，人类生命的目的从一种终极性的目的降格成为世俗的目的，更进一步被转变成了资本主义生产的目的。也就是说，人的生命从神圣宇宙的一部分，变成了可以用效率、量化计算的数据，这种数据必须对社会生产做出贡献，只有救治能够生产的生命才是合乎常理的，违背这一点的都是奇特的、值得怀疑的。从宗教哲学来看，有神论的宇宙才有一个终极的整体目的，这个目的的价值高于其他一切，而无神论的宇宙在终极上是无目的的，最终导致伦理相对主义，汉斯·昆指出："人们通过否认上帝来反对终极理性，进而反对实在的目的性。"[2]

资本主义帮助世俗世界建立了目的，即生产率最大化。人们心甘情愿地奉献自己供人剥削，企图通过在资本控制的世界中通过货币购买自由，殊不知早已抛却海德格尔关于真正自我主体苏醒的教导：死亡是把握自我的最佳可能性。在宗教信徒看来，神父与医院的医护人员在行拯救之事，当神父与感染的信徒近距离接触完成临终祷告的时候，他们触碰到死亡，并借死亡的"不能之能"通往他者。而深受新冠疫情带来死亡恐惧支配的民众，则彻底拒绝死亡，因为物质主义的教导中，死亡就是失去自由，因此在死亡面前，越来越多的人接受生产率最大化的压榨并幻想这是自我的实现与自由的充分利用，被压榨的人认为自己在数以万计的人群中如果不能够占有更多社会资源、进行更有效率的生产、创造更多的价值，那就会迅速变成可以被替换的一个零件。宗教的死亡（时间）与生产力无

---

[1] 见《天主教先驱报》2020年3月24日。
[2] Hans Kung, *On Being a Christian*, Garden City, NY:Doubleday, 1976, p.75.

关，教堂做弥撒的人群与工厂加班的人群选择了完全不同的世界观、伦理观、自由观，二者的逻辑南辕北辙，福柯指出现代社会是规训的社会，这种规训要实现对生命的完全利用，即对资本主义生产而言尤为重要的生物政治学是有关生物的、躯体的事情，它要求人进行一种自我保护与优化，以便提升生产效率。① 而从宗教哲学的角度来看，人的灵肉双重特性以及对彼岸世界的盼望，导致人生活在一种否定性中，而当今同质化的世界并不接受这种否定性，因为它无益于生产率的提升。但是在悠久的宗教历史中，死亡常常作为一种否定性的力量让人类保持生命的活力，进而通往绝对的自由。从宗教哲学的角度我们不禁要问，在当下的疫情中对死亡恐惧的人，究竟担忧的是什么？

四 恶与德福一致问题

在疫情期间的网络新闻评论中，常常看到一种对医护人员的惋惜："为什么这么好的人会死去？""为什么好人没有好报？"这种疑问不绝于耳。而这些议论都指向德福一致问题，背后隐藏着恶与神义论难题。从宗教哲学的角度来看，恶与神义论几乎是西方哲学难以绕开的主题，20世纪以后又成为"无神论的磐石"。尽管各种各样的世界观——无论世俗的还是宗教的，都对恶的现象做出过种种解释，但要涉及德福一致问题，最终似乎只有走向宗教。

在宗教哲学上，一般将恶分为道德的恶和自然的恶。道德的恶一般包括自由的人错误地令他人受损的行为以及坏品格，如谋杀、撒谎、偷窃、贪婪、怯懦等；自然的恶一般包括非人为力量导致的苦难，如洪水、地震、疾病以及各种身体缺陷②。但新冠病毒吊诡之处在于它借助人的身体以及社交传播，最终导致自然的恶与道德的恶的混乱。新冠病毒能够在自然界中的人与动物之间建立传播途径，但导致疫情流行的全球性维度，是世界上从事大众旅游、教育和专业交流、长距离交往、国际文化和体育项目等活动的大部分人口的流动性和实体互联性日益增强的结果。从这个角度来看，更难进行严格意义上自然的恶与道德的恶的区分，至少现代文明的构建是全球性选择的结果。人们似乎难以在这场疫情中对恶进行区分和辨别，只好依照最原始的生存本能进行判断，因此造成伦理上的困境：一方面人有社交需求，并由此组成生存共同体；另一方面原始求生欲导致对陌生人的不信任乃至污名化某地区、某类人。

---

① 韩炳哲：《精神政治学》，关玉红译，中信出版社2019年版，第38—41页。
② [美]麦克·彼得森等：《理性与宗教信念——宗教哲学导论》，孙毅、游斌译，中国人民大学出版社2005年版，第172页。

瘟疫曾经被看作神的惩罚，正如一般意义上的疾病，很长时间以来对于社会来说是外源性的。今天，很多疾病被认为是内生性的，即更多地由现代人的生活、食物以及中毒的境况所产生的。而其形成真正的根源或者说原发性动力，却是人的利欲被全方位激活并无限度地释放，因为"世俗化"的现代社会并不承认来自神圣的惩罚，那么所谓违抗自然规律，也可以解释为违抗了人还尚未通过技术征服和掌控的自然。那曾是神圣变成了人性的——太人性了，正如尼采所预示的："谁有力量以德报德，以怨报怨，就被称为好人；谁无力进行报答和报复，就被看做坏人。"① 现代性曾长久地在帕斯卡那个句子的标示之下——"人无限地超越人"。然而，如果发生了"太过"——也就是说，不再是帕斯卡式神圣意义上的上升——那么，人就根本没有超出自身。人深陷于这样一种诡异的处境中：人被他自己所产生的各种事件和处境所超出而成为非人。新冠病毒证实了神圣的缺席，人们的希望都寄托在科学知识与技术上，但由于知识的不确定性，技术的权力转而依附于政治的权力，正因如此，每个共同体、每个权力体都开始制定评判的标准。从宗教哲学的角度看，神圣性的缺席导致对恶的判断的随意性，这一点从各国大打口水战到不同地域群体间的相互攻击中可见一斑，最终演变为生物战争这一完全是假想敌的政治事件。

一般宗教对恶的解释中都包含对坏事的惩罚，这似乎是大众信徒广为接受的一种观点，比如在《约伯记》中约伯的朋友认为约伯犯了罪，神要将健康平安赐给义人，用病痛和不幸惩罚恶人。但是约伯不是什么恶人，他最终得到了赏赐，但是痛苦也是实实在在地承担了。从宗教哲学的角度来看，在尘世里生命的重负与欢愉并不是平等分配的，甚至在此世的分配也不以德性为根据，其真正保障在于彼岸。因此在几乎把此世生活当作全部的现代社会中，这种解释难以让人接受。另一种宗教对恶的解释认为最终的结果是好的，就是好的，意味着恶与未来更大的善联系在一起，这种观点似乎无法成为救死扶伤者牺牲的理由，让人怀疑"这个世界是所有世界里最好的那一个"。还有一种对恶的解释，偏向于把责任推到人滥用自由意志上面，比如疫情暴发之初，舆论集中瞄准野味产业链。锻造的神义论把恶解释为宇宙整体发展过程的一个环节，也许它可以锻造灵魂、勇敢等品质，道德的成熟需要人经验到某种对抗的力量，在宗教哲学上这种神义论对恶的解释会受到一个挑战：如果一个人的灵魂还没有被锻造到足够的程度他就去世了怎么办？同样，今天的人们只会觉得这是一种事后的安慰。

---

① [德]弗里德里希·尼采：《人性的，太人性的——一本献给自由精灵的书》，杨恒达译，中国人民大学出版社 2005 年版，第 58 页。

同样地，当医护人员牺牲被认为是有意义的时候，要么是在他个人信仰层面有意义，要么是在救助了另一更大的生命数量层面有意义。一个人在信仰层面对于善恶的判断，曾经被认为可以来自人的理性，如托马斯·阿奎那的自然法传统，神在善恶之间做出了终极的区别，人被赋予的理性可以在自然界中推导出人应该做何选择。另外一种解释认为，人具有神的形象，也就具有一种伦理的形象，会自动反映神的伦理立场。新冠疫情暴发显然给了人们许多展示勇气和懦弱的机会。勇气很稀有，但在医护人员中屡见不鲜。他们好像一支军队，每天手无寸铁就上了战火纷飞的前线。而懦弱也可以理解：我们不能强迫任何人成为英雄，但每个人至少可以尝试做一位英雄。从宗教哲学来看，新冠疫情是不是在提醒我们，需要更换角度重新思考人的定义以及目的？也就是说，如果人不打开自己，向超越性敞开自己的生存，恶的困扰以及对死的忧惧，必然将人降格到弱肉强食、适者生存的动物世界！

结　语

新冠病毒蔑视各种存在体（beings）之间的层级区别，也蔑视生死领域之间的区别，它不停逾越旧的边界疯狂复制，并且以各种意想不到的方式进行传播，似乎在提醒今天的人们反思过往的生产生活方式、主权、自治……当人类不得不面临与病毒长期共存的情况时，宗教哲学提供了一种反思视角：思考着的人们是否该按维特根斯坦所言，除自然科学的命题外，不说什么。如果古典形而上学终结了，终极性、同一性问题也都终结了的话，人究竟应该如何定义？许多现代哲学流派甚至连"To be or not to be"都避而不谈，转而只谈各自领域里旁人听不懂的内容，在实践上放弃了意识形态和文化领域的话语权。现代哲学流派都在尝试开辟新的哲学领域，但是，丧失超越性的人能否建立真正的伦理观念？从本次疫情中思想界的大讨论来看，既然死亡的威胁不能解除，人活着仍不可避免地思考涉及超越性、终极性的内容，宗教哲学讨论的内容随着现代哲学的发展呈现跨学科、跨文化的特征，但是从人生存的本质来看，宗教指向的终极性仍然是各哲学流派需要思考的内容之一，甚至在疫情结束后的一段时间里会成为最重要的内容。

【作者简介】 张生，宗教学博士。四川师范大学哲学研究所讲师，主要研究方向为宗教哲学、基督教思想；李怡乐，西南财经大学经济学院副教授，研究方向为当代资本主义经济。

新技术与哲学

人类世危机

约翰·贝拉米·福斯特 撰 / 王坤宇 张桂丹 译

【内容摘要】 2019年年底暴发的新冠肺炎疫情已弥散全球，至今没有减缓的态势。一定程度上，这正是生态危机的一种表现形式，却并非个案。环流紊乱、气候异常、冰川融化、江河污染、垃圾围城、塑料滥用、生物灭绝等已经成为当前人类生活所面临的"新常态"。面对着大数据、生化技术、人工智能等新技术，以及由疫情加剧的逆全球化的趋势，国际社会的经济、政治、社会和文化结构都在发生着变化；事实上，这一变革并不是简单的历史波状前进中的一个波谷，而很可能是人类发展模式、社会组织形式、国际秩序、社会伦理等领域剧烈变革的前奏。这一切都可以归结为人类世的危机，危险来源于过去的失误，而机遇则属于变革后的未来。"人类世"概念在21世纪初的欧美学界成为重要的关键词，人们往往认为这是一个由荷兰科学家、诺贝尔化学奖得主保罗·克鲁岑（Paul Crutzen）提出的概念。但是本文则通过知识考古的方式将这一个范畴及其体系推导回了苏联时期的大气科学和生态学研究，并进而通过马克思、恩格斯等人的早期论述，预示了人类世中人类与地球之间的"代谢裂谷"的不可避免性，将问题的根源归结为资本主义的经济和社会发展模式，最终提出激进的生态社会主义是反驳资本主义发展模式，彻底扭转人类世危机的可行道路。[①]

【关键词】 人类世；生态危机；生态社会主义

正因为我们对人类社会的本质（相对于自然界而言）一无所知，导致我们现在所面临的是（有关科学家使我确信）这个不再适合居住的星球的岌岌可危

[①] 本文改编自约翰·福斯特为伊恩·安格斯《面对人类世：化石资本主义与地球系统危机》一书写的序言；此内容摘要为译者为原文写作的"导言"。

之势。

——伯托特·布莱希特[①]

人类世被视为是取代了全新世（过去的1.2万年至1万年）的最新地质时代，代表了地球历史上所谓的"人为裂谷"（anthropogenic rift）[②]。气候学家保罗·克鲁岑在2000年正式将其引入当代科学和环境学的讨论中，这一观念认为人类已成为影响地球生态系统未来的主要新兴地质力量。尽管人类世通常可以追溯到18世纪后期的工业革命，但它最可能出现在20世纪40年代末和50年代初。最新的科学证据表明，1950年左右开始出现了记录人类对环境影响"大加速"的高峰：在核武器试验产生的放射性沉降物中发现了最引人注目的"人为裂谷"的地层痕迹[③]。

这样看来，人类世与现代环境运动的兴起大致相应。现代环境运动起源于第二次世界大战后科学家反对地面核试验的抗议活动；1962年雷切尔·卡森（Rachel Carson）出版了《寂静的春天》，促使运动进一步扩大。此书出版后不久（20世纪60年代），苏联和美国科学家第一次发出了关于全球变暖加速和不可逆转的警告[④]。这种人类世加速度与激进环保主义者的必然反应之间的张力，构成了伊恩·安格斯（Ian Angus）这本卓越的新书的主题。他让我们深刻地认识到，人类世作为历史变化引发的社会—自然互动关系的新阶段，以及由此而生的新的生态必要性（主题），已经成为我们在21世纪需要面对的核心问题——这使得《面对人类世》一书变得不可或缺。

今天，人类世似乎与"二战"的科学联系特别紧密。然而，就像历史上所有的重大转折点一样，人类世工业革命早期就已经有了一些不太显著的端倪。这反映了马克思主义哲学家伊斯特万·梅萨罗斯（István Mészáros）所称的"连续

[①] Bertolt Brecht, *Brecht on Theatre* (New York: Hill and Wang, 1964), p.275.

[②] Clive Hamilton and Jacques Grinevald, "Was the Anthropocene Anticipated?", *Anthropocene Review* 2, No. 1 (2015), p.67.

[③] Paul J. Crutzen and Eugene F. Stoermer, "The Anthropocene", *Global Change Newsletter*, May 1, 2000, 17; Paul J. Crutzen, "Geology of Mankind", *Nature* 415, No. 6867 (2002): 23; Colin N. Waters et al., "The Anthropocene is Functionally and Stratigraphically Distinct from the Holocene", *Science* 351, No. 6269 (2016): 137, 137, 2622-1–2622-10.

[④] Spencer Weart, "Interview with M. I. Budyko: Oral History Transcript", March 25, 1990, http://aip.org; M. I. Budyko, "Polar Ice and Climate", in J. O. Fletcher, B. Keller, and S. M. Olenicoff, eds., *Soviet Data on the Arctic Heat Budget and its Climatic Influence* (Santa Monica, CA: Rand Corporation, 1966), pp.9–23; William D. Sellars, "A Global Climatic Model Based on the Energy Balance of the Earth Atmosphere System", *Journal of Applied Meteorology* 8, No. 3 (1969), pp.392–400; M. I. Budyko, "Comments", *Journal of Applied Meteorology* 9, No. 2 (1970), p. 310.

性和非连续性的辩证法",（这一辩证法）刻画了历史上所有新涌现的发展趋势的特征①。虽然人类世的概念完全是随着地球系统的现代科学概念而产生，并且现在人们越来越相信"二战"后的经济大加速孕育了它的物质基础；但是一些关注资本主义兴起给人与环境带来巨大变化的思想家们的较早概念早已预示了这一可能，比如工业革命、世界殖民化和化石燃料时代等。

卡尔·马克思和弗雷德里克·恩格斯早在1845年就说过："那个先于人类历史的自然，已经不复存在了（也许除了一些最近发现的澳大利亚珊瑚岛之外）。"② 1864年，乔治·帕金斯·马什（George Perkins Marsh）在《人与自然》一书中提出了类似的观点，警示人类与地球之间的"代谢裂谷"（metablic rift），这本书比恩斯特·海克尔（Ernst Haecke）创造"生态"一词早了两年，也比马克思出版《资本论》的第一卷早了三年③。

然而，直到19世纪下半叶和20世纪初，随着我们对地球系统的现代概念的发展，生物圈等关键概念才随之出现，最著名的是苏联地球化学家弗拉基米尔·沃尔纳德斯基（Vladimir I. Vernadsky）在1926年出版的《生物圈》。林恩·马古利斯（Lynn Margulis）和多里安·萨根（Dorian Sagan）在《生命是什么》中写道："值得注意的是，沃尔纳德斯基打破了生物体和非生物环境之间的严格界限，在卫星（第一次）从轨道发回地球照片之前，就描绘了全球的生命。"④

沃尔纳德斯基的书的出版与他的同事，即苏联地质学家阿列克谢·巴甫洛夫（Aleksei Pavlov）首次提出的"人类世"（以及"人类纪"）一词相呼应。巴甫洛夫用"人类世"一词来指代一个新的地质时期，其中人类是地球地质变化的主要驱动力。正如沃尔纳德斯基在1945年所观察到的那样："地质学家巴甫洛夫（1854—1929）在他生命的最后几年，从人类的地质作用概念出发，常常谈到人类活动的时代，也就是我们现在生活的时代……他正确地强调，人类就在我们眼前，正在成为一种强大的、不断增长的地质力量……在20世纪，人类在地球历

---

① István Mészáros, *The Power of Ideology* (New York: New York University Press, 1989), p. 128.
② Karl Marx and Frederick Engels, *Collected Works*, Vol. 5 (New York: International Publishers, 1976),p. 40.
③ George P. Marsh, *Man and Nature* (Cambridge, MA: Harvard University Press, 1965); Frank Benjamin Golley, *A History of the Ecosystem Concept in Ecology* (New Haven, CT: Yale University Press, 1993), pp. 2, 207; Karl Marx, *Capital*, Vol. 1 (London: Penguin, 1976),pp. 636–639; *Capital*, Vol. 3 (London: Penguin, 1981),p. 949.
④ Lynn Margulis and Dorion Sagan, *What Is Life?* (New York: Simon and Schuster, 1995), p. 47; Vladimir I. Vernadsky, *The Biosphere* (New York: Springer, 1998). The concept of the biosphere was originally introduced by the French geologist Edward Suess in 1875, but was developed much further by Vernadsky, and came to be associated primarily with him.

史上第一次认识并接受了整个生物圈,完成了地球的地理地图的绘制,也占据了整个地球的表面。"[1]

在沃尔纳德斯基研究生物圈的同时,苏联生物化学家亚历山大·奥帕林(Alexander I. Oparin)和英国社会主义生物学家霍尔丹(J. B. S. Haldane)在20世纪20年代独立提出了生命起源的理论,即"原始浓汤理论"。哈佛大学生物学家理查德·莱文(Richard Levins)和理查德·列万廷(Richard Lewontin)总结说:"生命最初起源于无生命物质(霍尔丹称之为'热稀汤'),但这种起源使其无法持续存在,因为生命消耗了重新创造生命所需的复杂有机分子。此外,在生命开始之前就存在的还原性大气(缺乏自由氧)已经被生物自身转化为富含活性氧的大气。"这样,欧帕林·霍尔丹理论首次解释了生命是如何从无机物中产生的,以及这个过程为什么无法重复。同样重要的是,数十亿年前以这种方式诞生的生命,可以看作复杂的共同进化过程中生物圈的肇始者[2]。

1963年,蕾切尔·卡森发表了具有里程碑意义的演讲,题为《我们被污染的环境》(*Our Polluted Environment*),她向美国公众介绍了生态系统的概念,以及在我们所有行动中都要考虑这一点的必要性,她雄辩地表达了这种生态整体的观点。"从生物时代开始",她写道:

> 自然环境与其所供养的生命之间存在着最密切的相互依存关系。年轻的地球孕育了生命,生命随即又改变了地球的环境,使得这种独一无二的、不同寻常的自然行为无法重复。从那以后,生命和它的环境就以这样或那样的形式产生着作用和反作用。
>
> 我认为,这一历史事实不仅具有学术意义,还有现实意义。一旦我们接受这一观点,我们就会明白为什么我们不能像现在这样肆意破坏环境而不受惩罚。认真研究地球历史的人都知道,无论是生命还是维持生命的物质世界,都不是孤立存在的。相反地,我们会认识到生物和环境之间的非凡统一。因此,排放到环境中的有害物质早晚会给人类带来麻烦。
>
> 生态学是研究这些相互关系的科学分支。我们不能孤立地考察生物

---

[1] Vladimir I. Vernadsky, "Some Words about the Noösphere", in Jason Ross, ed., *150 Years of Vernadsky*, Vol. 2 (Washington, D.C.: 21st Century Science Associates, 2014), p. 82; E. V. Shantser, "The Anthropogenic System (Period)", in *The Great Soviet Encyclopedia*, Vol. 2 (New York: Macmillan, 1973), p.140. 尚策尔(Shantser)在他发表的英语文章中介绍了"人类世"这个词。

[2] Richard Levins and Richard Lewontin, *The Dialectical Biologist* (Cambridge, MA: Harvard University Press, 1985), p. 277; A. I. Oparin, "The Origin of Life", in J. D. Bernal, *The Origin of Life* (New York: World Publishing, 1967), pp. 199–234; and J. B. S. Haldane, "The Origin of Life", in Bernal, *The Origin of Life*, pp. 242–249.

体；也不能将自然环境视为与世隔绝的实体。两者共存，相互作用，形成一个生态综合体或生态系统。①

尽管有卡森等的整体生态观，但由于西方科学中普遍存在的还原论模式以及这些概念（人类世、生物圈等）的苏联背景，沃尔纳德斯基的生物圈和生物地球化学循环的概念在西方长期受到轻视。"冷战"时期科学出版社（甚至美国政府）经常翻译苏联科学家的著作，他们的成果因此为美国的同行所熟知——只是不知为何，沃尔纳德斯基的《生物圈》却直到 1998 年才被翻译成英文。在气候学等领域，苏联科学家远远领先于美国同行，因此这（翻译工作）是非常必要的。然而，这种跨越"冷战"分歧的更广泛的科学交流，却很少向公众传播，公众对苏联在这些领域的成就几乎一无所知。因此，从意识形态上讲，生物圈的概念似乎长期处于一种被封锁的状态。

1970 年，《科学美国人》（Scientific American）就这个主题发行了一期特刊，生物圈成了焦点②。与此同时，社会主义生物学家巴里·康纳尔（Barry Commoner）在《封闭的循环》一书中警告说，人类与地球关系的巨大变化始于原子时代和现代合成化学的发展。通过对马克思关于土壤新陈代谢裂痕问题的分析，康纳尔指出，资本主义对生命周期环境的破坏就是（生态问题的）早期预警③。

叶夫根尼·费多罗夫（Evgeni K. Fedorov）是世界顶尖的气候学家，也是苏联最高苏维埃主席团成员，以及康纳尔理论在苏联的主要支持者（为俄文版《封闭的循环》撰写了"结束语"）。他在 1972 年宣称，世界需要逐步摆脱化石燃料："如果我们不使用直接的太阳能、波浪形成的水力和风能作为能源，而是（选择）从化石燃料或核反应中（间接）获取能源，那么地球温度会不可避免地上升。"④ 对于费多罗夫来说，马克思的"人与自然的新陈代谢"理论为解决地球系统问题的生态学研究提供了方法论基础⑤。在 20 世纪六七十年代，苏联和美国

---

① Rachel Carson, *Lost Woods* (Boston: Beacon, 1998), pp.230–231.
② G. Evelyn Hutchinson, "The Biosphere," *Scientific American* 233, No. 3 (1970): pp. 45–53.
③ Barry Commoner, *The Closing Circle: Nature, Man, and Technology* (New York: Knopf, 1971), pp.45–62, 138–175, 280.
④ E. Fedorov 引自 Virginia Brodine, *Green Shoots, Red Roots* (New York: International Publishers, 2007), p.14, 29. See also E. Fedorov, *Man and Nature* (New York: International Publishers, 1972), pp.29–30; John Bellamy Foster, "Late Soviet Ecology and the Planetary Crisis," *Monthly Review* 67, No. 2 (June 2015), p.9; M. I. Budyko, *The Evolution of the Biosphere* (Boston: Reidel, 1986), p. 406. 杰出的科学家费多罗夫呼吁对环境问题采取更激进和快速的反应，但基本上苏联政府没有留意，为此产生严重后果。
⑤ Fedorov, *Man and Nature*, p. 146.

的气候学家首次发现了克莱夫·汉密尔顿（Clive Hamilton）和雅克·格林瓦利德（Jacques Grinevald）所说的"世界新陈代谢"的"证据"①。

在随后的几十年里，地球系统分析的兴起也受到了早期太空任务产生的外部视野的强烈影响。霍华德·奥德姆（Howard Odum）是系统生态学形成的领军人物之一，他在《环境、权力与社会》一书中写道：

> 我们可以通过在地球上空的宇航员的宏观视角来对地球进行系统的观察。从轨道卫星上看，地球的生命区似乎非常简单。覆盖在地球（即生物圈）上的稀薄的、充满水和空气的外壳，内部以紧密的固体为界，外部则以近乎真空的外层空间为界……谈论气体平衡、每百万年的能量预算，以及地球薄壳的整体新陈代谢的极大简化（这么宏大的主题），从天上的视野来看比较容易。除能量流之外，地球生物圈大部分是封闭的系统，其材料是可循环和再利用的。②

奥德姆接着说："资本主义的'过度增长机制'威胁着'整体新陈代谢'。"③因此，如今人类世的概念一方面反映人们日益认识到，人为驱动因素在干扰生物地球化学过程，以及对地球系统的行星边界方面起着加速作用；另一方面也发出了一个可怕的警告：在"一切照旧"的情况下，世界正进入一个新的生态阶段，一个不利于维持生物多样性和人类文明稳定性的阶段。

《面对人类世》一书的主要成就正是将人类世（概念内）的这些二元因素结合起来（分别有地质和历史、自然和社会、气候和资本主义等），形成统一、综合的观点。安格斯表明，"化石资本主义"如果不踩刹车，会是一辆失控的火车，将导致全球环境隔离，以及进入英国马克思主义历史学家汤普森（E. P. Thompson）所说的受"终结主义"（exterminism）威胁的历史阶段；到时数亿人甚至数十亿人的生存条件将被颠覆，我们所知道的生命基础将受到威胁。这源于奥德姆所说的"帝国资本主义"（imperial capitalism）。在不平等的全球体系中，地球上最脆弱人群的生活岌岌可危④。

---

① Hamilton and Grinevald, "Was the Anthropocene Anticipated?", p. 64.

② Howard T. Odum, *Environment, Power, and Society for the Twenty-First Century* (New York: Columbia University Press, 2007), p. 3.

③ Odum, *Environment, Power, and Society*, p. 263.

④ E. P. Thompson, *Beyond the Cold War* (New York: Pantheon, 1982), pp. 41–80; Rudolf Bahro, *Avoiding Social and Ecological Disaster* (Bath, UK: Gateway, 1994), p. 19; Odum, *Environment, Power, and Society*, pp. 276–278.

安格斯告诉我们，危险如此之大，只有全新的、激进的社会科学方法（进而是社会本身），才能为我们提供人类世时代所需要的答案。这种方法必须认真对待卡森的警告，即如果我们破坏地球的生命过程，我们早晚会自食其果。情况如此紧急，"明日为时已晚"①。

然而，服务于社会秩序及其统治阶层的占主导地位的社会科学，迄今为止一直在掩盖这些问题，把重心放在改良措施和机械解决方案上，如碳市场和地球工程等。似乎人类世危机不过是一个狭隘的经济和技术危机，这与资本霸权对地球及其居民的进一步扩张是一致的；然而事实的情况是当前的资本积累体系才是危机的根源，其结果是使世界陷入更大的危险中。那么，我们需要认识到，正是我们当前的生产模式（资本主义），阻碍了我们创造一个人类可持续发展的世界，去超越等待着人类的螺旋式上升中的灾难。为了拯救我们自己，我们必须建立针对人类与环境新目标的不同的社会经济逻辑：一场由广大人类参与的生态社会主义革命。

但这种彻底的变革难道没有风险吗？为应对全球变暖，推翻现行的生产和能源使用制度，难道不需要付出巨大的努力和牺牲吗？我们是否能够像伊恩·安格斯那样的生态社会学家所设想的一样，建立一个人类可持续发展的社会呢？宁可错在否定主义（denialism）一边，也不要错在"灾难论"（catastrophism）一边，不是更好吗？在我们了解更多之前，我们是否应该毫不犹豫地采取行动呢？

在这里，我们可以引用伟大的德国剧作家和诗人贝托尔特·布莱希特（Bertolt Brecht）的教诲诗《火宅喻》（*The Buddha's Parable of the Burning House*）作为警醒：

> 佛陀仍坐在面包树②下面，
> 对那些没有提问的弟子讲了这个寓言：
> 最近我看到一所房子，它正燃烧，
> 火焰舔舐着屋顶。我走近一看，
> 里面还有人。我进门喊道

---

① Rolf Edburg and Alexei Yablokov, *Tomorrow Will Be Too Late* (Tucson, AZ: University of Arizona Press, 1991).

② 根据译者的查证，这首诗的题材取自《法华经》，其背景是一个学生向佛陀请教有关"空"的概念。布莱希特从一个西方人的视角进行了"创造性叛逆"，与原故事有颇多出入之处，例如佛陀显然应该坐于菩提树下，但诗歌中却为 bread-fruit tree，不过其寓意却与本文是相符的：即以人的欲望为基础的资本主义发展模式正如那所燃烧的房子，这其中有欲望—燃烧房子—资本主义的二次转喻。而这位提问的学生却因为已经"欲火焚身"而完全无法获得"空"的觉悟，这也正和深处资本主义消费欲壑的人类的处境相似。

房顶着火了，劝他们马上离开。
但那些人似乎并不着急，其中一人，
已经火烧眉毛，
还问我外面如何，是否在刮风，
是否在下雨，又或者，
是否还有另外一所房子，等等。
我没有回答就出去了，
我想，这些人在停止提问前就会葬身火海，
真的！朋友们！
一个没有感觉到地板上的热气，
并煞有介事地继续跟别人扯淡的人，
就让他依旧故我吧。
对他们，又何须多言？
释迦牟尼如是说。①

资本主义及其所造成的异化的全球环境，构成了我们今天的"火宅"。面对这可怕的困境，主流环保主义者通常只选择"沉思"，当火焰舔舐着屋顶，整个房屋濒临倒塌，他们观察着，并对其内部环境进行微调。要知道，关键在于"改变"，在不同的建筑原则下重建文明的家园，创造可持续的人类与地球的新陈代谢过程。源自社会主义和激进环境运动的生态社会主义或许能达到这一目标，而《面对人类世》一书是这场运动最新的、最雄辩的宣言。

【作者简介】 约翰·贝拉米·福斯特，美国俄勒冈大学社会学教授，《每月评论》(*Montly Review*)主编，研究方向为资本主义政治经济学和经济危机、生态环境与生态危机、马克思主义理论。

【译者简介】 王坤宇，文学博士，现为美国佛蒙特大学博士后，重庆师范大学副教授，主要研究方向为生态伦理学、生态媒介；张桂丹，翻译学硕士，国家二级翻译。

---

① Bertolt Brecht, *Tales from the Calendar* (London: Methuen, 1961), pp. 31–32.

算法问责制与公共理性

鲁本·宾斯 撰 / 黄 各 译

【内容摘要】在当前一系列社会环境中，算法在决策中不断增长的应用促使人们对算法的可归责性提出了要求。负责任的决策者必须向他们的决策对象提供这一自动化系统结果的依据。但是，在我们期待这些理由和依据能够发挥作用，可以使用哪种更为广泛的原则呢？从政治哲学的角度，我依照"公共理性"的民主理想来呈现出一种关于算法问责制的阐释。我认为，在这种阐释框架内提出算法问责制的适当要求可以使我们更好地阐明它的目的，并以此来评估这一做法的充分理由。

【关键词】算法问责制；公共理性；分歧

当今时代，不管是在广告、监管还是在房产和信贷领域，计算机算法在决策活动中正被广泛地采纳和应用。需要做出某些决定的实体（entity）——决策制定者——仅需要根据极少量的人工输入（甚至没有）就可以依照自动化系统的输出来进行决策。这些决策通过给个体（决策对象）带来某些好处或者坏处来影响他们。这种现象已经被命名为算法决策制定，并且也有越来越多的要求促使算法决策制定者要对其行动负责。[1]

尽管问责制在时下经常被提及，但对其的界定通常是不确定的，并以集合性术语（umbrella term）的方式被应用于一系列措施之中，其中包括对算法决策者的审查、审核和制裁[2]。这篇文章主要关注的是如下情形中的问责制[3]：如果 A

---

① 参见 Diakopoulos, N., Accountability in Algorithmic Decision Making, *Communications of the ACM*, 59(2), New York, NY, USA, 2016, pp.56–62。

② 参见 Diakopoulos, N., Accountability in Algorithmic Decision Making, *Communications of the ACM*, 59(2), New York, NY, USA, 2016, pp.56–62。

③ 参见 Bovens, M., Goodin, R. E., & Schillemans, T., *The Oxford Handbook of Public Accountability*, Oxford: OUP Oxford, 2014。

有义务向 B 提供一些关于其行为 C 的正当理由，那么 A 在行为 C 中就要对 B 负责；同时，如果 B 认为 A 所提供的理由并不充分的话，A 也可能面临某些形式的惩罚。在算法决策的过程中，一个负责任的决策者必须为其决策对象提供其自动决策系统设计以及操作的原因和阐释。决策对象也能够评判这一理由是否充分，如果不充分的话，决策者就会面临某些形式的惩罚，甚至被迫撤回或者修改某些决定。

举例来说，应用了自动信用评分系统的银行可能会被那些贷款申请被自动拒绝的客户追究责任。责任在这种情况下可能包含那些由银行为其提供决定的正当理由的客户的要求、银行对其系统运行方式的回应以及其为什么适合于这种情况的解释；最后一步，看客户是否接受这项理由。如果客户予以拒绝，在这种情形下，银行可能就不得不与代理商一起重新修改或者处理他们的决定，又或者会面临某些形式的制裁。

在问责制的最后阶段发生了什么，可能不会被讨论，但这却引出了在算法问责制的核心概念上的一个非常具有意义的问题：即什么类型的解释是决策制定者可以合法地期望能够使决策对象满意的？与各种各样的信念和原则相类似，我们同样也可以找到多种类型的解释。例如，银行可以通过参考他们用来训练系统的机器学习技术的先前成功经验来对决策进行解释；或者涉及用于推测信用评分的，关于被试者的心理测试发展过程中的科学严谨性；又或者具有想象性特征的圣意。贷款的申请者可能基于各种理由拒绝这些解释；比如他们都对有关机器学习技术、科学方法以及干涉主义（上帝）的存在持怀疑态度。如果决策制定者和决策对象在这些解释的充分性上存在争议，那么这一矛盾应该如何化解呢？或许有时决策制定者可以强加一些决策对象认为并不合理的算法决策来为自己辩护，又或者我们是否总是要以后者的反对意见为准？我们应该如何调和算法决策中所遵循的不同的但是又合法的认知和伦理标准呢？

算法问责制这个概念，无论其优点如何，它都并不能解决这些问题；因为总是存在着关于算法决策制定系统的认知和道德状态的多元且合理的观点。本文认为，这其实是一个更具有普遍性的，在道德和政治哲学中一直存在争论的问题的实例。在民主社会中，如下两种情形之间存在着一种张力：一方面是对平等对待所有人的普遍政治和道德规则的需要；另一方面有理性的人可能会在决定这些规则的知识、价值和道德问题上有不同的意见。因而在算法问责制中，对多元价值问题的回答可能会在政治哲学家们对这一更具有普遍性问题的解答中找到。尤其是，我认为公共理性的概念——大致上，规则、机构以及决定需要通过普遍的原则，而不是更多地依赖于公民们可能会合理地拒绝有争议的命题这一观念——它（公共理性）是在算法决策制定过程中所产生的合理多元主义问题的答案①。

本文第二部分提供了算法决策制定，不透明性、问责制的伴随性问题，以及其必然带来的可能导致冲突的认知和伦理假设的方式的简要概述。第三部分介绍了公共理性的概念并阐释了其与算法问责制的相关性。第四部分在提出一些结论之前考察了潜在的挑战和局限。

一 算法决策制定的兴起

这一部分粗略地概述了算法决策制定的最新发展，以及它所关联的，很容易在上述决策制定者和决策对象之间产生各种冲突的认知和规范性假设的方式。

智能系统和大量数据的自动处理进程推动着社会发展。由计算引起的对生命的思考意味着可以在大型历史趋势数据进行训练的算法模型的基础上，对人进行预测、分类和决策。个性化的平台可以针对其用户的态度和行为建立起详细的资料，这可以决定用户们所浏览的内容、看到的产品以及搜索的结果②。从前，借款人的金融借贷可以通过小范围的历史和定性的因素进行评估；而现在，他们可能面临基于更大范围的，那些看似无关因素的不透明性的评估③。举例来说，网络上的放款人会观察借款人与信誉相关的行为，比如潜在的借款人浏览他们网页的速度，或者借款人在其填写表格时是否正确使用了大写字母等④。雇主们现在也开始使用相似的系统来选择他们的雇员，监控他们的活动以使他们保持生产效率和健康，并预测他们的失败、成功、离职甚至是自杀，以便可以尽早地采取措施来减轻自身的风险⑤。

所有这些系统从某种意义上来说都是"算法"，因为它们采用了特定的输入并通过计算的方式产生了输出结果。其中一些涉及了明确的编程步骤，在这些步骤中，关于这个世界的现有知识被规范性地呈现和表达，从而软件的代理商可以

---

① 参见 Quong, J. (2013), "Public Reason", https://stanford.library.sydney.edu.au/entries/public-reason/ 中的概述。

② Tufekci, Z. (2014), Engineering the Public: Big Data, Surveillance and Computational Politics, *First Monday*, 19(7); Sweeney, L. (2013), Discrimination in Online ad Delivery, *Queueing Systems. Theory and Applications*, 11(3). New York, NY, USA: ACM), 10:10 – 10:29.

③ Deville, J. (2013), "Leaky Data: How Wonga Makes Lending Decisions", *Charisma: Consumer Market Studies*. http://www.academia.edu/download/34144234/Deville_-_2014_-_Leaky_data.doc.

④ Lobosco, K. (2013), "Facebook Friends Could Change Your Credit Score", *CNNMoney* 27.

⑤ Kim, E. (2015), "Workday Helps You Predict When Your Best Employees Will Leave", *Business Insider*, http://uk.businessinsider.com/workday-talent-insights-can-predict-when-employees-will-leave-2015-4?r=US&IR=T.

基于这些知识来进行推断[1]。其他的则是基于"机器学习",这是人工智能的最新范式[2]。机器学习涉及使用学习算法的训练模型,也涉及为了分类和预测未来的现象而使用过去相关现象的大数据集合(通常生成的是一种数字化人类活动的副产品)。尽管这两种方法在其预测功能和分类功能的获取方式上有所不同,但它们都可以被视为算法决策制定系统的范例,因为它们可以从给定的输入中自动推导出与决策有关的输出结果。

1. 算法决策制定必然包含有争议的认知和规范假设

用自动化系统取代人类决策者具有减少人类偏见的潜力[3],但是,不管是基于知识的还是基于机器学习的算法决策制定形式都具有"植入"价值观以及重新产生偏见的潜力[4]。在基于知识的系统中,输入系统中的知识,以及涉及建模的假设都可能会反映出系统设计者和数据搜集过程中的偏见[5]。对源于机器学习的算法决策制定系统来说,还存在另外一个分歧的潜在来源。如果算法是基于有偏见的或者反映性别、种族以及其他敏感属性的非公正结构不平等的数据而制定的,那么它就可能"学习"到用这些属性来进行区别对待。通过这种方式,基于机器学习算法的决策可能会加剧潜在的社会不平等[6]。当预测模型被用于保险、贷款、住房以及监管领域时,这种类型的问题就可能会出现。如果某些群体的成员在历史上更可能拖欠其贷款,或者更可能被定罪,那么这个模型可能会给这些群体中的个人更高风险的评分。"歧视意识数据挖掘"(DADM)和"机器学习中的公平、问责制以及透明性"(FAT-ML)这些新兴领域探索了各种各样的技术,通过这些技术,组织机构可以识别出这种类型的危害,并将诸如公平这一类的伦理约束"植入"到它们的系统中[7]。

---

[1] Shadbolt, N., Motta, E., & Rouge, A. (1993), Constructing Knowledge-based Systems, *IEEE Software*, 10 (6), pp. 34–38.

[2] Russel, S., & Norvig, P., "Artificial Intelligence: A Modern Approach", *EUA: Prentice Hall*, 2010.

[3] Zarsky, T. (2016), The Trouble with Algorithmic Decisions: An Analytic Road Map to Examine Efficiency and Fairness in Automated and Opaque Decision Making. *Science, Technology & Human Values*, 41 (1). SAGE Publications Sage CA: Los Angeles, CA, pp.118–132; Sandvig, C. (2015), "Seeing the Sort: The Aesthetic and Industrial Defense of 'the Algorithm'", *Journal of the New Media Caucus ISSN*, 017X.

[4] Nissenbaum, H. (2001), How Computer Systems Embody Values, *Computer*, 34 (3), pp. 120–119.

[5] Wiener, N. (1960), Some Moral and Technical Consequences of Automation, *Science*, 131(3410), 1355–1358. Weizenbaum. J. (1972), On the Impact of the Computer on Society, *Science*, 176(4035), pp. 609–614.

[6] Kamiran, F., & Calders, T. (2012), Data Preprocessing Techniques for Classification without Discrimination, *Knowledge and Information Systems*, 33(1). Springer – Verlag, pp. 1–33.

[7] 参见此文献中的事例:Pedreschi, D., Ruggieri, S., Turini, F. (2009), "Measuring Discrimination in Socially-Sensitive Decision Records", in *Proceedings of the 2009 SIAM International Conference on Data Mining*, pp. 581–592.

自动化决策制定系统中所固有的各种隐性价值同时在认知和规范性基础方面也是可争议的。

首先，在很多种情形下，算法模型许多关于认知方面的问题是值得商榷的。其中包括算法设计和机器学习实践中的内部问题，比如模型是否是可普遍化的、过度拟合或者训练过度的，以及其他与学习算法性能相关的问题[1]。在外部，算法决策制定可能还会存在更多基本的认识论问题。举例来说，我们是否应该考虑将基于机器学习的模型的输出与从科学中潜在获得的模型相等价，或者它们是与这种有效的猜测相类似的吗[2]？如果它们不能区分因果关系和相关性，这是否可行[3]？每当实体在部署算法系统时，他们会对其中的一些问题采取内隐性的立场。有时，这些立场又是明确的，比如，彼得·诺维格（Peter Norvig），一本关于机器学习的畅销书作者，就鼓励数据科学家们铭记："本质上，所有的模型都是错误的，但是有些是有用的。"[4]类似地，政策制定者可能会认为，在他们仅仅需要预测能力的情形下，基于机器学习的模型无法提供因果关系的阐释是可以接受的[5]。这里的要点并不是要对这些特殊的立场进行讨论或者反对；而是要去展现算法决策制定系统必然提及的这些有争议的认识论主张，这些主张一方面需要证明其合理性，另一方面人们可能有理由不同意。

其次，抛开这些认识论方面的问题，任何使用算法模型的人都不可避免地会采用一套规范性原则（至少是内隐性的）。无论组织机构是否明确尝试在其模型中囊括歧视—检测和公平约束机制，很明显，算法系统的部署会不可避免地植入某些伦理方面的假设。在对其他人行为的综合分析的基础上，用某种方式来对待某个个体是否公平，这是一个很细微的道德问题，可能需要依靠多种环境因素。当试图修改模型来移除基于种族、性别、宗教或者其他保护性属性的算法歧视时，数据科学家将不可避免地用很明确的数学方式来植入一系列道德和政治方面的约束[6]。

---

[1] Japkowicz, N., & Shah, M. (2011), *Evaluating Learning Algorithms: A Classification Perspective*, UK: Cambridge University Press.

[2] Pietsch, W. (2016), The Causal Nature of Modeling with Big Data, *Philosophy & Technology*, 29 (2). Springer Netherlands, pp. 137–171.

[3] Mckinlay, S. T. (2017), "Evidence, Explanation and Predictive Data Modelling", *Philosophy & Technology*, January, Springer Netherlands, pp. 1–13.

[4] Halevy, A., Norvig, P., & Pereira, F. (2009), The Unreasonable Effectiveness of Data, *IEEE Intelligent Systems*, 24(2), pp. 8–12.

[5] Kleinberg, J., Ludwig, J., Mullainathan, S., & Obermeyer, Z. (2015), Prediction Policy Problems, *The American Economic Review*, 105 (4), pp. 491–495.

[6] 参见此文献中的事例：Joseph, M., Kearns, M., Morgenstern, J., Neel, S., and Roth, A. (2016), "Rawlsian Fairness for Machine Learning", *arXiv [cs.LG]*. arXiv. http://arxiv.org/abs/1610.09559。

总之，我们能认为，算法决策制定者（隐形或者显性）永远都会植入认知和规范的假设。因为算法问责制（在如上定义的意义上）涉及对制定者们的决定提供理由、阐释和辩护，人们期望这些假设应该形成一个关于决策制定者的阐释内容的实质性部分。

2. 算法问责制旨在提炼出植入性的价值

提炼出这些假设的需要被反映在最近对于算法问责制的需求中。政治家、市民社会、管理者和学者都呼吁实施此类系统的人员披露其关于他们工作方式的信息。赋予决策对象了解这些体系背后的逻辑原理的权利被看作"档案时代中的关键权利"[1]以及"迈向智能社会的第一步"[2]。许多隐私、数据保护和信息自由都包含了迫使组织机构揭示他们所使用的系统，他们所搜集的数据，他们所推断的模型以及他们如何使用的各项措施，凡此种种都反映了上述的担忧。1995年的欧盟数据保护指令（1995 Data Protection Directive）和即将颁布的通用数据保护法规（General Data Protection Regulation）都包含了个人能够要求对有关他们的自动化决策进行逻辑解释的权利［通用数据法规中的13.2（f）、14.2（g）、以及15.1（h）］[3]。这些法规旨在促使公民能够研究和挑战这些系统中不透明的逻辑。

如果这些措施的主旨在于允许问责，并且涉及提供其关于原因、阐释和证明理由，那么这就应该对这些隐含性的认知和规范标准有所提及。用信用积分的例子来说，银行可能会阐释他们数据的来源，捍卫其建模假设、正负误差率以及拒绝或者同意授予贷款门槛的合理性。另外，他们可能会参考算法设计中所植入的任何规范性标准。例如，他们可能会参考模型中的任何反歧视措施，来防止其向对历史上曾被歧视的群体成员进行更高信用风险的评分（使用之前提到过的技术手段）。

3. 合理多元论的悖论

问责制的最后一步提出了一个有意义的挑战。虽然这样的一些理由、解释

---

[1] Hildebrandtm M. (2012), "The Dawn of a Critical Transparency Right for the Profiling Era", *Digital Enlightenment Yearbook 2012*, IOS Press, pp. 41–56.

[2] Pasquale, F. A. (2011), "Restoring Transparency to Automated Authority", February, https://papers.ssrn.com/sol3/papers.cfm?abstract_id=1762766.

[3] 对于所谓的"解释的权利"的细节讨论可以参见：Goodman, B., & Flaxman, S. (2016), "European Union Regulations on Algorithmic Decision-Making and a 'Right to Explanation'", arXiv [stat.ML]. arXiv. http://arxiv.org/abs/1606.08813。

和证明可能会让一些受到影响的个人满意，但是不能保证的是：所呼吁的隐藏性认知和规范性标准能够被所有人接受。系统操作者将提供他们所支持的诉求标准的阐释；不过这些也有可能不被受到这些决策所影响的人接受。认知标准之间的差异似乎是完全合理的，例如，关于机器学习模型的稳健性的广泛争议①。植入在算法决策中关于规范性标准的意见分歧似乎更有可能发生，鉴于任何人在道德观念上都有普遍的差异，以及在涉及保险、住房和警务等领域也有差异。因此，在仅提供算法决策系统输出的原因和解释与提供充分的理由（受影响的决策对象能够接受的）之间存在着裂缝。在这样的情形中，由于系统操作者和决策对象的认知和规范性标准不同，因而会陷入某种僵局。

这就呈现了一个关于应该优先采用哪个标准的悖论；是依照算法决策者还是决策对象的呢？二者任选其一都不能令人满意。如果依照前者，算法问责制就可能成为一种例行的顺从程序，被用作类似于官样文章的履行手续，以此来为系统的输出提供表面上的合法性。另外，如果我们将受到影响的个人的标准放在首位，那么具有不同标准的个体都可能会反对那些算法决策中最为精确的和最具有伦理性的使用。无论赋予决策者还是决策对象以绝对的优先性，都将会使算法问责制过于单一，如果允许其中一方让另外一方遵守他们无法合理接受的标准的话。这种认知和规范性上的差异似乎是不可避免的；并且，如果算法问责制旨在促进合法性的话，那么我们需要一个如何解决它们的更好的阐释。接下来，我会基于公共理性观念提出一个对算法问责制的重构性辩护。

二　作为公共理性的算法问责制

我认为，为了回答这些难题和挑战，算法问责制的支持者应该关注公共理性这一民主政治的理想。在这一节中，我将在阐释公共理性与算法问责制的相关性之前简要介绍这一概念。

1. 公共理性：简要概述

公共理性是一个来源于卢梭和康德的早期现代政治哲学概念，并且近期又

---

① 参见：Szegedy et al., (2013), "Intriguing Properties of Neural Networks", arXiv [cs.CV]. arXiv. http://arxiv.org/abs/1312.6199.; Nguyen, A., Yosinski, J., & Clune, J. (2015), "Deep Neural Networks are Easily Fooled: High Confidence Predictions for Unrecognizable Images", *In Proceedings of the IEEE Conference on Computer Vision and Pattern Recognition*, pp. 427–436.

在罗尔斯、哈贝马斯等人的著作中①得以再现。Quong 将其定义为如下的要求：

尽管我们之间存在着深层次的差异与分歧，但我们的法律和政治机构必须通过参照一些共同的观点来证明其对我们每个人来说都是正当的②。

公共理性尝试去解决对平等对待每一个人的普遍性政治和道德规则的需要与理性的人可以不同意诸如价值、知识、形而上学、道德以及宗教等这类事物的理念之间的张力。如果我们彼此强加的规则仅仅是通过诉诸一些人可能合理地不同意的信念才具有正当性，那么，这些不同意的人就会屈从于其他人的政治意志。因此，公共理性建议：普遍性的规则必须建立在如下基础之上才是可证明的：即适合于公开，并由社会中所有理性的人所共享，还能够不诉诸那些具有争议性的信念。

因此，这一概念依靠于信念的共享和非共享事物之间的普遍、合理、可接受的分歧的可能性。公民必须同意的是：某种类别的信念具有充分的普遍性，可以期望每一个理性的人都能够认同它，而其他的类别就具有很大的争议（即使其中有一些可能是正确的）。举例来说，适当的普遍原则可能包括平等的基本自由、机会均等以及收入和财富的公平分配。这些可能与宗教、形而上学、道德或者政治学说的非普遍性内容形成对比，这不能构成共通原则重叠共识的基础。普遍信念和教条性信念之间的差别解释了"即使教皇有一条通向上帝意志的道路，这也并不能导致无神论者可以依照来源于天主教教义的辩护而许可被强制"③。

虽然公共理性的拥护者认为普遍信念和教条信念之间的界限是一个艰巨的挑战，但仍被视为实现合法的自由民主的必要前提，也是不同政治哲学家试图想要回答的问题④。通常，在被公共理性的情形所诉诸的各种信念是规范性的，不过在某些情况下，它们也会包含认知的事物，比如被广泛接受的科学知识⑤。

公共理性主要被认为是基于这样一种规则的约束，即它能通过国家，一般而言是合法的形式来证明强制。然而，在某些方面，它不仅应用于政治机构、立

---

① 参见：Rawls, J. (1997), The Idea of Public Reason Revisited, *The University of Chicago Law Review*. University of Chicago. Law School, 64(3), pp. 765–807. Raz, J. (1998), Disagreement in Politics, *The American Journal of Jurisprudence,* 43. HeinOnline, 25; Hawbermas, J. (1993), Justification and Application: Remarks on Discourse Ethics, Polity.

② Quong, J. (2013), "Public Reason", https://stanford.library.sydney.edu.au/entries/public-reason/.

③ Estlund, D. (2008), Introduction: Epistemic Approaches to Democracy, Episteme, *Rivista Critica Di Storia Delle Scienze Mediche E Biologiche*, 5(01). Cambridge Univ Press, pp. 1–4.

④ Rawls, J. (1997), The Idea of Public Reason Revisited, *The University of Chicago Law Review*, University of Chicago, Law School, 64(3), pp. 765–807.

⑤ Rawls, J. (1996), Political Liberalism (with a New Introduction and the "Reply to Habermas"), New York, Columbia University Press, 1(5), 11–11; Jasanoff, S. (2012), *Science and public reason*, UK: Routledge.

法者和法官，同时还适用于私人实体以及其他实体①。事实上，对某些人来说，这不仅是一种适用于如此建构的政治规则的约束，而且还是基于通常情况下决策制定权的合法行使的约束②。

2.公共理性在算法问责制中的约束

具备了公共理性的基本概念，我们现在可以开始更好地为它面对算法问责制的多元化悖论提供潜在的解决方案。在决策者和决策对象互不相让的情形中，诉诸冲突的规范和认知标准，以便他们可以利用寻求共通的原则来解决这一冲突。

这即是说，公共理性可以通过确保决策制定者必须有能力根据被所有理性人都可以接受的认知和规范性标准而对他们系统的输出结果负责，并以此对算法决策能力进行限制。正如同在更为广泛的政治环境中，公共理性的倡导者区分了普遍可接受的价值（例如，平等）和合理但有争议的信念（例如，有神论），因此我们可能推导出能够帮助解决在决策制定者和决策对象之间的标准上的冲突的共同原则。就像大多数关于公共理性的阐释一样，这些共同原则的确切内容有望从平等公民之间的反思平衡过程中浮现出来。这种反思平衡的特殊形式是很多政治哲学争论中的主题，在关于它的范围、内容和基础上存在着很多的不一致。这种不一致也会在算法的环境中得以体现。因此，在提倡以公共理性作为依据的算法问责制的形式时，我不希望以公共理性的任何特殊形式为前提。不过，探索在问责制的过程中重新主张公共理性的要求如何以多种方式证明是有用的，这仍然是可能的。

第一，重新确立普遍性原则，以反对由代码所引起的偏见。在被政治哲学传统所讨论过的"类比"冲突的算法版本中，公共理性将会很有用。上面讨论过的各种算法分歧的形式都可能属于此种类型。当出现在用于训练机器学习算法的历史数据中时，违反公共理性的人类偏见可能会被复制。例如，房东可能会出于宗教原因有计划地拒绝向某些租客提供住房。被租赁机构采用的算法系统对使用训练数据分析的申请人进行评分，这就可能在无意中复制此种偏见。如果那些人类的决策不会在公共理性的标准下接受彻底的审查，那么它们算法的衍生物同样也不会接受审查（除非已采取措施来解决和减轻训练数据中的偏见）。代码的具

---

① Quong, J. (2013), "Public Reason", https://stanford.library.sydney.edu.au/entries/public-reason/.

② Gaus, G. F. (2011), "Partiality and Impartiality: Morality, Special Relationships, and the Wider World", in Oxford University Press, https://arizona.pure.elsevier.com/en/publications/the-demands-of- impartiality and-the-evolution-of-morality.

体化不应该提供这种具有避免这些约束的偏见。

第二，明确说明责任。这将会帮助到决策的合法性并不清晰的事例，因为决策制定者对其算法系统的阐释并不充分，而且还是不甚清楚的。如果没有提供辩护理由原则的参考（不管是认知还是规范性的），那么决策对象可能就会缺乏评估自动化决策制定系统的手段。通过宣称对证明与普遍可接受原则的相容性的需要，公共理性迫使决策制定者在事前就要考虑他们算法系统的伦理和认知的方面。

第三，跨越公共和私人决策制定的界限。关于公共理性和个人良心的潜在冲突的现有讨论可能也在尝试跨越某些微妙的界限方面被证明是有用的，比如歧视和个性化。虽然根据受保护的特征对人进行区别对待通常违反了公共理性的普遍可接受原则，不过仍然存在一些决策不受那些要求所约束的情形。比如，当我们在对浪漫的伴侣进行选择时，通常被认为是非法的分歧形式就是普遍可接受的。当算法系统被相似的目的所采纳时，相似的例外也就有可能发生；因为并不存在这样的一种事实：即被用于在网络约会服务上的配对算法会通过性别等要素进行区别对待。不过其他的例子就可能不那么清楚。同样，公共和私人组织机构受公共理性要求的程度也可能存在重要的差异。民主选举的政府可能比私人公司受到更严格的标准约束，尽管后者也时常被要求通过参考公共的可接受原则来为其行动辩护。基于这些理由，算法问责制在公共和私人领域的性质和范围上是有所不同的。但是，这些界限的整合已经在公共理性的理论中得到了有益的解决。

第四，澄清辩护的认知标准。公共理性也可能帮助澄清充分辩护所需要的认知标准的种类。例如，自动化系统所做出的预测是基于变量之间的因果关系还是相关关系就可能会引起争议。如果因果关系比起单纯的相关性来说被认为更具有决策基础上的合法性，那么这在道德上就可能是相关的[1]。拿最近欧盟法院判决中的一个例子来说，女性可能与更负责的驾驶员相关联，但这并不是负责任驾驶的"真正原因"（更有可能是神经的或者心理的禀赋更多地存在于女性中）[2]。按照这种思路，仅仅基于性别和驾驶行为相关性的算法决策制定系统比起基于真正的因果关系进行决策的系统来说，就不具备更好的说服力。因此，关系性质之

---

[1] Gandy, O. H. (2010), Engaging Rational Discrimination: Exploring Reasons for Placing Regulatory Constraints on Decision Support Systems, *Ethics and Information Technology,* 12(1). Springer Netherlands, pp.29–42.

[2] Schanze, E. (2013), Injustice by Generalization: Notes on the Test-Achats Decision of the European court of Justice, *German LJ, 14,* HeinOnline, 423.

间的合理分歧就会导致冲突，这是给定的算法模型能够揭露的[1]。在这种情况下，公共理性领域中关于某种科学主张可接受性的考察就会是有帮助的。两个变量之间因果联系的推定的存在或许可能是罗尔斯"显而易见的真理""广泛被市民所接受"这些术语的实例，从而也因此是区别对待的可接受的基础[2]。

第五，要对算法决策对象和决策者进行约束。值得注意的是，公共理性可能不仅是对决策制定者的约束；它也会对决策对象能够期望获得同情的委屈和抱怨施加约束。比如，一个具有特权群体的成员，他以前由于某些偏见而获益——宗教的原因，房东给予他优先获得住房的权利。想象一下，一个算法租客评分系统被创建，并且从训练数据中明确了这些历史偏见，那么防止他们的算法重复并保证自动分数的分配就是公平的。之前不公平享有了特权的个体就不能抱怨他们在住房中所遇到的新困难。宗教群体成员的资格并不是对于住房优惠待遇普遍可接受性的理由。要想接受其投诉，他们需要将公共理性作为基础，如果相对资格的改变是通过公共理性所证明的，那么这种投诉可能就会失败。

三 反对意见、限制和挑战

我现在考察对作为算法决策制定约束的公共理性理念的两种潜在的限制和挑战。

1. 算法决策制定已经通过实质性法律受到公共理性的约束

如果公共理性已经通过其他形式的规定进行了呈现，那么在算法问责制的层面对其进行要求似乎就有些多余。如果算法决策制定已经以实质性的方法进行了规定，并且那些规定（在民主社会中）已经受到公共理性的约束，那么公共理性就已经在发挥其约束力了，为什么还要尝试在局部层面（local level）重申它呢？

的确，公共理性已经（理想地）通过民主立法程序进入了算法决策制定的法律规定中。不过即使如此，基于两个原因，还是有必要在特定情形的特定系统层面重申一下它。

---

[1] 关于机器学习如何发现因果关系，可以参见：Pearl, J. (2009), *Causality*, UK: Cambridge University Press。关于它的影响，可以参见：Pietsch, W. (2016), The Causal Nature of Modeling with Big Data, *Philosophy & Technology*, 29(2), Springer Netherlands, pp. 137–171. 关于科学方法及其因果阐释，可参见：Mckinlay, S. T. (2017), "Evidence, Explanation and Predictive Data Modelling", *Philosophy & Technology*, January, Springer Netherlands, pp. 1–13。

[2] Rawls, J. (1996), Political Liberalism (with a New Introduction and the "Reply to Habermas"), New York, Columbia University Press, 1(5), pp. 11–11.

首先，立法过程不适合预测所有算法决策制定系统可能涉及的复杂和动态的过程。不能较为明显看出的是：直到决策制定者被迫对其系统负责之前，一种特殊法律（例如，非歧视）都有可能会被违反。

其次，在局部层面重申公共理性要求的行为迫使决策制定者能够保证他们已经充分阐明了其系统的目标以及对实现这些目标的必要限制。在没有规定适当限制的情况下，指导系统最大化一些输出结果就会导致对公共理性的大规模违反[1]。通过要求目标和约束的选择必须符合公共理性的原则，潜在的合理违规就可能浮现出来。问责制是实质性法律施行的另一个层面；它是合法规定的补充，而不是其替代品。

2. 不透明性的问题

对问责制模型的第二个潜在挑战是由某些算法决策制定系统的不透明性所引起的。虽然基于知识的系统能够提供在其结果背后的理由的清晰阐释[2]，受到机器学习算法训练的模型可能就不行[3]。因而，这种算法决策制定系统对于可解释性的缺乏会威胁到决策制定者对其系统进行阐释的能力[4]。这可能导致"算法独裁"，在此情况下，"公共决策制定程序的合法性"会受到"某些算法治理体系不透明性"的阻碍[5]。

虽然某类模型可阐释性的缺乏的确是一个挑战，不过，总体上智能阐释的前景并非是毫无希望的。首先，许多算法决策系统并不依赖于难以理解的深度学习和神经网络，而是依靠不那么负责且更易阐释的模型，比如决策树（decision trees）。考虑到很大范围内的机器学习方法是可行的，那么在可解释性和准确性

---

[1] 虽然，在制定约束条件方面仍然存在重大挑战，参见：Bostrom, N. (2003), "Ethical Issues in Advanced Artificial Intelligence", *Science Fiction and Philosophy: From Time Travel to Superintelligence John Wiley & Sons,Inc.*, 2016。

[2] Wick, M. R., & Slagle, J. R. 1989, "An Explanation Facility for Today's Expert Systems", *IEEE Expert: Intelligent Systems and Their*. dl.acm.org. http://dl.acm.org/citation.cfm?id=629616. Gregor, S., & Benbasat, I. (1999), Explanations from Intelligent Systems: Theoretical Foundations and Implications for practice, *The Mississippi Quarterly*, 23(4). Management Information Systems Research Center, University of Minnesota, pp. 497–530.

[3] Lipton, Z. C. (2015), "The Myth of Model Interpretability", Accessed March 27. http://www.kdnuggets.com/2015/04/model-interpretability-neural-networks-deep-learning.html.

[4] Neyland, D. (2007), Achieving Transparency: the Visible, Invisible and Divisible in Academic Accountability networks. *Organization*, 14(4), pp. 499–516. Anderson, C. W. (2011), Deliberative, Agonistic, and Algorithmic Audiences: Journalism's Vision of its Public in an Age of Audience Transparency, *International Journal of Communication Systems,* 5(0), 19.

[5] Danaher, J. (2016), The Threat of Algocracy: Reality, Resistance and Accommodation, *Philosophy & Technology*, 29(3), Springer Netherlands，pp. 245–268.

之间就需要做出权衡①。不过，即使在负责的多层级模型中，不透明性问题也有可能被高估了；还有很多种有前途的方法可以解释模型的特定输出结果，而无须尝试打开其"黑匣子"②。

即使模型确实被证明是不可避免的不透明性，公共理性也可能成为这样一种工具，通过它我们能够解决不透明性是否确实构成问题的难题。考虑这样一种情形：决策制定者只能提供一个决策的阐释，比如这是由神经网络引起的，那么我们就可能会认为他们解释的失败是由某种预置所引起的。正如安娜妮和克劳福德所认为的那样："如果一个系统是如此复杂，以至于即使对它有全面了解的人也无法描述其失败和成功，那么问责制的模型就可能会聚焦于这一系统是否应该被构建。"③ 此外，对一个系统负责并不仅仅只是简单地解释其输出结果。在某些情况下，真正重要的不是系统如何达到特定的结果，而是其应该达到什么样的目标。知道搜索引擎是否针对结果的流行性、真实性或者新颖性进行了优化可能比准确地知道它是如何实现这些目标更重要。在这些事例中，模型的不透明性对问责制的阻碍较小。

四 结 论

近年来，对算法问责制的呼吁日益高涨。它们反映在决策制定者们的不断努力以及数据保护法制定过程之中。采用算法系统的实体有义务公布其操作方式，并且要对他们算法驱动的决策制定过程负责，这是防止其滥用的重要保证。

但是，对于算法决策产生责任之后应该注意的情况却很少有人提及。当一个组织机构被迫对其系统负责时，我们应该如何对其责任进行界定和处理？什么样的责任是我们应该有效接受的？公共理性则提供了部分答案。

正如民主社会的公民有权进行审查以及有权对政治权力的行使负责一样，算法选民也有权审查和追究算法权力的行使。不过，在发生冲突时，制定和实施算法决策的实体与那些受这些决策影响的实体之间应该如何解决这些矛盾呢？一方面，我们不能期望公民遵守其认知和规范标准可能合理地不被认可的算法的输出结果；另一方面，我们还必须提供一些积极的标准，通过这些标准，实体可能

---

① Bratko, I. (1997), "Learning: Between Accuracy and Interpretability", In *Learning, Networks and Statistics*, Springer, Vienna, pp. 163–177.

② Ribeiro, M. T., S. Singh, & Guestrin, C. 2016, "Model-Agnostic Interpretability of Machine Learning", *arXiv [stat.ML]*. arXiv. http://arxiv.org/abs/1606.05386.

③ Ananny, M., & Crawford, K. (2017), Seeing without Knowing: Limitations of the Transparency Ideal and its Application to Algorithmic Accountability, *New Media & Society*, 0(0), 1461444816676645.

会成功地提供令人满意的算法系统的说明。这一答案是由公共理性所提供的，希望实施其算法的实体必须能够以规范性和认知的方式对其系统负责，这是社会上所有合理的个体都可以接受的。

【作者简介】鲁本·宾斯（Reuben Binns），牛津大学计算机科学系副教授，研究方向为计算机科学、法律和哲学。

【译者简介】黄各，哲学博士，中共中央党校（国家行政学院）哲学教研部讲师，研究方向为道德—政治哲学。

算法专制的威胁：现实、抵抗与顺应

约翰·达纳尔 撰 / 曲 扬 译

【内容摘要】公共决策过程（包括行政、立法与司法）日益依赖算法是近些年最值得注意的趋势之一，例如由计算机决定信息输入与决策输出。本文关注算法治理（algorithmic governance）是否对公共决策过程的道德与政治合法性构成威胁。本文不谈公众关注的信息安全与隐私问题，关注算法威胁公共决策过程的合法性。仿照爱斯特朗（Estlund）描述的认知专制（epistocracy），我将这种来自算法的威胁称为"算法专制"（algocracy）。本文将厘清这种威胁的本质并讨论两类应对办法：抵抗与顺应（accommodation）。经过辨析，这两种办法都不可行，否则我们会失去社会决策过程中许多重要价值。

【关键词】算法专制；认知专制；大数据；数据挖掘；合法性

我们处在算法决策时代。算法在华尔街进行股票交易[1]，算法决定谁有最大的逃税嫌疑[2]，算法辅助科学探索[3]，算法也帮我们约会相亲[4]。这些只是算法决策的冰山一角，还有许多例子[5]。随着信息化革命与物联网的推进，算法决策的趋

---

[1] Patterson, S. (2013), Dark Pools: the Rise of Ai Trading Machines and the Looming Threat to Wall Street, Random House.

[2] Zarsky, T. (2013), Transparent Prediction, *University of Illinois Law Review*, 4, 1504.

[3] Mayer-Schonberger, V. and Cukier, K. (2013), Big Data: A Revolution that will Transform How We Live Work and Think, John Murray.

[4] Slater, D. (2013), Love in a Time of Algorithms, Current.

[5] Siegel, E. (2013), Predictive Analytics: the Power to Predict who will Click, Buy, Lie or Die, John Wiley and Sons.

势只会不断增长①。

本文探讨在公共与政治领域中依赖算法决策是否有问题。假如，订立新法、司法仲裁或施行规范性政策都高度依赖算法，这些决策结果是否在道德上可疑？由于公共决策具有强制力，公共决策过程应当具有道德与政治合法性已是共识②。依赖算法是否会伤害公共决策过程的合法性呢？

本文将论证这种危险的确存在。许多人只关注算法决策的隐蔽性问题，而我认为存在至少同样严重的不透明性问题。以爱斯特朗对认知专制的讨论为蓝本③，我论证对算法不断加深的依赖导致了算法专制的威胁：算法结构性地限制了人类对公共决策的理解与参与。这种威胁严重到我们难以抵抗或顺应。

本文以这样的结构展开：第一部分阐明本文所关注的社会现象，解释我对"算法专制"这个术语的使用。第二部分举例论证算法专制的潜在威胁。第三部分论证抵抗这种威胁在道德上是不可取的。第四部分论证令人满意地顺应这种威胁是难以做到的。文章结论有些悲观：算法治理具有工具与程序优点，却牺牲了人类的理解与掌控力。

一 什么是算法专制？

"算法专制"一词容易让人误会。我在精准的意义上使用这个术语，既延续了它之前的用法④，又把它与政治哲学中的"认知专制"概念⑤关联起来。

首先请让我处理一些可能的误读。我使用这个术语并非是要描述这样一种情形：计算机或者人工智能夺取了政府决策部门的控制权来为自身利益与需要服务。这或许会在未来发生，但我关注的是没那么惊险刺激（却实际存在）的现象⑥。"算

---

① Kitchin, R. (2014a), The Data Revolution: Big Data, Open Data, Data Infrastructures and Their Consequences, London: Sage. Kellermeit, D. and Obodovski, D. (2013), The Silent Intelligence: The Internet of Things, DND Ventures LLC. Rifkin, J. (2014), The Zero Marginal Cost Society: The Internet of Things, The Collaborative Commons and the Eclipse of Capitalism, Palgrave MacMillan.

② Peter, F. (2014), Political Legitimacy, In Edward N. Zalta (ed.), The Stanford Encyclopedia of Philosophy Spring 2014 Edition (available at http://plato.stanford.edu/archives/spr2014/entries/legitimacy/).

③ Estlund, D. (1993), Making Truth Safe for Democracy, In D. Copp, J. Hampton, & J. Roemer (eds.), The Idea of Democracy, Cambridge: Cambridge University Press. Estlund, D. (2003), Why not Epistocracy? In Naomi Reshotko (ed.) Desire, Identity, and Existence: Essays in Honour of T.M. Penner, Academic Printing and Publishing. Estlund, D. (2008), Democratic Authority, Princeton: Princeton University Press.

④ Aneesh, A. (2006), Virtual Migration, Duke University Press.
Aneesh, A. (2009), Global Labor: Algocratic Modes of Organization, *Sociological Theory*, 27(4), pp.347–370.

⑤ Estlund (1993, 2003, 2008).

⑥ 人工智能控制世界的可能性可以参见 Bostrom, N. (2014), Superintelligence: Paths, Dangers, Strategies, Oxford: OUP。

法专制"在本文中并非是负面的：以"cracy"为后缀的词语经常是贬义词，比如"官僚主义"和"技术官僚主义"，但在本文中不是这样。"民主主义"也有这个后缀，意思是正面的（或至少是中性的）。我倾向认为"算法专制"是个中性词。这在下文（第二部分）中会更加明显，我认为依赖算法的系统同时具有许多优点和不足，其中一些缺点会带来算法专制的威胁。

我用"算法专制"来描述一种特殊的治理系统：系统的组织架构以计算机生成的算法为基础[①]。数据的收集、整理、统合与进一步处理由算法完成，部门之间的沟通也由算法辅助。算法影响了部门间的人员互动，确定了决策数据的形态，塑造了决策的受众。算法以特定方式组织与包装信息，甚至改变人类置身其中的现实世界[②]。系统可以是全自动或半自动的，[③]也可能保留了人类的监管与输入。

我在这个意义上使用"算法专制"有着社会学上的先例。阿尼斯分析劳动力转移时使用"算法专制"来指称区别于市场机制或官僚体制的组织系统[④]。对阿尼斯来说，市场机制、官僚体制、算法专制分别用价格、法律法规、算法来塑造与制约人类行为方式。三种系统间不存在清晰的界限：它们经常重叠与相互融合。这在当前语境中非常重要，因为算法决策系统可以被整合进现存的法律官僚决策系统中[⑤]。

有了这个定义，我们不必知道算法决策系统的具体技术基础。我特别关注日益增多的以预测型或描述型数据挖掘算法为基础的决策系统[⑥]。我同扎斯基（Zarsky）那样将数据挖掘定义为"从数据中识别出有效的、新颖的、潜在有用的、最终可理解的模式的非平凡过程"[⑦]。这些模式可被用作描述，来解释或理解过去的事件，比如挖掘金融记录以发现曾经的欺诈行为。它们也可被用作预测或预防未来的情况，比如预测罪犯再次犯罪，或从事恐怖活动的概率。当今数据挖掘最突出的特点是依赖数据监视网络搜集到的巨量数据（大数据）。人类可以或多或少地参与数据挖掘与决策过程：比如预先决定数据挖掘算法要搜索的模式

[①] 我强调"计算机生成的"：虽然算法作为从输入到输出的分步指令，本身不需要遵从计算机架构，但算法专制的威胁与信息化革命有密切联系。

[②] Kitchin, R., & Dodge, M. (2011), Code/space: Software and Everyday Life, Cambridge, MA: MIT Press.

[③] Dormehl (2014) 给出了全自动系统的例子，比如马萨诸塞州用人脸识别系统自动吊销驾照。

[④] Aneesh (2006, 2009).

[⑤] Lessig 做了相关研究，他关注系统掌控者，而我关注系统对决策中透明性的影响。详见 Lessig, L. (1999), Code and Other Laws of Cyberspace, New York: Basic Books；Lessig, L. (2006). Code 2.0. New York: Basic Books Lippert-Rasmussen, K. (2012), Estlund on Epistocracy: A Critique, Res Publica, 18(3), pp.241–258.

[⑥] Kitchin (2014a).

[⑦] Zarsky, T. (2011). Governmental Data-mining and its Alternatives, Penn State Law Review, Vol. 116, p.285.

(主题搜索），或允许算法自行决定（模式搜索）①；人类也可以选择查验或直接采纳挖掘的结果。在某些情况中，整个系统是全自动的。

军用无人机领域有与本文主题相关的机器人武器系统分类②：

人类参与的武器系统：机器人仅可以在得到人类指令的情况下选择目标并开火。

人类监管的武器系统：机器人可以自行选择目标并开火，但人类可以监视并超驰机器人指令。

无人监管的武器系统：机器人自行运作，不受人类监视与超驰地选择目标并开火。

提到这些自然不是我对机器人武器感兴趣，而是因为任何算法系统都能这样分类。以税务执法系统为例，人类参与的系统仅在得到指令时才会根据算法选定审计对象。与之相对，人类监管的系统则自行运作，持续处理收集来的数据，识别出重要的模式，并给出予以抓捕与法庭传唤的名单。人类操作员则会选择执行或超驰算法指令。无人监管的系统则由机器处理一切。

在开始核心论证之前还要做最后一个概念区分。在考察算法系统时，我们需要知道参与算法系统有难易之分。数据挖掘分为"可解释的"与"不可解释的"③。前者由可被人类理解的原理和系数组成，并"可被还原成人类语言的说明"④。后者则由过于复杂而无法被人类理解的部分组成，不能还原成那样的说明。人类即使"参与"或"监管"后一类系统，也会因为不理解而无从质疑算法的决定。在使用机器学习算法挖掘数据的情况持续增长的形势下，算法系统能否被人类解释变得格外重要，这已成为业内共识。我会在后面继续讨论这个问题。

二 什么是算法专制的威胁？

算法专制的增多引起了道德与政治上的担忧，根据讨论需要⑤，担忧可以分为两类：

隐蔽性：算法专制未经我们许可秘密收集利用个人信息。

不透明性：算法专制的工作方式无法被人类理解。

---

① Zarsky (2011).

② Citron, D., & Pasquale, F. (2014), The Scored Society: Due Process for Automated Predictions, *Washington Law Review*, Vol.86, p. 101.

③ Zarsky (2011, 2013).

④ Zarsky (2011).

⑤ 对其他系统（无人驾驶汽车或自动化武器）的讨论会引出更多道德与政治问题。

隐蔽性已被广泛讨论①，引出了激烈的政治辩论②以及一系列法律法规。例如，2014年欧洲法院废除了关于信息保存的一项规定：电信运营商将客户信息保存两年。欧洲法院废除该项规定的理由是它"对尊重私人生活与保护个人信息的基本权益造成了广泛且严重的侵害"。从声明中明显可以看出，隐蔽性担忧的规范性基础是隐私权和个人信息自我掌控。

不透明性的相关讨论则少得多。我将首先解释这种规范性基础，再提出构成算法专制威胁的论证。不透明性无关隐私，不过这构成了过分关注隐蔽性的佐证，对不透明性的论证经常集中在隐私上③。不透明性真正涉及的是我们对政治生活的参与，以及日益依赖算法专制对参与的损害。不透明性的规范性基础是政治权利与合法性④。

合法性是具有强制力的公共决策过程必须具备的性质，否则其强制力就失去了正当性。关于决策程序的合法性来源有许多不同理论⑤，广义上讲，这些理论分属三个流派：唯工具论者（pure instrumentalists）认为程序完全从其结果中获得合法性，程序是有规范性目标（例如，减少犯罪、提升福利水平等）的工具，它们越能更好地达成目标则越具有合法性⑥。与此相反，唯程序论者（pure proceduralists）认为很难预知什么才是好结果。他们因此强调程序本身应该具有独立于结果的德性⑦。举例来说，他们认为程序应该创造出理想的言论环境，使受众可以理解正在发生的事情，进而对决策过程做出贡献⑧。此外，还存在混合进路或复合进路，它们同时关注程序与结果。

---

① 详见 Stanford Law Review 关于隐私与大数据的部分：http://www.stanfordlawreview.org/online/privacy-and-big-data。

② 如斯诺登事件。

③ Morozov, E. (2013), The Real Privacy Problem, *MIT Technology Review* (available at: http://www.technologyreview.com/featuredstory/520426/the-real-privacy-problem/ - accessed 1/3/15). Crawford, K., & Schultz, J. (2014), Big Data and Due Process: Towards a Framework to Redress Predictive Privacy Harms, *Boston College Law Review*, pp.55, 93.

④ 这里可以采用更实质的概念。详见 Ceva, E. (2012), Beyond Legitimacy: Can Proceduralism Say anything Relevant about Justice? *Critical Review of International Social and Political Philosophy*, pp.15, 183.

⑤ Peter (2014).

⑥ 我不确定是否真有唯工具论者，但是民主认知理论的支持者无疑赞成此论调。详见 List, C., & Goodin, R. (2001), Epistemic Democracy: Generalizing the Condorcet Jury Theorem, *Journal of Political Philosophy*, pp.9, 277.

⑦ Peter, F. (2008), Pure Epistemic Proceduralism, *Episteme*, 5, 33. at http://plato.stanford.edu/archives/spr2014/entries/legitimacy/.

⑧ Habermas, J. (1990), Discourse Ethics: Notes on a Program of Philosophical Justification, In *Moral Consciousness and Communicative Action*, Trans. Christian Lenhart and Shierry Weber Nicholson, Cambridge, MA: MIT Press.

我倾向于认同混合进路，有两点理由：第一，唯工具论或唯程序论讨论决策程序的合法性会得出奇怪的结论①。如果你只关心决策结果，那么你可能会辩护以非人道的方式对待目击证人的证据收集过程，只要这些方式能让结果更精准。同样的道理，如果你只关心决策程序，那么你可能会辩护有可怕结果的过程，仅仅因为它尊重他人。两种情形显然都不具有吸引力。第二，"结果"或"程序"的界限都不够明确，因而什么算作结果或程序充满争议。非人道的取证程序会仅仅因为收集到准确的信息而得到辩护吗？信息提供者长期忍受的折磨又是否应该被纳入对结果的评估之中呢？答案并不明确，唯工具论者大概会相信非人道的取证方式会摧毁决策过程的合法性。混合进路的优点正是不需要参与这些争论。对待目击者的方式仍然是相关的。这对混合进路来说也很重要，因为评价决策过程需要在工具德性与程序德性之间做出平衡与取舍。

弄清了规范性基础，我们回头讨论不透明性问题。借鉴爱斯特朗对认知专制威胁的论述有助于我们的讨论②。爱斯特朗的论证是这样的：以结果为导向来解释合法性，便不得不承认认知专制制度是合法的。这种制度倾向于由一小群认知精英而非普罗大众来进行统治。爱斯特朗指出，如果我们认为由认知精英进行统治更能达到合法性授予（legitimacy-conferring）的结果，就必须接受下面的论证：

（1）在判断公共决策程序的合法性时应当考虑独立于程序的结果。

（2）在任何社会中，都有人能更好地认知这些独立于程序的结果。

（3）如果有人能更好地认知这些独立于程序的结果，那么由他们垄断或主导决策权就更能使决策程序获得合法性。

（4）因此在任何社会中，将权力集中在认知精英身上更能使决策程序获得合法性。

这个论证建立在一个规范性断言（决策可以从其结果中获得合法性）和两个事实性断言之上。第一个事实性断言是存在认知精英，他们更好地认知了合法性授予结果；第二个断言是将决策权交予这群精英使得我们更接近那类结果。有许多角度可以批评这两个事实性断言③，但是我不会在本文中予以讨论，因为我的目标不是为爱斯特朗的论证做辩护，而是要提出一个类似但不同的论证。

为此我需要更详细地思考"认知专制"的内涵，以及它与算法专制可以怎

---

① 这反映了伦理学中后果论与义务论之争。

② Estlund (2003, 2008). Machin, D. (2009), The Irrelevance of Democracy to the Public Justification of Political Authority, *Res Publica*, pp.15, 103.

③ Lippert-Rasmussen, Kasper (2012), Estlund on Epistocracy: A Critique, *Res Publica* 18 (3), pp.241–258.

样联系起来。爱斯特朗通过人类社会中具有更高认知能力的一类人来定义认知专制概念[1]：他们组成的认知精英控制了所有公共决策过程。认知专制的威胁就是一群稳固的掌握巨大社会权力的人所构成的威胁。但正如拉姆森（Lippert-Rasmussen）[2]指出的，把认知专制与稳固的精英群体联系在一起是错误的，认知专制是更宽泛的概念。社会群体可能因为紧急或高度偶然的因素而能更好地认知合法性授予结果。换句话说，并非群体中的所有成员都拥有更高的认知能力。或许他们能在非常有限的时间内更好地认知某些特定的决策，也或许整个群体（而非任何个体）在紧急情况下偶然获得了更高的认知能力。[3]如果我们采用这种更宽泛的定义，那么每当我们出于认知上的考虑而将决策权赋予某一群体时，爱斯特朗的论述中仅仅涉及而未能详细讨论的威胁就会出现。这种更宽泛的定义也更加契合我的算法专制概念。在算法专制中，算法塑造了人与系统交互的方式，也限制了人与系统交互的机会。可以想象人们会出于认知上的考虑而选择应用这类系统，也就是说，相较于人类，这类系统能够更好地认知合法性授予结果。因此当我谈论算法专制的威胁时，我是在讨论从认知上偏好算法专制所带来的威胁。

问题自然是偏好这类系统是否真的会摧毁合法性。爱斯特朗认为会的。在他看来，这些系统的问题在于无法满足合法性的重要条件，即可被广泛接受、可被合理拒绝、可被公开。在他的理论框架中，这意味着决策程序要想得到辩护就必须被理性地达及与理解[4]。这就要求决策程序的运行机制必须对受众透明。他并非是唯一诉诸透明性的学者。许多政治合法性理论都强调决策程序必须能被受众理性地接受[5]。也有其他学者坚持，决策程序应当是可以参与商讨的[6]。

认知专制系统的问题在于无法满足透明性条件。精英群体或许并不理解他们决策的内在机制（他们比自己意识到的知道得更多）[7]，或许他们自己理解这些机制却不能让普罗大众也理解它们，[8]也或许他们的认知优势来源于自己都无法彻底解释的偶然因素。可能最初我们在他们身上发现了满足认知优越性的品质，但随着时间的推移，我们不再能从他们身上看到这些品质却仍然对他们表示

---

[1] Estlund (2003).
[2] Lippert-Rasmussen, Kasper (2012).
[3] 如孔多塞陪审团定理或其引申。
[4] Estlund (2008), Machin (2009).
[5] Gaus, G. (2010), *The Order of Public Reason*, Cambridge University Press.
[6] Machin (2009), Habermas (1990). Besson, S., & Marti, J. L. (2006), *Deliberative Democracy and its Discontents*, London: Ashgate.
[7] 参见 Polanyi, M. (1966), *The Tacit Dimension*, New York: Doubleday。
[8] Machin (2009).

服从①。

我认为算法专制一样不满足透明性条件。实际上算法专制的不透明程度可能更高。正因为这样，算法专制才被称作一种威胁，在悄无声息中接近我们的威胁。最初我们出于工具性的考量选择算法专制：相较于人治系统，算法系统的高速度、高精度与洞察力让我们急于利用这些优势。但这种选择使我们的系统越发不透明。莫罗佐夫（Morozov）很好地表达了这一点②。

有了智能手机或谷歌眼镜，我们要做愚蠢的、有害健康的或危险的事情时都会收到警示。我们不必知道这些行为哪里有问题：道德计算是由算法自行完成的。人类的角色变成了为技术官僚机构提供个人信息的数据收集终端。但既然我们能获得更细的腰围、更清新的空气、更长久（也更安全）的生命，何乐而不为呢？

按照莫罗佐夫的说法，我们被困在了"看不见的铁丝网"中。我们坚信由算法控制的系统增强了我们的自主性，增进了我们的健康与幸福感，改善了我们的社交生活，可我们却并不清楚算法究竟是怎么做到这些的。最终的结果是产生了对人类不透明的社会空间③。

下面我将举例来更清楚地说明这一点④。最近几年，电商亚马逊开始使用"混沌仓储算法"来管理旗下的大型货仓⑤。几个世纪里，人类都用自己的"算法"管理仓库，比方说先归类物品（书籍、光碟、家具、电器等），再将它们细分（比如按照字母顺序、按照子分类、按照功能类型）。普通人可以清楚理解这套存储机制，并无碍地参与其中。混沌仓储系统则完全不同，其运作方式是先给每一件物品分配条码，然后根据可用空间为物品指定位置。这些都由算法完成。这个系统的效率高得多（低损耗、高周转），而大相径庭的物品被码放在一起，人类员工⑥必须依赖算法才能成功提取货物。

这是非常有趣的工作环境，它是"人类参与的"，但是工作程序全部由算

---

① 爱斯特朗提供了认知专制问题的不同论证，包括在合理怀疑的基础上拒绝精英。这些论证过多涉及认知专制的细节，因而我不予讨论。

② Morozov (2013).

③ 这种担忧不只是想象，详见 Pentland, A. (2014), *Social Physics*, London: Penguin Press。

④ 详见 Bridle: http://shorttermmemoryloss.com/。

⑤ Greenfield, R. (2012), Inside the Method to Amazon's Beautiful Warehouse Madness. The Wire available at http://www.thewire.com/technology/2012/12/inside-method-amazons-beautiful-warehouse-madness/59563/ -accessed 1/3/15. Bumbulsky, J. (2013), Chaotic Storage Lessons, Medium available at https://medium.com/tech-talk/e3b7de266476 -accessed 1/3/15.

⑥ 他们很可能会被机器人取代。亚马逊已经开始使用机器工人：http://www.youtube.com/watch?v=3UxZDJ1HiPE。

法决定，人类员工也必须由算法帮助导航。结果是人类服从算法专制的认知优越性。准确地说，混沌仓储系统对于人类理性并非彻底不透明。它的潜在目标（基于可用空间决定储存以提升效率）可以被人理解。这个目标对于人类来说也有吸引力。谁不想要更高效的仓储系统？问题在于算法的真实机制对于任何人来说都过于复杂。人类既不能追踪条码，也不能弄清楚可用空间，只能把这些都外包给机器。结果就是人类开始把自己关进莫罗佐夫所说的看不见的铁丝网中。

我对算法专制威胁的论证基于此信念：亚马逊货仓中发生的事情会以更大的尺度和更激烈的程度在公共决策程序中上演。我们会依赖更多算法专制，它们在一开始相对简单，可以被人类思维跟上，但会变得越来越复杂以至于超出人类的理解能力。那时再想理解并参与系统会困难重重，因为参与范围将很有限：算法能组成日渐复杂的"生态系统"，组织并操控巨大信息流。结果就是公共决策程序失去了合法性。

这个论证总结如下：

（5）合法的决策程序必须允许人类参与并且可以被人类理解。

（6）对算法专制的依赖限制了人类主动参与并理解决策程序的范围。

（7）因此依赖算法专制威胁到决策程序的合法性。

这个论证会引起两个基本疑问。第一，能否创造出可被参与并理解的算法系统［对应（6）］？第二，威胁来自系统本身，还是来自设计它们的精英程序员？

第一个疑问涉及参与和理解的本质。什么层次的理解足以达成合法性？以复杂的逃税监控算法为例，我们知道它能识别出最可能逃税者还不够吗（就像亚马逊员工大体知道仓储系统的工作方式与目的）？我们需要精确知道系统内部机制吗？或者说，对系统运作机制的粗糙描述难道不够吗？仅仅这些是不够的。如果我们尊重个体公民的道德平等地位，就不能正当地强制征税。仅仅知道该系统更可能达成预期目标还不够，我们必须能够实质上检查并影响系统的运作。这不需要极其细致地理解算法专制，我们只是需要比知道基本原理更进一步。

那么我们就会问：为什么不确保算法系统更容易满足上述理解和参与的要求呢？这在原则上可能，但因为三个因素而极难达到。一是许多算法系统被保密法保护，它们或者涉及商业机密，或被政府保护免受无关人员窥探。这类法律可以被修改以增进透明性，但是背后的商业与政府利益增大了修改难度。二是数据挖掘越发依赖机器学习算法。部分原因是获取有用信息需要挖掘的数据量在增长。这种算法的特点是不需要人类预先选择设定算法需要遵从的规则，算法可以通过大数据训练产生自己的规则。有名的例子如产品推荐算法与 IBM 公司的沃森人工智能系统。这类算法的输出难以被解读已经成为机器学习领域被广泛承认的重要难题①。算法并不能告诉编程者为什么输出这样的结果。人们正致力于开发更方便解读的方案，但这样做要舍弃重要的东西②③。三是算法并非是孤立的。新算法依赖着旧算法：编程者利用已有代码架构编写新算法，并将它编织进日渐复杂的算法生态系统中④。算法生态系统中各个成员的相互协作产生了有用的输出，而非单个新算法的独立运作。这个生态系统如此复杂，个人的参与理解就更加受限。个人即使能整体上理解系统，也会极其耗费时间与精力。缺乏透明性的结果很可能出现。

这就引向第二个担忧⑤。难道不是任何算法专制背后都藏着人类精英吗？这样威胁就不是对系统本身的服从，而是对设计系统的精英的服从。如亚马逊仓储系统的例子，算法工程师与公司管理层按照自身偏好设计出一套算法专制，这套系统塑造了仓库并约束了员工。在其他领域中也会是类似的情况：政客（或别的公权力）将构想交给程序员，后者利用优越认知能力创造出实现政治目标（效率、减少犯罪、提升福利等）的控制系统。但是（a）这些系统有很多种方式超越精英的理解，而且（b）即使这种担忧成立，我们也不会获得任何安慰，出让政治权力给精英群体仍然遗留了问题。它只是将算法专制的威胁变回了认知专制的威胁。我将在第四部分继续该讨论。

---

① 例如神经网络模型被公认难以解读。详见 Miner, L et al. (2014), *Practical Predictive Analytics and Decisioning-Systems for Medicine*, Academic Press。

② Vellido, A., Martín-Guerrero, J. and Lisboa, P. (2012), Making Machine Learning Models Interpretable, *Proceedings of the European Symposium on Artificial Neural Networks, Computational Intelligence and Machine Learning*. Lisboa, P. (2013), Interpretability in Machine Learning: Principles and Practice, In Masulli, F., Pasi, G. and Yager, R. (eds.), *Fuzzy Logic and Applications* (Dordrecht: Springer, 2013). Otte, C. (2013), Safe and Interpretable Machine Learning: A Methodological Review. In C. Moewes & A. Nurnberger (eds.), *Computational Intelligence in Intelligent Data Analysis*, Dordrecht: Springer. Chase Lipton, Z. (2015), The Myth of Model Interpretability, KD Nuggets News 15:n3 – available at http://www.kdnuggets.com/2015/04/model-interpretability-neural-networks-deep-learning.html. Zeng, J., Ustun, B. and Rudin, C. (2015), Interpretable Classification Models for Recidivism Prediction, MIT Working Paper, available at http://arxiv.org/pdf/1503.07810v2.pdf.

③ 技术领域的"可解读"针对受过训练的专业人士，对于政治讨论尚不充分。

④ Seaver, N. (2013), Knowing Algorithms, In *Media in Transition* 8, Cambridge MA. Kitchin, R. (2014a). Kitchin, R. (2014b), Thinking Critically about Researching Algorithms, The Programmable City Working Paper 5 – available at http://papers.ssrn.com/sol3/papers.cfm?abstract_id=2515786.

⑤ 参见 Lessig, L. (1999), Code and Other Laws of Cyberspace, New York: Basic Books; Lessig, L. (2006), Code 2.0. New York: Basic Books Lippert-Rasmussen, K. (2012), Estlund on Epistocracy: A Critique, *Res Publica*, 18(3), pp. 241–258。

三　我们应该抵抗威胁吗？

如果威胁是真实的，我们是否应该抵抗它并保卫政治系统的合法性？的确有人持这种观点。莫罗佐夫呼吁将问题上升到政治高度并破坏算法专制以保卫民主价值[①]。可能有人会被政治化抵抗的模式所吸引，但有两点质疑。第一，尚不清楚这种抵抗是否对于所有的公共决策过程都有实际可操作性。第二，更重要的是尚不清楚这种抵抗是否在道德上可取：基于工具论或程序论都可以为使用算法专制做道德辩护。因此顺应可能比抵抗更可取。

抵抗的可行性并不是我的关注重点，但如果抵抗意味着抵制与破坏算法专制，那么有两个难点值得注意。第一是相关技术日益普遍，特别是为算法专制提供数据的监视技术。第二是这些技术日益隐蔽。普遍与隐蔽构成了一对让人不舒服的组合，但数据监视与挖掘技术的普遍经常使得它们被视而不见。我们都在使用数据挖掘，在工作生活中离不开它们，也因此对可能的算法专制放松了警惕。我们知道这些系统，却不完全了解其功能与效用。随着监视技术变得小型化、高效化与普遍化，这一趋势也在不断增长[②]。

更要紧的是算法专制的总体可取性。不透明性是算法专制的道德污点，但我们需要权衡利弊，尤其应该重视优点。算法专制有明显的工具优势[③]。我们搜罗起海量数据，而算法专制使我们有望合理利用它们。比如智能电网高度依赖数据监视和挖掘，大大提升了可再生能源利用效率[④]。无论你怎么看待亚马逊仓储这类商业实践，它们总归减少了浪费，提高了效率。我们每天都用自我监测与追踪功能的手机应用来辅助目标设定、自我实验、习惯养成，以提升工作效率、健康与福祉[⑤]。

在公众层面也是如此。例如，逃税导致的税收不足使多种公共服务难以为继。政府财政部门经常人手与资源不足（特别是在大衰退的背景下）。此外，这些部门的雇员经常看不到财政数据间的关联，遑论加以利用。算法则可以高效地从数据中挖掘出有价值的模式，并为人工干预做出推荐，这是对税收工作的巨大推动。好处还不只是理论，有证据表明，算法系统比专家更擅长预

[①] Morozov (2013).
[②] Brin, D. (1997), *The Transparent Society*, New York: Basic Books.
[③] Mayer-Schonberger & Cukier (2013).
[④] Rifkin (2014).
[⑤] 比如 Pavlok 技术，旨在用基本心理学原理促进行为改变。详见 http://pavlok.com。

测①。许多例子都表明，我们若想取得更好的结果，最好服从算法专制。

算法专制不仅能获得结果，也有程序优点。扎斯基论证了人本决策系统的主要程序缺陷是人容易受偏见影响②。对反恐和犯罪预防工作中侧写的一个疑虑是对特定族裔的歧视，这是我们需要避免的。锁定嫌疑人必须基于正当理由（更有可能成为恐怖分子或违法犯罪）。问题在于偏见使得人本权力部门难以胜任这项工作。而算法专制可以被设计成不受同样的偏见影响。因而它们在程序上比人本系统优越。如扎斯基所说：

> 自动化带来一项惊人的好处。通过限制人类慎思与直觉并依赖计算机来做决策保护了少数族裔与其他弱势群体。③

扎斯基更进一步宣称对算法专制感到不满的一种解释是多数族裔希望把负担转嫁给少数族裔④。特权者偏好由人类负责的侧写系统，因为这样就可以靠偏见获益，他们无法依靠自动化系统达成同样的目的。

我无意支持扎斯基的观点。自动化系统也可以复制人类的偏见⑤。算法编程是翻译的过程：任务被转换成指令，指令被翻译成代码。翻译的过程给隐蔽甚至公开的偏见留足空间。但如果我们意识到这一点，就可以滤除或减少偏见。扎斯基认为算法专制不仅在结果上更出色，在程序上也更公平。在应对算法专制的威胁时，必须平衡理解与参与上的所失，和结果与程序正义上的所得。或许在复杂的权衡之间，我们应当放弃对算法专制的抵抗，而尝试在保留算法专制的基础上兼顾人类的参与。

四 我们能够顺应威胁吗？

在这一部分，我考察四种顺应策略。它们试图避免不透明性问题，同时保

---

① Bishop, M. & Trout, J.D. (2002), 50 years of Successful Predictive Modeling Should be Enough: Lessons for Philosophy of Science, Philosophy of Science: PSA 2000 Symposium Papers, 2002 69 (supplement): S197-S208. Meehl, P. E. (1996), Clinical Versus Statistical Prediction: A Theoretical Analysis and a Review of the Evidence (pp. v–xii), Lanham, MD: Rowan & Littlefield/Jason Aronson. (Original work published 1954). Grove, W., & Meehl, P. E. (1996), Comparative Efficiency of Informal (Subjective, Impressionistic) and Formal (Mechanical, Algorithmic) Prediction Procedures: the Clinical Statistical Controversy, *Psychology, Public Policy, and Law*, 2, pp. 293–323.

② Zarsky (2011). Zarsky (2012), Automated Predictions: Perception, Law and Policy, *Communications of the ACM*, 15(9), pp. 33–35.

③ Zarsky (2012).

④ Zarsky (2012).

⑤ Citron & Pasquale (2014).

留算法专制的成果。这些策略既有比较普通的如坚持人类监管，也有大胆的如人机融合。我将论证每一种策略都难以单独应对威胁，但它们以不同的方式组合起来或许可以做到。

1. 坚持人类对算法的监管

这一策略融合了抵抗与顺应，试图通过保留人类对系统的实质监管与超驰来回避威胁。

该策略的一种版本已经被纳入欧盟法律。根据欧洲联盟指令94/46/EC（数据保护指令），任何可能对个人生活造成实质影响的自动化数据处理系统都必须有人类监管。官方措辞如下：

> 15.1——成员国应该赋予每个人不受制于如下决策的权利：会造成与之相关的法律影响的、会对其造成严重影响的、完全基于自动化信息处理过程对与之相关的个人方面（例如，其工作表现、信用评价、可靠性、行为习惯等）进行评价的。

指令也允许特例。个人可以自愿放弃该项权利，而政府出于保护个人"合法权益"可以超越该指令。

新近文章中也提到了类似策略[①]，它们都关注自动化预测对正当程序权的影响。前两位作者特别关注信用评价算法，认为必须保护遭到算法不公正对待者的正当程序权，呼吁用法律监管算法，公开算法系统的工作方式。他们相信透明性能够让个人"钻系统的空子"，但没有证据表明这可以实现。后两位作者广泛讨论了预测算法的多种应用，呼吁建立"数据正当程序"权。它包含三个要素：（i）知情权——主体被告知被系统选为目标；（ii）公平听证权——主体被允许查阅对其不利的证据以及算法逻辑；（iii）申请仲裁权——主体被允许提请仲裁方（比如法院）审查算法专制决策。

人工审查可以平衡算法专制的优点与人类参与度吗？至少有两点怀疑。一是技术阻碍了人工审查，比如系统依赖不可解释的数据挖掘程序，或者算法只有在整个算法生态系统中才能被理解。我们可以只使用能被解读的算法，但会因为减少工具收益，有损企业或政府的利益而招致反对。此外，这种"马后炮"策略极难实现，因为不透明的系统已经在相关领域占据主导。

---

① Citron, D. (2010), Technological due Process, *Washington University Law Review*, pp.85, 1249.

二是依赖可解读性只是把算法专制换成了认知专制。普通人无法仅凭自己去审查、参与、理解算法过程，而要依赖认知精英以获取必要信息；审查算法专制决策的法院同样依赖精英以获知决策机制。二者都没有能力质疑精英。正如爱斯特朗所担忧的那样，认知精英控制了我们的公共决策过程，这无法令人满意。

或许服从认知精英已经是公共决策过程的一部分。没有人能理解决策的所有机制，需要专家来解释晦涩的概念，甚至代行决策。虽不清楚其中利弊，但这就是现状，代表了我们在工具德性和程序德性间的妥协。如果认知精英和普通人之间的不对称被数据挖掘放大，妥协便不再可取。许多新近文章已经开始讨论分化的加剧，例如越发凸显的"大数据分裂"现象：数据挖掘的掌控者相比普通受众，从系统获得的利益有巨大差异[1]。

更好的顺应策略是直接强化受众，消除对认知精英的依赖。接下去的三种策略都属于此类。

2. 强化人类的认知能力

我提出过直接强化策略，即强化技术可以被用来提升公共决策过程工具和程序两方面的合法性。这种论证适用于算法专制的威胁吗？

"认知强化"是指："任何旨在提升人类获取理论与实践（或道德）知识能力的生物医学干预。"这个定义的外延很广，从药物到神经刺激物、植入体，只要它们能够"让参与公共决策过程者处理更多信息、降低情绪干扰、记忆更多事情"，就可以提升程序合法性，特别是防范认知精英垄断决策权。对强化策略的辩护还直接构成了对强制进行认知强化或侵害自主权的回应[2]。

这一策略有两点吸引力。第一，直接增强普罗大众的认知能力，可以缓解决策高度复杂化而难以被理解的问题。第二，强化包括道德与理论推理能力，我们有望平衡算法专制的收益与代价。如果偏见的确像扎斯基所说的那样是人类参与决策的严重问题，那么认知强化不仅可以消除偏见，还可以在保证算法专制收益的基础上保留人类参与。

策略很吸引人，但并不可行。阿格尔（Nicholas Agar）指出，所谓"温和"

---

[1] Andrejevic, M. (2014), The Big Data Divide, *International Journal of Communication*, 8, pp.1673–1689. Mittelstadt, B. D., and Floridi, L. (2015), The Ethics of Big Data: Current and Foreseeable Issues in Biomedical Contexts, *Science and Engineering Ethics*, DOI: 10.1007/s11948-015-9652-2.

[2] Danaher, J. (2013), On the Need for Epistemic Enhancement: Democratic Legitimacy and the Enhancement Project, *Law, Innovation and Technology*, 5(1), p.85.

与"激进"两种形式的强化之间有重要区别①。温和强化旨在使我们的能力达到人类极限,而激进强化旨在将我们转换成"超人",即各项能力都超越当前人类的潜能。我的定义提到增强人类现有的能力,同时包含两种形式,但暂且假设这只是温和强化。我将在文末重提激进强化的可行性。

在上述设定下,我之前的策略为什么无法解决算法专制的威胁就很明显了。算法专制过程属于复杂的算法生态系统,涉及有数十亿组成部分的数据集,它们对数据进行匹配与分类的过程无法被解读,因此不可能与人类相似。简单地说,它们所依赖的机制远超人类的理解能力。因此即使强化到人类极限,也至多降低不同人群间的差异,或许能应对认知专制的威胁,但无法解除算法专制的威胁。

不过该策略还是展示了一种可能性。我们可以同时利用人类审查和认知强化将算法专制从精英可理解转换成大众可理解。这样既可以保留算法的优点,又避免了把威胁从算法专制转为认知专制。

这种可能性虽然有趣,但我们仍需面对现实。将算法专制限制在可被人类理解的范围内无法实现:这与技术、经济、政治以及个人利益相冲突。此外,想要实施该策略还需要解决几点障碍。第一,我们必须真正具备所需强化的技术。围绕人类强化的讨论大都基于未来技术,现有技术效果不明,我们也许无法及时发展出相关技术。第二,即使技术具备,也可能只有富有的精英负担得起。第三,技术本身并不能解决问题,它不会像施展魔法那样让我们直接获得所需知识与理解。为此还需要向公众教授各类算法专制知识②。这些障碍都不是能简单解决的。

或许还有更简单的策略,比如利用更可行的技术。接下去两种方案考虑了这样的可能性。

3. 拥抱逆向监视技术

若非该"策略"导向最后一种方案,以及有人提议如此应对算法专制,我本无意提到它③。"逆向监视"(sousveillance)是"监视"(surveillance)的变体。后者本意"从上面(例如,从当权位置)看",前者本意"从下面(例如,从普通民众的角度)看"④。

---

① Agar, N. (2013), *Truly Human Enhancement*, Cambridge, MA: MIT Press.
② 实施的困难可参见 Machin (2009)。
③ 逆向监视运动的主要支持者之一 David Brin 以此回应莫罗佐夫对算法专制威胁的担忧。
④ Mann, S. (2013), Veillance and Reciprocal Transparency: Surveillance Versus Sousveillance, AR Glass, Lifeglogging, and Wearable Computing, Available at http://wearcam.org/veillance/veillance.pdf -- accessed 1/3/15. Mann, S., Nolan, J., & Wellman, B. (2003), Sousveillance: Inventing and Using Wearable Computing Devices for Data Collection in Surveillance Environments, *Surveillance and Society*, 3, pp. 331–355.

逆向监视的支持者呼吁激进的透明度。①如果大数据算法的问题是精英持续监视我们的一举一动，那么解决方案就是我们监视精英。随着谷歌眼镜等可穿戴设备的出现，原本不难获取的监视技术更加易得。我们可以利用收集到的数据来反制当权者。

逆向监视运动之父曼恩（Steve Mann）认为，广泛应用此项技术可以纠正官僚系统固有的合法性问题。他特别强调逆向监视可以改变我们与官僚机构（例如，公权力或法院）打交道过程中固有的信息与理解不对称。如果我们被不公正对待，逆向监视技术允许我们展示"完整记录的证据而不仅仅是一面之词"②。这很振奋人心。曼恩认为，技术和信息自由法律的结合构成了重塑合法性的有力武器。

既然官僚系统也依赖算法，逆向监视技术似乎也能应对算法专制的威胁。但与曼恩的设想相反，仅仅拥有技术并不能改变认知不对称。人们不能仅凭技术理解官僚决策的机制。若数据收集与处理完全基于人工，就还有可能改变力量的不平衡。普通人可以直面决策过程，逆向监视官僚使其忠于职守。但假如是复杂的算法生态系统而非人类进行决策，情况就大不相同了。逆向监视无法补救这种不平衡。

逆向监视的问题在于它们只是数据收集手段。解读理解数据还是人类的事③。但如果不仅有私人监视技术，还有私人数据挖掘与处理算法呢？或者说，假如每个人都能同私人算法搭档或结盟呢？这样可以解决问题吗？最后一种策略认为是可行的。

4. 与算法在个人层面搭档

我将讨论搭档策略的两种形态：非整合型，在个人层面与算法系统搭档，但并不将算法系统整合进人体中；整合型，将算法系统整合进人体中。前者可在不远的将来实现，而后者设想的成分居多。两种类型能否解决问题都难说。

非整合型策略只是对逆向监视策略稍作改动。逆向监视运动利用私人数据收集设备反制当权者，非整合型策略只是多了私人数据挖掘算法。就好比借助私

---

① Brin (1997). Ali, MA and Mann, S. (2013), The Inevitability of the Transition from a Surveillance society to a Veillance Society: Moral and Economic Grounding for Sousveillance, IEEE International Symposium on Technology and Society ISTAS, pp. 243–254 (available at http://wearcam.org/veillance/IEEE_ISTAS13_Veillance2_Ali_Mann.pdf accessed 31/7/14).

② Ali and Mann (2013).

③ 数据记录过程中也存在一定信息处理，但这与解读数据不同。

人人工智能助手来理解影响生活的算法系统。这种方案的吸引人之处在于你不用再依赖认知精英去理解正在发生什么。

非整合型策略得到了许多经济学家与技术专家的认可[①]。他们关注技术性失业，认为搭档是人类在人工智能时代保持竞争力的唯一出路。计算机下象棋的例子经常被拿来说明这一点[②]。在20世纪90年代后期，计算机开始超越职业棋手，但人类并没有就此退出历史舞台。这主要是因为象棋只是游戏，是对人类能力而非机器能力的测试。人类开始与计算机搭档，组成人机象棋团队。今天最好的棋局不是由计算机或人类单独设计的，而是由人机团队共同完成的。人类似乎通过与计算机搭档提升了棋技。"量化生活"运动[③]提供了另一个人类获益的例子。运动参与者利用自我实验和个人数据收集处理技术提升自我理解和个人表现。这主要涉及个人健康与体格，也可以包括认知与情感能力[④]。

非整合型策略认为通过与算法搭档，个体可以保持自主并增强认知理解能力，进而可以有意义地参与算法决策过程。该策略有三个主要问题。第一，它与前文提到的大数据分裂问题相纠缠[⑤]。许多人指出，个人用户难以从数据挖掘中受益。好处属于能够掌握大数据者，例如资金雄厚、体量大的机构（公司、政府、大学等），而非个人。第二，多数人都无力制作自己的算法搭档，而必须依赖别人，这就回到了认知专制。第三，尚不清楚非整合型策略能否保证人类参与决策。人机象棋团队的例子又可以被拿来使用[⑥]。过去15年的记录表明顶尖团队中人类并非最好的理解棋局的一方。实际上，顶尖棋手反而面临与计算机组队的劣势，他们总是质疑计算机的判断。似乎服从机器才能取胜[⑦]。这表明搭档不能解决算法专制的威胁，反而加剧它。如果我们都与算法搭档，可能更快走上道德托管之路；我们会变成人工智能智慧的接收器，而非掌控自身命运的主体。

哲学中有对上述论证的反驳。心灵哲学中的"延展心灵论题"认为，心灵

[①] Cowen, T. (2013), *Average is Over: Powering America beyond the Age of the Great Stagnation*, New York: Dutton. Brynjolfsson, E., & McAfee, A. (2011), Race Against the Machine, Lexington, MA: Digital Frontiers Press. Brynjolfsson, E., & McAfee, A. (2014), *The Second Machine Age: Work, Progress, and Prosperity in a Time of Brilliant Technologies*, New York: WW Norton.

[②] Cowen (2013), Brynjolfsson & McAfee (2014). Thompson, C. (2013), *Smarter than You Think: How Technology is Changing Our Minds for the Better*, London: William Collins.

[③] 详见 http://quantifiedself.com；Thompson (2013) 也讨论了该现象。

[④] Thompson (2013).

[⑤] Andrejevic (2014), Mittelstadt & Floridi (2015).

[⑥] Cowen (2013).

[⑦] Cowen (2013).

过程很自然延展到工具之上[①]。这得到心灵的功能主义的理论支持：心灵状态由它们在功能网络中的位置决定，没有理由将网络限制在大脑中。例如，我的电子邮箱可以看作我记忆功能的延伸，它储存了我与家人、朋友、同事间的交流信息，而且我经常用它来帮助回忆。基于同样的道理，为什么理解功能就不能自然延展到算法搭档呢？

延展心灵的确给辩护非整合型策略以希望，但是有两点怀疑：第一，该论题本身充满争议，难以为解决重要社会政治问题提供基础。第二，即使延展心灵为解释与理解心理过程提供了有用框架，也难以应对算法专制的威胁。参与公共决策需要有意识地理解决策的理性基础。延展心灵论题未能说明组成"心灵"的工具能否提供这种理解。当我用计算器做复杂的运算，我并不能有意识地表征与理解运算过程。没有理由相信与其他算法搭档会有任何不同。

我们只剩下整合型策略：不依靠外在工具辅助与世界互动，而把它们整合进身体中，或者说把我们自己变成技术的一部分。这已经在某些程度上实现，比如整合进身体中的人造装置。应对算法专制的威胁需要认知层面的整合，让我们像算法那样理解世界。这或许类似于将心灵数字化上传或者将大脑替换为人造装置。

整合型策略至少有两个缺陷。第一个缺陷它很大程度上仍是幻想。数字化上传的理念在科幻作品中很常见，也被超人类主义者（transhumanist）和技术乌托邦主义者所热衷，但是距离现实还有很长一段路。这还假设了它们在概念上的融贯性：心灵可能无法被转换为人工形式。

第二个缺陷更加微妙，我们需要考虑整合型策略对人类行动主体及政治组织的影响。算法专制的威胁在基于自由主义原则的政治系统中被最深刻地感受到。在这类系统中尊重个体道德主体性才是重要的问题。这个问题依赖特定的核心信念：什么是道德行动自主权。如果整合型策略只是寻求以人工形式保存人类主体性，问题就仍然存在，因为只是保存并不能带来对算法专制的理解。可能所有人还需要把自己与算法专制也整合起来[②]，比如让意识连接全球物联网，以理解影响决策的数据流与挖掘过程。很难说个体道德主体性能否在这种技术性转化中继续存在[③]。因此在那样的世界中是否还有算法专制的威胁也是不清楚的。

[①] Clark, A. (2010), *Supersizing the Mind*, Oxford: OUP. Clark, A., & Chalmers, D. (1998), *The Extended Mind, Analysis*, 58, pp. 7–19.

[②] 超人类主义者寻求将我们的心灵与整个宇宙连接起来（Kurzweil,2006）。

[③] Lipschulz, R. and Hester, R. (2014), We are the Borg! Human Assimilation into Cellular Society, In Michael and Michael (eds.), *Uberveillance and the Social Implications of Microchip Implantation*, IGI-Global.

在天马行空的想象之后，我们要回到现实。我不想彻底否认与技术搭档可以应对算法专制的威胁。哲学与技术上的可能性与挑战并存。

四　结　论

本文辩护了三大论点。第一，存在算法专制的威胁。即算法专制因为不透明而对公共决策过程的合法性构成的威胁。这种威胁是实在的，不同于对隐私和数据所有权的忧虑。

第二，抵抗算法专制的威胁或者不再依赖算法专制决策系统既不可能，也不可取。使算法专制成为可能的技术日益隐蔽与普遍，而不透明的代价需要与工具和程序的收益一起考虑。

第三，顺应算法专制的威胁也很困难。难以找到既能让人类监管并参与决策过程，又能保留算法专制的收益的办法。有些顺应策略只是天真的幻想；而有些则瞄准了错误的目标，应对的是认知专制而非算法专制的威胁。最可行的是结合监视与强化（包含人机伙伴关系）。前者强调人类的监管权而从法律上限制算法专制，后者在此基础上防止这种限制演变为认知专制。

本文的结论有些悲观。重塑法律系统以保证监管权还相对容易，能否及时获得并大规模应用合适的强化技术则充满不确定性。此外，日益复杂的算法生态系统正使得算法专制不断超出人类的理解与控制范围，个体层面的认知精英化也不足以应对这种问题。我们即将创造出极大限制人类参与的治理系统，却没有做好应对准备。可能这是获取工具与程序收益的必然选择，但我们也要确定能够承担得起代价。

【作者简介】 约翰·达纳尔，哲学博士，爱尔兰国立大学（高威）法学系助理教授，研究方向为法律哲学、人工智能伦理。

【译者简介】 曲扬，山东大学哲学系博士研究生，研究方向为知识论、认知科学哲学。

马克思主义前沿

生存论视域下马克思自然观探析*

吴书林　刘皓昱

【内容摘要】随着现代技术的飞速发展，人们对作为其赖以生存的自然，改造的力度越来越猛烈，出现了人和自然的逐渐对立的倾向，究其原因其中一个重要方面是如何看待自然本身的问题。马克思对自然在人类实践活动中的作用进行了深入的分析和研究。因此在生存论的视域下，从作为"自在"的自然、"对象性存在"的自然、"工具性活动"的自然以及人类"现实世界"构成的自然四个方面探讨马克思关于自然的论述，借此凸显人和自然的关系，体现自然在人的现实活动中具有的重要作用。

【关键词】马克思；自在自然；人化自然

当前这是一个技术四面环绕的时代，人类以技术为手段，征服了万物，战胜了世界，但是在人类对自然改造彰显其本质的同时也遭受着自然的反扑，这威胁着人们的生存。可以说当现代技术全面出击时，人之生存境域也面临着越来越大、越来越深刻的危险。伟大的思想家马克思所处的时代和我们虽具有一定的"时间差"，但也对这一问题进行了深入的研究。当人类对自然的改造作用越来越明显时，马克思针对自然究竟在人类社会发展中具有何种地位、人们如何去对待自然等问题深入探讨了其与人的关系。因此，本文从生存论的角度探讨了马克思关于人与自然的关系，以期能够在现代正确认识和对待自然。

---

* 本文系国家社科基金后期资助项目"马克思和海德格尔技术思想比较研究"（项目编号：14FZX018）的阶段性成果。

一 作为"自在"的自然

在马克思看来,"自在自然"是"开天辟地以来就已经存在的",但作为自然界本身,从它仅仅作为一种自然界而言,如果不涉及人的话,那么这种自然界,实质上更多体现的是一种"无",这种"无"对其本身来讲是无意义的、如果有意义的话,也只有在扬弃的时候才体现自身的作用。这里的自然界指的是原始发生的自然界,是独立于人之外存在的客观的世界,或者说未被人类开发的、人类的实践活动没有经历的自然界。对于"自在自然",或者说第一自然、原始自然等,马克思没有给予过多的论述,而只是将"自在自然"作为人类活动的前提条件。因此,我们对"自在自然"的分析,正是从马克思将"自在自然"作为人类活动的前提性条件来论述的。马克思曾经说过,如果没有自然界、人类之外的感性的外部世界,那么人类不仅活不下去,而且什么都不能创造。正是有了这个外部世界的存在,人才能真正地去体现自身的主体性,进而满足自身的需要。

我们应该清楚,从人类活动的立场来看待"自在自然"时,这一观念是从时间和空间上去追寻的。也即是我们为了能够在逻辑上和历史上去探讨人类活动范围设定了一个存在的源头,为人类自身的存在奠定一个基础和立足点,这便有了"自在自然"这一观念。也正是由于我们思考了这一处于人类源头的自然,它才是处于人类活动之外而尚未被人类活动把握或规定的原始的自然存在。这种存在既然是处在人们活动之外,那么对我们人类而言就是一团混沌,成为不可言说的存在。所以仅仅就它处在人类活动之外而被称作"自在自然",它所标示的就是它独立于人类活动的自在性和由此而来的未规定性。对于"自在自然"来说,一方面由于它是人类活动得以进行的前提,我们就必须承认其存在的客观性;但另一方面,也正由于其"自在性",所以我们只能设定它的存在,而不能对它有任何进一步的规定。它也只是我们人类活动进一步扩张认识的可能性空间。哈贝马斯指出:"从认识论上说,虽然我们必须把自然界设想为一种自在的存在物(Ansichseiendes)。然而,我们只有在劳动过程所揭示的历史范围内才能认识自然界;在劳动过程所揭示的历史范围内,人的主观自然和构成人的世界的基础和周围环境的客观自然界是联系在一起的。"[1]

马克思将"自在自然"作为人类活动的前提条件,据此还批判了那种对"自在自然"问题的抽象理解方式,并针对有些人提出的一些问题进行了批判。比如有些人提出人与自然的内生关系是怎样的?到底是谁创造自然界和人?马克

---

[1] [德]哈贝马斯:《认识与兴趣》,郭官义、李黎译,学林出版社1999年版,第29页。

思首先将这些问题看作抽象的产物。之所以如此,是因为当他们这样提问的时候,就首先设定了自然界和人不存在,当问一个不存在的东西是如何存在的,无疑这样的问题就是一个"伪问题"。马克思认为要想获得对此问题的认识,就必须放弃这种抽象的提问方式。因为提问者本身就是人类中的一员,如若不然就会否定自身的存在,而且当提出"谁"创造自然界和人的时候,这里很明显就会划分出一个"谁"与自然界和人的对立。这种问题导致的结果就是一种唯心主义。这种唯心主义既有主观的表现,也有客观的表现,这对当时的马克思来讲,更多的是要摒弃自然界被创造的客观唯心主义观念,首当其冲的便是黑格尔的客观唯心主义。马克思对这种观念的批判,也是他从黑格尔的唯心主义转向唯物主义的明显见证。

从马克思对这种问题的批判中,我们可以发现,必须将"自在自然"纳入人的实践活动中,亦即不能孤立地在自然科学的意义上来论述"自在自然",而应该在历史的视野中来理解它。马克思在谈论这一问题的时候,曾明确指出:"**整个所谓世界历史**不外是人通过人的劳动而**诞生**的过程,是自然界对人来说的生成过程,所以关于他通过自身而**诞生**、关于他的**形成过程**,他有直观的、无可辩驳的证明。"①在此马克思很明显地看到自然界首先是人类进行劳动的基础,不管是作为自然界一分子的人,还是作为自然界本身而存在的自然界。在人类的劳动过程中,自然界、包括人类自身存在都在不断地实现自我,从而塑造整个世界历史的构成。由此看来,在马克思的视野中,虽然人是自然发展的产物,决定了人与自然结成发生学意义上的关系。但是随着人类社会的产生和发展,人类史前史自然的很多领域,在受到人的改造、实践活动的影响后,就出现了一个与此不同的,一个具有人的生活烙印和劳动痕迹的"人化"自然。因此在肯定"自在自然"的优先地位的时候,只是仅仅看到它本身所处的一种时间过程问题。但实际上如果没有人的实践活动的参与,这种优先性将会毫无意义。人们在社会实践中,尤其是在生产劳动实践中,既服从自然,又能动地认识和改造自然,以生产出人类生存和发展的物质条件,推动着社会的进步。而一旦离开了实践活动的基础,人与自然的关系就失去了属人的性质和内容,也就不是现实的关系,而是成为一种抽象的关系。

正是如此,马克思对"批判的批判"进行了深刻批判,认为他们如果是从人类的历史运动中排除掉人对自然界的改造,排除掉人类生产的大工业,那么他们所有的批判最终是无根的。他们对一切神灵、感觉的批判也是无效的,甚至更

---

① 《马克思恩格斯全集》第 3 卷,人民出版社 2002 年版,第 310 页。

为严重的是他们所认为的历史也仅仅是飘浮在空中的东西,并没有真正地落实到社会的现实中,因为所有的认知理论性的活动都离不开人类的实践活动,与人的生存直接相关,这样的自然才具有价值和意义。

二 作为"对象性存在"的自然

在《1844年经济学哲学手稿》中,马克思通过批判黑格尔的自然观念而建立起了自己的作为"对象性存在"的自然观念。具体而言,在涉及对自然的看法时,黑格尔认为精神是非对象的存在物,自然界都是精神的外化,是精神的自我展现。针对黑格尔的这种观点,马克思指出,在分析黑格尔的自然概念和精神外化的关系是否成立的时候,要去探讨一个最基本的概念,即"对象性"。马克思认为对象性之所以为对象性,首先指的不是自身,而是在自身之外存在的另外一个存在物。而且不仅仅是自身之外,这个存在物还要和自身发生一定的关系。通过这种关系,自身才能够确证自己,从而证明自身的本质力量,在此意义上,才能够说其是对象性的存在。所以这种对象性不是简单的一个个体存在物,而是彼此能够发生关联,而且这种关联会彰显事物的本质性的东西。

基于此,从某种意义上来讲,主客体的关系就体现了这样一种对象性的存在。这也只有在主客体关联中才能理解。但是这种主客体关系所体现的对象性活动不是一种抽象性的存在物关系。因为作为主体性力量的人,在将自己的本质性力量外化到自然界的时候,首先需要有自然界的客观存在,这种存在已经不是某种设定的存在,而是从人类在进行生产的过程中,就与人类发生着一定的关系,这种关系就是人对他自身之外的事物进行改造和被改造。在改造过程当中,人的本质力量的活力得以表现,而且人在改造自然界的过程当中,既有改造的对象,也有对象物的产生,从而使其作为能够彰显人类本质力量的对象性的存在物展现在人类面前,人通过他们显现自身对世界的改造能力。所以马克思认为,黑格尔将精神作为非对象性的存在物,一开始就会使自己的思想陷入一个自我否定的怪圈中,从而导致他在理解自然的时候,就会将自然抽象化地理解,并且将自然界作为精神的外化。

马克思认为,如果将自然抽象地理解,就会出现这种自然界一定会与人分开的情况。即使探讨彼此之间的关系,但也不能将人与自然区别分开。而且这种理解实际上对人类来说也是一种无,并不是一种真正的存在,因为这种自然界本身就是抽象的,不是一种现实性的自然的存在。马克思正是在此基础上深入地批判了黑格尔这种抽象性的哲学思想。因为一旦有了这种抽象性,就会出现人作为一个存在物,在自身之外就没有了自然界。当人没有自己的自然界的时候,人就不是真正的自然存在物。因为人的存在也是相对于自然存在物来讲的，他本身也是自然存在物的一分子。所以人与自然之间、人与人之间的这种对象性才会构成真正的现实性的存在。如果将这些截然分开，甚至是从精神层面去理解他们的关系，势必将人、自然都会理解成抽象的，而且彼此之间的对象性存在即使会有概念上的理解，也必定不是现实的，也只能存在于我们的脑海中。

不言而喻，在马克思看来，黑格尔抽象地理解了自然界。人只有将自然作为其活动的对象性存在来确证自己的本质，或者说人们通过对自然的对象关系把人的本质赋予自然，自然界才是有价值的，才是作为人的对象性存在而存在，这只有通过人类的实践活动才能实现。所以在这种情况下，"只有当对象对人来说成为**人的**对象或者说成为对象性的人的时候，人才不致在自己的对象中丧失自身。只有当对象对人来说成为**社会的**对象，人本身对自己来说成为社会的存在物，而社会在这个对象中对人来说成为本质的时候，这种情况才是可能的"。① 在此，我们可以看到马克思对黑格尔的抽象自然观念的批判，是立足于人的实践活动的基础上去分析自然界作为"对象性存在"的，而不是仅仅将其作为一种认识对象。因为这种对象不是抽象的，这种对象在成为人的对象性时，也会体现出人对其的改造。只有如此才能真正地被人类认识，从这种认识、改造过程当中，人最终确证自己的本质。马克思在分析大工业的革命性作用的时候，认为人在实践活动中形成的自然界，是人的现实的自然界。这种形成，即使是通过大工业，有时候是通过异化的形式形成的自然界，也是真正的属人的自然界，因为这种自然界彰显了人的本质力量。

人们通过实践活动创造对象世界和改造世界，就必须通过对劳动工具的利用来实现这一活动。尽管这一时期，马克思还没有明确地提出劳动过程的三要素，但是已经隐含了人在劳动过程中必须要通过一定的方式来实现自己改造自然的能力，而这一手段就是技术本身的基本功能。马克思认为大工业是关于人本质力量的展现，而且"全部人的活动迄今为止都是劳动，也就是工业"。② 这就意味着在马克思那里，劳动和工业的本质直接相关。工业对马克思来说，又与（技术）机器的应用有很大的关系，这也预示着马克思在后期思想中必将会深入探讨技术在工业生产中的巨大作用。也正是在此基础上，马克思一方面看到黑格尔将劳动与人的本质结合在一起，体现了劳动对人的本质确证的作用，这是积极的认识。但是另一方面，黑格尔所讲的劳动并不是现实的劳动，而是抽象的精神层面

---

① 《马克思恩格斯全集》第 3 卷，人民出版社 2002 年版，第 304 页。
② 《马克思恩格斯全集》第 3 卷，人民出版社 2002 年版，第 306 页。

的劳动,并没有将这种劳动落实到社会现实中去理解。

通过马克思对黑格尔关于自然抽象性理解的分析,我们可以看出他在此时已经表明人的对象性的活动只有在现实世界中才能被理解。而且马克思也没有仅仅将自然界当作人的对象性的存在,而是将这种感性的自然界已经看作具有一定的社会的、历史的内容,是与人的实践活动相关联。当然此时的马克思虽然也看到实践的活动已经处于重要的地位,但是并没有对"实践"活动进行拓展。这一工作的深入探讨是在被恩格斯称为具有"天才世界观的萌芽"的《关于费尔巴哈的提纲》中,尤其是在随后对整个生产工具方式的分析中。

三 作为"工具性活动存在"的自然

如果说在《1844年经济学哲学手稿》中,马克思对黑格尔抽象性的自然观体现的唯心主义进行的批判,还带有费尔巴哈理论影响的痕迹,那么在《关于费尔巴哈的提纲》中,马克思则在"实践"概念的基础上批判了费尔巴哈直观唯物主义的抽象性,进而在"实践活动"的视野中探讨了作为"工具性活动存在"的自然的基本特质,从而表明与人的生存关系。

马克思立足于实践观念的变革,对费尔巴哈的直观的唯物主义观点进行了深刻的批判。也可以说通过对费尔巴哈的这种批判,马克思实现了实践概念的哲学变革。马克思认为费尔巴哈在理解人的本质的时候,在分析人的活动时,虽然他从感性"直观"的角度批判了黑格尔的抽象思维,但是他仅仅是将人的活动看作一种感性的"直观"。马克思认为费尔巴哈并不是没有看到人的活动是感性的,从这一方面来讲,是有积极的意义的。但是人的这一感性活动,费尔巴哈将其理解为一种"直观",且仅仅是一种感性的直观。比如说,环境与人的改变关系,到底是环境改变了人,还是人改变了环境? 18世纪法国的唯物主义者孟德斯鸠(Montesquieu)提出的"地理环境决定论",认为在很大程度上地理环境对各个民族产生的信仰、道德、政治制度等都会产生决定性的影响。但是马克思对这些将环境与人的互为影响的关系进行截然分开讨论的方式进行了批判,认为不管人们愿不愿意,都会处在一定的社会关系中。在这关系中人与自然、人与人才能发生实践活动。由此,马克思认为要将感性的活动,不能看作直观性的,而要将其视作革命性的实践活动。直观唯物主义将环境(自然)和人作为分离开的对象来论述的方式,实质上是一种典型的主客二分的思维方式。在这种思维方式下,作为"工具性活动"而存在的自然的社会特质也就没有受到必然的重视。因此,就有必要去追问工具性活动的生存样态与社会特质。

如果说直观唯物主义所蕴含的是一种主客二分的思维方式,那么在这种思维方式中的工具性活动就会被等同于对象性活动。马克思在《关于费尔巴哈的提纲》视野下的对象性的活动关系，则体现了劳动主体和劳动对象之间的一种"别样"关系，这种关系是指人和劳动对象之间的相互作用，并且这种活动的发生需要一种"中介"才能进行。否则，对于这种活动的理解，要么就单纯从直观的方面考察客观对象，要么就单纯从主体方面进行唯心主义的解释。以前者为例，如果仅仅将工具性活动视为单纯的、直观的对象性活动，那么工具性活动本身的产生也需要一个"中介"，由此追问下去工具性活动就会需要一个个的"中介"，直至无穷，这就会出现与黑格尔所谓"恶"的无限性相类似的一个悖论，从而将"工具性活动"置于一个尴尬的领域。由此可见，工具性活动本身不同于对象性活动，它超出了对象性思维的框架，本身被赋予了更多的社会意义。也正是在此意义上，在以后的论著中马克思才说"工具是人体器官的延伸"，而不仅仅是对象性活动中的一种工具。

具体而言，在马克思那里，"工具性活动"作为劳动资料，在人类整个物质性生产过程中起着"中介性"的作用。马克思在《资本论》中认为，劳动是人和自然界之间的一个物质变换的过程。这种变换同样具有两层含义：一层是人类对自然界的改造；另一层是人对自身的改造，因为人和自然界之间的过程是通过人自身的劳动的过程来展现的。但人在劳动过程中，不是赤手空拳地去改造自然界，而是一方面需要现实的"存在物"，这种存在物在很大程度上不是自然界现成地提供给我们，而是需要人自身去进行制造和改造；另一方面是要结成一定的社会关系才能有效地改造自然界。马克思认为，人的劳动过程包括劳动资料、劳动对象和劳动者三个基本要素，并对这三种要素在整个劳动过程中的作用进行了详细的分析。在这一活动中，马克思认为起"中介"作用的是劳动资料，因为"劳动资料是劳动者置于自己和劳动对象之间、用来把自己的活动传导到劳动对象上去的物或物的综合体"[①]。这种"中介性"，它一方面具备劳动者身上的主体性，因为它是人类延长性的身体器官，劳动者利用它来对劳动对象进行改造；另一方面它本身又是劳动者生产的劳动对象。劳动资料这一"物或物的综合体"就具有不同的意义和作用，因为劳动资料在整个人类劳动过程中，既不完全同于劳动主体，也不完全同于劳动对象。正是因为它的这种特性，又恰恰与这二者具有同一性。作为人对自然改造工具的劳动资料，一方面是合乎人的目的的，与人的目的具有同一性。它是人类得以顺利改造自然界的最有效的存在物，是人将其能力倾尽在上面的体现，从而与劳动主体相似，而又与劳动对象相异，它本身在一

---

① 《马克思恩格斯全集》（第44卷），人民出版社2001年版，第209页。

定程度上是人类通过它对它所指向的劳动对象的改造。另一方面，劳动资料本身又是一种客观存在的东西，是作为主体为了满足自己一定的目的而生产出来的东西。从这种客观性来讲，它与劳动对象具有相似性，又表现出与劳动者的差异性。由此可以看出，劳动资料在整个活动过程中，是起到"中介"的作用。它在劳动者目的的支配下对其他的劳动对象进行相互作用，劳动者通过它来满足自己的需要，将自身的目的性赋予劳动资料的同时，也有效地赋予了劳动对象。当然，它的这一活动必须要顺利，如果出现劳动资料使用上的断裂，这种目的性就会失效，不会产生有效的结果。

由此可以看到，马克思在"人化"自然中，劳动资料相对于其他的自然属性、自然物质来讲具有一定的自身的特质性，是不同于其他的一种"工具性活动"的存在物。由这些"工具性活动"的存在物所形成的自然界就构成了"工具性活动存在"的自然界，并通过它显示出人对现实世界的构造。

四 作为人类"现实世界"构成的自然

虽然在《关于费尔巴哈的提纲》中，马克思一方面强调了人的生存是一种实践活动的体现；另一方面又强调人应该是一定现实世界中的个人，但是马克思只是强调了人及其实践活动是属于某种社会关系，而对这种具体的社会形式却没有作正面的描述。在《德意志意识形态》和《资本论》等著作中，他集中论述了现实社会的结构与技术的作用，从而显示人的存在。

马克思曾在《神圣家族》"对法国唯物主义的批判的战斗"中分析道，唯物主义在唯物主义者培根那里还具有一种事物本身的特性，具有可以全面发展的萌芽状态，但是到后来唯物主义就变得不仅非常机械，而且也变得更为抽象了，唯物主义在随后发展中就被人轻视了。尤其是法国这个时期的一些唯物主义者，比如拉美利特不仅将物，甚至将人都看作"一架机器"，霍尔巴赫、孔狄亚克也从机械论的角度对自然界进行论述。在此马克思所批判的是一种对唯物主义被抽象，失去丰富性成为理智的一种思想的批判，它们是对纯粹地将自然作为素材的抽象思想的批判，没有看到唯物主义发展的最终目的是落实到人的生活世界，与人的生活密切相关。在《德意志意识形态》中，马克思对费尔巴哈直观唯物主义思想的批判，是通过对现实世界的论述而进行的。在此之前马克思曾经认为费尔巴哈是将人的活动仅看作一种感性的直观。这种直观马克思认为它有两方面的表现：一方面这种直观仅仅是对世界的直观，比如对于世界本身的现存的现成性的理解，人的吃喝拉撒等；另一方面仅仅是人的单纯的感觉，比如人的视觉、味觉、触觉等。但这并没有真正地去认识现实中人的本质是什么。因为当费尔巴哈将他周围的世界，不管是什么事物都看作一种自古以来就有的，不管这种东西是什么，甚至包括他对于自然科学的直观，都是将这些看成一种现成的存在物，而不是一种运动变化的东西。这种运动变化不是指物理上，即使是化学的运动变化，更多的是指人的实践活动。人的这种实践活动，当马克思将其看作革命性的实践活动的时候，我们就可以看出这种革命性，不仅仅是说社会属性、阶级斗争等内容，更多的是指人的实践活动所体现的一种变革属性。所以人类的活动尤其是生产活动，是推动整个社会不断迅速发展的根本性的变革力量。在这一发展过程当中，任何时代的发展都要继承前一代的工业生产和交往方式，每一个时代也会为新的时代所改变。在这种不断的转换过程中，引起社会的不断变化和变革。马克思在批判费尔巴哈的这种直观思想的基础上，最终提出了共产主义者在这种变革性运动中的重要性。他认为共产主义者不仅仅是理想中的、理论上的共产主义者，更重要的是要将理论走向现实化。要想成为真正的共产主义者，就必须在实践中践行对世界的改造，成为真正的实践唯物主义者。保罗·蒂里希（Paul Tillich）看得很明确，他说："在马克思看来，唯物主义意指历史进程的一切方面都取决于人再生产自己的存在所采用的方式……这一定义标明，马克思主义的唯物主义并不是形而上学的唯物主义……否则，他也不会把他的唯物主义称为'辩证的'唯物主义……对于马克思来说，辩证法并不是叮当有声的机械装置。它是描述社会力量、社会冲突和社会趋势的一种方法……在马克思看来，决定历史的是纯粹的历史内在因素。"① 在此可以看出，保罗·蒂里希确实是看到了马克思的唯物主义不单单是自然观方面的唯物主义，他是将马克思的物质资料生产方式看作马克思是真正唯物主义者的根本性标志。实质上，如果马克思仅仅是一个一般自然观的唯物主义者，那么他就不可能是彻底的唯物主义者。正是马克思将唯物主义贯彻到历史观中，发现了唯物史观才使自己成为彻底的唯物主义者。而且保罗·蒂里希认为，物质生产资料是人的实践活动的一种样式，在此意义上他将马克思的唯物主义看作一种"辩证的唯物主义"，由此马克思实现了与形而上学唯物主义的决裂。

因此我们就可以理解，马克思、恩格斯所讲的，当费尔巴哈去探讨历史的时候，他不是一个唯物主义者，而在作为唯物主义者的时候，历史又在他视野之外了。因为在他那里，唯物主义和历史是彼此完全脱离的。与传统的环境和人孰先孰后的关系的观点不同，马克思的这一"现实世界"指的是人们现实的活生生的世界，这样的世界是"大工业中人与自然的统一"。在《德意志意识形

---

① 何光沪选编：《蒂里希选集》上卷，生活·读书·新知三联书店1999年版，第57—58页。

态》中，马克思就较早自觉地指出："如果懂得在工业中向来就有那个很著名的'人和自然的统一'，而且这种统一在每一个时代都随着工业或慢或快的发展而不断改变……"①那么以往像布鲁诺等将自然的历史和历史的自然对立起来的观点，并认为这种历史是毫不相关的问题就会迎刃而解。不仅如此，马克思已经逐渐舍弃了以往那种只从主客二分的思维方式对人与自然进行论述的观点，而是将"工业"看作人与自然相统一的过程，从而将主观性和客观性等二元对立性的讨论都置于"工业"的这种现实的具体的实践活动之中。也正是如此，广松涉认为，"马克思、恩格斯在主张工业中媒介的统一的时候，对于'人（人类）'这样巨大的主体与'自然'这样巨大的客体，没有以'主体—客体'模式进行对等考虑"。②所以，对马克思来说，所谓的现实世界是工业和商业活动的结果，是大工业的产物。正如哈贝马斯指出的："自此，'自在的自然界'是我们必须加以考虑的一个抽象物。但是，我们始终只是在人类历史形成过程的视野中看待自然界。"③由此可见，哈贝马斯认为，我们可以从一种前提性的角度去探讨"自在自然"，但是最终我们要将这种"自然"与人的劳动实践活动结合在一起，才能避免对它们的抽象性理解。也正是在此，我们可以看到技术对社会发展的巨大作用，马克思对于技术在人类社会发展中的作用进行了详细的分析，尤其是资本主义的机器大工业的使用在很大程度上不仅构建了生产力，而且也推动了整个资本主义的发展，马克思在《资本论》第一卷中，认为工艺史尤其是18世纪的发明会证明不是属于某一个人的。马克思当时注意到达尔文已经对自然的工艺史（在动植物的生活中作为生产工具的动植物器官的形成史）进行过研究，他认为，社会人的生产器官的历史应该更容易写出来，因为工艺学本身体现的就是人和自然的关系问题，在对自然改造过程中形成自身、社会等各个方面的关系。这样的方法就是一种通过对人类历史生产进行探讨的历史唯物主义的方法。

通过以上对马克思自然观的分析，我们可以看出，马克思关于"自在自然"的分析一定不能脱离人的实践活动，或者说马克思谈论自然的时候更多的是指"人化自然"。"人化自然"也不是自古以来就有的，我们正是通过人的实践活动，将自然作为"对象性的存在物"来体现自身的存在。这四个方面也体现了马克思自然观逐渐完善和发展的过程，逐渐从理论和实践上深入探讨人与自然的关系，并在这一演变过程中体现了人的本质。日本哲学家广松涉在《物象化论的构图》

---

① 《马克思恩格斯选集》（第1卷），人民出版社2012年版，第156页。
② [日]广松涉：《物象化论的构图》，彭曦、庄倩译，南京大学出版社2002年版，第41页。
③ [德]哈贝马斯：《认识与兴趣》，郭官义、李黎译，学林出版社1999年版，第29页。

中曾经谈到并引用了马克思在《1844年经济学哲学手稿》中说过的自然即感性的外界，是工人用来实现自己的劳动、在其中展开劳动活动、由其中生产出和借以生产出自己的产品的材料。但是，即使在这个时候，马克思也认为自然界"是人的无机界的身体"，所以广松涉说，"在马克思看来，自然对于主体不是外在的单纯的劳动素材。他甚至在早期就将人与自然的统一性作为人的非有机身体的自然这自在和自为的形态进行论述"。① 要实现这种确证，就需要劳动者通过劳动资料——"工具"的使用将其自身与劳动对象联系起来，在这一勾连过程中形成人们的"现实"的生活世界，自然在很大程度上就被理解为属人的"世界"，这一世界的有效形成与人的技术实践活动又有很大的关系，这就凸显出人在这个世界上的生存意义，或者说正是通过这些方式体现了人之为人。

【作者简介】吴书林，哲学博士，四川师范大学哲学研究所教授，硕士生导师，研究方向为马克思主义哲学、德国哲学；刘皓昱，湖北大学马克思主义学院博士研究生。

---

① [日]广松涉:《物象化论的构图》，彭曦、庄倩译，南京大学出版社2002年版，第180页。

主客体世界关系的演变逻辑及其马克思的变革*

杨建坡

【内容摘要】面对客观世界，古代西方哲学从追问其始基开始，确立了哲学的宏大主题。探究世界的起源、构成及其原则，就需要先检查人认识世界、解释世界的能力，以达到主观与客观相一致。而即便人能够认识客观世界，也要以准确表达为前提，哲学就进入了语言符号世界。一旦哲学进入符号世界，就陷入符号体系间无休止的纠缠之中而无力谈论世界本体了。造成这一困境的根源在于主客二元分立。这一内在矛盾在传统哲学思维范式内无法根本解决。马克思从"自我对象化"概念入手，将感性对象性活动发展为实践或劳动，进而阐明了世界的生成性本质，演绎了实践世界的生成逻辑，实现了人与自然、主观与客观、主体与客体的辩证统一。

【关键词】客观世界；符号世界；实践世界

西方哲学起于对存在的思考，致力于探求世界的本原。而要探究世界的起源、构成及其原则，就需要先考察主体探索世界与追求真理的能力。问题在于：即便人具备认识世界的能力，如果无法准确表达，那也是徒劳无功的。因此，探讨语言符号问题就成为哲学首要解决的问题。由此，哲学进入了符号世界，而一旦哲学进入符号世界，就陷入了不同符号体系之间众说纷纭、无休止纠缠的泥淖之中，再也无力谈论世界本体了。造成这一困境的根源在于主客二元分立的西方哲学传统思维范式，而这一内在矛盾的解决需要世界观的革命。马克思的实践哲

---

* 本文为 2019 年度河南省高等学校青年骨干教师培养计划项目（项目编号：2019GGJS101）；河南省哲学社会科学规划项目（项目编号：2020BZX015）阶段性成果。

学终结了上述问题,用另一种眼光"观世界",揭示了实践世界的生成性特征及其内在逻辑。

一 西方古代本体论主题的演进

古希腊自然哲学的主题是世界的起源和构成,这种哲学思维范式实质上是建立在认识论基础之上的,即要解释世界是什么和从哪里来。它的总问题是:研究"'实是之所以为实是',以及'实是由于本性所应用的禀赋'"[①],"考察实是之所以为实是和作为实是所应有的诸质性"[②],探寻"事物所依据的基本","捉摸本体的原理和原因"[③]。"水是万物的本原",当泰勒斯以这种方式言说世界时,他开启了古希腊用自然界中某种单一的东西来解释世界的来源和构成的思维方式,也开启了西方哲学寻求"变中之不变"和探究事物"是其所是"之内在规定性的思维传统。按照黑格尔的观点,经过阿那克西曼德的"无定"、阿那克西米尼的"气"、赫拉克利特的"火"等辩证环节的发展,随着毕达哥拉斯的"数"、赫拉克利特的"逻各斯"、巴门尼德的"存在"路径的开启,人类理性获得了飞跃,从经验中抽离了出来,在更高层次上将人们对世界的把握转向了人的内在或自身能力问题。如巴门尼德区分了感官感知和理智把握两种方式,主张从主体的认识形式与关系角度考察客观世界,确立了传统本体论的基本原则,把存在的特征上升到"永恒"和"唯一",开创了本体论思维。

通过发展巴门尼德存在世界和感觉世界理论,柏拉图的二分世界,奠定了追求超验世界的西方哲学精神。但柏拉图世界的二分思想是建立在知识的区分基础之上的,知识分为理性、理智、信念和想象四类,与之对应,存在分为理念、数理学科、可见的可感的事物和影像四种。在柏拉图那里,本体论和认识论这种对应关系是以存在事物的性质为根据的,因此,认识是我们关于世界一切知识的先在条件。赫拉克利特用"逻各斯"来说明世界上一切存在物的存在,用火"周而复始的燃烧"和"熄灭"来说明变化的世界具有某种确定性或原则根据。巴门尼德承认经验世界中变动不居的现象,但他不承认这是真实的存在,而认为它是人们只使用感觉去接触自然的结果。世界的真实存在与意见所描述的情况恰好相反,是唯一而不动的。智者派将世界的变化推向绝对。普罗泰戈拉说:"人是万物的尺度,是存在的事物存在的尺度,也是不存在的事物不存在的尺度。"[④]柏拉

---

① [古希腊]亚里士多德:《形而上学》,吴寿彭译,商务印书馆2007年版,第64页。
② [古希腊]亚里士多德:《形而上学》,吴寿彭译,商务印书馆2007年版,第69页。
③ [古希腊]亚里士多德:《形而上学》,吴寿彭译,商务印书馆2007年版,第65页。
④ 北京大学哲学系外国哲学史教研室:《古希腊罗马哲学》,商务印书馆1961年版,第138页。

图认为这个命题意指:"事物对于你就是它向你显现的那样,对于我就是它向我显现的那样。"①而所谓"向我显现"也就是"我感觉到"。这个命题根本否定了确定性东西的存在。高尔吉亚的"三条原则"(无物存在;即便某物存在,也无法认识;即便某物可被认识,也无法准确表达)强化了同样的观念,智者派这一思想像幽灵一样在后世哲学中伏脉千里。如果说柏拉图的理念本体论由于在经验世界之外另建一个理念世界显得粗糙的话,亚里士多德的实体学说则为后来的本体论提供了本体模型。他将本体论的视线聚焦到寻找某种确定的实体上,认为在可感觉的个别事物之外寻找实体徒劳无益,而应在具体事物之中去寻求构成事物的基质。然而,虽然他确实给出了确定的实体,但也承认存在一个永恒的不动实体。

发端于自然哲学形态的本体论,追求的是不变的"一",寻找的是"基点""地基",力求超越感觉的杂多与流变,但无论如何是无法将感觉认识取消的,虽然区分和划界是必需的。表面看来,对超越世界的追求与对感觉经验的坚持,使哲学走上了分裂之路,世界被割裂为可见世界、感性世界与可知世界、超感性世界。但内在来看,感性世界和超验世界既相互区分又保持着必要的张力:一方面,本体论的目的是解释世界,寻求根据,而解释世界本身的出发点和归宿就在于解释经验世界,就是认识世界;另一方面,为了达到解释世界的目的又必须超越现实世界,否定经验世界的最终实在性。因此,本体论哲学本质上是借助思维或理性的理论超越经验世界寻求根据,而寻求根据的目的仍然在"眼下",仍然是认识和解释经验世界,以获得对经验世界的掌控,过一种"值得过的"生活。由于对本体世界的追求是以现象世界为基地的,或者说,如果不能认识经验世界或人们没有认识经验世界的能力,谈何本体?这种致思路向到了近代就表现为认识论转向。

本体论本来是要谈论世界一体、主客不分世界的根据和构成,结果却把这个世界一分为二甚至割裂对立,原本是要把握"存在",结果从中引出的却是超验世界与人的对立。但如此一来的后果和问题是:人们所追求的"本体世界"的合法性何在?如果这个超验世界不可通达、无法认识、不能言说,那么人类何以自居?可以说,对本体世界的探求是以认识世界作为前提的,其目的在于解释世界,因此,与其说近代发生了认识论转向,不若说人们为了解决本体世界的二分危机转而讨论认识世界这个更为前提的问题。

---

① 北京大学哲学系外国哲学史教研室:《西方哲学原著选读》(上卷),商务印书馆1981年版,第55页。

二 认识论转向的基本逻辑

表面看，认识论转向的逻辑为：人们在探讨世界根据及其构成诸问题前，首先要考察人的认识能力，而如果人根本不具备认识世界的能力，那么谈论本体世界就是一句空话。因此，认识论的主要任务就是把问题导向人自身，转而讨论人的认识能力，即从人自身寻求外在和内在世界知识的确定性及其根据。但深层看，问题的根源还在于世界的二分：人们为了追求不变的"一"、绝对的超验世界，要超越流变不居的经验世界，而要超越经验世界，就要借助知性或理性的能力，而通过"理性为自然立法"发现，作为经验的现象界是稳定可靠、环环相扣的，反而理念世界、超验世界、本体世界成了不可知的"思想体"，如"自由""神""灵魂不死"（康德所揭示）。因此，认识论转向的问题源自本体世界，并且对认识问题的探讨导致了本体世界的变化，但哲学对本体世界的追求一直是隐秘的渴望。

恩格斯指出："全部哲学，特别是近代哲学的重大的基本问题，是思维与存在的关系问题。"[1]认识论转向所蕴含的本体论主题，可以通过思维与存在关系的不断深入探讨寻求逻辑线索。但问题是，不能将"思维"与"存在"割裂，应从整体性眼光出发，着眼于"全部哲学"的发展逻辑，也就是说哲学产生以来的思想主旨和终极追求没有变化，本体论与认识论从来都不是分离的。古代哲学认为"思""存"自在一体，处于一种自在的、原初的、直接的统一状态。近代哲学则意识到了"思""存"的对立和界限，致力于通过对立把握统一，而这一种把握要求以一种自觉的方式进行，并且明确地把"思""存"关系确立为解决"存在"问题的基础和前提，也即探讨本体世界必须以认识世界为基础，而认识世界就是要努力通达本体世界，达到"主客一体"，"物我两忘"。但是，近代认识论哲学的演进表明，作为探讨本体世界前提的认识论问题是无法完成其历史使命的。

笛卡尔证明，对世界本原问题的解答需要从"我"开始，对外界事物的正确知识的获取必须以对于认识本身的正确理解为前提。笛卡尔把真理性知识的存在视为一个事实，然后用天赋观念的原因来说明达到事物的真理所依靠的是理性。笛卡尔以后，无论唯理论者莱布尼茨还是直觉真理论者斯宾诺莎，都认为真理性的知识是完全与外在事物符合一致的，即我们的知识所表现出来的对象与对象自身是完全一致的。这种"符合一致"几乎成为近代认识论的根本任务。

预设或承认理性的无限性或无界限，不对理性进行批判和划界工作，就必

---

[1]《马克思恩格斯选集》（第 4 卷），人民出版社 2012 年版，第 229 页。

然将唯理论导向独断论。独断论者不知道理性在知识领域中的运用不能超出感性的界限。界限的观念产生于经验论,是经验论深入发展的产物,但并非所有经验论者都有界限的观念。洛克认为:"我们知识底范围不但达不到一切实际的事物,而且甚至亦达不到我们观念底范围。我们底知识限于我们底观念,而且在范围和完美方面,都不能超过我们底观念。"①洛克是要表明,人们不但无法通达事物的本质结构或实体,而且也达不到事物之间的本质联系,即无法认识事物的本质。这说明了经验论的基本原则,却是不彻底的。贝克莱将这一基本原则推向了极致,他否定任何概括和抽象的可能性,认为"存在即被感知",对象和感觉就是一个东西,从而把经验原则推到极致,揭示了人类在认识的理论分析中极易陷入的唯我论的某种根据,我们无法用感觉来反驳感觉,只能依靠理性来反驳,而后者正是他凭借感觉经验予以全力批判的对象。毫无疑问,我们对外界的知识是通过感觉得到的,但如果执着于感觉观念,那么我们甚至连存在着"观念"这一判断都无法做出,一切皆流,转瞬即逝,任何事物都不会在感觉中留下痕迹,人们甚至无法彼此有所交流。休谟以彻底的经验主义对因果必然性以及知识来自经验综合的思想进行了摧毁,从而将彻底的经验论原则与不可知论结合起来,把思想严格地限定在主观范围以内。休谟使康德从独断论的迷梦中惊醒。

康德接受了关于事物的知识是由主观构想出来的观念,但他并不承认经验是知识的唯一来源,而只是知识的开端,只是提供感性材料。康德哲学的两个基本领域是认识论和伦理学,但本体论主题贯彻始终。康德开启了德国古典哲学的进路,但这个进路表面上表现为认识论,即如何处理能动的主体性与客观的制约性之间的关系,也是如何面对休谟的怀疑论所提出的问题和如何解决理性派的独断论所面临的困境。但是实质上是本体论问题,即有无一个客观世界,即物自体,以及理性的限度问题。康德将主体和真正的、绝对的客体对立起来,无法进行沟通,也就沦为不可知论。如何解决?第一是在现象界,可以发挥主体的能动作用,构建起科学知识体系。第二是在本体界,从伦理实践的角度,实现客体与主体的统一,因为人的自由意志即是主体,也是自在之物,因此可以达到统一。但现象界和本体界的根本对立是不可避免的,是无法跨越的鸿沟,理论与实践继续被割裂。

面对康德的问题,费希特把认识和实践合二为一,将其统一起来。他主张,认识本身也是一种实践活动,而实践活动本身也可以纳入认识环节,甚至实践是第一原则,使人的认识本身就成为自由意志的活动,并且在这种自由意志的活动

---

① [英]洛克:《人类理解论》,关文运译,商务印书馆1997年版,第530页。

中，通过一种必然规律，发展出道德和科学知识，乃至所有的东西都是从行动的"自我"（自由意志）中发展出来的。费希特把康德割裂的东西统一起来，但这种统一还停留在主观层面，它跟真正的客体，仍然处于极端对立的状态。因此，费希特撇开了真正的、现实的客观存在，把一切都看作主体所建立起来的，仍然是一个主观主义者。为克服费希特问题，谢林把自我和非我（客体），归结为一个绝对统一体。他认为，最开始既不是一个客体，也不是一个主体，而是主客体的绝对的同一性，绝对无差别。主客体绝对无差别同一，然后分化出客体，客体再产生主体，然后主体又上升为更高的客体，最后又回归到主客体的绝对统一。这样一来，这个世界就成为一种静止的、片面的、僵化的和神秘莫测的世界。针对这种片面性，黑格尔提出，绝对同一和绝对差异这两者也是绝对统一的，绝对同一本身就是绝对差异，绝对同一里面其实包含着绝对差异，或者它本身就是绝对差异。从绝对同一里面，通过自身的差异衍化出主体、客体的所有阶段，作为同一个历史发展的各个阶段，因此，历史和逻辑是统一的。黑格尔通过一种辩证法，把主体、主观的能动性和客观的制约性统一起来，只不过这种统一最后统一于精神。虽然绝对精神采取了客观的、客体的形式，但还是属于主体的、精神的。

黑格尔通过理念这一中介环节克服自然与精神的对立，解决主客二元对立、互相割裂的内在矛盾。在黑格尔那里，理念具有二重性特征，是自然与精神双向生成的中介，既是客观世界对主观世界的生成，又是主观世界对客观世界的生成。这一思想蕴含了对理念的实践理解，正是通过黑格尔这一思想的阐发，现代哲学纷纷转向了语言符号、文化等中介环节，探讨实践、精神、文化、科学等"居间者"，沟通自然与精神、客观与主观。有学者指出："在对黑格尔哲学的讨伐中形成的现代西方哲学各主要流派，尽管其旨趣不同，观点各异，但在其理论出发点和发展趋向上，都没有离开黑格尔哲学所提示的本体中介化的道路。"[①]需要特别指出的是，20世纪西方哲学主要思想流派普遍关注或者转向了语言符号问题。由胡塞尔经海德格尔再到伽达默尔，现象学不可避免地要谈论符号、意义问题，最终语言成了解释学的基础问题；精神分析学派从弗洛伊德、荣格到拉康，汇入结构主义语言学，等等。这一过程或现象可以理解为符号世界的发现。

三 符号世界的发现逻辑

从主—客两极到语言符号中介：符号世界成为认识世界的前提。实质是通

[①] 孙正聿：《从两极到中介——现代哲学的革命》，《哲学研究》1988年第8期。

过符号世界沟通主客分立，但符号的多重性、多样性导致相对性、主观性，无法保证客观性。当黑格尔主义者陶醉于绝对精神的"统一"世界中时，以语言学为突破的中介思维进入了哲学领地①。当说西方哲学有一个语言学转向时，其基本逻辑为：世界的起源与构成是哲学的宏大主题和终极追求，但要达到这一本体论光辉顶点需要以人的认识能力作为基础和前提；然而即便人有认识现象界和本体界的能力，仍然必须保证人们能够准确言说这种认识；因此，如何言说本体世界、怎样谈论人的认识能力就成了西方哲学的首要问题，20世纪西方哲学就开始转向语言哲学，将注意力集中于人与客观世界之间的语言、文化符号等问题。随着对语言符号和文化问题的探讨，人们发现人本身就存在于一个语言符号或文化世界之中，符号世界与客观世界保持着一种复杂的共生关系：符号体系一旦建立，客观世界就落入了符号世界，人就像蚕一样，自己构造了属于自己的世界，但也作茧自缚于这个符号世界。

  符号世界让我们认识到："世界是不依赖于人的意识而独立存在的客观世界，人类可以通过意识来反映和认识世界，但却只能使用语言符号来说明和描述世界"②，人无法穿过符号世界直接认识符号现象背后的本体世界。卡西尔说："人是符号的动物。""人的有意识活动都是符号活动。"③ 符号世界成为人们必须面对和生活其中的文化世界。在人生活其中的世界中，任何事物，无论自然界还是人类社会都打上了文化符号的烙印，任何物质，无论宏观还是微观物质都承载着符号意义，不携带意义的物质对人来说就是"不存在"。因此，人面对的不是一个无人的纯粹自然的世界，而是一个文化的、符号化的世界，人不可能跳出文化、跃出符号世界、离开语言系统来谈论客观世界本身。也就是说，对客观世界的认识只能通过符号世界才有可能。这样一来，人类关于客观世界的知识进展，仅仅体现为对原有符号系统的不断地修改完善，以及表现为从一个符号世界到另一个符号世界不同符号系统的相互转换、互相借鉴、互通有无。结果是，虽然通过不同的符号系统同客观世界打交道，可以呈现人与世界关系的丰富性、多样性，但某一种关系的真假好坏是无法通过符号系统本身进行验证的。人的这种生存悖论并不否定人们对客观世界的思考与探求，而是要表明这种符号生存特征要求人在面对客观世界时，必须使之符号化为可理解的世界，赋予其一定的精神形式，将其整理为有秩序、有规律、有结构的属"我"的世界，而这种"秩序""规律""结

---

① 孙正聿：《从两极到中介——现代哲学的革命》，《哲学研究》1988年第8期。
② 杨建坡：《意识形态的话语逻辑》，《天津社会科学》2019年第2期。
③ [德]卡西尔：《人论》，甘阳译，上海译文出版社2004年版，第34、37页。

构"就是符号体系。符号世界是人所构建、为人所用、不断发展的世界网络,世界在符号中呈现,人在符号中看世界,人与符号融为一体、须臾不离。从认识论层面看,符号世界是一个整体框架、关系系统,更是一套表达体系、意义系统,客观世界在符号的这种结构之网中呈现出其本质。

但符号世界不是本体世界,这是无法让人满意的,然而,人类超越符号世界困境的出路也不多:其一,不断修改完善原有符号体系。因此,一个民族、一个国家的发展,要不断地"吸收外来"文化、彼此交融、互通有无,否则就故步自封,隔绝于世界之外;其二,找一个"先进"的符号系统来代替原有符号体系。这就意味着一个民族、一个国家文化的覆灭或更迭,如日本的"脱亚入欧"、中国有人鼓吹的"全盘西化"均基于此。但二者往往是交织的,不同符号系统的交流碰撞是一个渐进的过程,很难实现一个符号系统完全取代另一个。这样的哲学后果是:当人们认识到自己只能面对符号世界而无法直接面对本体世界或客观世界时,哲学就不得不放弃孜孜以求的宏大主题和崇高目标,无力再向世界本体进军了。因此,现代西方哲学普遍"拒斥形而上学",将视角聚焦于科学、文化、意义等不同的人类"精神形式"上,其实质都是以人类的社会存在或某一方面为所谓"本体"。而所有的这些"精神形式"都是不彻底的"本体",都是没有上升到马克思所揭示的人的实践活动或历史活动的维度。因此,解决符号世界之谜或突破符号世界界限的路径,还要回到马克思,深入到实践世界维度。

四 实践世界的生成逻辑

在《关于费尔巴哈的提纲》中,马克思指出:"从前的一切唯物主义——包括费尔巴哈的唯物主义——的主要缺点是:对对象、现实、感性,只是从客体的或者直观的形式去理解,而不是把它们当作感性的人的活动,当作实践去理解,不是从主体方面去理解。因此,结果竟是这样,和唯物主义相反,唯心主义却把能动的方面发展了,但只是抽象地发展了,因为唯心主义当然是不知道现实的、感性的活动本身的。"①从黑格尔"自我对象化"概念入手,通过探讨人的感性对象性活动,揭示了人的本质的生成性特征,进而将感性对象性活动理解为实践或生产劳动,阐明了属人的世界的生成性本质,开辟出了实践唯物主义的历史观,实现了人与自然、主观与客观、主体与客体的辩证统一。

第一,"自我对象化"开出实践之维。从人的本质出发,为我们进入实践世界提供了一把金钥匙,奠定了构建世界、观察世界、理解世界的逻辑起点:如果

---

① 《马克思恩格斯选集》(第1卷),人民出版社2012年版,第133页。

自我对象化并表现为它的对象，那么我就是我的对象，进而人就是人的世界。

在《1844年经济学哲学手稿》中，马克思指出："一个有生命的、自然的、具备并赋有对象性的即物质的本质力量的存在物，既拥有他的本质的现实的、自然的对象，而它的自我外化又设定一个现实的、却以外在性的形式表现出来因而不从属于他的本质的、极其强大的对象世界，这是十分自然的。"① 作为对象性存在，人必然进行对象性活动，在这一活动中人不仅设定对象、创造对象，而且把自己的生命和本质对象化到具体事物之中。因此，人的这种感性活动的产物和对象就是人的生命和本质的对象化，甚至人的整个对象世界都是人的自我的对象化，即便是自然界也"表现为他的作品和他的现实"②。质言之，"人只有凭借现实的、感性的对象才能表现自己的生命"③。"自我对象化"为我们回答斯芬克斯之谜提供了一个关键支点，从而也奠定了构建世界、观察世界、理解世界的逻辑起点：如果自我对象化并表现为它的对象，那么我就是我的对象，进而人就是人的世界。我的对象即是我的本质、我的所是。在这种致思路向中，因为自我即"是"他的对象，所以"是"就是自我与对象之间的"关系"，但这个"是"是在知行合一的实践活动中由主体当下体验到的自我对象化过程。自我对象化必然被自我体验为一个是其所是的过程。因此，自我对象化开出了实践之维。也正是在这个意义上，马克思才说："人的本质不是单个人所固有的抽象物，在其现实性上，它是一切社会关系的总和。"④ 人是什么由他们生产什么和怎样生产来决定的。因此，"实践作为人的存在而造成了人的本质"，在本质上，"人是实践的人"，人与实践"同在"，也就是说，人以实践的方式而存在，没有实践便没有人，对人而言，人是实践的产物，世界是实践生成的世界。人通过实践而创造人本身，并"通过实践创造对象世界，改造无机界……再生产整个自然界"⑤。所以，实践即是一切存在、包括人的存在的现实起点。从"实践"出发，"社会生活在本质上是实践的。凡是把理论导致神秘主义方面去的神秘东西，都能在实践中以及对这个实践的理解中得到合理的解决"⑥。

第二，实践对于世界的奠基作用。外部世界（自然界）具有优先地位，但实践世界才具有本体论意义，绵延不绝的劳动、创造、生产等感性活动才是实践

---

① 马克思：《1844年经济学哲学手稿》，人民出版社2000年版，第104页。
② 马克思：《1844年经济学哲学手稿》，人民出版社2000年版，第58页。
③ 马克思：《1844年经济学哲学手稿》，人民出版社2000年版，第106页。
④ 《马克思恩格斯文集》（第1卷），人民出版社2009年版，第501页。
⑤ 《马克思恩格斯文集》（第1卷），人民出版社2009年版，第162页。
⑥ 《马克思恩格斯文集》（第1卷），人民出版社2009年版，第501页。

世界不断生成的根源：人的本质在于感性对象性活动，而这种生成性的实践活动在实现人、生成人的过程中，构建了属人的世界——实践世界。

马克思深刻地指出："如果没有工业和商业，哪里会有自然科学呢？甚至这个'纯粹的'自然科学也只是由于商业和工业，由于人们的感性活动才达到自己的目的和获得自己的材料的。这种活动、这种连续不断的感性劳动和创造、这种生产，正是整个现存的感性世界的基础，它哪怕只中断一年，费尔巴哈就会看到，不仅在自然界将发生巨大的变化，而且整个人类世界以及他自己的直观能力，甚至他本身的存在也会很快就没有了。当然，在这种情况下，外部自然界的优先地位仍然会保持着，而整个这一点当然不适用于原始的、通过自然发生的途径产生的人们。但是，这种区别只有在人被看作是某种与自然界不同的东西时才有意义。此外，先于人类历史而存在的那个自然界，不是费尔巴哈生活于其中的自然界；这是除去在澳洲新出现的一些珊瑚岛以外今天在任何地方都不再存在的、因而对于费尔巴哈来说也是不存在的自然界。"① 这一论述表明，先于人类历史而存在的自然界具有先在性、优先性、客观性，但人类产生后的世界都是属人的世界，自在的、纯粹的自然界对人来说不具有生成性意义，自然界不是自在的，而是在人的实践中、由人的实践活动"创造"的、"生成"的。

实践生成的世界之所以具有奠基地位，是因为实践、"劳动这种生命活动、这种生产生活"，"就是类生活"，"是产生生命的生活"。人"通过实践创造对象世界，改造无机界"，而这个世界正是人本质的外化，是人的本质力量的体现，打上了人的烙印。在马克思看来，唯一的存在就是实践，那种在人的实践之外的"自然"或"物质"，对人来说不存在或者说没有意义。在实践活动或生产生活活动中，主客体是内在统一的，实践不是抽象的、既成的实体，而是一种感性的、生产性的存在。因此，实践活动不仅生成着、实现着人的本质，而且生成着、呈现着世界的本质，在某种意义上，物质自然界是实践的产物。在马克思看来，"被抽象地理解的、自为的、被确定为与人分隔开来的自然界，对人来说也是无"②。自然界从来都存在，但只作为抽象物，还未成为属人的、为人的存在，因此，没有人的自然界对人来说是"无"。列宁指出："人给自己构成世界的客观图画；他的活动改变外部现实，消灭它的规定性（＝变更它的这些或那些方面、质），这样，也就去掉了它的假象、外在性和虚无性的特点，使它成为自在自为

---

① 《马克思恩格斯文集》（第1卷），人民出版社2009年版，第529页。
② 《马克思恩格斯文集》（第1卷），人民出版社2009年版，第202页。

地存在着的（=客观真实的）现实。"①所以，客观世界是人自己构成的、创造的、生成的，这个"生成"过程是一个连绵不绝、生动鲜活的实践进程，正是人的感性实践活动赋予了纯粹自在的客观世界以意义、精神，并且这个感性对象活动具有连续性、生成性、发展性。

第三，通过生产实践深入历史之维。通过感性对象性活动，人类将自我本质对象化、客体化，成为自在自为的存在，实现自己的本质，也构建了属人的世界：这一世界从人的本质出发，又不断地返回自身，而只有把这一进程深入到历史维度才具有更为本体的意义。

海德格尔在谈到马克思的历史理论时表示：马克思在体验异化时深入到历史的本质中去了，他的历史观比其他历史学都要优越。因此，无论胡塞尔还是萨特都没有认识到在存在中的历史性因素的本质性，无论是现象学还是实存主义，都没有达到与马克思进行对话的维度②。可见，马克思唯物史观所达到的本质高度。那么，马克思是怎么开启了历史的世界呢？对于历史性的理解必须深入到马克思历史唯物主义的本体和根源层面。总体来说，马克思是通过将"感性对象性"活动提升到实践概念或劳动概念来开创新世界观的，从而深入到人的存在本质高度，深入到人类社会产生和发展的原则高度，开辟了一种全新的哲学致思路径，揭示了人类社会、人类世界生成的根源，阐明了人类社会进步、人类历史发展的原则根据。

在《德意志意识形态》中，马克思指出："当费尔巴哈是一个唯物主义者的时候，历史在他的视野之外；当他去探讨历史的时候，他不是一个唯物主义者。在他那里，唯物主义和历史是彼此完全脱离的。"③与费尔巴哈根本不同，马克思通过实践活动（感性对象性活动）实现了唯物主义和历史发展的辩证统一，实现了主体、主观与客体、客观的真正统一。马克思建立在感性实践活动上的历史性不是"死"的、"被动"的、抽象存在的，而是"活"的、"自在自为"的、不断生成的。因此，在马克思那里，实践具有生成特性、基础作用和奠基地位，是客观世界（人类社会）建立、不断演变、发展进步的本体基础，而"历史不外是各个世代的依次交替。每一代都利用以前各代遗留下来的材料、资金和生产力；由于这个缘故，每一代一方面在完全改变了的环境下继续从事所继承的活动，另一方面又通过完全改变了的活动来变更旧的环境"④。也正是在这个意义上，"社会

---

① 《列宁全集》（第38卷），人民出版社1986年版，第235页。
② 海德格尔：《海德格尔选集》（上卷），上海三联书店1996年版，第383页。
③ 《马克思恩格斯选集》（第1卷），人民出版社2012年版，第158页。
④ 《马克思恩格斯选集》（第1卷），人民出版社2012年版，第168页。

生活在本质上是实践的。凡是把理论诱入神秘主义的神秘东西,都能在人的实践中以及对这种实践的理解中得到合理的解决"①。

由此可见,在马克思视域中,人类是自在(自然)存在与自为(自觉)存在的统一,人类既统一于物质世界并以之为生存与发展的物质前提,又统一于人的世界并以之为自我生成和自我建构的根本尺度。在这一双重性存在中,人类以感性对象性活动(实践活动)将物的尺度与人的尺度相统一,将客观规律与主观目的相统一,将历史和现实相统一,从而实现人与自然的"真正和解",而在这一双向活动中,作为人类自为存在的生成基础的实践活动具有前提性、基础性地位。因此,由人的感性对象性活动生成的实践世界(人类社会)才是通过人而又为了人而生成的属人的世界。

从马克思主义存在论角度看,马克思实现了对世界理解的转换,从人与世界的关系角度理解哲学。感性对象性活动,即实践活动,构造了人的世界,这个世界才是我们所要认识和把握的世界,而由于这个世界本身是由人的感性对象性活动所建立的,因而人与世界是直接统一的。人与自然、人与世界这种"天人合一"的内在关系,在马克思对共产主义的描绘中可以窥见:"共产主义是对私有财产即人的自我异化的积极的扬弃,因而是通过人并且为了人而对人的本质的真正占有;因此,它是人向自身、也就是向社会的即合乎人性的人的复归,这种复归是完全的复归,是自觉实现并在以往发展的全部财富的范围内实现的复归。这种共产主义,作为完成了的自然主义,等于人道主义,而作为完成了的人道主义,等于自然主义,它是人和自然界之间、人和人之间的矛盾的真正解决,是存在和本质、对象化和自我确证、自由和必然、个体和类之间的斗争的真正解决。它是历史之谜的解答,而且知道自己就是这种解答。"②

【作者简介】杨建坡,哲学博士,华北水利水电大学马克思主义学院副教授,研究方向为马克思主义哲学、文化哲学。

---

① 《马克思恩格斯选集》(第1卷),人民出版社2012年版,第139—140页。
② 《马克思恩格斯文集》(第1卷),人民出版社2009年版,第185—186页。

工人的利益与无产阶级的道德：
马克思主义"反道德教条主义"
中的矛盾张力

安东尼·斯基伦 撰/吕梁山 孙 凝 译

【内容摘要】 马克思对主流的资产阶级道德规范给予公开而非臆测的蔑视。这种道德观念以其唯意志论、个人主义、唯心主义，对人性的非历史的假设而与马克思相对立；无产阶级是"革命的阶级"，是"普遍的阶级"。马克思主义在其文化理论中始终倾向于一种"潜藏着利益"的功能主义；从资本主义向社会主义的过渡并不是黑格尔所谓的"世界精神"的一次飞跃；马克思的"浪漫主义"是一种"现实主义"，是为了将"生产力与生产关系的矛盾"转变为政治革命；如果新社会在旧社会的母体里发展，它的胚胎必须不仅仅是与老旧的势力对抗，而且要发挥美德并养成习惯，这些都是新时代不可或缺的。

【关键词】 无产阶级；道德；利益

马克思在《德意志意识形态》中写道，共产主义运动"粉碎了一切道德的基础"[1]，"共产主义者根本不进行任何道德说教"。[2] 在《共产党宣言》中马克思写道，具有阶级意识的无产阶级认为，"法律、道德、宗教在他们看来全都是资产阶级偏见，隐藏在这些偏见后面的全都是资产阶级利益"[3]。在《马克思主义与道德》一文以及《统治的幻想：哲学与社会秩序》一书中，我极力主张，不要把马

---

[1] 参见《马克思恩格斯全集》（第3卷），人民出版社1960年版，本书此处译文为："这就对任何一种道德，无论是禁欲主义道德或者享乐道德，宣判死刑。"
[2] 《马克思恩格斯全集》（第3卷），人民出版社1960年版，第275页。
[3] 《马克思恩格斯文集》（第2卷），人民出版社2009年版，第42页。

克思对于"道德"的公开而非臆测的蔑视,理解为对主流的(资产阶级)道德规范的内容的拒斥,这等同于赞同另一套"规范"或"原则"。相反地,马克思的立场应该看作对他所理解的这种类型的"道德"在理论和实践上的对抗:诸如那类运用一种超越并战胜人的自私、任性"倾向"的功能来约束作为个体人的普遍的、绝对的律法。

一

理论上,起这种作用的道德观念由于其唯意志论、个人主义、唯心主义,对人性("自私""理性""自我")的非历史的假设而与马克思相对立。政治上,如同"律法""准则""服从"这些术语所体现的,道德动机的模式是专断的(authoritarian);遵循其"良心"的个体受制于外在其自身的力量,因为良心是权威的社会力量在与反对的社会力量的总体斗争中内心困惑的表现。正如国家法律和父权式宗教,道德意识形态在先验准则(transcendental norms)的外表下包含对特殊利益的强加:统治阶级的意识形态被当作全人类的观点来接受。运用禁忌与惩罚的"道德教化",暴露了心灵[①]中的道德所产生的社会过程。有人认为,道德的命令形式(the command form of morality),至少在马克思主义的术语中,要根据在资本主义社会占主导地位活动的"内容"去理解:这些活动本质上是无益的(用于无倾向性的"意向")。如果资本主义是最完美的自私自利的社会组织,同理,其残酷的竞争性剥削制度就需要自我否定(self-denial)。作为这种制度存在的条件,买卖双方必须要把抽象的个人主义规范内化为相互交往的主导方式;被剥削者必须赞同,如果市场力量使然,竞争者必须非暴力地(non-violently)走向破产。

在这种情形之下"宣扬道德",如同在"社会主义慈善家"当中所常见的,就是要利用资产阶级意识形态并促进安宁(pacification)。无产阶级是"革命的阶级",因为其夺取政权的能力及其组织社会的意向是建立在完全不同的、没有压迫的基础之上。它是"普遍的阶级"(universal class),并非因为其成员顺从地遵循一套康德主义式的义务,而是由于其现实的、历史形成的、与人的类潜能的实现相应的"趋向"(inclination)。它无须打着道德主义的旗号,因为其特定的需要就是——而且日益被认识到——人类的需要。因此,其要求人类解放的

[①] 这种观点的灵感是约翰·安德森(John Anderson)的悉尼自由主义的追随者的著作。安德森的社会思想和政治生涯卓越地体现在 A. J. 贝克(A. J. Baker)的《安德森的社会理论》[*Anderson's Social Theory* (Sydney: Anusand Robertson 1979)]。亦参见尤金·卡曼卡《马克思主义的伦理基础》[*The Ethical Foundations of Marxism* (London: Routledge and Kegan Paul)]。

"历史使命",就能够以一种不同于对任何规定律法的加尔文式遵从的精神来承担。如果历史设定了这种谜题,其自然过程(natural process)也会提供解决方式。到了无产阶级需要道德命令来激发他们走向社会主义的地步,他们不过是动不动就册封的德国王子,众多的社会理想家在其身上浪费诉求。而到了无产阶级实际上被这种道德命令所支配的地步,他们依然没有足够的能力来解放他们自身及任何其他社会群体。

在《理论的贫困》①中,E. P. 汤普森(E. P. Thompson)根据这种假设抨击我的这些思想,"拒斥道德"就是赞同所流行的对于"性、金钱和饮食"的享乐主义(斯大林也被视为一个反道德主义者,尽管他的饮食经验也许很有限)。汤普森强调接受合法的道德义务(moral obligations)对任何重要的解放运动都是必要的,他认为马克思的"理性主义"使他认为资产阶级确立了人的尊严的条件(汤普森也是"法治"的大力提倡者)。我批判过那种观点,即"道德"的另一选项就是以自我为中心的享乐主义,必须指出汤普森没有表现出什么迹象对处于考察之中的观点有解释的耐心。此外,我对容许先验的命令模式来占用"道德"名称的普遍认识持保留意见,同时认为,建立对"道德"与"道德主义"的公认对比(well-established contrast),才可能运用既非令人迷惑的亦非专断的词语来构想出谈论"社会主义道德"的概念框架。

不过我认为,汤普森的言论突出强调了马克思自己对社会主义运动的看法模糊不清,这在他大量不完善的阶级理论(经济范畴还是政治力量?)中有着其他的表现。而我强调个人主义的、专断的道德在阻碍被压迫者自由团结纽带的发展中所起的作用,这在蔑视道德主义的马克思主义中具有强烈的趋向,反对自由的、现实的、以物质为根基的社会主义"道德"(精神),而支持"工人阶级的物质利益"。根据"以自我为中心的唯物主义"观点,无产阶级的自身利益逐渐不受敬重、牺牲、谦卑和遵从等习俗的约束,对资本主义的必然性、可取性、可塑性和无懈可击的幻象逐渐破除,这足以激励社会主义革命,以取代濒临崩溃的资产阶级秩序(剥夺剥夺者!)。马克思对这种状况所担忧的是,工人可能被欺骗而接受解决难题的资产阶级虚假方案(pseudo-solutions),因而丧失了认清自身利益所在并且坚决创建组织来为之奋斗的能力。这样,集体组织被看作基于这种真理的审慎的必要之举(imperative of prudence),即"团结,我们站立;分裂,

---

① E. P. Thompson, *The Poverty of Theory* (London: Merlin Press 1978). 汤普森用与安德鲁·科利尔相关但明显不同的立场来看待我的立场,甚至臆想地把我们描述成"有学问的底比斯人"。这就是历史学家对待"个人"的习惯力量!

我们倒下"。如果联合会自然降临到工业无产阶级,而(按照马克思的观点)这就同通过与自然而非与社会交换以获取家庭生活资料的"小资产阶级"农民格格不入①;因此,如果无产阶级能够使自身成为"自为的阶级":与资产阶级统治者拥有一样的能力,这种能力并非不同寻常的价值观的功能、不同寻常的"道德"的功能——但是对在土地或资本上缺少个人收益(没有成为老板生产线的附属物)的、作为为数众多的较单一化的劳动力的所有者而被雇佣或解雇的、为保护每一个人的利益而进行集体斗争的产业工人来说,是绝对必需的功能。最初,这些利益通过局部的联合(local combinations)来争取,后来通过贸易联盟、"政治"党派并最终通过国际组织来争取。当经济基础正在摧毁自身以致在资本主义中不存在令人满意的前景,工人除了打碎资产阶级秩序外别无选择,他们的利益只有在依托社会其余的、非资本家的大多数人利益基础上才能实现。继承资本主义的丰富废墟(rich wreckage)的"无产阶级专政",是友善的、民主的,其主要目标将是以最小的辛劳来从事足以滋养和庇护民众的生产,作为促进具有内在的意义的尤其是艺术活动的基础——"自由王国"。

二

这种准功利主义观是常见的:它符合"马克思主义的唯物主义"的通行形象。尽管马克思把唯物主义动机的主导地位局限于历史上特定的人文关怀,并认为边沁的"小店主"心理是愚蠢的,但还是有理由将"自我为中心的功利主义"看作马克思思想中的一种真正特性的②。

(1)根据定义,"物质生活的生产"以及"满足需要的生产"核心作用的总体断言赋予手段性活动(instrumental activity)以首要的重要性:如马克思通常所说,生产是为了消费——它具有"使用价值"。尽管这会使我超出本文主题的范围,但我认为,这种"生产"的理论架构使对于人类社会生活的"表达""沟通"和"文化"尺度予以概念化变得困难③。尽管从《巴黎手稿》到《资本论》

---

① In Marx and Engels, *Surveys from Exile*, ed., D. Fernbach (London: Pelican 1973), p.239.
② 赖特·米尔斯曾经写道:"马克思关于阶级意识的观点……是和杰里米·边沁的观点一样的功利主义和理性主义的"[*The Marxists* (New York: Dell 1962) 715]。
③ 沿着这些思路对于马克思的一种有力的批评,请参见马歇尔·萨林斯(Marshall Sahlins)的《文化与实践理性》[*Culture and Practical Reason* (Chicago: U. of Chicago Press 1976)]Chapter 3。理查德·桑内特(Richard Sennett)和乔纳森·柯布(Jonathan Cobb)所著的《阶级的隐性伤害》[*The Hidden Injuries of Class* (New York: Vintage 1973)]及巴林顿·摩尔(Barrington Moore)所著的《不正义》[*Injustice* (Stanford: Standford U-P. 1978)]是关于资本主义社会阶级的"文化"尺度的重要经验资料,二者都揭示了对政治权力的"利益集团"分析的局限性。

中存在有关非手段生产的阐述,但马克思主义在其文化理论中始终倾向于一种"潜在利益"(lurking interests)的功能主义(functionalism)。

(2)资本主义,构建社会主义的原料之源,被马克思描述为一种由利己主义支配的社会,这种利己主义不仅存在于资产阶级之中,而且存在于那些为了获得私人、个体生存的收入而交换中必须异化其劳动的人们之中。这种"退化"是资本主义罪恶之一,而其结果却是,被异化了的劳动者、"人的碎片化",构成了无产阶级的社会主义运动。无论马克思的总体"人的哲学"到底如何,关于人的潜能实现的实际手段在马克思那里存在一种严酷的"现实"张力①。

(3)马克思写道,资本主义经济秩序陷入停滞似乎是由于其自身残损的逻辑(利润率的下降)以及随之对其替代的需要,而非由于其"不正义"、无产阶级起义或公开的社会主义"暴动"。准确来讲,他认为社会主义革命以无产阶级反抗的历史以及社会主义运动的发展为先决条件。但是,尽管他在一定程度上积极参与到社会主义运动中,他对于资本主义致命矛盾的"机械"假设意味着关于无产阶级的相对纲领性的观点获得认可。阶级斗争地位的衡量(实际上在《资本论》中欠缺对成熟资本主义的描述)由以下两段落给出:

> 在工人阶级在组织上还没有发展到足以对统治阶级的集体权力即政治权力进行决定性攻击的地方,工人阶级无论如何必须不断地进行反对统治阶级政策的鼓动(并对这种政策采取敌视态度),从而使自己在这方面受到训练。否则,工人阶级仍将是统治阶级手中的玩物。②

> 我愈来愈相信——问题只在于要使这种信念在英国工人阶级中扎根——,在英国工人阶级对爱尔兰的政策还没有和统治阶级的政策一刀两断以前,在它还没有做到不仅和爱尔兰人一致行动……这是必须做到的,这并不是出于对爱尔兰人的同情,而是基于英国无产阶级利益的要求。③

那么根据这种观点,鉴于资本主义致命的经济弊端,要使产业工人对于其自身利益有明确的认识并使为这些利益而斗争的组织不断壮大,这是个极为艰难的过程,却是成功的无产阶级社会主义运动发展的必要甚至是充分条件。这些利

---

① 加引号部分突出了对现实主义恰当性的怀疑。马克思似乎局限于揭露资本主义制度下工人彻底绝望的境地,并将这种绝望视为革命的导火索,为支持无产阶级作为创造者的集体作用的主张而强调个体无产阶级消亡。
② 《马克思恩格斯全集》(第33卷),人民出版社1973年版,第337页。
③ 《马克思恩格斯全集》(第32卷),人民出版社1974年版,第625页。

益符合人类进步的总体轨迹——符合"人类"的"总体"利益——只要具备这样的条件就会得到支持。

三

我认为，就马克思和马克思主义者本身而言，这种巧合论（coincidentalism）在不同程度上造成一种"手段"导向（"instrumental" orientation），因为，鉴于这些富人和贫民的目标迄今没有任何明确的定性差异，而且这种定性关切与历史结果并不相关，这是长期斗争的历史结果，而不是实现尊严或正义目标的成就，甚至不是在当时被赋予了"历史"合法性的福利的成就。恩格斯大致写于1849年的著作强调了这个严肃而坚定的路线，"历史主义"（historicism）：

> 在欧洲，任何一个国家都能在某个角落找到一个或几个残存的民族，即被那个后来成了历史发展的代表者的民族所排挤和征服了的以前的居民的残余。这些按照黑格尔的说法是被历史进程无情的踩躏了的民族的残余，这些残余的民族，每次都成为反革命的狂热的代表者。
>
> 这次战争虽然有力地打击了巴枯宁以"正义和人道"为依据的理论，但它完全是为了文明的利益进行的。巴枯宁是否要谴责美国人进行这种"侵略战争"呢？富饶的加利福尼亚从对它毫无作为的懒惰的墨西哥人手中摆脱出来，这又有什么害处呢？……当然加利福尼亚和得克萨斯的某些西班牙人的"独立"在这种情况下可能会遭到侵害；"正义"和其他道德原则也许会遭到一些破坏；但是同那些具有全世界历史意义的事实比较起来，这又算得了什么呢？
>
> 当然，在这种情况下难免践踏几朵娇嫩的民族鲜花。但是，没有暴力，没有坚定不移的无情手段，历史上任何事情都不会成功的。[①]

这暗示了什么观点？（在这里我并不关心像种族主义暴行的具体细节。）我这样认为：处于历史发展中的社会形态的不同阶层在为争取他们的特殊的利益而斗争。在这种复杂的斗争中，某些利益的实现自觉或不自觉地要求科学和技术的进步以及人类生存条件的社会进步性变革。而另一些人，以"主观的"人道主义的方式或"客观的"民主方式来阻碍这种进步。那些能够通过科学认识从"历史观"看待事物的人，以及无论出于何种原因而成为社会主义者的人，都会促进

---

① 《马克思恩格斯全集》（第6卷），人民出版社1961年版，第202、326、333页。

"客观上进步"的利益,并以适当的方式反对那些"客观上反动"的利益。

总而言之:我一直强调,"庸俗的马克思主义唯物论"的形式是一种"唯利益"的唯物主义、一种"经济主义"。在这些词语中,人的实践被视为满足需要的生产,那些通常被理解为物质必需品和奢侈品的生产。根据这种观点,无产阶级是社会的这种阶层:(a)他们的需求无法满足——缺乏他们所需要和想要的东西(按此观点,剥削不是一种"非正义",一个马克思没有时间阐明却反对作为剥夺工人所需的概念);(b)无产阶级的利益不需要限制社会力量来有效地满足需要(技术);(c)无产阶级团结起来谋取他们需要的愿望和能力使他们从其他被剥夺的群体中凸显出来;(d)无产阶级利益不需要对其他社会群体的剥削;(e)无产阶级的利益只有通过无产阶级自身为之奋斗并予以支配的社会主义革命来得到满足。

四

只要特定工人的"特定利益"通过创造他们所能达到的条件而与人类"普遍的"利益相一致,问题就迎刃而解了。工人为改善工作条件,获取更高的报酬、医疗和养老保障,充足的公共文化设施而进行的斗争将使他们认识到,最初为了在这种制度中获益并减少损失,他们必须联合并组织起来,那么之后,当这种制度耗尽其潜力而工人所失去的只是锁链,至少作为资本主义制度的推翻者所获得的要多于作为这一制度的臣民所失去的,他们就会赞同一种更好的社会组织——即实质上的社会主义。但如果由于诸多原因,这些利益和经济境遇的和谐关系未能物质化,那么离曙光的到来就还很遥远。倘若变革性斗争的过程需要承担巨大的风险:被解雇、监禁、流放、酷刑甚至死亡,那么,在何种极端境遇下,这种冒险存在于所有工人的利益之中?倘若资本主义在工人个体活跃的一生中看起来像保持着稳固的地位,为自身寻求最好的可能地位也许并不是他的利益所在——以同样的地位代替他人并以同样的利益获取稳定的"物质存在"?倘若存在"进步的余地"(scope for advancement)怎么办?倘若工会呼吁斗争却破坏来之不易的地位怎么办?当其自身利益仅仅在"破坏罢工"中才实现,他还能"镇定自如"(除非受到威胁)吗?倘若其所在工会的斗争能够推进自身目标的实现,这可能会促进与其他工会或非工会的工人、非工人(如残疾人)或者其他国家工人的竞争。倘若以年龄、性别、种族或资格证书为根据来限制其获取工种"符合他的利益",该怎么办?

从"利益群体"的层面来讲,我目前的兴趣不是将注意力集中在(早期的"劳工贵族"概念仅仅在表面上所暴露的)人民之间的矛盾以及在社会主义斗争中反复出现的障碍这种完全的经验事实之上。相反地，我想把重点放到唯利益论所诉求的"心理利己主义"（psychological egoism）的概念含义。因为，只要社会主义者的道德心理停留在责任与利益相对（duty-versus-interest）的资产阶级水平上，社会主义的希望要么依靠一种对一己私利碰巧的数量优势，要么在观念上和实践上，与其他强制的动机一道，被迫引入以人的完全他律的义务形式的道德（通过工会、政党或其他所谓的中介机构），作为迫使人们为下一代服务过程的一部分。在这种充满潜在的背叛、出卖与诱惑的邪恶世界，人们认为"趋势"（inclination）一定是闲散（idleness）、晋升（preferment）及剥削，并且只有良知才能阻止自私的欲望①。在阿瑟·库斯勒的《中午的黑暗》中描述了在斯大林主义的境况下，这种立场的潜在致命逻辑：

> 为了未来一代的利益，我们对现在一代进行这么可怕的剥夺，以至于他们的寿命缩短了四分之一，这也是在行动上讲结果。②

难怪马克思对于试图在缺乏相对富足的条件下建立社会主义提出告诫，以免"同样陈腐的东西"积累起来。难怪他准备任由资本主义做着那种强制和惩戒工人的肮脏行为，把他们的生命活动投入到子孙后代的"自我活动"（self-activity）基础上。但是这种悲观的现实主义也凸显了马克思主义关于社会主义革命条件的乐观幻想。

当意识到我所概述的粗俗的马克思主义观点是乏味的乌托邦主义，许多人像莱斯泽克·科拉科斯基（Leszek Kolakowski）那样，转向了一种明确的唯心主义、唯意志论以及个人主义的观点，得到了所有具有历史远见的怀疑主义者的支持，因此其理论具有马克思传统长期的结果论特征。这个画面很熟悉：我们无法预知未来，所以我们不能自信地将任何东西都倾泻到历史的垃圾堆。同时，"我们"人类能够而且应该对我们所控制内的细微的事情负责，并遵守基本的行为准则。科拉科夫斯基在一篇文章（这篇文章也曾被凯·尼尔森讨论过）中写道："……我们会做得很好……为了证明我们的决定不是诉诸于历史原因，而是出于最简单的道德考量"③。尼尔森根据历史情境的实际复杂性而对这种"简单"

---

① 在一些国家社会主义（state-socialist）国家中关于"道德与物质动机"的争论以非常传统的词语进行着，其中几乎没有人去关注对劳动的不同控制形式的物质—道德内涵，相反社会管理者通过调动工人的荣辱感而不是财富和贫困的观念能够从工人那里谋取更多。

② Koestler, Darkness at Noon（London: Penguin 1947）, p.129.

③ On the Ethics of Revolution, *Radical Rhilosophy* 6（1973）, pp.17-20.

立场的批评具有很好的指导性。然而，令我担心的是对于接受一种道德讨论的"唯心主义"境地的诱惑，所说的就好像伦理学只不过是"我们要做的事情"，例如，就好像利他主义是一种先验的必然性，或更糟的是，一种"选项"而不是由历史促进或者阻碍的可能性。庸俗的唯物主义的缺陷并不必然需要同样庸俗的道德主义；这两种庸俗事实上是相互印证的。然而，我们需要的是对性质各异的前景和实践、出于历史成因并具有历史影响的"生活方式"的认知。对于一种强有力的甚至是成功的社会主义运动条件的充分认识需要对现代文明的"道德""伦理"或"精神"维度进行"唯物主义"考察。

五

然而，受到法国和英国思想深刻洗礼而充满着经济唯物主义（economistic materialism）的马克思，明确致力于发展一种更为丰富的看法。我这里在一定程度上思考的是他的"自我活动"（self-activity）的观念，社会"生产"活动成为其目的自身的"自由王国"观念，这种观念与边沁关于永远的"利益相关"当事人始终是为了实现一种快乐或无痛苦的状态而行动的观点完全不同。我所了解的马克思，在哲学上既不是一个心理利己主义者（psychological egoist），也不是心理享乐主义者（psychological hedonist）；"自我活动""自我表达"和"自我实现"，并没有规定以自我作为活动对象。爱作为一种自我的表达方式并非自恋；"利己主义"是马克思的词汇中反复出现的贬义词。马克思抨击了边沁的"英国小店主"的人性观点，并强调需要根据"人的本性总体上……随着每一个历史时代而改变"来思考。我要提出的问题体现在马克思主义的社会主义者来形容无产阶级的"变革"（modifications）一词，这样无产阶级就可以明确地看作革命者、社会主义者、阶级，具有早期主流的社会主义"道德准则"的特征。从这个角度来讲，可以认为马克思对"正义"概念的考虑欠周的轻视某种程度上是出于对一种观念的拒斥，即无产阶级仅仅被看作根据其在生活中缺乏好运来界定的、受到不公正剥夺的阶级。相反地，它所缺乏的也正是其"财富"的源泉。

我认为，以"唯物主义词语"来看待这个"道德准则"的问题是非常重要的——根据一个民族、群体（如阶级）或个体的客观存在的、"再现的"（reproduced）生活方式。这不是一种"谋利功能"（interest-serving functions）的"唯物主义"，而是一种普遍的历史决定论和现实主义，需要对社会关系、"传统"和日常活动的结构进行考察，同时也需要对构成"精神"生活方式的关怀（attention）、担忧（concern）和情感（feeling）的结构进行考察。马克思在《德意志意识形态》中写道：

这种生产方式不应当只从它是个人肉体存在的再生产这方面加以考察。更确切地说，它是这些个人的一定的活动方式，是他们表现自己生命的一定方式、他们的一定的生活方式。个人怎样表现自己的生命，他们自己就是怎样……①

马克思在《1844年经济学哲学手稿》中这样描述法国共产主义者：

当共产主义的手工业者联合起来的时候，他们首先把学说、宣传等等视为目的。但是同时，他们也因此而产生一种新的需要，即交往的需要，而作为手段出现的东西则成了目的。当法国社会主义工人联合起来的时候，人们就可以看出，这一实践运动取得了何等光辉的成果。吸烟、饮酒、吃饭等等在那里已经不再是联合的手段，不再是联系的手段。交往、联合以及仍然以交往为目的的叙谈，对他们来说是充分的；人与人之间的兄弟情谊在他们那里不是空话，而是真情，并且他们那由于劳动而变得坚实的形象向我们放射出人类崇高精神之光。②

马克思在《哲学的贫困》中这样写道：

反抗的最初目的只是为了维护工资，后来，随着资本家为了压制工人而逐渐联合起来，原来孤立的同盟就组成为集团，而且在经常联合的资本面前，对于工人来说，维护自己的联盟，就比维护工资更为重要。下面这个事实就确切地说明了这一点：使英国经济学家异常吃惊的是，工人们献出相当大一部分工资支援，经济学家认为只是为了工资而建立的联盟。③

因此，工人和资本家组织之间的差异不仅仅在于一个是富人的联盟，另一个是羡慕前者的穷人联盟。工业工人与（正如马克思认为）法国农民之间的差别不仅仅在于前者能够通过联合捍卫自己的利益，而后者却不能，"马铃薯"只有被更强势的力量放置于"麻袋"中才能联合。确切地说，农民的"小资产阶级"生活方式具有狭隘的利己主义特征，以至于他们只是把彼此视为对手、异己，通

---

① 《马克思恩格斯文集》（第1卷），人民出版社2009年版，第520页。
② 《马克思恩格斯文集》（第1卷），人民出版社2009年版，第232页。
③ 《马克思恩格斯文集》（第1卷），人民出版社2009年版，第654页。

过婚姻致富的可能资源。另外，抛开这种狭隘的存在，没有了阻碍其团结的分裂性财产制度，工业工人会发展出越来越多的社会主义观点，以至于在经济层面破坏资本主义的过程中同时孕育了其政治上的征服者。在这里我们不是以更为严格的超我（super-egos）和灌输原则的意义上讨论工人的"个体意识"（individual consciences）。相反地，我们所讨论的是在共同生活中培育出的同情、共同体及情感的积极纽带作用。我曾在《统治的幻象》中，试图去勾画适合"唯物主义伦理学"的"范畴框架"（categorical framework），其表达如下：

> 控制我们的意愿的并不是一个更高的权力、一个权威的声音，而是我们的生活方式所构成和体现的我们的活动（性格、冲动、意愿、情感、激情和价值观）之间的关系……"社会主义的限制"将成为一种公共的、富有成就的、钟爱的、交往的趋势，优越于令人厌恶的分裂性（包括道德说教的）活动和动机。①

虽然很难澄清，但重要的是要看到在此所确定的社会主义精神特征并没有降低到只是对于互惠、互利或服务交换的期待，尽管它们之间密切相关。实际上，马克思暗示了这种兄弟精神从至关重要的联合中起步而变得功能自主（functionally autonomous）。我认为，正如同情不能降低为像"如果我处于那样的位置，我不会喜欢它"那种想法中所表达的关系，既然这种想法与对他人困境的漠不关心可以并存，那么"人类兄弟"（human brotherhood）就不能简化成是像"如果我处于他的位置，我就要支持"那种想法所表达的关系，因为它同样与漠不关心可以并存。我们也并非把支持作为一种回报的首次付出来谈论。然而，实际的情况是，直接及惯常的经验，不仅是互惠的、理所应当"互助的"，而且是荣辱与共的，其中的共同体（community）融入激情的本性，作为"众生的一员"（one of many），"客观地"（disinterestedly）理解并应对局势。从这个意义上来说，"普遍的阶级"（the universal class）这个称号从某种程度来讲来源于马克思，因为他认为"人类皆兄弟"（brotherhood of man）对其成员个体来讲会成为"生活的现实"；因为无产阶级、生产者，受到与来自资产阶级价值的所有权相分离的防护，他们以定性的、尽管不是绝对的方式成为普遍人类价值的承担者。这些价值有其内在的敌人——与依局势变化而产生的占有、顺从、逃避以及"破坏罢工"（scab）的趋势相对立。但马克思主义的观点（受到伯恩斯坦的批

---

① Anthony Skillen, *Ruling Illusions*, pp. 169-169.

评，对于伯恩斯坦来讲，工人就是一个失意的资产阶级），倾向于认为这些趋势相对于反对它们的社会主义趋势在逐渐衰弱。

如果生活方式在一定程上是由影响他们的精神所塑造，如果需要不是一成不变的而是由人类生长与生活的历史发展状况所构成，就有可能看到关于"需要""使用价值"和"利益"讨论的不确定性。在"利己主义的唯物论"（egoistic materialism）框架中，这些词汇用来阐述人类活动的相对确定性的目标。但在一种更为多元化的观念中，如我所概述的，"利益"被认为主要由生活的形式所塑造。对于一个音乐爱好者而言，"为了他的利益"去做事并不能使他从音乐中分心。"资本主义价值观"，除了动人的定义外，也不应该被认为在英国道德论者的意义上是完全"自私的"。许多资产阶级导向的"秘密"（privacy）不是"自私利己的自我"，而是"家庭和朋友"；资产阶级的"自我"（ego）如同专注于"利益"一样专注于"形象"（image）①。

六

人们有时会说，马克思只有在他的"浪漫主义"阶段或情绪中才用这些道德词汇谈论无产阶级。如果确实是这样，这就是一种"浪漫的现实主义"。从资本主义向社会主义的过渡并不是黑格尔所谓的"世界精神"的一次飞跃，凭此，今天的工资奴隶（wage-slaves）上升为与其"对立的"自身和人类命运的未来控制者地位——由机器的附属品到受制于上帝②。马克思开始相信工人阶级将在数十年的斗争中发展出其革命潜力。需要质疑的是，无产阶级的何种状况给予马克思如此谨慎的信心，甚至是在他不对的地方。

马克思的"浪漫主义"是一种"现实主义"，因为它认为将"生产力与生产关系的矛盾"转变为政治革命的社会力量的发展，是社会主义的必要条件③。正如索雷尔（Sorel）所写道："……设想今天的人们转变成明天自由的生产者何以可能？"④

众所周知，对于列宁来说，工厂劳动的生产"纪律"（dicipline）使得资本的悲惨的雇佣者能够看清自己的处境并作为一个集合体的成员来行动，这个集体能够进行艰苦的生产和工会工作并服从即将到来的任务。那么，可以概要地说

---

① 卢梭将自爱与自尊心进行对比，为资产阶级"自我"的探究打下基础。
② 作为黑格尔式飞跃的一个例子，参见《德意志意识形态》（The German Ideology, pp. 83-84）中马克思关于无产阶级革命的论述。
③ "浪漫主义"以通过想象为现实为特征，必要时可进行正确的辨识。
④ George Sorel, Reflections of Violence, New York: Collier, 1961, p.237.

明，列宁强调的是工人与为无产阶级政治提供"物质基础"的生产活动的关系。罗莎·卢森堡（Rosa Luxemburg）反驳道：

> 当我们将同样的词语"纪律"应用于这样不同的观念时，我们不仅滥用词汇，并且进行着自我欺骗，比如（1）千百个肢体健全的人却全都没有思想和意志，（2）一群有意识地从事政治活动的人的自发合作。一个被压迫阶级的受管制的温顺与一个为解放而斗争的阶级的"自律"的共同点有什么呢？①

卢森堡的问题在某种程度上是夸张的，因为她将列宁关于无产阶级生活"受管制"的观点与社会主义思想和组织只有通过外界引入无产阶级的观点连在一起，结果列宁的观点致使马克思认为无产阶级只能通过自身获得解放的观点成为错误的——这个观点通常被解释为一种规律，但更应该被认为是推翻阶级社会的必要条件的客观陈述；列宁主义助长了一个作为社会管理者的"新阶级"②。

此时，在对列宁的经典理论的回应中，卢森堡强调无产阶级以其自己的组织、英雄气概、创造性来进行的"大规模罢工"作为无产阶级的道德"教导者"，因此被认为是"在斗争中"学习社会主义。生产活动主要是作为社会主义组织的先决条件、作为工人破产的共同依靠（the collective rack）才是重要的。因此，社会主义斗争是在反专制的、叛逆的、几乎是无政府的工团主义词语中构想出的，如同出自于对被剥削的劳动者的"纪律"的反抗。尽管索雷尔将"总体罢工"（General Strike）做了神话般的解释，但我认为，他对这种无产阶级自由主义表达了最有见地的批评。索雷尔所作的对比与上述卢森堡的几乎相同，但是却得出了几乎相反的结论。考茨基认为，赢得罢工并打倒资本家的工会纪律将会"把工人重新带回生产车间……一旦他们看到这项工作是为了总的利益"③。索雷尔回应说：

> 显而易见，这种迫使工人总体停工的纪律与促使他们运用更好的技能操作机器的纪律没有可比性……考茨基由于"纪律"一词所具有不同的含义而陷入歧途，"纪律"一词既可以运用于基于灵魂最深处情感的常规引

---

① Rosa Luxemburg, *The Russian Revolution and Leninism or Marxism*, Ann Arbor, 1961, p.90.
② Maurice Brinton, *The Bolsheviks and Workers' Control*, *1917-1921*, London:Solidarity, 1970.
③ Sorel, *Reflections On Violence*,foe cit.

导，也可以仅仅应用于外部约束。①

显然，对于一种社会规划在"联合的生产者"所控制之下的社会主义，并且基于一种对资本主义劳动过程的马克思主义分析而言，这里存在一个问题（这个问题并非仅仅是"观念的平衡"中的一个"学术问题"）：资本主义"惩戒"（disciplines）其工人，而这么做是从"外部"强迫工人从事有辱人格且使人麻木的"令人憎恶的辛苦劳动"（hated toil）。作为反抗，工人自己组织起互助的团体，其社会联系及相应的纪律都是为减少辛劳并增加由辛劳所换得的工资。他们的生产纪律是屈从的，而他们的集体自律是对抗生产的（anti-productive）。其自身体现为罢工而非取代作为典型的斗争模式，而且，尽管工人阶级组织是专断的资本家及管理者的首要敌人是一目了然的，但为了作为无产阶级命运的领导权（hegemony）而斗争，却并非显而易见。

尽管"生产者"一词与附于社会需求的供给之上的尊严相呼应，但重要的是要牢记无产阶级是在被迫生产。全部美好而必需的东西都要归功于工人的劳动，但这种因果关系并未使工人摆脱那种无异于处在枪口威逼之下的"属性"（nature）。尽管意识到劳动力在数量单位水平上是不可或缺的，无产阶级并不像工匠或是骄傲的技工，后者是并认为自己是不可或缺的并且是生产活动的源泉，他们极力保持其生产活动摆脱"官僚和老板"的束缚的独立性；异化了的无产阶级倾其全部劳动在宏伟大厦上，却不能从中获得任何可以引以为豪的东西。由于这种原因，索雷尔的"生产者的伦理"（ethic of the producer）主张忠于职责、注重严谨、不计较报酬、感受共同的成就和欢乐，蔑视而非羡慕资产阶级的生活，是一幅不合时宜的、置立于灰色资本主义工业工厂上的田园壁画。索雷尔关于"美德诞生"的神话，更多来自对卡莱尔（Carlyle）、罗斯金（Ruskin）、莫里斯（Morris）的消失美德的哀歌，缺乏充分的物质生活基础，因为在这种物质生活中只有从生产中解放出的自由才算得上自由。

然而，正如葛兰西所意识到②的那样，索雷尔不只是面对马克思的提纲性的且不明确的阐述留下广阔的讨论或规避的余地这样的问题；他的回答还增加了新的相关意义。资本主义工业需要"异化的劳动"。但是它同样需要积极的忠于职守的劳动（committed labour）。"新教的工作伦理"（protestant work ethic）是这种忠于职守的保证者。奇怪的是，这种伦理的消磨作用，其症状之

---

① George Dorel, *Reflections of Violence* (New York: Collier 1961), pp.237-238.
② See C. Mouffe, ed., *Gramsci' and Marxist Theory* (London:1979).

一就是反抗失业的相对不足,这意味着对工作更为积极的"激励"是必要的。关于"工人参与"(worker participation)、"工作丰富化"(job enrichment)和"工业民主"(industrial democracy)的讨论在继续并常常受到马克思主义者以其"改良主义的"形式的范导,因为其模糊了战线(battle-lines),确切地说是对国家福利主义的反对。(马克思:"工人阶级是革命的,否则一事无成。")然而,鉴于福利主义使其接受者消磨意志,强化了等级制度、依附关系、顺从及异化,还在纳税人中产生恶意教化的"白手起家者"(self-made man)对救济接受者的吝啬,尽管受到资产阶级的支持,生产上的"改良主义"在其主流趋势上并非是对社会主义力量的削弱,因为,与认为"资本主义制度之下无责任感"的极左教条不同,它促进积极的集体责任感,自愿地投入到在总体上摆脱资本家和经理人而真正显露出生产和社会生活的潜在独立性的必要的生产过程中。

　　马克思在很多地方写道,似乎只有在与统治阶级的斗争中,人民大众才能获得适合自身解放的意愿和能力。但这种仅仅作为反对者且其与生产的联系在本质上是消极的独立组织,并没有做好充足的准备,因为它产生的美德本质上是下层的对抗。如果新社会在旧社会的母体里发展,它的萌芽必须不仅仅要反抗旧的势力,而且要践行美德并养成习惯(传统),这是新时代不可或缺的。

【作者简介】安东尼·斯基伦(Anthony Skillen),英国肯物大学哲学系教授,研究方向为哲学与社会理论。
　　【译者简介】吕梁山,辽宁大学哲学院院长,教授,博士生导师。研究方向为西方马克思主义;孙凝,辽宁大学经济学院讲师,辽宁大学哲学院在读博士,研究方向为西方马克思主义、伦理学。

马克思主义环境治理学：作为一个学科概念的内涵解析 *

李全喜

【内容摘要】 构建马克思主义环境治理学符合当代中国环境治理的实际，是环境治理话语体系和学科体系中国化的重要环节。基于文献研究和对比研究方法，通过与西方环境治理学的比较，发现马克思主义环境治理学具有鲜明红色底蕴的综合性人文社会科学的学科性质，有着明确的关于公平解决环境问题及探寻环境治理规律的研究对象，有着马克思主义自洽的研究方法，有着基础科学事实、思想价值观念，有着具体社会实践构成的学科谱系。因此作为一个新型学科概念，马克思主义环境治理学有其存在的合理性，构建马克思主义环境治理学应当成为中国环境治理学界共同努力的方向。

【关键词】 西方环境治理学；马克思主义环境治理学；马克思主义哲学；人民主体至上；生态可持续

自20世纪中叶以来，随着全球环境问题的日益突出，寻求环境治理路径成为人们共同思考的问题，西方学界率先推出了诸多环境治理思想。然而，令人遗憾的是，直到进入21世纪的今天，全球环境问题并没有随着西方环境治理思想的出现而呈现减缓的趋势，相反地，人们面临"环境悬崖"[①]的风险境遇却日益凸显。西方国家在2020年全球新冠疫情应对中的失策低效，进一步增强人们对西方环境治理思想的反思。如何破解当今时代人们面临全球性生态风险、切实提

---

* 本文系北京高校思想政治理论课教师"择优资助计划"项目"习近平社会主义生态文明建设思想研究"的阶段性成果。

① 李全喜：《"环境悬崖"释义：理论向度与实践向度》，《道德与文明》2016年第2期。

升环境治理的长效化成为当前学界深入思考的问题。中国环境治理与全球环境治理关系密切,一方面中国环境治理彰显出全球环境治理的共性表征,另一方面中国环境治理突出了中国特色的治理道路、治理经验和治理模式。当代中国环境治理迫切需要建构中国化的环境治理话语体系和学科体系。当我们把环境治理纳入马克思主义视域进行学理探讨,一个全新的范畴——"马克思主义环境治理学"就油然而生。那么,这个范畴是否能够成立?特别是作为一个学科概念而成立?深入理解与阐发"马克思主义环境治理学"概念内涵其实就是一个需要从学科角度论证"马克思主义环境治理学"概念成立合理性的问题。也就是说,要看看马克思主义环境治理学有没有独特的学科属性?有没有明确的研究对象?有没有自洽的研究方法?有没有完备的学科体系?接下来,本文将对上述问题进行粗浅分析。

一 "马克思主义"与"环境治理学"融通的合理规范性

从词源学上讲,"马克思主义环境治理学"包括前缀"马克思主义"和后缀"环境治理学"。一方面从前缀"马克思主义"角度讲,马克思主义是关于自然、社会和人类思维发展一般规律的学说,是关于社会主义代替资本主义,最终实现共产主义的学说。这个学说有着鲜明的人民至上的基本立场,有着对人类思想成果和社会实践经验总结的基本观点,有着辩证唯物主义与历史唯物主义的基本方法。因此在"环境治理学"前面加上"马克思主义"的前缀决不是画蛇添足,引入前缀"马克思主义"意味着对后缀"环境治理学"的一种红色规约与方法论变迁。这就是说,环境治理不能偏离人民至上的马克思主义基本立场,不能游离于人类思想成果和社会实践经验总结的马克思主义基本观点,不能分离于辩证唯物主义与历史唯物主义的马克思主义哲学方法。从后缀"环境治理学"角度讲,为什么环境治理学探讨的问题能够从马克思主义视域进行研究?一般来说,环境治理学探讨的是社会发展过程中环境治理规律的学说,其关切的问题是社会发展中人们遭遇的环境问题。从表面上看,环境治理力图解决的是社会发展中的人与自然的关系问题。但由于社会发展中的人与自然的关系问题恰恰彰显的是人们生存发展过程中人与人的关系问题。因此从本质上说,环境治理学实际上关切的是社会发展过程中人与人的生存发展问题。这一关切对象与马克思主义的关切对象是统一的。马克思主义关切的也恰恰是社会发展中人的自由全面发展问题。在马克思主义看来,实现人与自然的和谐是人的自由全面发展的重要前提。因此从关切问题的一致性上说,环境治理问题可以从马克思主义视角进行研究。此外,从环境治理的主体构成上看,环境治理的主体是一个复杂的开放系统，其中政府在环境治理中作用显著。令人遗憾的是，在西方资本主义国家体制中，政府代表的是资产阶级的利益，而不是广大民众的根本利益，这导致在西方环境治理实践中，广大基层民众的环境治理诉求和愿望与代表资产阶级追求利益最大化资本逻辑主宰的政府之间存在明显悖论，不会上升为政府所依从的政治意识形态，所以西方环境治理不过是一些基层民众的自我行为。与资本主义国家环境治理不同的是，在社会主义国家的中国，中国共产党的执政使命与人民群众的诉求是内在统一的，为人民谋幸福本身就是共产党的初心使命，满足人民群众对美好生活的生态诉求是党和政府要努力解决的本职工作。因此，社会主义国家够在环境治理过程中更好地发挥党和政府环境治理的积极性。所以从环境治理的价值取向上看，环境治理可以从马克思主义视角进行研究。通过以上两个方面的分析，可以看出，把环境治理学纳入马克思主义视域，不仅能够给环境治理学带来研究视角的转换，而且能够弥补以往环境治理学的理论缺陷。"马克思主义"与"环境治理学"之间有着高度的融洽性，马克思主义环境治理学拥有作为学科概念范畴存在的合理性。

二 马克思主义环境治理学的学科属性定位

众所周知，按照研究对象与功能作用的角度划分，当前学科体系类型大致可以分为自然科学、人文科学与社会科学三个大的类别。其中，自然科学以未知天然自然作为研究对象，以探寻自然规律为目标，其目的在于解释世界和认识世界。人文科学是以人化自然中的人文现象作为研究对象，其目的在于帮助人们自我认识和自我把握。社会科学则以社会发展中的社会现象作为研究对象，其目的在于探讨社会现象的本质和规律，进而指导人们的社会实践。基于以上对学科分类的常规性界定，可以发现马克思主义环境治理学既不是探求自然规律的自然科学，也不是简单的人类自我反思与自我认识的人文科学，在形态上展现的是马克思主义哲学的实践论发展，具有马克思主义哲学学科的内在属性。

从普遍意义上说，马克思主义环境治理学同样也是以社会发展中的环境治理现象作为研究对象，同样探讨社会发展中环境治理的本质和规律问题，所以马克思主义环境治理学具有一般环境治理学的社会科学性质。但从特殊意义上说，马克思主义环境治理学又不同于一般的环境治理学，它不仅探讨环境治理中的"环境治理是什么"的本体论问题、"为什么进行环境治理"的认识论问题、"如何进行环境治理"的实践论问题，而且探讨环境治理中"环境治理如何才是好的治理"的价值论问题。这些问题无一不与"人"的主题紧密相关。因此探讨马克思主义环境治理学的学科属性，就需要研究马克思主义环境治理学与关切人的人文社会科学之间的关系。接下来以马克思主义环境治理学与哲学、伦理学、政治学、治理学等人文社会科学的关系为例,展现其学科性质。

首先,马克思主义环境治理学的哲学属性。按照党的十九大报告的理解,"生态环境治理体系创建及其有效运行的基础,是一个制度体系不断完善的环境国家和一个日益具有自我反思与批判精神的绿色社会"[1]。因此,要想有针对性地解决环境治理难题,前提是需要了解环境问题的生成逻辑、理解环境问题的本质内涵、掌握环境问题的整体性关系、建构环境治理的思维方式、找寻指导环境治理的思想基础,最终形成对环境问题的批判性分析。而这种对环境问题形成批判性分析的过程其实就是一种哲学思考。马克思主义环境治理学就是一种对环境治理历史进行回溯和反思,对当前环境治理进行批判和构建,对未来环境治理进行规范和展望的学说。因此,当我们把环境治理学纳入马克思主义视域中进行思考时,会发现马克思主义环境治理学一方面充分体现马克思主义哲学的基本原理,是马克思主义哲学的实践形态,另一方面马克思主义环境治理学离不开哲学方法论尤其是马克思主义哲学方法论的指导,所以从最基础、最根本、最普遍的学科属性上讲,马克思主义环境治理学具有马克思主义哲学的学科属性。

其次,马克思主义环境治理学的伦理学属性。环境治理不是一个纯粹的技术问题,从长远看,环境治理涉及人的思想观念、价值观念、生活习惯、思维方式的改变。然而在环境治理过程中,要革新人们通过长期积累和生活经验所生成的精神力量,这并非易事。这实际上关系到人们之间以及个人与社会之间行为规范的调整,即道德观念的革新。传统伦理学探讨的是人与人之间的道德关系。但在研究环境治理的过程中,我们应该看到"人们对生态的破坏和对环境的污染,直接损害到另一部分人的利益。因此,这种人同自然的关系,也就不可避免地成为人与人的关系的一部分,从而就具有了道德关系"[2]。在马克思主义环境治理学看来,在环境治理过程中,在肯定"自然界作为养育人类的母亲和人类生存的家园"[3]意义的基础上,不仅需要看到人与自然的道德关系,而且更需要附着在人与自然道德关系之下的人与人之间的道德关系,即环境治理实际上面临着人际伦理与环境伦理双重伦理关系的考量。因此,马克思主义环境治理学在一定程度上讲具有伦理学的性质。

---

[1] 郇庆治:《生态文明及其建设理论的十大基础范畴》,《中国特色社会主义研究》2018 年第 4 期。
[2] 转引自罗国杰为刘湘溶《生态伦理学》撰写的序言,湖南师范大学出版社 1992 年版,第 2 页。
[3] 刘福森:《西方文明的危机与发展伦理学——发展的合理性研究》,江西教育出版社 2005 年版,第 225 页。

再次，马克思主义环境治理学的政治学属性。"环境治理不是一项孤立的社会行动，而是嵌入在特定的政治、经济和社会系统中。"①那么如何理解作为社会系统的政治呢？在马克思主义看来，政治展现的是公共性的社会关系，集中体现的是经济关系，政治的根本是国家政权问题，政治现象遵循社会发展特定规律。所以当我们在马克思主义视域中讨论环境治理的时候，一个最基本的前提共识是环境问题关系的是多数人的利益，环境治理蕴含强烈的政治意蕴，彰显了"环境就是民生"的政治理念。此外，环境治理的主体来自党和政府、社会、企业、公民等多个方面，他们相互之间同样展现了一种公共性的社会关系。做好环境治理、解决环境难题、满足人民对美好环境的诉求是一个关系到人民对国家政权是否认同的重大政治问题。在这个过程中，指导环境治理的政治文化和意识形态受到特定阶段社会经济发展的影响。由此观之，环境治理作为社会发展中的一种现象，不仅具有重大生态意义，而且具有重大的政治意义。所以在一定程度上讲，马克思主义环境治理学具有政治学的性质。

复次，马克思主义环境治理学的经济学属性。在马克思主义看来，物质资料生产是人类社会存在和发展的基础，在这样一种人类最基本的实践活动中，人类必须与自然界发生联系；同时由于人的本质是一切社会关系的总和，所以人们同自然界发生联系的过程中，人与人之间必然发生一定的联系。由此可见，在这个过程中人与自然的关系和人与人的关系是同时存在、相互依存的两种关系。在特定阶段内，人与自然关系所决定的人与人关系的总和便构成了一个社会一定阶段的经济基础。从当前学界对环境问题的反思可以知道，一个常规性的认识基础就是认为环境保护与经济发展的二元对立，在此基础上环境问题的出现源于经济发展方式不合理，"是对经济增长逻辑或资本逻辑的政治与社会屈从"②。因此，解决环境治理难题离不开对经济方式的变革。在马克思主义环境治理学看来，环境治理需要同时关切"人与自然"和"人与人"的双重关系，需要建构经济发展与环境保护内在统一的经济发展理念，需要变革资本逻辑主导下经济发展方式。因此，马克思主义环境治理学在一定程度上具有经济学的性质。

最后，马克思主义环境治理学的管理学属性。"生态环境治理是由环境治理主体、环境治理内容和环境治理方式组成的治理体系。"③从管理到治理，虽然只

---

① 陈涛：《环境治理的社会学研究：进程、议题与前瞻》，《河海大学学报》（哲学社会科学版）2020年第1期。

② 郇庆治：《文明转型视野下的环境政治》，北京大学出版社2018年版，第12页。

③ 曹康康、曾建平：《论生态环境伦理治理的合理性——基于马克思主义环境治理学的视角分析》，《哈尔滨工业大学学报》（社会科学版）2020年第2期。

是一字之差,但是实质意义具有显著区别。从实践主体上看,管理的主体呈现单一性,一般是与政府相关的公共机构;治理的主体强调多元性,是包括政府公共机构在内的多个群体。从实践方式上看,管理倾向于自上而下的单向度规范,治理倾向于基于共同体目标的多元互动参与。"现代化治理体系是从管理到治理的理念升华,其根本在于保障治理体系的切实落地。"①马克思主义环境治理学的主体构成包括党和政府、社会、企业、公民等多个维度,环境治理绝不是党和政府唱独角戏,它是建立在促进人与自然和谐共生目标基础上的多个子系统之间的通力合作。因此,马克思主义环境治理学具有管理学的性质。

综上所述,马克思主义环境治理学关切人的主体活动,展现了人多重属性的价值追求。可以说马克思主义环境治理学关切社会发展的人所遭遇的环境治理难题,从狭义上讲具有作为一般社会科学——环境治理学的学科性质。但从广义上看,马克思主义环境治理学是一门基于人与自然和谐共生为目标,以反思人类自我实践活动为出发点,以社会发展中的环境治理为研究对象,力求解释社会生活中环境治理的本质特征和发展规律,期望对环境治理做出科学说明与合理评价的学说体系。可见,从广义上认识马克思主义环境治理学的学科属性,就应该清晰地看到,它以马克思主义哲学及方法论作为根本性指导,综合彰显人文学科和社会学科的多重属性。因此,如果要从广义上界定马克思主义环境治理学的学科性质,笔者认为它是一门以马克思主义哲学原理为根本指导、以马克思主义哲学方法论为方法论基础,兼具人文学科和社会学科多重学科属性的综合性学科。

三 马克思主义环境治理学的研究指向

一个学科如果没有明晰的研究目标、明确的研究对象、密切的研究问题,就缺少了学科成立的基本要件。探讨马克思主义环境治理学的学科内涵,必须要追问马克思主义环境治理学的研究指向问题,即追问马克思主义环境治理学的研究目标、研究对象与研究问题。

首先,马克思主义环境治理学有没有明晰的研究目标?回首自20世纪中期以来西方国家环境治理学的指导思想,可以发现,围绕人与自然关系中究竟"谁"是价值确立的核心依据,西方国家一直以来存在着"人类中心论"与"生态中心论"的争论。从古希腊普罗泰戈拉的"人是万物的尺度"到中世纪"人是万物的中心"的上帝创世说,再到近代以来笛卡尔的"自然界是一台机器"以及康德的

---

① 周宏春、姚震:《构建现代环境治理体系 努力建设美丽中国》,《环境保护》2020年第9期。

"人为自然立法",人类中心论的思想展现得淋漓尽致。回首这段历史,可以发现人类中心论的合理之处在于充分肯定了人的主体性,其不合理的地方在于过高评估了人在自然界中的地位,把原本"人与自然"整体性存在变成了人的单向性存在。人类中心主义者在实践中枉顾自然规律,把自然界仅仅作为人类的生存发展的外在商品,造成了人与自然关系的紧张对抗。"人类中心主义加剧了人对自然的控制,而人对自然的控制又加剧了人对人的控制。"① 由此思想指导的环境治理学的目标只有人的维度,认为只要是对人的生存发展有利,可以实施不受道德制约的环境破坏行为,其结果只能加剧环境失衡和生态危机。与人类中心论强调以人为价值判断标准相反,生态中心论则走向了另一个端点。"生态中心论从动物权利解放论到生物中心论再到生态中心论,将道德关怀的范围扩展到整个自然界。"② 一方面确实要看到生态中心论的提出对于变革人的环境理念、缓解人与自然的紧张对抗、维系生态平衡确实有积极作用。但另一方面也应该看到生态中心论不可避免地存在以下缺陷:由于生态中心论强调生态系统中众生平等,过分突出自然整体主义价值论,刻意压制人的主体性彰显,人类的地位从"人类万能"转变为"人类无能"。以生态中心论为指导进行环境治理的结果是将环境问题等同于人与自然的关系问题,不涉及人与人的问题,因此人类什么都不要做、人类什么也不能做。对人类而言,这样的环境治理看不到人的价值,实际上彰显的是为了生态而生态的生态沙文主义。以这两类思想为指导来研究环境治理,要么只是看到生态环境,要么只看到人类自身,从主观上把人与自然的整体性关系进行人为撕裂,使其走向了老死不相往来的两个端点。正是由于这两类思想的现实误导,使得人们环境治理总是偏离长期有效、稳定有序的治理轨道。这样的结果既保护不了环境,也实现不了人的价值。因此有必要创新环境治理的指导思想。马克思主义环境治理学的引入,将有助于打破"人类中心论"与"生态中心论"二元对立的窠臼。马克思主义环境治理学指导下的环境治理,其追求的研究目标是如何实现人与自然的和谐共生。在环境治理过程中,既要充分肯定"自然界对人类生存发展的价值"、始终牢记"人是自然界的一部分",也要充分认识人的主观能动性,实现人的自由全面发展。这就是说,在马克思主义环境治理学视域下,环境治理将环境改善与人的发展紧密融通起来,增进人与自然的和谐共生。

其次,马克思主义环境治理学有没有明确的研究对象?马克思主义环境治理学与西方环境治理学研究目标的差异必然带来研究对象的差异。与西方环境治

---

① 孙道进:《环境伦理的哲学困境——一个反拨》,中国社会科学出版社 2007 年版,第 258—259 页。
② 王玲玲、冯皓:《发展伦理探究》,人民出版社 2010 年版,第 251 页。

理学的研究对象不同，马克思主义环境治理学不仅研究环境治理现象、环境治理的本质特征、环境治理的思维方式、环境治理的发展规律、环境治理的未来趋势，而且更加突出马克思主义的立场、观点方法，更加强调对公平解决环境问题以及规律的研究。也就是说，与西方环境治理学的研究对象相比，马克思主义环境治理学的研究对象不仅体现在对"环境治理是什么"的科学认识上，而且体现在"什么样的环境治理才是好的环境治理"的价值判断上。如果我们把环境治理看成"绿色变革实践"，反观自20世纪中叶以来西方国家绿色变革实践历程，可以发现西方国家环境治理相关的思想流派大致分为三种情况："深绿"意义上的生态哲学与伦理、深生态学、生态审美、生态自治主义、生态文明理论，"红绿"意义上的生态马克思主义/社会主义、绿色工联主义、生态女性主义、社会生态学与生态新社会运动理论，以及"浅绿"意义上的可持续发展理论、生态现代化理论、环境公民（权）理论、绿色国家理论与环境公共管治理论等主要代表性流派。[①] 三种不同类别的绿色变革思想所关切的研究对象各不相同。"深绿"学派关注的是如何构建生态中心主义哲学价值观，"浅绿"学派关注的是如何创新经济技术手段，"红绿"学派关注的是如何变革资本主义经济政治制度。如果我们把马克思主义环境治理学也纳入这三个类别进行思考，可以发现马克思主义环境治理学具有鲜明的"红绿"特征。其实早在170多年前，马克思就明确指出，不合理的社会制度是造成生态环境问题的主要根源，要解决生态环境问题需要变革资本主义制度，建设科学社会主义，最终实现自然主义与人道主义的融通。所以在环境治理学前面加上"马克思主义"的前缀，实际上是在环境治理绿色意蕴的基础上增加了红色的底色，确保环境治理不能偏离红色的轨道。因此与西方环境治理学相比，马克思主义环境治理学对研究对象增加红色的规范性要求，这与西方环境治理学有明显差异。

最后，马克思主义环境治理学有没有密切相关的研究问题？人与自然和谐共生的研究目标设定了马克思主义环境治理学的研究方向，马克思主义赋予环境治理学以红色底蕴。以此为基础，需要进一步阐释在马克思主义视域下环境治理的研究问题包括哪些内容。马克思主义环境治理学的研究对象规定了其环境治理研究的问题应该包括三个层次：第一个层次的问题是关于环境治理的基础性科学事实的问题。由于目前的"研究却滞留于前学科性质的感觉经验描述，体现出局部性、实证性和随意性，缺乏明确的学科意识和相应的认知基础，更重要的是

[①] 郇庆治：《绿色变革视角下的生态文化理论及其研究》，《鄱阳湖学刊》2014年第1期。

缺少对环境本身规律、原理的发现和对环境破坏、恶化的自运行机制的探讨"①。在这个层次的研究过程中，需要坚持马克思主义实事求是的理论品质，真实探求环境问题的现状，强化对环境问题生成的内在逻辑、环境恶化的演绎机理等基础性的本体论问题进行科学追问。第二个层次的问题是环境治理的思想观念变革与思维方式养成研究。在马克思主义视域下，着重加强环境治理中的马克思主义哲学问题、环境问题内蕴的伦理关系、环境问题生成的历史演变与环境治理的历史演进、环境治理语言的变迁与环境治理文化的生成方面的研究。这些问题主要是从环境治理问题与人的自我认识反思结合起来进行思考的维度。第三个层次的问题是具体实践。需要探讨在马克思主义视域下，环境治理与经济发展、环境治理与政治变迁、环境治理与法律规制、环境治理与社会交往、环境治理与公共管理、环境治理与生态教育等多方面的问题。特别需要指出的是，在上述三个层次的问题研究过程中，基于马克思主义的立场、观点、方法，需要高度重视对环境治理与生态可持续、环境治理与社会公正、环境治理与人的自由全面发展三个核心议题的研究。

四　马克思主义环境治理学的研究方法

从哲学上看，研究方法是连接研究主体与研究客体的工具和手段。"客观地看，人类的一切精神探索，最终都源于其自身的存在困境；由此一切理论的形成，都是为有效解决其存在困境提供途径和方法。"②因此，任何一个学科的创立除了要有明确的研究对象之外，还需要有与研究对象相符合的研究方法。马克思主义环境治理学也不例外，它之所以能够作为一个新型学科概念而存在，一个重要原因就是这个学科拥有与马克思主义视域下环境治理应该有的研究方法。马克思主义环境治理学根本性的方法论是辩证唯物主义与历史唯物主义，这是分析环境治理难题、创新环境治理路径的总的哲学方法论基础。作为总的哲学方法论基础，辩证唯物主义与历史唯物主义为马克思主义环境治学提供自洽的研究方法及方法论。

第一，理论与实践相统一的研究方法。实事求是是马克思主义的理论品质，在马克思主义视域下，研究环境治理问题要秉承"一切从实际出发"的理念。立足环境治理实践需要研究环境治理理论，总结环境治理实践需要理论建构。在环境治理实践中，一方面需要研究工作者具有强烈的问题意识，找准环境治理中的

---

① 唐代兴：《国家环境治理学的中国话语构建》，《河北学刊》2018年第5期。
② 唐代兴、杨兴玉：《灾疫伦理学：通向生态文明的桥梁》，人民出版社2012年版，第4页。

重大问题与前沿问题；另一方面需要研究工作者坚持实事求是的科研精神，既要看到西方环境治理思想的可取之处，又要善于总结中国环境治理经验。在环境治理实践中，避免走向教条主义与主观主义的两个极端。同时应该清醒地认识到，环境问题不是一成不变的，环境治理也绝不是一劳永逸的。这就是说，在环境治理实践中，理论与实践的统一会受到特定阶段环境治理社会历史条件的影响。

第二，系统研究方法。"党的十九大报告针对生态文明建设提出构建政府、企业、社会和公众共同参与的环境治理体系的指导思想，倡导在环境保护与环境治理领域引入共建共治共享的理念，打造基于多元主体共同参与的新型环境治理模式，为解决日益复杂化和动态化的环境治理问题提供了新思路，也为全球生态环境治理贡献了中国智慧。"[1]这种多元主体共同参与说明了环境治理是一个系统工程。在马克思主义看来，社会本身就是一个复杂的生态系统。社会生态系统的存在和延续的动力源于物资资料生产系统、人口系统与自然环境系统的非线性相互作用。其中物质资料生产系统是生产力系统与生产关系系统的统一，物资资料生产系统本身内蕴了人与自然和人与人之间的双重关系。在特定社会历史阶段内，生产力系统与生产关系系统相互作用的外在表征展现为社会经济基础系统与上层建筑系统的辩证统一关系。而在社会发展中，环境治理本身恰恰也是一个开放系统，要实现环境治理系统从稳定向有序的演化目标，需要进一步分析环境治理各个子系统之间的相互作用。在环境治理过程中，坚持系统分析方法，要看到环境治理系统的整体性能，通过统筹兼顾进而把握环境治理的整体大局；要看到环境治理系统的结构要素，通过优化结构和激活要素进而促进环境治理的整体发展；要看到环境治理系统的层次属性，通过调整层次和厘清属性进而推进环境治理系统协调有序；要看到环境治理系统的开放特征，通过时刻与外界的物质变换、能量交换、信息置换进而确保环境治理系统充满活力。

第三，社会主体研究方法。社会是人组成的社会，人是社会中的人。马克思主义认为人是社会发展的主体，所以我们研究社会问题实际上研究的是社会中人的问题。马克思曾经批判费尔巴哈对人的类本质界定，认为"人的本质并不是单个人所固有的抽象物，在其现实性上，人的本质是一切社会关系的总和"[2]。社会发展中的环境问题从表面上看反映的是人与自然的关系，但从深层上看，环境问题所关切的人与自然关系的背后恰恰反映的是人与人的关系。这样一种二重性

---

[1] 詹国彬、陈健鹏：《走向环境治理的多元共治模式：现实挑战与路径选择》，《政治学研究》2020年第2期。

[2] 《马克思恩格斯文集》（第1卷），人民出版社2009年版，第501页。

关系实际上正是对人的本质的充分说明。环境治理本身涵盖了经济、政治、文化、生态等多重社会关系，因此研究环境治理不能摆脱对环境治理主体——人的研究。这实际上关系到环境治理价值取向与依赖主体的研究。从价值取向上看，通过环境治理解决问题、促进人与自然和谐共生是实现马克思主义奋斗目标"人的自由全面发展"的重要前提。从依赖主体上看，马克思主义充分肯定人民群众的历史创造作用，也不忽视杰出人物的历史功绩。所以在马克思主义看来，环境治理离不开人民群众的积极参与，只有让环境治理真正成为人民群众的实践自觉，才能从根本上促进人与自然和谐共生。可以说，人民主体研究方法是马克思主义环境治理学与西方环境治理学在研究方法方面的显著区别。

第四，矛盾分析方法。马克思主义认为，矛盾分析方法是人们认识世界和改造世界的根本方法。在环境治理过程中，一方面矛盾无处不在、无时不有；另一方面特定阶段内矛盾的特点也各不相同。因此研究环境治理问题，可以运用矛盾分析方法。依据马克思主义矛盾分析方法，首先，从整体上说，环境治理本身就是一个不断发现矛盾进而解决矛盾的过程。环境问题的出现是人与自然、人与人双重矛盾的集中体现，研究环境治理问题，需要了解环境问题关切矛盾的生成机理。其次，从历史过程上看，环境问题的生成遵循了因果矛盾律。近代以来环境问题的出现是多种原因共同作用的结果，但西方国家追求利益最大化的资本逻辑的诱导是不可忽视的重要原因。再次，从问题特点上看，环境问题涉及多样类别，每一类环境问题都有其独特的本质特征。同时，每一类环境问题哪怕是在同一阶段也会表现出具体的形态。因此，在马克思主义环境治理学看来，环境治理既不是摊大饼式的一哄而上，也不是不分轻重缓急的平均用力，而是需要在环境治理过程中善于抓住主要矛盾，找到环境治理的突破口。那么判断环境治理主要矛盾的依据是什么呢？在笔者看来，还是要回到马克思主义基本立场上来，即"环境保护和治理要以解决损害群众健康突出问题为重点，坚持预防为主、综合治理，强化水、大气、土壤等污染防治，着力推进重点流域和区域水污染防治，着力推进重点行业和重点区域大气污染治理"[①]。最后，从社会矛盾的本质动因和现实表现上看，环境治理体现了不同群体之间利益矛盾的协调与调整，研究环境治理中的利益矛盾就需要进行进一步利益分析。也就是说，在环境治理过程中，需要"分析各个社会主体的思想行为背后的利益动因，分析各种社会现象之间的利益关联，分析不同社会群体的利益倾向、利益关切与利益诉求……科学研究建立和完善利益评判机制、利益表达机制、利益协调机制、利益补偿机制，有效解

---

① 习近平：《习近平谈治国理政》，外文出版社2014年版，第209—210页。

决各种利益矛盾和利益冲突"①。

第五,过程分析方法。马克思主义认为,事物的发展除了遵循矛盾规律(对立统一规律)之外,还遵循质量互变规律和否定之否定规律。无论是自然界还是人类社会又或是人类自身,都处于永恒发展的过程中。如果我们用这些规律对环境治理进行一种马克思主义哲学的审视,会发现环境治理同样也是一个不断运动变化发展的过程。首先,环境问题本身的形成是一个过程。从生态哲学上看,环境问题是源于人类不合理的实践活动。当人类不合理的实践活动对自然界施加影响超过了自然界能够承受的"度",就会呈现出量变引起质变的环境效应。其次,人类对环境问题的认识也是不断变化的过程。这里以人们对人与自然关系的认识为例,一般来说,人与自然关系是包括"人对自然的作用和自然对人的作用"②两个方面的关系。人与自然关系从原始社会讲"人与自然浑然一体"(天人合一)到农业社会讲"天人分离",再到工业社会讲"人定胜天",再到今天讲"人与自然和谐共生",这个对人与自然关系认识过程本身就是否定之否定的过程。最后,环境治理是一个"合规律与合目的统一"的过程。一方面,环境治理不仅遵循自然界应有的客观规律,而且要遵循社会发展客观规律,任何企图超越规律的环境治理注定是"事倍功半"甚至是"徒劳无功";另一方面,环境治理的主体具有选择性,在遵循客观规律的基础上,能够通过发挥主观能动性,选择环境治理目标、手段和方法。由此可见,环境治理过程体现了客观规律性与主体选择性统一的过程。马克思主义环境治理学在借助过程分析环境治理的过程中,更加强调对环境治理具体社会条件与历史环境的分析,反对任何超越历史阶段的环境治理研究。

综上所述,可以看出,马克思主义哲学的辩证唯物主义与历史唯物主义原理贯彻环境治理的整个过程,是环境治理的总的哲学方法论基础。正是这个总的方法论基础确定了环境治理研究的基本方法及具体方法论。需要指出的是,由于环境治理的深层涉及的是协调人与人的关系,所以在环境治理过程中,上述研究方法及方法论之间并不是彼此分离的关系,而是相互影响的关系。因此在马克思主义视域下研究环境治理问题的过程中,往往需要在坚持辩证唯物主义与历史唯物主义总的哲学方法论的基础上,综合性运用上述多种具体研究方法及方法论进行环境治理问题分析。

---

① 编写组:《马克思主义与社会科学方法论》,高等教育出版社 2013 年版,第 44 页。
② 余谋昌:《环境哲学:生态文明的理论基础》,中国环境科学出版社 2010 年版,第 220 页。

五 马克思主义环境治理学的学科谱系

正如上文在分析马克思主义环境治理学研究问题时所言,马克思主义环境治理学作为一门求解环境问题生成逻辑、追问环境治理本质、总结环境治理经验、归纳环境治理规律的学说,其问题的研究从与环境治理相关的基础科学事实、思想价值观念、具体社会实践三个层次展开。这三个层次关切的是"环境问题及环境治理是什么""环境治理应当是什么""环境治理需要怎么做"等马克思主义环境治理学中不能回避的重大问题。从马克思主义哲学上看,"环境问题及环境治理是什么"属于本体论的问题,"环境治理应当是什么"属于认识论与价值论的问题,"环境治理需要怎么做"属于实践论的问题。这三个层次问题的相关学科构成了马克思主义环境治理学的学科谱系。

首先,关于"环境问题及环境治理是什么"的学科支撑。研究环境治理的前提是客观真实地了解环境问题。这个过程就是对环境问题"求真"的过程。从学界现有研究来看,人们对环境问题的认识更多的是文献梳理后的感性分析和个人主观生活经验的判断,对"环境问题到底是怎么生成的""有没有内在演绎机理""环境问题的历史演化过程到底是怎么样的"等问题认识缺乏科学事实材料的佐证。因此在马克思主义环境治理学的学科谱系中,首先要做的是增强环境治理研究者的科普工作,提升环境治理研究者的科学素养,为环境治理研究奠定基本的科学基础。这一层次的问题需要强化与环境科学、生态学等自然科学界的联系。

其次,关于"环境治理应当是什么"的学科支撑。马克思主义环境治理学不仅探讨环境治理问题是什么,而且还要探讨环境治理的好、坏、对、错的价值准则问题。[1]这实际上涉及了环境治理哲学与环境治理伦理学的研究。环境治理哲学反思环境治理的前提,提出环境治理中人们应该思考的问题;环境治理伦理学关切人与自然、人与人的双重道德关系,促进人们思想观念的变革,从而形成环境治理应有的信念、习惯。同时在研究过程中,需要关注追溯环境问题生成的历史,总结环境治理的历史规律,这涉及环境治理史学的研究。当然,在环境治理过程中,还会涉及对已经损害的天然景观的恢复、已经毁坏的人化景观的重建,在这个过程中还需要环境治理美学的指导。此外,还需要关注环境治理过程中的语言变迁与文化演进,这涉及环境治理文学的研究。

最后,关于"环境治理需要怎么做"的学科支撑。马克思在《关于费尔巴

---

[1] 杨光斌:《政治学导论》,中国人民大学出版社2004年版,第14页。

哈的提纲》中指出，以往的哲学家总是以不同方式解释世界，但问题在于改造世界。这说明上述对环境治理的科学事实普及和思想价值观念的革新，最终都是为了推进环境治理实践。由于环境治理作为社会发展中人所遇到的问题，而人的本质又是一切社会关系的总和，因此需要从社会系统涵盖的学科体系进行研究。例如，从环境治理经济学对环境治理与经济体制改革、经济发展模式革新等问题的研究；环境治理政治学对环境治理与社会公正、弱势群体生态权益保障等问题的研究；环境治理法学对环境治理与法制建设、生态责任追究等问题的研究；环境治理社会学对环境治理与公共参与、治理现代化等问题的研究；环境治理管理学对环境治理与生态行政、治理效果评价等问题的研究；环境治理教育学对环境治理与环境教育、生态意识培养等问题的研究。

通过对马克思主义环境治理学的学科谱系的厘清，可以发现马克思主义环境治理学学科谱系的根基是马克思主义哲学。在马克思主义哲学的基础上，马克思主义环境治理学的构建离不开自然科学层次的环境科学、生态学等学科的支撑，在人文学科方面，马克思主义环境治理学的建构离不开马克思主义环境治理哲学、马克思主义环境治理伦理学、马克思主义环境治理美学、马克思主义环境治理方法论文学等学科的支撑；在社会科学方面，马克思主义环境治理学的建构离不开马克思主义环境治理经济学、马克思主义环境治理政治学、马克思主义环境治理管理学、马克思主义环境治理社会学、马克思主义环境治理法学、马克思主义环境治理教育学等学科的支撑。这些学科共同构成了马克思主义环境治理学的学科谱系。

综上所述，作为一个新型学科概念，马克思主义环境治理学实现了"马克思主义"与"环境治理"的有效融通，它有哲学底蕴兼具人文学科和社会学科多重属性的学科性质，明确的研究对象，自洽的研究方法，完备的学科谱系，马克思主义环境治理学与西方环境治理学有着内在的质的规定性差异。构建马克思主义环境治理学是推进环境治理学术话语和学科体系中国化的重要环节。这应当成为中国环境治理研究学者共同努力的方向。

【作者简介】李全喜，哲学博士，社会学博士后，北京邮电大学马克思主义学院教授，硕士生导师，北京邮电大学社会主义生态文明研究中心主任，主要研究方向为马克思主义与生态文明。

传统新见

法家如何看待道德

——基于《韩非子》文本的考察*

李友广

【内容摘要】道德是什么？如何看待道德与伦理、道德与政治之间的关系？鉴于法家政治理论对于战国政治局势发展的不可或缺性，以及道德问题在春秋末期、战国时期的重要性，本文将主要以《韩非子》文本为考察基础，以儒家和道家为重要参照，对于法家如何看待道德，以及由此所衍生出的道德与伦理、道德与政治等重要理论命题展开研究。以期通过这种研究，对当下的个体道德修养与政治文化建设提供一定意义上的启示与借鉴。

【关键词】道德；私德与公德；道德与伦理；道德与政治

道德是什么？如何看待道德的含义，乃至道德与伦理、道德与政治之间的关系？先秦诸子对这些问题的考量与讨论，不仅涉及其立场的差异性问题，而且还深刻影响到他们对于人的本质（包括价值及合理性）的理解、对于政治文化的构建。鉴于法家政治理论对于战国政治局势发展的不可或缺性，以及道德问题在这一时期的重要性，本文将主要以《韩非子》文本为考察基础，以儒家和道家为重要参照，对法家如何看待道德，以及由此衍生出的道德与伦理、道德与政治等重要理论命题展开研究。以期通过这种研究，对当下的个体道德修养与政治文化建设提供一定意义上的启示与借鉴。

---

* 本文系国家社科基金西部项目"先秦儒家政治哲学研究"（项目编号：15XZX006）的阶段性成果。

一　何谓道德

就中国传统语境而言，道德问题从来就不是一个孤立的问题。换句话说，对道德的思考与讨论，往往会关涉到宗法血缘伦理、个体存在的价值、政治治理诸多方面。故而，就道德的外延来看，道德问题既可以含摄社会生活中的人伦日用，也可以指向天地宇宙存在的方式及意义，人的本质及合理性等形上哲学问题。就道德的内涵而言，"道德"实际上就是"德道"，亦即"得道"。而"德"者，"得"也[①]，是从训诂学角度对"德"作出的基本界定。如果再结合先秦诸子对于"道德"问题的讨论就可以发现，这一时期的人们虽因立场的差异而对"道德"的理解呈现出异彩纷呈的理论样态，但这种理论上的差异还与其对"道"的理解与判定是分不开的。也就是说，由"道德"而作出"得道"的理解，所得的"道"到底是什么"道"？毫无疑问，对此的理解便直接影响到对"何谓道德"问题的讨论与解决。

结合先秦诸子文献来看，由于出身、立场的不同，以及对于三代文化资源撷取重点的差异而使诸子对于"道"的定位与把握呈现出不同的理论风貌。道是什么？是日月交替轮转（或曰日月星辰运转的轨道），是不可道之道（可谓其大无外，其小无内），是规律、规则与准则，是仁、义、礼、智、信[②]。对此，我们很难判定哪一种理解更与道本身相接近甚至相符合，只能说人们的种种理解与定义是对道某个方面的把握。不过，正是由于道在外延上的至大至广性，故而道家对道所作的带有开放式的理解或许更接近道本身。当然，由对道的这种多样性理

[①] 虽然在出土器物中，常以敬西周中期的班簋铭曰："唯敬德"（《集成》04341）、慎西周中期的番生簋铭曰："穆穆克慎厥德"（《集成》04326），师望鼎铭曰："慎厥德"（《集成》02812）；西周晚期的大克鼎："淑慎厥德"（《集成》02836），梁其钟铭曰："克慎厥德"（《集成》00187）；修饰德，故西周中晚期的"德"确实有内在指向的一面，但考虑到"德"在殷周之际及周初的发展与演化情况，以及西周金文中也存在着威仪与"德"并言的现象（庚钟铭文、虢叔旅钟铭文以及叔向父禹簋铭文等，皆有此类现象），故而"德"又有着得之于外的理论向度。参见中国社会科学院考古研究所《殷周金文集成》，中华书局1994年版，括号内的数字为该书在书中的编号；杨小召《西周春秋金文中的威仪与德》，《第二届西周金文与西周史学术研讨会论文集》，陕西师范大学，2019年9月20—22日，第129页。至于由何而"得"以及"得"的内容是什么，通过对先秦"德"观念发展的考察，晁福林认为："起初之德，是指得于天和先祖，意即由天和先祖所赐而'得'；后来则指得于制度，意即由分封与宗法制度之规范而'得'；最后出现的才是自得于心，意即心得体会。只有到了自得于心的时候，可以说才有了丰富而完备的道德观念，才有了自觉的道德修养和君子人格的要求。"由此来看，由于早期"德"的产生往往与天和先祖以及分封、宗法制度密切相关，故而这样的"德"确实会和宗法血缘伦理杂糅在一起。参见晁福林《先秦时期"德"观念的起源及其发展》，《中国社会科学》2005年第4期。

[②] 对此，魏书胜也说："'道'从'应'的指向上来说，是与'应'的各种可能指向相对应的。就是说，'道'在最初的意义上并不是指向'一'而是指向'多'，这种'多'的指向表达的是'道'在日常性中的本真状态，其中也包括那些具有偶然性的可能。"参见魏书胜《从人的生命本性看道德与伦理的区分》，《道德与文明》2009年第2期。

解，我们可以看出，道的高邈与难以把握性直接影响到了人们对于道德的理解与定位。那么，什么是道德呢？就理论所含摄内容的广阔性而言，理论上的问题不能只从理论层面去解决，而应该扩大考察范围，首先从社会历史条件方面（就本文而言，主要指夏商周三代社会）来加以探讨。

考虑到夏商周三代社会时间跨度之大，社会结构之繁复，以及三代与诸子时代之间的关系，就本文而言，我们以影响诸子时代甚巨的西周社会作为主要考察重点。就历史文献来看，西周社会的政治特点主要是政治权力上的嫡长子继承制和封蕃建卫的天下层级权力政治体系。实际上，无论是嫡长子继承制还是封蕃建卫的分封制度都是以宗法血缘伦理为根本依据的（《诗经·大雅·板》即云："大邦维屏，大宗维翰。怀德维宁，宗子维城。"），故而侯外庐将国家的这种特征称为"血族纽带所联结的氏族统治"①。也就是说，周天子治下的权力资源分配不是盲目随意的，而是在克商以后根据大小宗之别、血缘关系上的远近亲疏来重新划分天下政治权力资源的。异姓还是同姓（同为姬姓），小宗还是大宗（是否为嫡长子一脉），在封国的地理位置、疆域大小、礼制规定等方面均呈现出重大差别。可以说，西周初年政治权力资源的重新分配，是宗法血缘伦理特点在这一历史阶段进一步强化的体现。换句话说，周人克商取得天下，不仅仅是因为文王武王克勤克俭、精于治理与军力渐盛的结果，从根本上说，周人的成功还离不开其以宗法血缘伦理作为团结部族核心力量的重要手段，同时又辅之以缔结婚姻的方式来团结其他政治力量。由此，我们可以这样认为，周人政治上的成功是三代社会由宗教神性伦理向宗法血缘伦理转型的重要表现。不可否认，社会的转型影响了周人在政治上的成功以及对于权力资源的重新分配，这又影响了周人对于德性与道德的理解、定位与把握。

那么，什么是德性呢？在《诗经》《尚书》《周礼》《周易》《春秋》等反映西周礼乐文化的典籍当中有着大量描述、阐释与论证。由于周人建国之初，除了忙于戡定东方局势和分封天下诸侯以外，更多的精力则放在了如何论证政权存在的合理性，以及如何确保国祚长盛的现实问题上面。故而，我们发现在五经这一

---

① 侯外庐：《中国古代社会史论》，张岂之主编《侯外庐著作与思想研究》（第5卷），长春出版社2016年版，第326页。对此，他将东西方古代文明发展路径进行比较，进而展开论述说，与"从家族到私产再到国家，国家代替了家族"的"古典的古代"不同，"'亚细亚的古代'是由家族到国家，国家混合在家族里面，叫做'社稷'"。他将前者称为"革命的路线"（新陈代谢，新的冲破了旧的），把后者称为"维新的路线"（新陈纠葛，旧的拖住了新的）。在此，他指出中国古代社会进入文明阶段虽然也经历了由家族到国家的方式，但与西方古代进入文明社会是经历了土地私有化和私有制度阶段不同，前者则是土地变为国家所有（侯外庐称之为"大土地所有制"），没有经历私有地域化的所有形态，也没有土地私有制度，并保留了以血缘关系为纽带的氏族制度。参侯外庐、赵纪彬、杜国庠《中国思想通史》（第一卷），人民出版社1957年版，第7—12页。

类的典籍当中，周人在谈论德性的时候往往与国家治理紧密结合在一起。由于王权在国家治理、社会规整方面所起的不可替代的作用，以《尚书》为代表的早期文献往往会有大量篇幅在讨论如何做王的问题，这个时候，天命、民众便被引入进来而反复铺陈论说。王如何确保有德性，如何才能保证国祚长盛而不被其他政治力量所轻易取代呢？在《尚书》中，其反复讨论的一个核心命题便是王如何有德的问题，而王德的确立，则需要上敬天命，下恤万民，从而终使三者构成了上天—中王—下民的政治哲学图式。在这个图式中，能够将三者成功贯通起来的便是王的德性，其具体表现便是王的敬天和保民①。诚然，王的德性的形成离不开诚敬上天和体恤下民，但其根本来源却是孕育出宗法血缘伦理的社会生活与政治制度。

职是之故，先秦时期的人们在谈论道德的时候，莫不自觉或不自觉地受到宗法血缘伦理的深刻影响。可以说，先秦文献中对于道德问题的讨论，常常会出现宗法血缘伦理化的显著特点，可以简称为道德的伦理化②。结合中国早期文化发展态势来看，道德与伦理并不能完全等同，虽然"道德的发用需要在伦理生活及其人文制度中展开，且伦理是道德的现实化与客观化"③，但如果仅仅以伦理的视域来讨论道德的话，无疑会缩小道德的外延，从而将道德问题狭窄化。不仅如此，还会在无形中凸显道德论域中的私德部分，而公德部分则会相应地被弱化与忽视。也就是说，在先秦诸子时期，人们在讨论道德的时候，不能不受其时宗法血缘伦理因素的影响（儒家基于共同体的立场而有着大量关于政治的伦理化与道德的伦理化的内容④），但又不能完全受限于此，毕竟宗法血缘伦理对于国家治理而言可谓是一柄双刃剑，尤其是当天下政治由封国林立格局向地域性国家转进的时候，宗法血缘伦理在国家治理过程中所带来的这种消极性影响便愈加突出。概与此相关，道家和法家对于道德问题的探讨便有着与儒家不同的理论面向与思

---

① 李友广：《先秦儒家王道理想的应然指向与现实困境——以〈孟子〉为探讨中心》，《现代哲学》2019年第1期。

② 传统语境中所言的道德与伦理之关系与今日西学所言确实有所不同。对此，陈赟指出，"儒家对道德与伦理的思考具有值得注意的内涵，道德处理的是性分问题，回答的是人是什么的问题，它指向的是主体与自身、主体与天道，乃至与世界整体的关系；而伦理处理的则是位分与职分问题，回答的是我是谁的问题，它指向政治社会中人与人的关系，以便为我的权责定位，因而它往往集中体现为人的名分"。在此基础之上，他接着又说："在当代语境中，道德与伦理似无根本区别，道德往往被理解为'社会意识形态之一，是人们共同生活及其行为的准则和规范'。这一理解内蕴着某种西方近代的信念前提与理论预设，但却非古典中国思想的体现。"（陈赟：《儒家思想中的道德与伦理》，《道德与文明》2019年第4期。）可见，传统所言道德与伦理的内涵是不同的，其所指也有差异，不能完全以今日西学之视角与标准来加以言说。

③ 陈赟：《儒家思想中的道德与伦理》，《道德与文明》2019年第4期。

④ 李友广、王晓洁：《共同体理论视野下的先秦儒家》，人民出版社2018年版，第80—105页。

想风貌。

有鉴于"公德"概念的复杂性，以及对于本文的重要性，在此我们先略作界定与探讨，以便使接下来的研究更为可行、有效。不能否认的是，本文所言"公德"与今日所言公共品德与公众道德并不完全一致。基于传统语境及对《韩非子》文本的考察，我们认为先秦诸子文献中所说的"公"主要是指与基于私利目的（传统语境下，其范围主要指向国家层面之下的家族、村落及封邑利益）而养成和提倡的品德、德目相对的为维护国家利益（在法家语境下，往往会指向君主利益）而备受肯定的忠君为国等品质，这种品质有时候又被慎到和韩非等法家人物称为公正、公信、公义、公忠、公利等，常常含有官场道德的意味。可以说，在先秦诸子时代的语境当中，公德主要指向了国家义务以及对于国家利益（很多时候会集中表现为君主利益）的维护，而非主要指向公共生活与社会道德，这是与现代所言公德的不同之处。徐克谦在研究道德在韩非子法家学说中的地位的时候也说："所谓'公德'是涉及社会公共领域的道德，是不具有父子、兄弟、夫妇、朋友等熟人关系的人们在公共交往领域应当遵守的道德。包括各种职业道德。而从政者的政治道德，显然也属于'公德'范畴。"[①] 之所以会如此，恐怕正如上文所言的，道德的产生与形成有其复杂性的一面，而这种复杂性直接影响到了人们对于伦理、道德、政治等问题的理解与把握，且由于对各自边界并没有清晰界定，致使这些问题常常被杂糅在了一起。这种情况到了战国晚期的睡虎地秦简那里表现得尤为明显，以至于在《为吏之道》当中甚至还出现了大量借用儒家德目与道德价值标准来阐述法家理论的现象。不仅如此，根据段秋关的研究，"整个春秋战国的变革，在制度上表现为从'礼制'到'法制'的变革，在思想观念上表现为从'礼治'到'法治'的转化"。[②] 依此来看，处于这种变革思潮当中的韩非所言之"德"便体现了礼（贵族政体）法（君主集权政体）结合、偏重于法的整体性特点。

道家人物老子一再强调"道不可道""天地不仁""圣人不仁""圣人无为"，实际上即已意识到了宗法血缘伦理在国家治理上的潜在不足与缺陷。这是因为，在《老子》这部道家代表性文献中，由于老子所要集中探讨与解决的问题是人的合理化生存问题，从政治的角度来说，便是天下百姓如何安顿的问题。尽管在《老子》中有着对于天地宇宙来源、万物生成的哲学式与形上化探讨，但从老子的整体思想架构而言，最终还是为了解决人的问题，这也是《老子》的理论旨

---

① 徐克谦：《私德、公德与官德——道德在韩非子法家学说中的地位》，《国学学刊》2013年第4期。
② 段秋关：《中国传统法律文化的形成与演变》，《法律科学》1991年第4期。

归。基于此，我们可以发现，《老子》中的圣人在很多时候可以与侯王相提并论，其身上也颇具政治性色彩。老子强调"圣人不仁"，并不完全是其个人的独创，把它理解成对其时宗法伦理的反思，以及对儒家式"仁义治国"理论[①]的批判，或许更为客观、公允一些。进一步来看，老子所言的道德，便多了几分自然（因循道的运行趋势与状态）与无为（不强为、不妄为）的味道。

与老子的这种运思理路相一致，法家人物韩非也是从反思宗法血缘伦理入手来谈论道德与政治问题的。处于天下趋于统一大势中的韩非自然也非常关注政治治理问题，而又由于战国时期诸子对于政治问题的讨论常常处于宗法伦理、仁义道德的价值预设与浓厚语境之中，故而韩非对于政治问题的研究首先是从对何谓道德这一问题的反思进行的。个体道德的养成，固然离不开宗法伦理环境，但伦理不是道德，或者说伦理只是道德养成的部分因素。韩非对于道德问题的讨论，既反思了其时人们对道德的伦理化处理所带来的消极性影响，又着力突出了道德如何与政治治理相结合的问题。对此，韩非在一再弱化道德中的私德部分的基础上，继而着力突出与夸大了其中的公德部分，甚至暗含以公德取代私德之势。[②] 就《韩非子》文本而言，韩非子学说中的公德突出表现为："对包括君主在内的政府官员的道德品行的要求，亦即官德，或曰执政者、为官者的职业道德。具体内容包括公私分明，奉法去私，公平正直，诚实守信，安于职守等等。"[③]

二 道德的有效性问题

道德，不是凭空产生的，其产生既受风俗习惯、社会历史条件的影响，也受其时人们对于价值理念、伦理规范认知的影响。可以说，道德的产生与形成有其复杂性的一面，而这种复杂性直接影响到了人们对于伦理、道德、政治等问题的理解与把握，且由于对各自边界并没有清晰的界定，致使这些问题常常被杂糅在了一起，我们后来常常提及的政治的伦理化、伦理的政治化、道德的伦理化、政治的道德化，这些讲法实际上便已表征了这种杂糅不清的思想状

[①] 对此，姚蒸民也说："儒家混道德政治为一谈，不脱古代思想之色彩。"如果从西周社会生活与政治制度的角度来看，儒家"仁义治国"理论非但没有脱离古代思想之色彩，反而正是脱胎于西周的社会生活与政治制度。所引文见姚蒸民《法家哲学》，台北：东大图书股份有限公司2006年版，第105页。

[②] 这在战国早期法家人物商鞅那里，即已有所表现："民有二男以上不分异者，倍其赋。""而令民父子兄弟同室内息者为禁。"（《史记·商君列传》）这除了有增加赋税、富国强兵的现实考量以外，实际上还体现了商鞅对于家族势力（包括私德）的大力消解，以及对于国家力量（包括公德）的积极彰显。

[③] 徐克谦：《私德、公德与官德——道德在韩非子法家学说中的地位》，《国学学刊》2013年第4期。

况。① 由此便衍生出一个非常重要的理论问题，那就是道德的有效性问题，或者换个说法，道德在什么范围限度内是非常有效的，而越过这个范围限度其有效性则不仅会大为弱化，甚至还会产生出相当的消极性影响。在探讨这个问题之前，我们先对传统道德与伦理之间的关系作出研究。

诚如前文所言，在西周社会，由于政治与伦理之间关系的密切性，或者说，其时的政治社会确实呈现出了浓厚的宗法伦理性特点。西周时期的人们对于家族、政治、社会的理解，往往很难摆脱宗法伦理的影响，进而在构建政治文化的时候，常常从宗法伦理出发。不仅如此，人们对于传统道德的理解，在上溯至部族祖先克勤克俭、艰苦创业功绩的同时，往往也会将他们的这种行为与精神视为一种可贵而值得继承与发扬光大的政治品质与道德传统。可以说，这种道德传统自周人建国伊始在反思政权合理性何以确立这一问题时，便与祖先勤俭进取、顾全大局的政治品格结合在了一起。由此也可以说，周人在追溯族人兴盛崛起历史的过程中，既观照到了传统道德中的公德部分（周人的整体崛起，自然离不开部族首领开明、舍私利的政治品格），也同样没有忽视其中的伦理性部分（周部族的崛起史实际上是基于宗法伦理构建起来的政治组织力量对宗教神性权力的胜利）。不得不说，周政权的成功建立确实与宗法伦理的深刻影响关系密切，周人运用血亲与姻亲而将政治核心力量成功地团结在了一起，最终克殷建周，并发展、建立起了一整套的礼乐文化与礼仪制度。正与此相关，周人在建国以后，梳理与总结建国经验与治理智慧的时候，并没有将伦理与道德分别开来，也没有充分反思两者之间的关系，反而更加凸显了传统道德中的伦理性色彩，以至于到后来人们也往往在很大程度上将道德与伦理等同起来看待，确实是渊源有自。

那么，道德与伦理到底是什么关系？道德的有效性范围与限度是什么呢，我们该如何看待与处理道德的有效性问题？接下来，我们将结合道德与政治的关系问题，对此加以研究。

我们说，道德的产生确乎与宗法伦理有关，并且使其具有浓厚的伦理化色彩，但宗法伦理并不能等同于道德。就道德的构成而言，虽然西周的政治制度呈现出家国同构的特点，并以宗法伦理的形式将家与国贯通了起来，但与宗法伦理相关的那部分实际上可以主要化约为私德。既然是私德，自然与个人、家族及封

---

① 关于政治与伦理之间这种杂糅不清的状况，笔者曾在一篇文章中有过专门的研究："由于公、私领域之间的较大差异性，先秦儒家在处理和应对带有一定伦理性的公共事务时，往往在突破和依归'家'精神与文化之间徘徊，从而集中彰显了血缘亲情维护与社会公义伸张之间存在的张力与复杂性，以及儒家视野当中政治与伦理之间的纠缠，致使两者之间在价值、功能及边界等方面呈现出了含混、杂糅的历史特点。"可供参考。见拙文《论先秦儒家对"家"的执守、突破及依归》，《东岳论丛》2018年第9期。

邑息息相关，国家层面以下的这些构成部分更多的是依赖惯性、风俗及传统形成的私德来加以维系的。当然，在家国同构的政治权力运作系统中，周天子与侯王们在西周初年往往也以宗法伦理的形式来治理天下国家，并取得了比较理想的效果。但是，这种理想效果的取得，自然是以其时宗法伦理对于政治社会的巨大影响力为根本前提的。到了春秋战国时期，随着周天子的逐渐式微以及诸侯势力的不断崛起，尤其是士阶层、军功阶层等政治力量的兴盛，宗法血缘伦理对于政治格局与政治力量分配所起的作用越来越小。这正如《韩非子·说林上》所说："大国恶有天子，小国利之。"从韩非所言可以看出，天子威权与诸侯大国之间存在着比较尖锐的利益冲突，这让血缘宗法伦理关系处于松动甚至破裂的状态。在这种情境下，在国家治理过程中，再不加以区分私德、公德地一味强调道德的价值与作用，无疑已不合时宜。从兼并战争走向天下统一的历史进程中，考量道德在国家治理中的消极影响，以及如何合理运用道德因素以推进国家治理与天下争锋，这是诸子尤其是法家所不得不直面的重大理论及现实问题。可以说，法家在此基础上所形成的治国理念，实际上是"以法治秩序替代传统礼治秩序的一次积极努力"①。再结合宗法血缘伦理在春秋战国时期于政治治理当中地位的下降情况来看，这种说法是可以成立的。

  为了更好地解决国家治理过程中如何运用道德手段与道德因素的问题，法家首先要做的是，对道德中的私德与公德加以明确区分（《韩非子·饰邪》即云："必明于公私之分，明法制，去私恩。"）②，并对私德在国家治理中的消极影响多加反思与批判："爱多者则法不立"（《韩非子·内储说上七术》），直陈爱多则情有私而亲有别的常见弊病。对此，韩非认为，个人的私事、私情、私德不能应用到有关国家的公共事务之中，公共事务与个人的修养、伦理之间存在着一定的界限和不同的适用标准。因为道德可能会因为主、客体关系的不同而发生冲突，不同的道德主体所秉持的道德观念都会不同③。可见，韩非之所以一再批判私德，是因为私德更多地关注与国家相对的个人利益，可以说是从欲利家（《韩非子·饰邪》云："污行从欲，安身利家，人臣之私心也。"），国家、君主的威权与利益便会被轻视，甚至会处于被漠视的境地。这是主张尊君、重视国家利益的韩非所不能接受的，故而他在私德与公德上的褒贬立场非常明显。与此相应，在

---

① 彭新武：《论先秦法家的道德观》，《北京行政学院学报》2013年第1期。
② 正是基于此种立场，韩非对于人主之孝（社稷之利）与匹夫之孝（主母之利）有意作了区分，其言谓："不为人主之孝，而慕匹夫之孝，不顾社稷之利，而顾主母之令，女子用国，刑余用事者，可亡也。"（《韩非子·亡征》）
③ 张昭：《"道"与"德"、道德与非道德——韩非道德观的历史唯物主义考察》，《哲学研究》2016年第4期。

彰显公德的基础上，韩非多方论证公德在国家治理上的有效性，并为道德在国家治理过程中的有效性划定了界限。可以说，基于尊君的政治目的，韩非道德观的主要特色，"是将道德置于政治范畴中强化其政治内涵，仁义忠顺的价值完全建立在他们所能发挥有益于君王统治的政治功能上，一切皆以君王象征的公利公义为依归"①。

虽然如此，但传统道德毕竟与宗法伦理关系密切，甚至两者有互相杂糅、纠缠不清的现象，尽管韩非对于私德与公德作出了比较严格的清理与区分，却无法与宗法伦理完全撇清关系。在这种情况下，法家对于道德的固有阐释便在理论上显得不足，从而在韩非那里便试图以援道入法的方式②来对这种理论不足加以改造与补强。

三 援道入法：法家理论固有的不足及其改造之方

如上文所言，由于韩非对于私德在国家治理上的消极影响有着深刻认知，故而不欲如儒家那样对道德作传统意义上的惯性式理解。在这种情况下，韩非对于道家文献《老子》中关于道德的阐释作了研究，并以之作为自己刑法律令制定的依据。

经由《韩非子》中的《解老》《喻老》两篇，我们可以看到韩非对于《老子》的理论兴趣，并试图援道入法，以弥补法家理论固有的不足。法家理论固有的不足之处是什么呢？通过《韩非子》文本我们可以发现，其文本内部潜藏着这样一个非常重要的理论与现实问题：国家治理为什么一定要通过法的手段与精神？儒家所讲的"为政以德"（《论语·为政》），不也是很好吗，如同孔子所描述的，"有耻且格"（《论语·为政》）那样？不仅儒家这样讲，墨家也会讲"尚贤"，对于贤能政治并不排斥。由于"天下之言不归杨则归墨"（《孟子·滕文公下》），可见作为显学的墨家，以及被韩非在《韩非子·显学》中视为显学的儒家，其政治言论对于战国时期的君王与社会影响可谓不小。有鉴于此，作为崇尚法的手段与精神的法家代表人物，韩非必须对世人带有普遍性的质疑进行回应与解释。

不用说道家人物老子对于天地宇宙来源与生成的开创性理解，即便是与儒家强调"朝闻道，夕死可矣"（《论语·里仁》），强调"下学上达"（《论语·宪

---

① 林佩儒：《先秦德福观研究》，新北市：花木兰出版社2012年版，第144页。
② 对此，白奚则称之为"道法结合、以道论法"。详见白奚《论先秦黄老学对百家之学的整合》，《文史哲》2005年第5期。

问》）相比，务于耕战强兵、重农抑商政策的商鞅等战国早期法家人物更多地关注到的是切实的治国方略与措施，在形上思考与理论构建方面明显不足。在这种情况下，韩非为了在法的理论构造方面提供最终的价值依据，而对老子的"道"积极加以借鉴①，从而不仅使韩非不再是传统意义上的法家人物，而且更具有了哲学家的意味，其理论创造也颇具法哲学的特点与色彩。可以说，韩非"援道入法"的这种做法，有力地弥补了法家思想理论在形上构建方面本有的不足，通过对道与人性两个方面的挖掘与阐释，从而使得法家理论具有了不同于以往的更为厚重的思想风貌、更为开阔的理论空间与更为坚实的哲学基础。对于法家理论出现的这种变化，白奚也评论说："道家哲理的引进使其法治的主张获得了前所未有的理论深度，避免了以往那种疏于理论、缺乏论证、对抽象的理论问题不感兴趣的缺陷，有力地推动了变法运动的发展。"②确实如此，极富务实色彩的法家思想一旦被赋予了形上的哲学式理论论证，便具有了以往一直比较匮乏的哲学基础与形上依据，从而更有助于推动其时变法运动的深入开展。

那么，韩非是如何援道入法的，其具体做法是什么？从理论上讲，道与法当然不同，但两者必然有其可通之处，否则所谓的援道入法就无法真正进行下去，即便这首先是一种理论上的创造。那么，作为形而上的道与形而下的法，两者之间的沟通是如何可能的呢？对此，韩非认为，道具有普遍性与无私己性，而作为理想形态的法在具体运用过程中自然也应当具备这种普遍性与公正性，这正出于对治"皆挟自为心"（《韩非子·外储说左上》）普遍人性的现实需要。在理想形态的法上面安置一个最高形上概念"道"，自然在理论构造上便为法的推行提供了不可缺少的依据与说明。具体来说，韩非在援引道家之"道"的时候，保留了道的遍在性，并凸显了其必然性（《韩非子·解老》："道者，万物之所然也，万理之所稽也。"《韩非子·显学》："有术之君，不随适然之善，而行必然之道。"）与公正性（《韩非子·有度》："法不阿贵，绳不挠曲。法之所加，智者弗能辞，辩者弗敢争。刑过不避大臣，赏善不遗匹夫。"），弱化了道的自然运转形态，因为后者无疑与强调统一天下、锐意进取的法家精神并不相符。

当然，为了弥补形上之道与形下之法（法具有工具性）之间的罅隙，韩非也有着相应的思考与做法，提出了"理"等范畴，并在对"理"的阐释过程中加

---

① 对此，英国学者葛瑞汉也说："在《韩非子》的部分作品中存在着一种在《老子》思想中为法家寻找形而上学语境的持续努力。"诚是。所引文见葛瑞汉《论道者：中国古代哲学论辩》，张海晏译，中国社会科学出版社 2003 年版，第 327 页。

② 白奚：《论先秦黄老学对百家之学的整合》，《文史哲》2005 年第 5 期。

强了两者之间的联系①，从而最终为法的顺利推行，以及法精神的深入人心尤其是君主之心做好了一系列理论上的准备。对此，陶佳也说："道与法之间有诸多的共性，但道始终是形而上的，法始终是形而下的，理论上的沟通可能依然要寻找现实的发展路径。在此，韩非论证了一个新的概念——理，以此来沟通道与法……道是万物生成的抽象根据，理则是万物生成的具体可能，而治乱之理，就是刑赏。""理是具体事物的规定性，道则是万物的所以然，前者形而下，后者形而上，道是理的总和，理是道的分化。在沟通道与法的过程中，理就是其中的关键，是使道社会化的连接环节。"②可见，韩非在道与法中间确实作出了一番理论上的疏通工作。

至此，有一个比较重要的问题，需要我们进行研究并作出必要的回应，那就是作为重要的法家代表人物韩非有没有完全否定儒学的价值呢？经过研究，我们认为，韩非并没有完全否定儒学的价值③。对此，徐克谦亦曾详加申论说："韩非子并不是一个没有道德价值观的人，道德在他的政治学说中是有一定地位的。在终极层面上，他的道德观与儒家并非根本对立。这种道德价值构成了他的社会政治学说的前提。不过，韩非子与儒家等其他学派不同之处，在于它严格区分私德和公德两个不同的道德领域。对于像儒家所提倡的家庭内部的孝道，道家提倡的个人的清高，侠客所奉行的私人之间的仗义，这些私德在韩非子看来，不仅不值得提倡，有时还应该禁止。但是在社会公共事务领域的公德，则是必须的，应该加以提倡和鼓励。这种社会公共领域的道德，在韩非子学说中突出表现为对君主和官吏的官德要求，也即君主和官吏应该遵守的从政者的职业道德。"④关于这个问题，我们还将在后文中予以讨论。

四 结语：实用主义立场下的儒法互补潮流

在战争形势愈加激烈、天下统一大势日趋明朗的战国时期，诸子的思想也

---

① 实际上，"与道家对道体的重视相比，韩非更关注的是道用，即由道体所衍生出来的诸种道用，包括理、法、刑、赏、罚、名、实、王、霸，等等。因为这些东西对于治国理政确实很快就能生效，而且可操作性强"。见拙文《政治的去道德化努力——韩非对政治与道德关系之思考》，《哲学动态》2019 年第 2 期。

② 陶佳：《形上与形下：韩非之法的老子渊源》，《湖北第二师范学院学报》2013 年第 11 期。

③ 武树臣基于儒、法两家在宗法家族秩序与意识形态上的立场而对其进行了申论。对此，他说："在社会基层组织领域，'法治'并没有宣布以宗法家族秩序为敌，更没有一般地否定忠孝仁爱等宗法道德观念……在意识形态方面，儒、法两家都程度不同地维护宗法道德规范。两者的差别在于儒家重视忠孝仁爱的内在感情，而法家则重视它们的外在行为。"诚是。所引文见武树臣《变革、继承与法的演进：对"古代法律儒家化"的法文化考察》，《山东大学学报》（哲学社会科学版）2012 年第 6 期。

④ 徐克谦：《私德、公德与官德——道德在韩非子法家学说中的地位》，《国学学刊》2013 年第 4 期。

日益呈现出实用主义的特征①，或者说，诸子的思想创造都要经受血与火、生与死残酷现实的考验，进而为诸侯争雄、天下政治的前途与出路尽可能作出具有实际意义的指导。在这种情况下，一味追求形而上的哲学建构并不合时宜，一味高扬道德理想主义同样也不现实②。故而，在战国时期，诸子的思想逐渐呈现出互补会通的趋势并不突兀，反而更能彰显出特定时代之残酷性在其时诸子的思想创造上所留下的深刻烙印。

且不说于战国时期出现的道家思想的黄老化特征，也不用说儒家思想的法家化与阴阳化，单就法家思想来看，尽管学界多以法、术、势三者来称谓韩非思想的整体特点，但实际上法家思想到了韩非这里已经具有了较为复杂的理论风貌。根据学者们的研究，法家思想在战国时期出现了黄老道家化与儒家化的新变化与新特点。根据上文的研究，我们知道韩非曾借助"援道入法"的方式来有意弥补法家理论本身的不足，这在《韩非子》文本中的《解老》和《喻老》两篇有着集中表现，从而使其成为诠释老子思想的第一人。可以说，韩非在理论上作出的这种努力，有力地补强了法家思想本身在形上层面的薄弱之处，从而为自己富国强兵、天下称雄的现实目标提供了坚实的理论根基。

不仅如此，处于战国时期诸子互补会通思想潮流当中的韩非，不仅"援道入法"从而让法家思想呈现出黄老道家化的特点，而且韩非对于传统道德以及儒家思想中的道德因素也进行了自觉的思考，并对道德与政治之间的关系一再作出考量。通过《韩非子》文本，我们可以发现，韩非并未一味否定道德，也没有完全否定道德的价值与意义，否则他也不会如孔孟那样去称赞尧舜这样的圣王了："尧无胶漆之约于当世而道行，舜无置锥之地于后世而德结。能立道于往古，而垂德于万世者之谓明主。"（《韩非子·安危》）固然韩非所称道的尧舜之道与德并非与儒家所论完全一致，而且还有法的意蕴，但他对于尧舜的阐述确实也深受儒家话语的影响，也无法彻底捐别深蕴宗法伦理特点的传统道德，是一种宗法伦理与礼法精神相杂糅的新型道德。故而，可以说，尽管韩非所言的圣王更具有重法务实理性的色彩（《韩非子·奸劫弑臣》云："圣人之治国也，赏不加于无

---

① 对此，白奚也说："先秦时期的各家学说，其理论的重心无不在社会政治的领域，具有参与并指导政治的强烈的自觉意识，这既是中国古代学术的优点，同时也是其缺点所在。"见白奚《学术发展史视野下的先秦黄老之学》，《人文杂志》2005年第1期。

② 虽然道德理想主义在很大程度上确实有其价值与意义，但儒家式的道德往往与宗法血缘伦理杂糅在一起，尤其是在战国时期对道德的强调无疑具有张私利弱国家的倾向与危险，这也是韩非所一再警惕的，故而其言谓："凡人主之国小而家大，权轻而臣重者，可亡也。"（《韩非子·亡征》）

功，而诛必行于有罪者也。"）①，而与儒家所言的圣人已有了很大不同。不过，持有历史主义立场的韩非认为，像尧舜那样的圣人，在"争于气力"（《韩非子·五蠹》）的今天君主们是很难做到的，更何况《韩非子·难势》也说尧舜那样的圣人是"千世而一出"的。而且在他的眼中，道德价值的发挥、道德理念与道德手段的实现也需要相应的条件：不事力而养足，人民少而财有余。（详见《韩非子·五蠹》）可见，韩非的理论前提并未完全拒斥道德意味②，不仅如此，他还试图在"道德底线被突破的人世间找到一条恢复道德的路径。但由于旧有道德在新的世事面前基本不起作用，因此这条新道德路径的开辟者在初始阶段反而是反道德的"，韩东育将其概括为"用反旧道德的手法去建设新道德"③。但是，有鉴于对人性与道德的不信任，在实际运用中道德意味淡薄，故而在政治治理领域道德只是起十分有限的辅助性作用，进而他将道德的价值与作用主要限定在了官员和百姓的思想道德与个人修养方面④。这在睡虎地秦简《为吏之道》当中也有所反映，在其中曾大量出现借用儒家德目与道德价值标准来阐述法家理论的现象，如："仁""廉""宽""正直""慎谨""父兹（慈）子孝""正行修身"，等等。⑤

简而言之，韩非之所以对道德的应用范围作出上述的处理与限定，是因为在他看来，仁慈、慈惠等德性内容对于个人而言或许不应轻率地予以否定与反对，但对君王而言却并非是值得肯定的品德。因为同情心会使赏罚失当，政令难行，轻则政乱兵弱，重则亡国失位。这正如其在《韩非子·内储说上七术》中所言："夫慈者不忍，而惠者好与也。不忍则不诛有过，好予则不待有功而赏。有过不罪，无功受赏，虽亡不亦可乎！"故而，韩非又云："欲利而身，先利而君；欲富而家，先富而国。"（《韩非子·外储说右下》）很显然，在法家的立场之下，

---

① 韩非在诠解《老子》"不敢为天下先"这一句话时说："圣人尽随于万物之规矩"，就体现了务实理性的这种特点。以此来看，韩非所言之圣人与老子所言确实已有所不同。（见王先谦《韩非子集解》，中华书局2013年版，第162页。）不仅如此，在《韩非子·内储说上七术》中从鲁哀公就救火一事与孔子的对话可以看到，孔子更是已全然改变了《论语》中"为政以德""谆谆教诲"的温和形象，俨然成为注重赏罚刑罚的法家式人物了。

② 不仅如此，从功用主义的立场来看，韩非还主张"君王要善用仁义道德，如'故明主厉廉耻、招仁义'（《用人》），'仁义无有，不可谓明'（《忠孝》），也要求臣民'下尽忠而少罪'（《用人》），'群臣居则修身'（《说疑》）"。黄裕宜：《〈韩非子〉的法哲学探义——以中西比较哲学为进路》，《国学学刊》2016年第4期。

③ 引文见韩东育《法家的发生逻辑与理解方法》，《哲学研究》2009年第12期。

④ 对此，靳腾飞亦云："在秦代，儒家思想的政治指导作用逐渐弱化，被更加实用有效的法家思想所取代，但仍保留了其修养教化的功能，对官员和百姓的思想道德与个人修养方面还继续起着指导作用，继续为秦代统治者所用，而非被完全摈弃。"（靳腾飞：《从秦简中的吏治思想看秦代儒法关系》，《中华文化论坛》2016年第6期。）与这种观点相似，基于对睡虎地秦简《为吏之道》《法律答问》等的考察，洪燕梅认为，在出土秦简中出现了儒道思想糅合的显著特点。参见洪燕梅《出土秦简牍文化研究》，台北：文津出版社有限公司2013年版，第157—176页。

⑤ 参拙文《政治的去道德化努力——韩非对政治与道德关系之思考》，《哲学动态》2019年第2期。

公利要高于私行:"自环者谓之私,背私谓之公。"(《韩非子·五蠹》)。环,卢文弨认为:当作"营","营""环"本通用①。可见,君国具有价值上的优先性,而个人利益则逐渐具有了很强的依附性,或者说,个人利益的实现有赖于君国在价值上的优先满足与实现。

【作者简介】李友广,哲学博士,西北大学中国思想文化研究所教授,硕士生导师,研究方向为先秦哲学、出土简帛与儒学思想史。

---

① (清)王先谦:《韩非子集解》,中华书局2013年版,第491页。

孟子对人性恶端的认识及其哲学意义 *

强中华

【内容摘要】 孟子强调人人生而具有善端,而且人人可以自我扩充善端,这已广为学界熟知。其实,除此之外,孟子还认识到:人的感官欲望生而具有,亦属天性;感官欲望虽非本恶,更非全恶,但其中含有易于趋恶的端倪;易于趋恶的感官欲望往往遮蔽着善端的有效扩充;因此,意欲最终成善,不仅要充分培养生而具有的善端,而且必须努力抑制自身本有的恶端;同时,如果缺乏来自外部的良好教育,自我成善也就极难实现。总而言之,孟子其实充分认识到人性善恶相混的事实。孟子以上认识不但完美地回答了现实善恶之本源的问题,而且符合人类生命现象的本真情形。同时,孟子的这些思想有益于人的德性培养,并对社会治理也有指导意义。

【关键词】 孟子;人性善端;人性恶端;德性养成;社会治理

古人谈"性",有时笼统指生而具有这一性状,有时具体言说生而具有相应内容的属性。[①] 孟子笔下之"性"指与生俱来之性状,具体内容则是人人生而具有善端,且人人可以自我扩充善端,使之发展壮大。孟子以上思想广为学界熟知,但孟子对人性恶端的认识,却鲜有学者论及,因而,本文将对此做一番考察。

---

* 本文系国家社科基金一般项目"宋代荀学史及文献汇编"(项目编号:20BZX062)、国家社科基金重大项目"中国诸子学通史"(项目编号:19ZDA244)阶段性成果。

① 参见阮元《性命古训》、傅斯年《性命古训辨证》、徐复观《中国人性论史·先秦篇》的相关梳理。近些年公布的郭店楚墓竹简《性自命出》、上博简《情性论》亦为如此。

一 人人生而具有感官之性

孟子一再强调，人人生而具有善的发端。除此之外，孟子其实还充分认识到，人人生而具有其他不同于善端的属性。

> 口之于味有同耆也，易牙先得我口之所耆者也。如使口之于味也，其性与人殊，若犬马之与我不同类也，则天下何耆皆从易牙之于味也？至于味，天下期于易牙，是天下之口相似也。惟耳亦然。至于声，天下期于师旷，是天下之耳相似也。惟目亦然。至于子都，天下莫不知其姣也。不知子都之姣者，无目者也。故曰：口之于味也，有同耆焉；耳之于声也，有同听焉；目之于色也，有同美焉。至于心，独无所同然乎？心之所同然者何也？谓理也，义也。圣人先得我心之所同然耳。故理义之悦我心，犹刍豢之悦我口。（《孟子·告子上》）

毫无疑问，孟子此处强调的重点是，人人生而具有大致相似的、热爱理义的心。但孟子的论说过程同时也清晰地表明，作为同类，人人与生俱来就拥有大致相似的感官能力与感官倾向。只要是人，只要人的感觉器官没出问题，那么，人人都会具有味觉、听觉、视觉等感官能力。而且人的口、耳、目的感官倾向也会大致相当，也就是说，人人都喜欢好吃的、好听的、好看的。

> 孟子曰："口之于味也，目之于色也，耳之于声也，鼻之于臭也，四肢之于安佚也，性也。有命焉，君子不谓性也。仁之于父子也，义之于君臣也，礼之于宾主也，知之于贤者也，圣人之于天道也，命也。有性焉，君子不谓命也。"（《孟子·尽心下》）

单从字面上看，"味""色""声""臭"是一组没有情感倾向、没有价值判断的名词，因此，很难从字面上看出，"口之于味""目之于色""耳之于声""鼻之于臭"究竟是指人的感官能力，还是感官倾向，或者兼而有之。但是，"四肢之于安佚"的意思却非常明晰：四肢能够感觉出"安佚"，表明"四肢"这一感官具有感觉能力。同时，"安佚"要么是一个形容词，指安逸、舒服；要么是一个被形容词修饰的名词短语，指能引起安逸、舒服的事物。四肢天生追求安逸、舒服，强调的重点不再是感觉能力，而是感觉器官的感官倾向。结合上下文文气看，"口之于味""目之于色""耳之于声""鼻之于臭""四肢之于安佚"在表述方式上是平行对等的，因此，可以推断，孟子笔下的这五个短语既包括口目耳鼻四肢的感觉能力，也包括这五种感觉器官的感官倾向。赵岐注释说："口之甘美味，目之好美色，耳之乐五音，鼻之喜芬香。臭，香也，《易》曰：'其臭如兰。'四体谓之四肢，四肢懈倦，则思安佚不劳苦。此皆人性之所欲也。"① 在赵岐看来，"味""色""声""臭""安佚"不是一组没有感情倾向、价值判断的词汇，而是属于美味、美色、美声、香气、安逸。口目耳鼻四肢自然倾向于美味、美色、美声、香气、安逸，这正是人之天性中自然存在的感官欲望。程子直接说："五者之欲，性也。"② 他认为孟子此处讲的正是五种感官欲望属于与生俱来的天性。清人焦循亦如是看，他甚至敏锐地看到，孟子此处的看法其实与荀子存在一致性。他说："《荀子·王霸篇》云：'夫人之情，目欲綦色，耳欲綦声，口欲綦味，鼻欲綦臭，心欲綦佚。'此与《孟子》义同。"③ 今人杨伯峻先生也说："口的对于美味，眼的对于美色，耳的对于好听的声音，鼻的对于芬芳的气味，手足四肢的喜欢舒服，这些爱好，都是天性。"④ 毫无疑问，孟子认为，五种感官欲望属于与生俱来的天性。

既然孟子说，口目耳鼻四肢的感觉能力与感官倾向属于"性"的范畴，都是与生俱来的，为什么又说"君子不谓性"呢？关于此，通行的阐释大约有两类。

第一类是宋儒的普遍看法。他们大多认为，口目耳鼻四肢之性乃是气质之性，君子不把它纳入"性"的范畴。而"性善"之"性"，指的是天地之性、天命之性，此性无往而不善。

比如，张载说："性于人无不善，系其善反不善反而已，过天地之化，不善反者也；命于人无不正，系其顺与不顺而已，行险以侥幸，不顺命者也。形而后有气质之性，善反之则天地之性存焉。故气质之性，君子有弗性者焉。"⑤ 根据饶双峰的理解，张载眼里，"人之性亦即天地之性"⑥。

朱熹以"理"言"性"，认为，"性只是理"，"本原之性无有不善"，"孟子所谓性善，周子所谓纯粹至善，程子所谓性之本，与夫反本穷源之性，是也"⑦。

---

① 赵岐注，孙奭疏：《孟子注疏》，北京大学出版社1999年版，第393页。
② 转自朱熹《四书章句集注·孟子集注》，中华书局2011年版，第346页。
③ 焦循：《孟子正义》（下），中华书局2017年版，第1067页。
④ 杨伯峻：《孟子译注》，中华书局1960年版，第333页。
⑤ 张载：《张子全书》（卷一），林乐昌编校，西北大学出版社2015年版，第15页。
⑥ 张载：《张子全书》（卷一），《影印文渊阁四库全书》第697册，台北：商务印书馆1985年版，第94页。
⑦ 朱熹：《朱子语类》卷四，中华书局1985年版，第66页。

二程的看法与张载、朱熹有同有异，他们结合《中庸》说："'生之谓性'与'天命之谓性'同乎？'性'字不可一概论，'生之谓性'，止训所禀受也。'天命之谓性'，此言性之理也。今人言天性柔缓，天性刚急，俗言天成，皆生来如此，此训所禀受也。若性之理也则无不善，曰天者，自然之理也。"① 他们认为天命之性是纯善的，此与张载、朱熹同。但他们又说："人生气禀，理有善恶，然不是性中元有此两物相对而生也。有自幼而善，有自幼而恶，是气禀有然也。善固性也，然恶亦不可不谓之性也，盖'生之谓性'、'人生而静'以上不容说，才说性时便已不是性也。凡人说性，只是说'继之者善'也，孟子言人性善是也。"② 他们认为善恶均谓之性，孟子的性善不是指"天命之性"，而是指"继"天命之性，即禀受天命之性。我们认为，二程的看法学理上更加圆润一些。理由如下：

假设诚如张载、朱熹等人所说，口目耳鼻四肢的感官欲望虽然与生俱来，但这只是后起的气质之性，而仁、义、礼、智则是无往而不善的天地之性。这一说法其实并非没有逻辑漏洞。按照某些理学家的说法，天理虽然体现于万事万物，但天理本身却是超越于万事万物具体存在的"理"，万事万物不管出不出现，消不消失，"天理"都永恒存在。万事万物都是"天理"在不同时空下的具体产物，都由"天理"决定。仁、义、礼、智正是"天理"的表现③。那么，请问，口目耳鼻四肢之"气质之性"是否属于具体存在的事物？若说不属于，显然自欺欺人，因为它们本身就客观存在着。若说属于，请问，有无决定这类"气质之性"的形而上的"理"？若说这类"气质之性"是后起的，不存在形而上的"理"，那么，所谓"天理"也就不再是决定万事万物的"理"，而仅仅是决定部分事物的"理"了，这种"理"又何来绝对超越？若说"气质之性"也存在形而上的根据，也是由"天理"决定的，那么，这又与他们仅仅把仁、义、礼、智之"性"纳入"天理"，而把"气质之性"剥离于"天理"之外的做法自相矛盾。总之，宋儒关于"天命之性""气质之性"的说法难以彻底圆满解释孟子所谓"君子不谓性"的内涵。既如此，到底应该如何理解呢？且看第二类阐释。

第二类是今天的主流阐释。当今学者大多认为，孟子的意思是，人生而具有多种属性，但只有仁、义、礼、智之"性"才是人之所以为人的属性，其他口目耳鼻四肢之"性"虽然与生俱来，却不能纳入人性的范畴。比如陈来先生说：

---

① 程颢、程颐：《二程遗书》卷二十四，上海古籍出版社2000年版，第370页。
② 程颢、程颐撰，潘富恩导读：《二程遗书》卷一，第61页。
③ 比如朱熹说："未有天地之先，毕竟是先有此理。""若无此理，便亦无天地。"(《朱子语类》，中华书局1986年版，第1页。)"做出那事，便是这里有那理。凡天地生出那物，便都是那里有那理。"(《朱子语类》，第2582页。)

"孟子所说的'性'是专指人的道德感知与判断能力而言，是一个纯粹的伦理学概念。人性本指人的本质、特性，孟子的人性特指人的道德本质与特征，而不考虑生理本质与生物特性，而此种人性正是人与禽兽不同之所在。孟子承认有两种性的概念，一是欲望，二是道德本性；故孟子的人性是一种'君子谓性'论，是在君子的特殊立场上讲的。"①

毫无疑问，这一主流的阐释彰显了孟子性善论的理论意义；不过，主流的阐释并非唯一的阐释，这一阐释仍然存在以下三个困境：

第一，"性"包括一切与生俱来的属性这是流传已久的古老传统。比如，根据王充《论衡》的记载，周人世硕就认为，"人性有善有恶，举人之善性，养而致之则善长；恶性，养而致之则恶长"②。新近出土的郭店楚墓竹简《性自命出》也说："喜怒哀悲之气，性也。""好恶，性也。所好所恶，物也。善不善，性也。所善所不善，势也。"③其都把善恶纳入人性的范畴。如果像主流观点理解的那样，孟子只是把人之所以为人的特殊性称为"性"，而不是把与生俱来的所有属性纳入"性"的范畴，那么，孟子的界定则属于不顾传统，违背约定俗成，自起炉灶的做法。

对于本来已经长期稳定使用的概念，如果不顾传统，仅凭个人的意愿，赋之以全然不同的内涵，这样做往往会造成思想界的混乱④。当然，对于一个已经固化的概念，后来的思想家并非不可以突破这一概念的内涵与外延，赋予其全新的意义。但是，在赋予新的意义时，必须充分考虑以下两个条件：一是这一概念是否符合基本的客观事实；二是这一概念的内涵与外延在自己的理论体系中是否自始至终前后一致。首先，我们来看第一个条件，如果孟子一方面承认，耳目口鼻四肢之性属于"性"的范畴；另一方面又说耳目口鼻四肢之性不能称之为"性"，这就又与人之天性确实包括耳目口鼻四肢之性的客观事实不相符合。再看第二个条件，如果孟子仅仅把仁、义、礼、智的端倪称为"性"，那么，他就应该不会同时又说，"口之于味也，目之于色也，耳之于声也，鼻之于臭也，四肢之于安佚也，性也"；否则，就会造成"性"这一概念内涵与外延的前后冲突。

基于以上理由，我们认为，孟子恰恰既充分尊重了把仁、义、礼、智之性与耳目口鼻四肢之性均纳入人性之内的古老传统，又尊重了二者都属人性的客观

---

① 陈来：《孔子·孟子·荀子：先秦儒学讲稿》，生活·读书·新知三联书店2017年版，第162页。
② 黄晖撰：《论衡校释》，中华书局1990年版，第132页。
③ 荆门市博物馆编：《郭店楚墓竹简》，文物出版社1998年版，第179页。
④ 荀子已经意识到这一问题，他在《正名》中说："名无固宜，约之以命。约定俗成谓之宜，异于约则谓之不宜。"

事实。

第二，张岱年先生曾说，"不以一偏的概念范畴统赅总全"乃是"哲学之圆满的系统"必备的特征之一。"如果一全体包括若干相异之部分，则不可以其中某一部分之特性为全体之本性。亦即，如两类现象相异甚为显著，则不当将一类消归于另一类，亦即不以适用于一部分经验之概念范畴为解释一切经验之根本范畴。"① 假设孟子一方面承认仁、义、礼、智之性与口目耳鼻四肢之性这两大"相异之部分"都是出于人之天性，且人人同时集这两种天性于一身；另一方面却又只把前者纳入"性"的范畴，而把后者驱逐于"性"之外，那么，他在理论上又犯了"以一偏的概念范畴统赅总全"的毛病，其论说就缺乏"哲学之圆满的系统"。

第三，退一步讲，即使孟子为了强调人之异于禽兽的本质特征，不把口目耳鼻四肢之性纳入君子所说的"性"，他也没有否认时人已经普遍把口目耳鼻四肢之性纳入"性"的范畴，更没有否认人人生而具有口目耳鼻四肢之性这一基本事实。

基于以上理由，本文认为，孟子所谓"君子不谓性"的说法还存在着其他解释的可能。

按照赵岐的说法，孟子的真实意图是说，五种感官的感官欲望是否能够得到充分满足，这不是行为主体个人能够完全掌控的，而是受制于命运的摆布。能够充分满足这五种感觉欲望的快乐，是谓"有命禄"。但是，受客观条件的限制，"人不能皆如其愿也"。"凡人则有情从欲而求可身，君子之道，则以仁义为先，礼节为制，不以性欲而苟求之也，故君子不谓之性也。"②

清人戴震在赵岐的基础上，进一步阐释说：

> 人之血气心知，原于天地之化也。有血气，则所资以养其血气者，声、色、臭、味是也。有心知，则知有父子，有昆弟，有夫妇，而不止于一家之亲也，于是又知有君臣，有朋友；五者之伦，相亲相治，则随感而应为喜、怒、哀、乐。合声、色、臭、味之欲，喜、怒、哀、乐之情，而人道备。"欲"根于血气，故曰性也，而有所限而不可踰，则命之谓也。仁义礼智之懿不能尽人如一者，限于生初，所谓命也，而皆可以扩而充之，则人之性也。谓性③犹云"藉口于性"耳；君子不藉口于性以逞其欲，不

---

① 李存山编：《张岱年选集》，吉林人民出版社2005年版，第60页。
② 赵岐注，孙奭疏：《孟子注疏》，北京大学出版社1999年版，第393页。
③ 原文无此"性"字，整理者何文光云："'谓'下疑脱'性'字。"（戴震：《孟子字义疏证》，中华书局1982年版，第37页。）其说甚是。

藉口于命之限之而不尽其材。后儒未详审文义，失孟子立言之指。不谓性非不谓之性，不谓命非不谓之命。由此言之，孟子之所谓性，即口之于味、目之于色、耳之于声、鼻之于臭、四肢于安佚之为性；所谓人无有不善，即能知其限而不踰之为善，即血气心知能底于无失之为善；所谓仁义礼智，即以名其血气心知，所谓原于天地之化者之能协于天地之德也。①

戴震的意思是，声色臭味之欲，本来也是出自天性，孟子之所以说"君子不谓性"，并非说声色臭味之欲不是出自天性，不属于"性"的范畴。而是说，按照常人的逻辑，声色臭味之欲既然出自天性，那么，追求声色臭味之欲也就存在某种合理性。而君子则与常人恰恰相反，不因为声色臭味之感官欲望出于天性为理由，从而不加节制，一味逞其感官欲望。由此可见，孟子的本意并非否认口目耳鼻四肢的感官欲望出自天性，也并非要把口目耳鼻四肢之"性"逐出于人性的范畴，而是要告诫人们不能以感官欲望出自天性为借口，顺势毫无限度地追求感官欲望的满足。正确的做法应该是，充分发挥人性中的理性善端，去调控感官欲望。

二 欲望之性含有恶的端倪

孟子把人的四端之善性及感官欲望均纳入"性"的范畴，两类不同性质的属性孰多孰寡？孟子讲得非常少，但《离娄下》载孟子语云："人之所以异于禽兽者几希，庶民去之，君子存之。"显然，孟子的重点在于强调人之区别于动物的那些属性。但我们从"人之所以异于禽兽者几希"这句话推导，则是人之同于禽兽者多。孟子充分认识到，人人普遍具有与动物相似或相通的众多属性，而人之异于动物的属性却非常稀少，而且大多数普通民众往往都会丧失这一点儿稀少的属性，只有君子才能一直保存这一属性。

孟子在《尽心上》中亦有类似看法，他说："形、色，天性也。惟圣人然后可以践形。"赵岐解释说，"形谓君子体貌尊严也"，"色谓妇人妖丽之容"，"此皆天假施于人也"②。把"形"解为君子特有的"体貌尊严"，"色"解为妇人特有的"妖丽之容"，过于窄化了"形""色"的内涵。程颢的解说似乎更到位："'惟圣人然后践形'，言圣人尽得人道也。人得天地之正气而生，与万物不同。既为人，须尽得人理。众人有之而不知，贤人践之而未尽，能践形者，唯圣人也。"③

---

① 戴震：《孟子字义疏正》，中华书局1982年版，第37—38页。
② 赵岐注，孙奭疏：《孟子注疏》，北京大学出版社1999年版，第373页。
③ 程颢、程颐撰：《二程遗书》卷十八，第262页。

又说:"'惟圣人可以践形者',人生禀五行之秀气,头圆足方以肖天地,则形色天性也,惟圣人为能尽人之道,故可以践形。人道者,君臣、父子、兄弟、夫妇之类皆是也。"[1] "形"指包括感觉器官在内的身体,"色"指形体生发出来的感觉能力。人的形体、感觉能力都是生而具有的,此谓"形、色,天性也"。人人都具有形体与感觉能力,但是只有极少数的圣人能尽人伦之道,而绝大多数众人"有之而不知",那些贤人"践之而未尽"。为什么对于人伦之道,"众人有之而不知","贤人践之而未尽"?程颢在此没有展开讨论。如果我们依据孟子前面的说法进行推论,不难得出如下的结论:人人生而具有感官欲望,普通人未能有效调控这些欲望,只有极少数的圣人才能充分以义理之心去控制感官欲望。可见,对于大多数常人来说,理性的光芒多么微弱,感官欲望的力量多么强大[2]。

以上分析足见,孟子认识到,人人生而具有两种不同性质的天性,而且类似于动物的感官欲望远远强于理性端倪。孟子把人与生俱来的那一点儿理性端倪归于善的范畴,却未明言与生俱来的感官欲望是恶的,还是不善不恶的。不过,孟子明明白白把感官欲望等同于禽兽的欲望,而且一再强调必须以理性去调控它。这实质上就暗含了感官欲望对于成就理性之善并不完全可靠[3]的逻辑前提,进一步引申则是,这些并不完全可靠的感官欲望中蕴含了自然趋恶、遮蔽善端的因子。试想,如果这些感官欲望并不蕴含趋恶的因子,那么就完全没有必要去控制它、引导它。可见,孟子强调人人生而皆有善端的同时,并没有否定人之天性中具有趋恶的因子。

三 成善的不同路径

既然生而具有的善端如此微弱,而易于趋恶的因子又是那么强大,人又如何实现相对之完善呢?

学界在阐释孟子性善论时,往往认为,孟子主张人人能够自发向善。这一阐释大致不差,但意犹未尽。

孟子确实说过,每个人都有大致相同,倾向于"理""义"的心——"理义之悦我心,犹刍豢之悦我口"。这里所谓"刍豢之悦我口"代指人的感觉能力与感觉倾向。前面已经论述过,孟子认识到,人的感觉能力与感觉倾向往往是自然

---

[1] 程颢、程颐:《二程集·二程外书》卷四,中华书局1981年版,第372页。
[2] 正如朱熹所说:"人之有形有色,无不各有自然之理,所谓天性也。践,如践言之践。盖众人有是形,而不能尽其理,故无以践其形;惟圣人有是形,而又能尽其理,然后可以践其形而无歉也。"(《四书章句集注·孟子集注》,第338页。)
[3] 注意,孟子并未全部否定感官欲望。

而然发用出来的，不需要心的有意识参与。孟子既然说，"理义之悦我心，犹刍豢之悦我口"，那么也就意味着，心倾向于"理义"也是自然而然发用的。对此，孟子还用了其他比方来说明这一道理。在《告子上》中，孟子说："人性之善也，犹水之就下也。人无有不善，水无有不下。"延伸孟子的意思，水自然向下流这是水自然而然的属性，人性亦如水，自然而然向善。孟子在《公孙丑上》中又说，人人都知道把四端之善心"扩而充之"，而且四端之心的扩充，"若火之始然，泉之始达"，似乎也在说明人是自然向善的。

其实，孟子对于人如何才能实现相对完善，还有其他表述。《告子上》载，公都子曾问孟子，均是人，为什么却有"大人"与"小人"的区别。孟子回答说："从其大体为大人，从其小体为小人。"公都子进一步深究："钧是人也，或从其大体，或从其小体，何也？"孟子回答说："耳目之官不思，而蔽于物，物交物，则引之而已矣。心之官则思，思则得之，不思则不得也。此天之所与我者，先立乎其大者，则其小者不能夺也，此为大人而已矣。""大体"指"心思理义"，"小体"指"纵恣情欲"①。孟子在这里强调，心能思考的功能是"天之所与我者"，即与生俱来的功能。但心与生俱来的思考功能并不像"纵恣情欲"一样"不思"而自发，而是有意识的、自觉的、主动的思考活动。心的这种活动又可以称为"存其心""尽其心"②。只有自觉"存其心""尽其心"，才能把与生俱来的善端扩而充之，使之从萌芽状态发展成为相对的完善。

同时，孟子虽然特别强调"人皆可以为尧、舜"，人人都有自成其善的能力。但他同时也清晰认识到，如果不接受来自外部的优质教育，人是很难自我实现相对完善的。他在《滕文公上》中说得很清楚："人之有道也，饱食暖衣，逸居而无教，则近于禽兽。圣人有忧之，使契为司徒，教以人伦：父子有亲，君臣有义，夫妇有别，长幼有叙，朋友有信。"可见，人虽然有善端，但如果缺少来自外部的教化，最终还是与禽兽相差无几。正因为如此，孟子一再强调，要"谨庠序之教，申之以孝悌之义"（《孟子·梁惠王上》）。

孟子强调教化的重要性，在于塑造人性。塑造人性的基本方式有两种：一种是正面的方式，即激活、显发、弘大天赋的善端；另一种方式，即抑制恶端，使之有意识地别于禽兽，远离禽兽。后一种方式孟子讲得较少，但并不意味孟子不重视，更不意味孟子没有认识到。

---

① 此为赵岐的解释。见赵岐注，孙奭疏《孟子注疏》，北京大学出版社1999年版，第314页。
② 《孟子·尽心上》载孟子语云："尽其心者，知其性也。知其性，则知天矣。存其心，养其性，所以事天也。夭寿不贰，修身以俟之，所以立命也。"

四　孟子人性论的哲学意义

前面的分析足见，孟子特别强调，人人生而具有善端，且人人都可以自我扩充这种善端，这是孟子性善论的重心。但孟子同时也清楚地看到，人之天性中具有强大的趋恶端倪，而且这一端倪常常会遮蔽善端的有效扩充。因此，综合起来看，孟子充分认识到人性善恶混合的基本事实。从这个角度上讲，孟子的人性论其实又和性善恶混合论颇多相通，甚至可以说，孟子的人性论实质上也是性善恶混合论。显然，孟子的人性论是接着孔子的人性论而来的。孔子讲天赋人性相近，但后天习染相远。但孔子并未讲，天赋人性到底有哪些具体内容。而孟子则用大量笔墨，揭示了天赋相近的人性里面，蕴含了"相近"的"善端"。同时，其论说中，又暗示了天赋相近的人性里面也蕴含了"相近"的"恶端"。只不过，孟子对"恶端"的认识没有明说罢了。待到战国末期，荀子接续孔孟，毫不掩饰地把人性中的恶端揭示了出来。

承认孟子的人性论实质上也是性善恶混合论，不仅不会拉低孟子人性论的理论高度，反而能够更好地从理论上回答现实善恶之本源的问题，而且也更加符合人类生命现象的本真状态，同时，承认人性善恶混合这一现实也更加有助于德性培养与社会治理。

众所周知，某一事物之所以如此，必然存在之所以能够如此的根据。这种根据，前人或称之为"道"，或称之为"理"。从人之所以如此的"道""理"上讲，既然人生而具有各种属性，那么，决定各种属性存在的"道""理"就必然存在，这种"道""理"是超越具体形而下存在的形而上存在，"道""理"本身超越于善恶之上，无所谓善恶①。

不过，只要人类存在，决定人生而具有各种属性的"道""理"就不可能空悬而无着落，而是最终要发用于人身，发用于人身的具体属性如果尚未对他人产生任何影响，其实也本无所谓善恶。善恶应该界定为人与人之间发生某种互动之后，人类社会约定俗成对这种互动产生的影响进行的伦理评判②。

作为人，发用于身的具体属性不可能存在于真空之中，而是往往会对他人产

---

① 不少思想家认为，超越伦理之善恶的状态才是至善，且常常直接称之为"善"，同时又把伦理之善也称之为"善"。比如，王阳明说："无善无恶者理之静，有善有恶者气之动。不动于气，即无善无恶，是谓至善。"（吴光等编校：《王阳明全集》，上海古籍出版社2014年版，第33页。）诸如王阳明等思想家的这种做法造成了概念的相互缠绕，甚至理论的混乱。为了避免缠绕与混乱，方便表述与理解，我们认为，不如大大方方把超越伦理之善恶的状态直接称之为"无善无恶"。

② 今天一些主张"性朴论"的学者，也许正是认为，人天生具有的属性还未对他人产生任何影响，无所谓善恶，故称为"性朴"较好。

生一定的影响，人类社会进而会对这些影响做出或善或恶的价值判断。假设我们不考虑后天的影响因素，仅仅从与生俱来的天性方面追寻导致或善或恶之影响的根源，无疑是这些与生俱来的属性最终导致了或善或恶的影响。进一步讲，本来无所谓善恶的那些与生俱来的属性，却可能导致或善或恶的影响。换句话说，本来无所谓善恶的那些与生俱来的属性具有导致或善或恶影响的可能性。事实上，这种可能性极其复杂，体现在每个人身上，至少同时具备导致向善发展、向恶发展、向不善不恶发展这三类不同性质的可能性。除去后天影响因素，从或善、或恶、或不善不恶的结果追溯导致这些结果的人之天性的根源，则是因为原本无所谓善恶的属性却蕴含了或向善、或向恶、或向不善不恶发展的可能性，善的结果发源于善的因子，恶的结果发源于恶的因子。毫无例外，任何人身上都生而具有这三种属性，从这个意义上讲，人之天性，趋善趋恶的两种因子又是同时并存的。

再从个体生命在社会现实中的具体表现来讲，情况则更为复杂。从人与人之间的横向对比来看：有善多于恶的人；有恶多于善的人；有善恶大致相当的人。从每个人的生命历程来讲：有此时此境善者，彼时彼境恶者；有此时此境善多于恶者，彼时彼境恶多于善者；有此时此境、彼时彼境善恶相当者……种种情形，不一而足。但无论怎么讲，从个体的整个人生历程来看，唯全善无恶、全恶无善之人绝不存在，而善恶并存则更加接近生命现象的实际状况。

不仅如此，承认人性善恶混合这一现象，还更加有助于德性培养与社会治理。承认人有善性，作为行为主体，就应自觉扩充本有的善性，使之发展壮大；作为社会的管理者，就应充分信任他人能够自我向善，而不总是怀疑他人，进而处处干预之。承认人有恶性，作为行为主体，就应努力发挥心的主动性，努力控制自身的恶性，使之不膨胀；作为社会的管理者，则要以道德化育之，以制度、法律规范之。总之，充分认识人性善恶混的事实，最终目的亦是"教人以善"[①]。

【作者简介】强中华，文学博士，西华师范大学文学院教授，硕士研究生导师，研究方向为中国哲学史、中国古代文学。

[①] 钱大昕云："孟子言性善，欲人之尽性而乐于善；荀子言性恶，欲人之化性而勉于善：立教虽殊，其教人以善则一也。"（转自王先谦《荀子集解·考证上》，中华书局 1988 年版，第 15 页。）认识到人性善恶混，目的亦是"教人以善"。

孔子"君臣"思想的政治学考察*

唐梵凌

【内容摘要】 20世纪初以降,学界对孔子"君臣"思想一直持否定性态度。本文力图排除观念先行模式,还原"君臣失道"的当世语境,恢复其名实相符的权责观、职业契约观和边界约束等本意,认为孔子从义道、共道、择道三个维度定义了"以事权为中心"的君臣关系:义道,是其逻辑起点,以"君使臣以礼,臣事君以忠"为准则,缔结君臣合作的事功关系;共道,是其目标定位,以"以道事君,不可则止"为行为准则;择道,是其自由准则,以"道不同,不相为谋"为准则,以"邦有道如矢,邦无道如矢"为行为方式。孔子秉持职业契约准则和政治自由精神的"君臣"思想,经过孟子之"君臣手足"论和"君臣犬马"论的工具主义改造,为秦以降构建"指令与服从的君臣关系"铺平了认知的道路。

【关键词】 名实相符权责观;职业契约观;边界约束思想;君臣义道起点;君臣共道目标;君臣择道自由。

雅斯贝尔斯在《大哲学家》中将孔子定义为"创造思想范式"[①]的思想家,表明孔子虽然自谓"述而不作"(《论语·述而》),但其"不作"所"述"的思想学说其实自成系统。余英时曾以"君子之学"[②]来概括。其实,孔子有自成系统的思想学说,"仁、礼、乐,是其核心范畴,从修仁出发,经由习礼最后达成作为个体主体的**成己之乐**和作为社会主体的**成人之乐**,构成基本的思维—认知路

---

* 本文系国家社科基金后期资助项目"以伦理为视角通解《论语》"(项目编号:19FZXB025)的阶段性成果。

① [德]雅斯贝尔斯:《大哲学家》,李雪涛主译,社会科学文献出版社2006年版,第43页。
② 余英时:《现代儒学的回顾与展望》,生活·读书·新知三联书店2013年版,第271页。

径。"以仁入礼达乐"这一思维—认知向上展开，就是道德哲学；向下展开，形成君子学说。孔子的君子学说（或曰"孔学实践论"）展开伦理和政治两个维度，形成君子伦理学和君子政治学。前者立足君子如何**成己**，形成以"君子人格"为主题的君子德性理论；后者着眼君子如何**成人**，形成以"修德取位"和"以德正位"为主题的君子事功理论[①]。孔子的君子事功理论，就是其君子政治学，它的核心思想是"君臣"论。本文尝试重新审视其君臣思想，以为研究孔子政治哲学开一观察新视角。

一 孔子"君臣"思想评价的检视

1. 今人对孔子"君臣"思想的不同评价

秦以降，汉统治者独尊儒术，并奉孔子为元尊，其"君臣"思想从来没有人怀疑过。只是到了近代，孔子被揪出来作为反面教材时，其"君臣"思想才作为大问题被凸显出来，接受来自不同方面的批判，包括思想史上的学理评价。仅后者言，其批判性评价不计其数，却呈现为全面否定与折中两大类，摘其要于下：

1902年，革命思想家梁启超在所完成的《新史学》中指出："墨氏主平等，大不利于专制；老氏主放任，亦不利于干涉；与霸者所持之术，固已异矣。惟孔学则严等差，贵秩序，而措而施之者，归结于君权；虽有大同之义，太平之制，而非密勿微言，闻者盖寡；其所以于七十二君，授三千弟子者，大率上天下泽之大义，持阳抑阴之庸言，于帝王驭民，最为适合，固霸者窃取而利用之，以宰制天下。"[②]

1916年，新文化运动的代表人物易白沙在《新青年》上发表《孔子平议》一文，向"孔家店"投出第一枪："中国二千余年尊孔子之大秘密"，是集权专制的"野心家"们利用孔子来"垄断天下之思想"。二千余年孔子之所以被如此用之不疲，是因为"孔子尊君权，漫无限制，易演成独夫专制之弊"[③]。

1920年，被胡适称誉为"只手打翻孔家店的老英雄"吴虞，在其《家族制度为专制主义之根据论》中指出，孔子"为后世君主所利用者，不外诛乱臣贼子、黜诸侯、贬大夫、尊王、攘夷诸大端而已"[④]。

[①] 唐代兴：《试论孔子的君子学说》，《中国社会科学院研究生院学报》2018年第2期。
[②] 梁启超：《新史学》，夏晓虹、陆胤校订，商务印书馆2014年版，第172-173页。
[③] 易白沙：《孔子平议》，《新青年》1916年第6号。
[④] 吴虞：《家族制度为专制主义之根据论》，《新青年》1917年第6期。

其后，鲁迅认为"孔夫子曾经计划过出色的治国的方法，但那都是为了治民众者，即权势者设想的方法，为民众本身的，却一点也没有"①。杨荣国指出："孔丘在政治上是保守的，他要维护殷周以来的奴隶制统治。"②胡寄窗在《关于孔子思想的新评价》中认为："一般的解答，不外是说它适应了封建统治者们的欺骗伎俩。如果真是'欺骗'，何以两千多年来一直未被广大人民群众所觉察。"③杨向奎在《中国古代社会与古代思想研究》中分析孔子的君臣思想起到了"把等级制度巩固起来，协调贵族间的关系"④的作用。任继愈认为，孔子"一生致力于维护正在崩溃中的奴隶制度（周礼），他希望有一天能在齐、鲁这类国家复兴文王、周公之道……但由于他的理想和当时社会发展的方向背道而驰，经常遭到一些新兴封建势力的反对，在政治活动中他失败了"⑤。这均源于他维护"'君君，臣臣，父父，子子'的奴隶主贵族等级制，和以奴隶主贵族的血缘关系为纽带的宗法制度，是周礼的基本内容"⑥。陈正夫在《关于孔子思想评价的几个问题——兼治与庞朴同志商榷》一文中认为，孔子"要按照周礼的要求，恢复'君君臣臣父父子子'的等级制度"以及"反对田赋改革"等，都体现了"在春秋后期的社会急剧变革中，孔子不是站在历史的前头当促进派，而是反对彻底变革，极力保持旧的政治制度和经济制度"⑦。21世纪初才问世的葛兆光之《中国思想史》也认为，孔子的"'君君臣臣父父子子'，为的是形成整个社会井然有序的差序结构"⑧。

1962年，高亨在其发表的《孔子哲学思想三论》中断定："孔子基本上是站在统治阶级的立场，他的仁有它的阶级性，他对待人民的态度和方针被仁的阶级性所决定。""他说'君君，臣臣，父父，子子'（《论语·颜渊》），他反对'季氏八佾舞于庭''三家者以雍彻'、'季氏旅于泰山'（并见《论语·八佾》），他作春秋来正名，笔伐所谓'乱臣贼子'严格遵守等级名号，都是维护等级制度和世袭制度的具体表现。"⑨但同时又认为孔子的最高理想是安民和博施于民，反对统治者对人民的过分剥削和压迫。革命家郭沫若却在《十批判书》中为孔子辩护，

---

① 鲁迅：《在现代中国的孔夫子》，《鲁迅全集》第6卷，人民文学出版社1981年版，第319页。
② 杨荣国：《简明中国哲学史》，人民出版社1973年版，第24页。
③ 孔凡岭：《孔子研究》，中华书局2001年版，第670页。
④ 杨向奎：《中国古代社会与古代思想研究》，上海人民出版社1962年版，第194页。
⑤ 任继愈：《中国哲学史》第1册，人民出版社1996年版，第61页。
⑥ 任继愈：《中国哲学史》第1册，人民出版社1996年版，第68页。
⑦ 陈正夫：《关于孔子思想评价的几个问题——兼治与庞朴同志商榷》，《南昌大学学报》1978年第4期。
⑧ 葛兆光：《中国思想史》，复旦大学出版社2001年版，第93页。
⑨ 高亨：《孔子哲学思想三论》，《哲学研究》1962年第1期。

认为孔子以"仁"来"复礼"是"牺牲自己以为大众服务的精神",并指出孔子思想的"这种仁道,很显然的是顺应着奴隶解放的潮流的"①。周予同和冯友兰等更明确地将孔子定性为新兴地主阶级代言人,但冯友兰又强调孔子的保守性,认为"孔子'张公室'的主张,反映了一部分新兴势力对于统一的要求。孔子主张政治上和文化上的统一。他希望依靠旧有势力实现统一",所以"孔子的政治路线基本上是改良主义的"②。嵇文甫也如此"断定孔丘是统治阶级中的改良派"③。侯外庐、范文澜等持同样的看法,但范文澜更强调孔子的保守主义倾向,依据是"孔子把民看作愚昧无知的人,可以使由(服从)之,不可使知之,这又说明他的政治思想基本上是保守的"④。

20世纪70年代以后,人们对孔子君臣政治思想的评价体现了二重性,比如刘象彬在《关于孔子再评价的几个问题》一文中认为:"当时孔子主要是以士的面目登场的。他的政治主张,集中到一点就是竭力维护'君君,臣臣,父父,子子'(《颜渊》)这个等级制原则。"但"这些政治主张,归根到底,仍是为了让统治者更有效地'使民',以挽救奴隶制的免于覆亡,但在客观上也会对人民带来一些好处的"⑤。任常泰亦撰文指出:"孔子极力主张维护剥削阶级的统治秩序是可以的,但不能断定或证明就是维护奴隶制秩序的。不过有一点是可以肯定的,那就是孔子的思想是地地道道的统治阶级的思想。"但也"应该承认他的有些思想在某种意义上,是反映了文明社会里带有共同性的东西,寄寓着中华民族的高度智慧和创造精神"⑥。

2. 审视孔子"君臣"应具有何种客观态度?

孤立地看,似乎各家对孔子君臣思想的评价都有道理,但如果整体观之,一个根本性的问题就会凸显出来:同样是孔子这个人的君臣思想,为何其评价会如此迥然不同?这个问题本身表明:形成这种截然相反的评价结论的原因,不在孔子及君臣思想本身,而在于评价者。

客观地讲,孔子的君臣思想体现自身的"一贯性",评价者对自有"一贯性"的思想做出截然不同的性质判断,当然与他们的基础、学识、理解能力相

---

① 孔凡岭:《孔子研究》,中华书局2003年版,第354页。
② 冯友兰:《中国哲学史新编》第1册,人民出版社1962年版,第94—95页。
③ 嵇文甫:《对孔子的一个简单看法》,《光明日报》1961年11月7日。
④ 范文澜:《中国通史简编》第1编,人民出版社1965年版,第206页。
⑤ 刘象彬:《关于孔子再评价的几个问题》,《学术研究辑刊》1979年第1期。
⑥ 任常泰:《关于孔子思想评价的几个问题》,《中国历史博物馆馆刊》1985年第1期。

关，但重要的因素却是其认知取向。

人的认知始终涉及普遍性与特殊性之间的"适"与"离"问题：所谓普遍性，是指存在者存在的自身合律性，即合道理、合法则、合本性；所谓特殊性，是指存在者敞开其存在的境遇性。存在者存在之普遍性与特殊性，为人们的认知提供了普遍的"一般"和特殊的"个别"之间的复杂关联：持有普遍性认知来审视特殊性，可能形成二者之"适"，产生认知的合律性；反之，如果持有特殊性认知来审视普遍性，就有可能形成二者之"离"，产生认知悖律性。以此审视学者们对孔子君臣思想的判断，无论单一否定论者，还是二元折中论者，都指出孔子"君臣"思想的落后性或反动性。但这种判断本身却存在混淆关于"君"的普遍性与特殊性的问题。这个问题可表述为：

第一，"君"该不该尊？

第二，如果"君"该尊，有没有限度和边界？

先看第一个问题，所谓"君"不过是古今国家元首的简称。无论古今，其元首都因为国家而产生；国家却因为国民而产生，国民却因为秩序与生存而产生。或者，单个的、没有群居的愿望和结群的努力，任何人都是自然的原子人，从自然的原子人向国民过渡，是因为群居生活的需要；群居生活的前提，是人与人之能按共守的方式避互损求互济，这就需要秩序，人们对秩序的需要和行动努力，最终产生国家。国家是秩序的象征，也是实现不损而互济的平台，要搭建起"国家"这个平台，并使之有序运转，就需要君。所以，君既是国家的标志，也是秩序的象征。

在一般意义上，尊君有两层含义：一是承认君主的合法性；二是认同君主的权威。以此观之，尊君，在本质上是承认国家，认同和维护国家秩序。在这个意义上，孔子尊君，没有错，既谈不上落后，也说不上反动，正如我们今天认同自己国家的元首一样。但这仅是"君"之普遍性论，如果从"君"之特殊性论，就会发现历史总是展开的，社会总是富有时代性的，君主更是个体性的。当此三者**自发合生**成为一个境遇化的整体时，就会产生什么样的君可尊或什么样的君不能尊的问题，这个问题所隐含的政治学实质，涉及"君"之普遍性与特殊性如何界定？在人类政治思想史上，最早对这一问题做理性审问的人就是孔子，并且只有孔子。后世学者对孔子的君臣思想的批评和批判，都只立足于特殊性而抛弃普遍性，因而，既没有看到孔子如何界定什么样的君可尊和什么样的君不能尊的**经验理性精神**，更忽视了孔子怎样界定"君"之普遍性与特殊性的边界，由此形成认知的盲目性。这种盲目性当然表现出缺乏应有的理性态度，但根源却是等级论和阶级论的膨胀：客观审视，自 20 世纪初新文化运动以来，中国学界的基本学理判断往往由两种普遍的社会冲动所主导，后世学者对孔子君臣思想的否定性批判或折中性评价，不过是这两种冲动在个人身上的学理表现。

第一种普遍的社会冲动是**否定**等级论。其实，社会等级论也涉及普遍性与特殊性的问题。"人是生而自由的，但却无往而不在枷锁之中。自以为是其他一切的主人的人，反而比其他一切更是奴隶。"① 卢梭此论集中表达了两点：第一，在存在论意义上，自由是天赋的。天赋的自由是平等的，所以人与人之间应该追求善与美，由人缔造的社会不应该有等级。第二，在生存论意义上，人处于不自由的枷锁之中，没有平等，所以由人组建起来的社会，始终存在不平等性，或者，等级构成社会的基本结构，成为秩序之源。客观地看，无论古代社会，还是现代社会，无论资本主义还是社会主义，没有等级作为社会结构的基本框架，国家不可能产生，即使产生了，也不可能有秩序。比如，国家的行政区域划分，就是等级结构。劳动分配制度，仍然是等级结构的。无论计划经济范式，还是规划经济范式或市场经济模式，都呈现不同性质、不同价值取向的等级结构；甚至家庭里面的尊老爱幼等方面的伦理、法律、制度，都是通过确立等级才建立起秩序。总之，等级是人类文明进程中国家的基石，是社会秩序的根源，是普遍的社会存在，它不具可选择性；能够选择和可以选择的是构建**什么性质**、**什么取向**、**什么限度**的等级范式，但这恰恰属于等级的特殊性问题，不能以等级的特殊性为依据来否定等级的普遍性。以此来看，孔子尊君，体现对等级的维护，也要从普遍性与特殊性这两个层面来一分为二地分析。

形成对孔子君臣思想的盲目否定的第二种社会冲动，是阶级论。所谓阶级论，就是凡事用阶级的观点来看待事物、分析问题、处理事务的态度和方法。客观地讲，国家产生于等级，社会秩序来源于等级，等级的主体性表现，就是国家社会共同体中的人，自然地被分类成为不同的阶级。所以，阶级是国家社会的基本标志。用阶级的观点看问题、分析社会，甚至处理事务，应该是**一种基本的社会方法**。就具体的问题、事物，甚至包括人、思想、观念、言论等，完全可以运用阶级的观点和阶级的方法，但不能单一和片面，因为它只是看待世界、问题、人、事的一个角度，一个方面，一种方式和方法，绝不能成为看问题的绝对方式，更不能将其变成先在定论。在这方面，我们的丰富历史积淀里面有许多沉重的教训，尤其是对待思想家及其思想，更应该警惕阶级**决定论**的观念和方式。如果以阶级决定论的观念和方式来看待孔子及其思想，孔子就会被脸谱化，孔子的思想就一定会被扁平掉。现代思想史上用阶级的观念评价孔子的教训不可不沉

---

① [法]卢梭：《社会契约论》，何兆武译，商务印书馆2003年版，第4页。

重，比如，蔡尚思和任继愈等都将孔子定义为没落奴隶主贵族阶级的代表；范文澜却认为孔子只是新兴的士阶层的代表；最革命的郭沫若却认为孔子代表了人民利益，但与郭沫若针锋相对的陈伯达认为孔子代表了统治阶级的利益；岑仲勉却赋予孔子革命家的诉求，认为孔子体现了无阶级性。诸如此类完全按照阶级主义的观念模式来生搬硬套地给孔子分类排队的做法，其实与孔子的政治学主张相去甚远。要客观地理解孔子的政治学说，必须正确理解他的君臣思想，前提是"要弄清对象，分辨出哪些是孔子本来的东西，哪些是后世发生的东西，方不致无的放矢，李代桃僵。因为，一般说来，一个在历史上有过重要活动或重大贡献的人物，尤其是具有典型性的人物，总会在后世留下这样那样的影响。由于历史情况的复杂性，本人在后世的作用和后世发生的影响，并不总能那样吻合，真的形象之与影响不一样。这是我们需要注意的。另外，也是由于历史情况的复杂性，后世的人们出于自己的种种需要，又会将过去的人物，尤其是有过重大贡献的人物，抬出来加以种种利用，借用他们的语言和影响，直至将他们弄得面目全非。这更是我们需要分辨的。这就是说，本人的作用，后世的影响，后人的利用，这是一些既有联系又有区别的不同方面"①。庞朴先生对如何重新评价孔子思想的基本态度，应该成为重新看待孔子君臣思想的客观态度。

二 孔子"君臣"思想的行为规范

在孔子论君臣问题的言论中，最让后世诟病的就是"君君，臣臣，父父，子子"这番话，要正确理解孔子的君臣思想，必须从孔子此论入手。

> 齐景公问政于孔子。孔子对曰："君君，臣臣，父父，子子。"公曰："善哉！信如君不君，臣不臣，父不父，子不子，虽有粟，吾得而食诸？"（《论语·颜渊》）

1. 表达"君君，臣臣"思想的语境

孔子"君君，臣臣"一章内容之所以遭受来自各方面的批判，是因为人们阅读本章内容时或有意或无意抽掉了孔子与齐景公的谈话语境。要重新理解孔子的君臣思想，需要回归其（时代、思想、文本）语境，还原其本义。

首先，孔子所生活的时代，《微子》篇做了全景式描述：这既是一个"天下

---

① 庞朴：《孔子思想的再评价》，《历史研究》1978年第8期。

将为道术裂"(《庄子·天下》)的时代,也是一个"圣人之道衰,暴君代作"和"世衰道微,邪说暴行有作"(《孟子·滕文公下》)的君臣失道的时代。

> 陈成子弑简公,孔子沐浴而朝,告于哀公曰:"陈恒弑其君,请讨之。"公曰:"告夫三子。"孔子曰:"以吾从大夫之后,不敢不告也。"君曰:"'告夫三子'者。"之三子告,不可。孔子曰:"以吾从大夫之后,不敢不告也。"(《论语·宪问》)
>
> 冉有曰:"夫子为卫君乎?"子贡曰:"诺,吾将问之。"入曰:"伯夷叔齐,何人也?"曰:"古之贤人也。"曰:"怨乎?"曰:"求仁而得仁,又何怨?"(《论语·述而》)

孔子之为"陈成子弑其君"而立即行动,却拒绝卫出公蒯辄之邀参卫政,《公羊传》释之为"父有子,子不得有父"①。《谷梁传》则云:"信父而辞王父,则是不尊王父也。其弗受,以尊王父也。"②但这仅是就事论事的表面理解,孔子如此动静分明,是基于历史主义的经验理性拷问,总结出君臣有序、有礼、有节的思想,这是政治文明的标志,反之,则是政治野蛮的体现。孔子分别从互存对比和抽象说理两个方面表述了这一君臣政治学思想:

> 子曰:"夷狄之有君,不如诸夏之无也。"(《论语·八佾》)
>
> 孔子曰:"天下有道,则礼乐征伐自天子出;天下无道,则礼乐征伐自诸侯出。自诸侯出,盖十世希不失矣。自大夫出,五世希不失矣。陪臣执国命,三世希不失矣。天下有道,则政不在大夫。天下有道,则庶人不议。"(《论语·季氏》)

其次,在君臣失道的大社会背景下,才有了齐景公向孔子问政,引出孔子"君君,臣臣,父父,子子"之根治君臣失道乱世的对策。

对"君君,臣臣,父父,子子"一章内容,历代注家各注均有不同,但相对而言,汉代孔安国所注最为客观:"当此之时,陈恒制齐,君不君,臣不臣,父不父,子不子,故以此对。"③

齐景公幼年在齐公室的权力斗争与杀戮中继位,并唯命是从地过了二十多

---

① (清)阮元校刻:《十三经注疏》,中华书局1980年版,第2346页。
② (清)阮元校刻:《十三经注疏》,中华书局1980年版,第2449页。
③ (清)阮元校刻:《十三经注疏》,中华书局1980年版,第2504页。

年傀儡式的君主生活，最后在血腥的杀戮中真正掌握了君权。齐景公于公元前547年正式即位，孔子适齐是公元前517年，应该是齐景公执掌国政后不久，意欲励精图治恢复祖上齐桓公的光荣，所以才有向孔子问政的故事发生；而孔子对齐国政治生态了如指掌，所以才一针见血地提出根本治策，即"君君，臣臣，父父，子子"八字方针。

最后，齐景公问政于孔子之事被收录于《论语》，并安排在《颜渊》第11章，却有其特别的文本语境的结构性考虑：

> 子贡问政，子曰："足食，足兵，民信之矣。"子贡曰："必不得已而去，于斯三者何先？"曰："去兵。"子贡曰："必不得已，于斯二者何先？"曰："去食。自古皆有死，民无信不立。"（《颜渊》第7章）
>
> 棘子成曰："君子质而已矣，何以文为？"子贡曰："惜乎，夫子之说君子也。驷不及舌。文，犹质也；质，犹文也。虎豹之鞟，犹犬羊之鞟。"（《颜渊》第8章）
>
> 哀公问与有若曰："年饥，用不足，如之何？"有若对曰："盍彻乎？"曰："二，吾犹不足，如之何其彻也？"对曰："百姓足，君孰与不足？百姓不足，君孰与足？"（《颜渊》第9章）
>
> 子张问崇德辨惑。子曰："主忠信，徙义，崇德也。爱之欲其生，恶之欲其死。既欲其生，又欲其死，是惑也。'诚不以富，以祇以异。'"（《颜渊》第10章）

有关《颜渊》篇，黄克剑认为其所辑二十四章内容大都意于"仁"而趣归于"政"，并认为仅其义理格局言，本篇当可视为对《里仁》《八佾》《为政》的贯通和补充。[①] 黄氏之论大体得当。从篇章结构观，上篇《先进》论弟子以修习言行为主题，可看成是对《八佾》篇的充实；《颜渊》论君子如何践履仁，可看成是对《里仁》篇的实践论。或可说，第四篇《里仁》是对仁的一般认识，围绕如何修习"仁"而展开；《颜渊》是对仁的生存实践认知，围绕如何施治于"仁"而展开。第1章至第6章，通过颜渊问仁、仲弓问仁、司马牛问仁和子张问仁，阐明对仁的一般认知；从第7章子贡问政始，讨论君子如何施治于仁，孔子认为，君子施治于仁，不过做到"足食，足兵，民信"三者而已（第7章），但主体前提是君子必须做到文质彬彬（第8章）。第9、10两章进一步讨论施治于

---

① 黄克剑：《论语疏解》，中国人民大学出版社2014年版，第262—267页。

仁的问题；第9章讲治国施仁必须逐利有度；第10章提出要做到逐利有度地施治于仁，必须凡事崇德解惑。第11章"君君，臣臣"论重在阐述逐利有度地施治于仁，必须落实为担责：只有明确地担当起己责，才可做到逐利有度地施治于仁。

2. "君君，臣臣"的名实相符观念和权责对等思想

齐景公向孔子询问如何根治内乱不息的齐国，应该是春秋时代诸侯国所面临的普遍性问题，也是当时诸侯邦国怎样才可稳定有序治政的迫切问题。孔子针对这一普遍性的时代治政问题，提出了可以施治的根本方策，体现了孔子"一以贯之"的"为政以德"的政治学主张。

孔子的"为政以德"（《论语·为政》），不是今人所讲的"以德治国"，因为孔子"为政以德"之"政"是指"正"："季康子问政于孔子。孔子对曰：'政者，正也。子帅以正，孰敢不正。'"（《论语·颜渊》）这是孔子对"为政"之"政"的精确定义，也是对"为政以德"的政治学精髓的精确表达：首先，政治是伦理的，所以为政必须求善，必须实现善果。其次，政治的本质是正："为政"即是"为正"，即通过正己来正人、正事。所以，所谓为政，是指为人正直，站立得直，行走得端正，处事公正，让人信服，使人遵从；并且，只有为人正直、中正，处事公正、公道，才有德；有德，才使人信服。最后，为政施治的主体前提是必须己正，必须以己正去求事正、人正。为政能够做到如上三者，则可称之为有德，是德政。

基于如上政治思想定位，孔子认为，以"为政以德"方式建构良序的社会关系，应该从两个方面入手。

首先，应该正定名实。正定名实，就是**名实相符**，它有两个方面的自身规定。

一是**正定名分**。《左传》记载："既，卫人赏之以邑，辞。请曲县，繁缨以朝，许之。"孔子却为此事大发卫侯非礼的议论："惜也，不如多与之邑。只器与名，不可以假人，君之所司也。名以出信，信以守器，器以藏礼，礼以行义，义以生利，利以平民，政之大节也。若以假人，与人政也。政亡，则国家从之，弗可止也已。"（《左传·成公二年》）在孔子看来，将名（爵号）和器（车服）供给大夫使用，意味着亡政、亡国。因为名正言顺事成，名不正言不顺事不成，假名以人，实际上是名失。所以，孔子才有以下一番宏论："名不正则言不顺，言不顺则事不成，事不成则礼乐不兴，礼乐不兴则刑罚不中，刑罚不中则民无所措手足。"（《论语·子路》）

二是**正定名实**，这就是有其名分，必要有其名实。只有名分，无有名实，就是伪，就会在家乱人伦，在邦乱秩序。这是孔子何以说"君君，臣臣，父父，子子"是治理邦国内乱的根本方策，只有名分，没有名实，或者只讲名分，不求名实的制度，必定成为内乱的根源。因为正定名实的本质内容，是各遵其道，各正其位，各担其责，此三者构成名分之实。有如此名分之实，必然内乱终止，秩序井然，国家稳定。

要言之，孔子正名思想从名分和名实两个方面建构起**名实相符的权责关系**，孔子借齐景公之问，对这种以权责对等为本质规定和内涵要求的正名思想做出具体阐述。

其次，为政就是构建以权责对等为导向的等级秩序。在孔子看来，为政所构建起来的能够完全呈现良序的人际关系主要有君、臣、父、子四种。在这四种关系中，君必以臣为参照，臣必以君为参照；父必以子为参照，子必须以父为参照。

君以臣为参照，形成"君→臣"关系。在这种关系中，"君君"是其本质规定，即只有君遵守君道，担当为君的职责，臣才可真守臣道，担当为臣的职责。这一抽象"君→臣"关系的具体表述是"君使臣以礼，臣事君以忠"（《论语·八佾》）。

臣以君为参照，形成"臣→君"关系。在这种关系中，"臣臣"是其本质规定，即臣应以君为榜样，严谨地遵守臣道，担当臣之职权范围内的责任。这一抽象"臣→君"关系的实践定格，就是严格遵守其为官之道，这就是"在其位，谋其政"；反之则"不在其位，不谋其政"（《论语·泰伯》）。

父以子为参照，形成"父→子"关系。在这种关系中，"父父"是其本质规定，即只有父遵守父道，担当为父的职责，子才可真守子道，担当为子的职责。

子以父为参照，形成"子→父"关系。在这种关系中，"子子"是其本质规定，即子必须以父为榜样，真诚地遵守子道，担当为子的责任与义务。

孔子从历史经验和生活经历中概括提炼出这四种关系，既呈血缘宗法性质，又超越血缘宗法形成具有普世取向的关系，实际地存在于任何性质和制度的社会中，因为这四种关系蕴含一个真理：在由"君君，臣臣，父父，子子"这四种人际关系所构建起来的社会共同体中，每个人各居其所，每种角色各居其位并各担其责，每种事物各具其用。

3."君君，臣臣"的契约观念和边界约束思想

"君君，臣臣，父父，子子"这四种以权责为导向的等级关系，之所以能够

构成四种普世关系，形成一种体现恒存性的人伦社会的政治真理，在于它既蕴含了现代政治文明的"群己权界"思想，也体现现代意义的政治自由主义和政治自由主义所规定的契约关系。

其一，"君君，臣臣，父父，子子"关系，是一种自由人的契约关系，这种契约关系的实质是权责。君臣、父子之间的权力和责任当然是不平等的，但君臣之间、父子之间必须有权力与责任，必须由权力和责任构成契约关系。所谓君臣间的契约关系，是指君与臣在权力与责任方面虽然不平等，却必须是相互的和有边界的，即臣对君负有责任，君对臣也负有责任，并且首先是君对臣负有责任，担当起其责任，臣才可能对君负有责任，并为此担当起责任。这是孔子为何特别强调"君使臣以礼，臣事君以忠"（《论语·八佾》）的根本理由。反之，君在臣面前享有权力，臣在君面前同样享有权力，即君的权力构成他对臣的责任，包括保护臣的责任和尊重臣的责任；臣的权力构成他对君的责任，即服务君的责任，这种权力与责任的相互依存性，才构成真实的社会关系，形成真实的社会秩序，一旦这种相互依存的权责关系松懈了甚至解除了，实质的社会关系就不存在，社会秩序必然名存实亡。

其二，在"君君，臣臣，父父，子子"关系中，父子是血缘关系，其缔结所遵循的是**血缘律**，或者说自然律，这种关系一旦形成，具有不可选择性。所以，父遵守父道，担当为父的责任，子遵守子道，担当为子的责任，具有**先天契约**规定，是一种**天职**责任。

与此不同，君臣关系是一种**后天契约**关系，是后天形成的**职业契约**关系，其缔结所遵循的是**社会律**，即社会的伦理原理和政治原理，这就是**等级平等**的权责原理和自由权界原理。孔子强调君要像君，必须遵守君道，担当为君的责任，并体现明确的边界约束，然后才是臣要像臣，遵守臣道，担当为臣的责任，并同样获得行为的边界约束。但前提是"君使臣以礼"，然后才有"臣事君以忠"。并且，一旦君不守君道，拥有无限度的自由，没有任何边界约束，自然会造成邦无道，在这种状况下，任何臣都可以"邦无道如矢"（《论语·卫灵公》）：孔子之"邦无道如矢"的实质表述，就是"君无道如矢"。

其三，在这四种关系中，真正具有决定性的那种因素、那种力量，就是君君，即君主要像君主并且是君主：君主的行为要显示出臣民所应该具有的那种礼仪关系、利义关系、道德关系。孔子所讲的君主，首先是德性和德行的君主，然后才是权力和权威的君主，并且其德性和德行才是根本的。在这个意义上，"君君"，意指"真正的君主不在于他的出身地位，而是根据他的道德品行；他能有君主之礼，行君主之道，使君主之义，便是真正的君主"①。这是孔子为何评价仲弓"可使南面"的理由。

其四，在其根本意义上，每个人从生到死都存在于这四种关系中。权责观念、群己权界限度思想、自然主义思想，正是这些才构成了这四种关系中的**人的自由**，你的自由以及对我来讲最为根本的"我的自由""我的生活"和"我的生命"：我的生命，构成了我的生活，我的生活实际上由我与我的妻子、我与我的儿女、我与我的邻居、我与我的上司、我与我的同事、我与我的学生等所构建起来的**实存关系**的生活。我的生活是我与他者共同构建，我的生活更是我与他者的共同生活。而且，我的生活是由我自己通过各种不同角色与他者发生直接或间接关联所构建起来的，所以我的生活不仅充满了利害，但我与这诸多的他人之所以能够共同创建起实实在在的生活关系和生活内容，更重要的却是超越于利害之上的德。这种德的主体性表述，就是心中有仁，即心中存有他人；这种德的客体性表达，就是我的行为必须要有限度，要有共同遵守的规范与边界约束。这种德的整体性表述，就是我作为一个父亲，必须像一个父亲，行使父亲之道，担当父亲之责，讲求为父的仁爱（慈爱）。抑或是我作为一个君主，或一个大臣，同样如做一个父亲那样遵君、臣之道，担君、臣之责，行君、臣之仁爱。孔子就是如此揭示现实生活中"君君，臣臣，父父，子子"这样具体的关系，都不过是**平常的关系**②。

三 孔子"君君，臣臣"思想的价值定位

名实相符、权责对等、职业契约和边界约束，此四者构成孔子君臣思想的实践规范，这一实践规范的内在支撑却是"为政以德"之道。孔子"为政以德"的政治学思想的伦理本质是"正"。以"正"统"政"，构成孔子君臣政治学的必守之道。孔子对这一必守之道予义道、共道、择道三维定义。

1. 义道：孔子"君君，臣臣"关系建构的逻辑起点

父子关系，无论是"父→子"关系还是"子→父"关系，都属于先天契约，它具有**命定的**不可选择性；与此不同，君臣关系，无论"君→臣"关系还是"臣→君"关系，却属后天的职业契约，是**人为选择**的体现，或君选择臣，或臣

---

① ［美］赫伯特·芬格莱特：《孔子：即凡而圣》，彭国翔、张华译，江苏人民出版社2002年版，第119页注释。
② ［美］赫伯特·芬格莱特：《孔子：即凡而圣》，彭国翔、张华译，江苏人民出版社2002年版，第100—101页。

选择君。其选择的依据和准则，既可以是"利"，也可以是"义"。但孔子认为，君臣关系的选择性建构，如果以"利"为依据和准则，无论君选择臣，还是臣选择君，都只能是小人行径，这是孔子君子政治学所坚决反对的：首先，孔子不遗余力地从不同方面区别君子与小人，并在此基础上驳斥小人；其次，孔子虽然非常急切地渴望从政，却总是在义面前断然拒斥"利"，终身死守其应为的君臣义道。

子曰："富与贵，是人之所欲也，不以其道得之，不处也。贫与贱，是人之所恶也，不以其道得之，不去也。君子去仁，恶乎成名？君子无终食之间违仁，造次必于是，颠沛必于是。"（《论语·里仁》）

定公问："君使臣，臣事君，如之何？"孔子对曰："君使臣以礼，臣事君以忠。"（《论语·八佾》）

孔子取舍富贵之道，是义道，而不是利道。孔子所宣扬并"一以贯之"的义道，落实于君臣关系的建构，就是"君使臣以礼，臣事君以忠"。

君臣之间本是严格的尊卑、严格的等级，但当孔子以"君使臣以礼，臣事君以忠"的方式重新表述君臣关系时，就获得了全新内涵：君臣之间不是严格的尊卑、严格的等级，而是制度遵守的约束与道德修养具备的平等性要求。只有在这样一种制度约束和平等的道德修养要求下，君臣才缔结成**合作的事功**关系。

君臣之间之所以需要缔结成一种合作的事功关系，是因为构成君臣关系的核心要素是"事"，而不是人。为完成某事所缔结起来的这种合作关系，是因为**相互需要的事功**本身。由于"事"本身对双方的要求，君臣关系的建立必须遵循为事原则和平等原则。这一为事原则和平等原则，被孔子表述为君臣之间必须遵从的"礼"。从形式论，"礼"即人与人之间相互遵从的礼仪、礼节、礼貌，它的整体抽象形态是礼仪制度；从实质论，"礼"的本质内涵是规则、章法。这个规则和章法对于继位之初的定公并不清楚，所以才向孔子请教。孔子明白地告诉定公，就是以事为中心的平等，而不是以人为中心的指令与服从。

首先，君臣之间在权位上虽然不平等，但在人格、尊严和伦理、道德方面应该是平等的。这种平等体现为"君使臣以礼，臣事君以忠"；并且，**只有君使臣以礼时，臣事君才忠**。基于这一平等要求，君平等地善待臣，构成臣忠诚事君的前提；反之，当君不平等待臣时，臣可以不忠诚事君，并且也没有必要忠诚事君。

其次，君臣之间的平等关系必以**事功**为基础，即君与臣之间是以事为纽带，而不是以人或权为纽带。在为事上达成一致，就构成君臣关系；如达不成一致，君臣关系就无法构成。并且，所为之事一旦完成，君臣关系就宣告结束；若要继续维持，必须重续为事关系。治理邦国，是一项长久的事业，君臣之间可围绕这一长久的事业形成长久的为事关系，但前提却是能否**以事为主导**并以平等的"礼"来凝聚。孔子在这里所讲的这种君臣关系，不是一种想当然的理想状态，而是春秋战国时代的普遍现象：一国之君是固定的，难以流动；但文人志士为官，则可任意流动，在孔子所生活的时代，君臣之间随时解除君臣关系，是为常态。正是这种臣事君的流动常态，使定公对如何构成稳定的君臣关系而困惑，希望从孔子那里求得良方，孔子则告知定公，唯一可以使君臣保持长久稳定的方法，就是先播"君使臣以礼"的种子，然后才可收获"臣事君以忠"的果实，要做到这一点，必须遵循为事原则和平等原则。

进一步看，孔子关于"君使臣以礼，臣事君以忠"的政治学主张，揭示了春秋时代君臣关系的**义道**本质。这一义道同时敞开为四个方面。

第一，正常的君臣关系，是平等的相使关系。这表明，君与臣之间，没有绝对的指令与服从，没有人身依附。因为在孔子看来，**凡有人身依附性质的君臣关系，不仅不具有礼，也是反礼的。**

第二，正常的君臣关系，必须是**合礼**关系。合礼的君臣关系，是以事为中心的平等相使关系。在这里，臣要求君对待己必须有礼，就是君使臣必须有规则、有章法、有限度、有边界、有约束，不能凭主观意愿、偏好或利害得失待臣，更不能任性对臣行施权力。所以，君臣"合礼"的"礼"，根本地讲就是平等原则和为事原则：君待臣，必须建立在为事原则和平等原则的基础上，不能有丝毫的依附性质。

第三，在合礼的基础上，君有权要求臣必须忠诚君事，臣也必须有责任对君忠诚。这种由**君臣相使**所派生出来的**君臣相忠**要求，应该以信和任为前提：**信者是诚，任者是自由。**

第四，由于诚与自由的要求性，合礼的君臣关系的构成本质，是以事为准则的平等，这是君臣必须恪守的基本规则和章法，落实为日常的为事准则，就是彬彬有礼的相互礼敬。从行为论，"君使臣以礼"，讲的是君对臣要庄敬；臣对君要忠诚。庄敬与忠诚，构成了**君臣友道**：君臣之间"使之以礼"和"事之以忠"所遵循的礼，本质上是一种以**义**为规定的**中正之道**。

如上四个方面是理解"君使臣以礼，臣事君以忠"的关键，它体现了孔子政治学的根本思想。在以人伦为中心的古代社会，君臣思想是古代政治学的核心思想，它建构起政治理论和政治实践的基本框架。只有在"君使臣以礼，臣事君以忠"这一君臣关系基础上,才可真正解开人们对孔子君臣思想的根本性误解和曲解。

更难能可贵的是,"君使臣以礼,臣事君以忠"为人提供了了解春秋时代封建君臣关系的基本路径:至少在春秋时代,合礼的君臣关系,是只有"君以礼待臣,臣才忠诚事君"的关系。这种关系不是统治与服从关系,而是一种**职业性质**的权责关系,或可说是一种自由**职业的**契约关系。以此观之,"君使臣以礼,臣事君以忠"思想中亦蕴含一个相反的思想,即"君使臣无礼,臣事君不忠";并且,当君使臣无礼时,臣事君不忠是合道德的。在君使臣无礼的情况下,臣事君不忠的根本行为表现,就是不事君,另择高明。所以,在孔子时代,君臣关系是一种**自由**择道和**自由**择业的契约关系。

2. 共道:孔子"君君,臣臣"关系建构的目标定位

孔子"君君,臣臣"关系构建的目标定位是以义为依据和准则所建立起来的君臣关系,本是动态变化的。能够使这一动态变化的君臣关系得到良好保持,并产生出治邦与安国的巨大"义"果,必然要求君和臣同时付出努力共守其道。这个需要共守之道的理想内容,就是"善人为邦百年,亦可以胜残去杀"和"如有王者,必世而后仁"(《论语·子路》);这个需要共守之道的实践内容,就是"修己以敬""修己以安人""修己以安百姓"(《论语·宪问》),因而必须"庶之""富之""教之"(《论语·子路》),以通过"百年善治"而做到"胜残去杀",最终实现"必世而后仁"的大同之境。这个需要共守之道的实体方式,就是"为政以德"(《为政》),但由于"政"之本质规定是"正"(《论语·颜渊》),所以,这个需要君臣共守之道,就是正己以正人,正己以正事,正己以正邦之道。

孔子指出,君臣必须从如上三个维度共道。所以,君子必须以"**以道事君**"为准则,并且做到"**不可则止**"(《论语·先进》)。这里的"不可"有两层含义:一是指君子"以道事君"的准则不能付诸实行时,就主动中止;二是指人君弃道或离道时,为臣者就应该弃官不为。所以,"以道事君,不可则止"讲的是君子在什么情况下**可以而且必须**中止君臣关系。接下来孔子指出,在为君者弃道或离道的情况下,君子**应该**如何中止君臣关系,这就是"道不同,不相为谋":如果君臣不共道,那就是"道不同";一旦"道不同",就一定要"不相为谋"。孔子所提出的"道不同,不相为谋"(《论语·卫灵公》)的共道观,是对君臣的共同要求,但首先是对君的要求,并且最终也是对君的要求,因为在君臣关系的天平上,君处于权位的绝对优势,守不守道、共不共道,主要取决于君而不是臣。所以,孔子的君臣共道观特别地对君提出了要求,即体现在孔子赋予臣能否与君

"相谋"的绝对主导权,也就是**自由选择权**:孔子指出,君主带头共道,臣就与之"相谋";反之,君主消极对待或违背所共之道,那么臣就"不相为谋",这就是"邦有道如矢,邦无道如矢"(《论语·卫灵公》)。

3.择道:孔子"君君,臣臣"关系建构的自由

为什么"道不同,不相为谋"呢?孔子根据历史经验和现实状况,发现两个方面的规律:一是君臣离道现象的产生,可能源于臣,也可能源于君;但君臣离道现象得到维持和强化的状况,根本地来源于君:君是君臣离道的根源,或者说罪魁祸首。二是在君臣关系结构中,君共道,邦就有道;君离道,邦则无道。孔子根据这两个君臣"共道"或"离道"的规律,提出臣与君"谋"与"不谋"的认知论原则和自由选择原则:

> 宪问耻。子曰:"邦有道,谷。邦无道,谷,耻也。"(《论语·宪问》)
> 子曰:"笃信好学,守死善道。危邦不入,乱邦不居,天下有道则见,无道则隐。邦有道,贫且贱焉,耻也。邦无道,富且贵焉,耻也。"(《论语·泰伯》)

邦有道无道,取决于君;对有道或无道之邦"谷"与"不谷"、"入"与"不入"、"隐"与"不隐"以及"贫贱"或"富贵",则取决于臣,并且取决于臣是君子还是小人。孔子为君子建立**以义为依据**的共道君臣关系,必须确立的总原则是"笃信好学,守死善道"。这个"善道"就是中正之道,亦即以返本开新为认知引导、以"以仁入礼"为路径、以文道救世为目的、以中正为价值指南的仁德-公道。根据这一总原则,孔子提出了面对君主离道的现实,臣必须行正道的三个具体的自由选择原则:第一,君主离道,长此以往,邦必危,因而,君子必须做到"危邦不入,乱邦不居",这是"守死善道"的首要行为原则;第二,君主共道则臣"见",君主离道则臣"隐",这是"守死善道"仕与不仕,或为政与不为政、当官与不当官的基本行为原则;第三,君主共道,邦必有道:"邦有道,贫且贱焉,耻也";君主离道,邦必无道:"邦无道,富且贵焉,耻也",这是"守死善道"所应该遵循的贫富选择原则。贯通如上三大原则使之灵活一体的主体性原则,是君子"士志于道"(《论语·里仁》)的独立人格原则:"富与贵,是人之所欲也,不以其道得之,不处也。贫与贱,是人之所恶也,不以其道得之,不去也。"(《论语·里仁》)而且应该"无求生以害仁,有杀身以成仁"(《论语·卫灵公》)。

由此不难看出，在孔子的君臣政治学思想中，君子与人君之间能否建立起以事为准则的君臣关系，或者所建立起来的君臣关系能否持久地保持，根本的依据是义道，根本的准则是共道。但共道的前提是人君守道，因为唯有人君守道，君臣才共道，人君弃道而离，臣必须获得"道不同，不相为谋"的择道自由。"道不同，不相为谋"，展示了孔子君臣政治学中的人既是自主的，更是自由的，人对根本人生法则与道路的选择，属于他自己的自由。正是这种自由，使每个人拥有属于他自己的价值。这种自由存在和自由选择本身，使价值走向多元共存，使人平等尊重，使生活享有独立和个性、人格和尊严。这是孔子君臣政治学所独有的内容。孔子之后，其君臣政治学思想得到了孟子的工具论取向的发挥，提出了"君之视臣如手足，则臣视君如腹心。君之视臣如犬马，则臣视君如国人。君之视臣如土芥，则臣视君如寇雠"（《孟子·离娄下》）这种工具论取向的观念，弱化了孔子关于君臣之间自由选择的契约论思想和以事为本体的平等政治原则，消减了"君臣友道"主义的义道准则、共道目标和自由择道精神，为秦以降构建"指令与服从的君臣关系"开辟了认知道路。

【作者简介】唐梵凌，四川师范大学哲学研究所，助理研究员，主要研究方向为宋明理学和先秦思想。

《哲学探索》编委会成员简介

（以姓氏拼音字母为序）

Roger T. Ames　夏威夷大学哲学系名誉教授，《东西方哲学》前主编和《中国国际评论》创始主编，北京大学人文讲习教授，北京大学博古睿研究中心学术咨询委员会联席主席

陈　彪　哲学博士，中国社会科学出版社副总编，编审

John B. Cobb, Jr.　世界著名后现代思想家，过程哲学家，建设性后现代主义领军人物，中美后现代发展研究院创院院长，美国人文与科学院院士，中央社会主义学院特聘教授

樊和平　东南大学人文社科资深教授，东南大学学术委员会副主任，人文社会科学学部主任，道德发展研究院院长；教育部"长江学者"特聘教授，国家"万人计划"首批人文社会科学领军人才；教育部社会科学委员会哲学学部委员；中国伦理学会名誉副会长；教育部哲学教学指导委员会副主任；国家教材局专家委员会委员

Arran Gare　澳大利亚斯威本大学教授，《自然与社会哲学杂志》主编

Baogang He　澳大利亚迪肯大学国际与政治学院讲座教授，澳大利亚社会科学院院士，华中师范大学中国农村问题研究院特聘教授，曾任新加坡南洋理工大学人文与社会科学学院公共政策与全球事务系主任，新加坡国立大学东亚研究所高级研究员

雷　勇　政治学博士，教授，四川师范大学科研处副处长、哲学系副主任

Chenyang Li　新加坡南洋理工大学哲学系主任，曾任国际中国哲学学会会长、中国留美哲学会会长、美国哲学会亚洲委员会委员

李建华　浙江师范大学文科资深教授、教育部"长江学者"特聘教授，享受国务院政府特殊津贴专家

唐代兴　四川师范大学伦理学研究所所长、二级教授，特聘教授

王海明　著名伦理学家、政治学家，北京大学哲学系教授、三亚学院国家治理研究院特聘教授

王晓华　深圳大学人文学院教授，身体美学研究所所长，中国青年生态批评家学会副会长，中国生态美学学术委员会副主任

王　寅　四川外国语大学资深教授，美国中美后现代发展研究院高级研究员，中西语言哲学研究会会长，体认语言学研究会会长，全国语言与符号学会副会长，中国认知语言学研究会副会长

吴冠军　华东师范大学政治学系主任，欧陆政治哲学研究所所长、教育部"长江学者"特聘教授，兼任上海纽约大学双聘教授、《海归学人》主编、《华东师范大学学报》英文版执行主编，入选上海领军人才

吴书林　哲学博士，四川师范大学哲学系教授、青年杰出学者

夏　莹　清华大学人文学院哲学系长聘教授，教育部青年"长江学者"，当代国外马克思主义研究会副会长

肖　柯　法学博士，四川师范大学文化教育高等研究院研究员，党总支书记

谢地坤　中国人民大学杰出学者，特聘杰出人文教授，中国社会科学院高级职称评审委员会委员，《东西方哲学年鉴》中方主编，国际哲学联合会执委

于奇智　华南师范大学文学院教授，中国现代外国哲学学会理事，中华全国外国哲学史学会理事，中国现代外国哲学学会法国哲学专业委员会理事

张海东　四川师范大学教授、副校长

张学广　哲学博士，教授，西北大学哲学学院院长，陕西高校教学名师，加州大学伯克利分校访问学者，兼任中国现代外国哲学学会理事，陕西省哲学学会副会长，陕西省价值哲学学会副会长

周勤勤　哲学博士，中国社会科学院大学哲学院常务副院长、编审、教授

《哲学探索》征稿启事

　　文明发展进入后人类进程，后人口、后环境、后技术、后政治－经济和后伦理－文化时代，层出不穷的生存问题都将汇聚于哲学，寻求最终的存在论解释；与此同时，传统哲学也获得当代激励，哲学自身的那些根本的、长在的、永恒的问题必将接受境遇化的再审问。哲学的当世繁荣需要新的交流载体和平台。基于此，四川师范大学文化教育高等研究院和哲学系创办《哲学探索》集刊，志意于焦聚性追踪当世哲学发展的方向、态势、进程，报道当世进程中涌现出来的哲学思想、成果、方法。推动后人类进程中重大哲学问题的讨论与争鸣。《哲学探索》热忱欢迎海内外专家学者和青年才俊踊跃投稿，篇幅以 10000—15000 字为宜，讨论重大问题的稿件可在 25000 字内。

　　一、《哲学探索》以学术质量为生命，实行严格"三审"审稿制度。编辑部既充分尊重匿名评审专家的意见，更认真对待作者提出的任何异议，以确保评审客观公正。《哲学探索》坚守以学术标准为唯一尺度，为一流哲学学者搭建高质量的学术平台，为青年俊才构筑思想精神的家园。

　　二、焦聚的主要问题领域和栏目：

　　1. 原创空间，包括（1）新哲学词典（新哲学概念的提出，新哲学观念或思想的阐发）；（2）哲学家思考与自述；（3）新学术思想专访。

　　2. 后人类进程中人口、环境、疫病问题的存在论反思或生存论拷问。

　　3. 新技术、新科学的哲学与伦理问题（尤其是人工智能、基因编辑、会聚技术、大数据分析、人脸识别等新技术过程中涌现出来的哲学－伦理问题）。

　　4. 后人类进程中的后政治哲学和后教育哲学问题。

　　5. 哲学专题探讨（对某一类型哲学问题的研讨；或对哲学自身的根本的、长在的、永恒的问题的当代呈现与再审问）。

　　6. 日常生活的哲学、伦理学、美学问题。

　　7. 传统哲学研究，尤其是哲学范式传统的比较研究，古今经典文本的新解或重释。

8.当代哲学思维方法探讨（分析哲学、语言哲学、心灵哲学等问题研究）。

三、《哲学探索》以学术质量为准则，实行优稿优酬。本集刊已加入信息网络系统，凡来稿即视为同意加入网络版，发放的稿费同时包含网络版稿费。

四、凡在《哲学探索》刊发之文章，本刊编辑委员会在一年内享有专有使用权，基于任何形式与媒介的转载、翻译、结集出版均须事先取得本刊编委会的书面许可。

五、本集刊只接受电子投稿。唯一收稿信箱为 zhexts@sicnu.edu.cn。联系电话：028-84765981。

六、稿件体例：

1.文稿请按题目、作者、内容摘要、关键词、正文、注释之次序撰写。若研究论文为基金项目，请详细列出课题项目名称、课题编号。

2.需要在文末提供作者工作单位、学位、职称和研究方向等简介；并请附作者详细的通信地址、电子邮箱和电话。

七、引证标注体例：

引文与注释采用脚注，每页重新编码。编号序号依次为：①、②、③……

具体注释方式如下：

1.中文著作

陈治国:《形而上学的远与近：海德格尔与形而上学之解构》，山东大学出版社2014年版，第216页。

《毛泽东选集》第1卷，人民出版社1991年版，第3页。

陈宗德、吴兆契主编:《撒哈拉以南非洲经济发展战略研究》，北京大学出版社1987年版，第9页。

2.译著

[德]康德:《实践理性批判》，邓晓芒译，杨祖陶校，人民出版社2003年版，第89—90页。

3.析出文献

邓安庆:《康德伦理学体系的构成：以康德的相关著作为核心梳理其伦理体系的构成要件》，林宏星、林晖主编《复旦哲学评论》（第2辑），上海辞书出版社2005年版，第165页。

4.期刊报纸

邓安庆:《分析进路的伦理学范式批判》，《中国社会科学评价》2015年第4期。

杨侠:《品牌房企两极分化中小企业"危""机"并存》,《参考消息》2009年4月3日第8版。

5. 外文

Kevin Kennedy, *Competition Law and the World Trade Organization: The Limits of Multilateralism*, London: Sweet & Maxwell Ltd., 2001.

Klause Knorr and James N. Rosenau, eds., *Contending Approaches to International Politics*, Princeton, NJ: Princeton University Press, 1969, pp. 225-227.

Christophe Roux-Dufort, "Is Crisis Management (Only) a Management of Exceptions?", *Journal of Contingencies and Crisis Management*, Vol.15, No.2, June 2000, p.32.